AF536220

Reinhard Leube

Entzaubert

Anderwelt Verlag

Impressum

Entzaubert
Kohl und Genscher, diese beiden.
Das Ende des Kalten Krieges 1989 und 1990

1. Auflage 2021

Anderwelt Verlag, München
Druck: CPI Books GmbH Printed in Germany

ISBN: 978-3-940321-31-2

Anderwelt Verlag

Reinhard Leube

Entzaubert

Kohl und Genscher, diese beiden.

Das Ende des Kalten Krieges 1989 und 1990

Wer den Weltkrieg von 1914 bis 1918 erlebt hat, konnte zum Schluss gelangen, dass dieses große Deutschland ungünstig lag zwischen den Franzosen und Briten im Westen und Russland im Osten. So ging es zum Beispiel Konrad Adenauer, geboren 1876. Wer danach auch noch den Weltkrieg von 1939 bis 1945 erlebt hat, konnte schon viele finden, die die Lösung des Dilemmas in der Halbierung des Reiches sahen.

Wenn man die Entwicklung bis 1943 nicht verstanden hat, kann man unter anderem auch nicht verstehen, was in den Jahren 1989 und 1990 in der Bundesrepublik sowie in *unserer* DDR vor sich gegangen war. *Unsere* DDR und die ganze Problematik rund um die Teilung bis 1989 und bis heute hätte es ohne die Bonner Außenpolitik nicht gegeben.

Was Sie hier erwartet

1989

1990

Einführung für Neueinsteiger

Im Rückblick auf die ersten sechs Bände dieser Geschichtsbetrachtung, die sich mit der Zeit vom frühen neunzehnten Jahrhundert bis zum Jahr 1943 im zwanzigsten Jahrhundert in Deutschland und Europa befassen, zeigt sich, dass es nötig war, geschichtlich etwas weiter zurückzublicken, um die Darstellung der Vorgänge in den Jahren 1989 und 1990 leichter zu verstehen. Lassen Sie uns deshalb hier für jenen Teil des Publikums, der besonders den sechsten Band über 1942 und die ersten Monate des Jahres 1943 nicht gelesen hat, einen ganz kurzen Überblick geben nach dem Motto: Was bisher geschah.

An der Außenpolitik der *Balance of Power,* die England bekanntlich bis in das 19. Jahrhundert betrieb, wurde offenbar auch im 20. Jahrhundert im Großen und Ganzen nichts geändert. Sie wurde eher auf einer großen Bühne, im großen Maßstab fortgeführt. England unterstützte bei jedem Konflikt die zweitstärkste Macht, die durchaus aus Eigeninteresse Krieg führte und sozusagen den Festlandsdegen Englands darstellte, indem sie potenzielle Rivalen Englands schwächte. So brauchte sich England nicht unbedingt selbst mit dem Stärkeren anlegen. Bei jener Strategie sind die Bündnispartner und die Feinde beliebig auswechselbar. Diese raffinierte Form der Außenpolitik ist geboren worden aus der offenbaren Schwäche des Elisabethanischen Englands, das im Verhältnis zum habsburgisch-spanischen Weltreich weit unterlegen war. Nach dem Sieg über Spanien 1588 rückte der alte Gegner Frankreich wieder in den Fokus englischer Machtpolitik. Im Siebenjährigen Krieg (1756 bis 1763), der so betrachtet der eigentliche erste Weltkrieg auf mehreren Kontinenten war, schaltete England den französischen Einfluss in Indien aus und rang Frankreich die Kolonie Kanada ab. So begann der Aufstieg Englands zur Weltmacht. Auf dem Kontinent unterstützte England Preußen gegen Österreich und Russland. So konnte Friedrich der Große Schlesien erobern. Damit war die Hegemonie Österreichs vorerst gebrochen und mit Preußen war eine weitere Großmacht aufs Spielfeld gekommen, die gegebenenfalls gegen Frankreich in Stellung gebracht werden konnte, das auf dem Kontinent noch immer als stärkste Militärmacht galt.

Die Französische Revolution von 1789 brachte eine Erschütterung in die politische Landschaft Europas. Es folgten ein Koalitionskrieg und dann die Napoléonischen Kriege, aus denen England trotz einer Kontinentalsperre und somit des Versuchs, England von den Weizenexporteuren in Osteuropa und den anderen kontinentalen Handelspartnern zu trennen, es also am ausgestreckten Arm verhungern zu lassen, ungeschoren hervorging. Nach 20 Jahren war Frankreich so groß oder so klein wie 1789.

Die Beschlüsse des Wiener Kongresses sorgten 1815 für vier Jahrzehnte relativer Stabilität in Europa. Die englischen Unternehmer entwickelten ihre Wirtschaft weiter, die Politik konsolidierte das *Empire* und erwarb weltweit neue Besitzungen – in der zweiten Hälfte des Jahrhunderts mit dem Schwerpunkt Afrika. Durch die konservierten politischen Verhältnisse und wiedererrichtete Grenzen kam Kontinentaleuropa wirtschaftlich ins Hintertreffen. Amerika hatte die Weltbühne noch nicht wirklich betreten. 1871 geschah dann etwas, das die alten Mächte in Europa bloß als einen Betriebsunfall ansehen konnten. Preußen gelang es unter dem Ministerpräsidenten Otto von Bismarck, die kleinen deutschen Staaten nördlich der Alpen zu dem nach Russland zweitgrößten Flächenstaat auf dem europäischen Kontinent zu vereinigen. Am 18. Januar 1871 fand im Spiegelsaal zu Versailles die Proklamation König Wilhelms von Preußen zum deutschen Kaiser statt. Das neue Deutsche Reich, das sich als föderaler Staat unter preußischer Führung etablierte, erlebte in den folgenden gut 40 Jahren einen rasanten ökonomischen Aufschwung. Schon in den 1880er und 90er Jahren war darum der englische Außenhandel um etwa ein Drittel geschrumpft. Hierin müssen wir den eigentlichen Grund sehen, warum man in London 1904 begann, eine militärische Lösung ins Auge zu fassen. Wenn englische Zeitungen beklagten, dass die deutsche Flotte ständig erweitert würde, wurde der Eindruck erweckt, gemeint sei die Kriegsmarine. Was aber zum Schrumpfen des Außenhandels Großbritanniens führte, waren die Exporte aus Deutschland, welche auf mehr und mehr Schiffen in die Welt hinaus geschickt wurden. Zum Absichern der Handelswege brauchte Deutschland eine handlungsfähige Marine – eine Notwendigkeit, die in England als Argument für eine vermeintliche militärische Bedrohung durch diese Marine bemüht wurde. Sie war aber der englischen Marine zu keiner Zeit auch nur ebenbürtig.

Doch nun wurde die nächste Rochade der englischen Politik nötig. 1904 näherte sich die englische Diplomatie plötzlich Frankreich an. Die alten deutschen Verbündeten aus den Befreiungskriegen wurden langsam in eine Feindposition gerückt. Dieser Prozess konnte nur langsam und mit erheblicher medialer Begleitung vonstatten gehen. Das Publikum, auch in England, wusste, dass die deutsche Außenpolitik unter Bismarck nach der Reichsgründung auf Mäßigung und Ausgleich beruhte. Selbst unter Bismarcks Nachfolgern hatte Deutschland in mehreren internationalen Krisen, die durchaus schon vor 1914 zum großen Krieg in Europa hätten führen können, immer nachgegeben. In diesen Jahren gelang es, einen Ring feindlicher Staaten um Deutschland und Österreich-Ungarn herum zu schmieden. Dabei hatte Frankreich weiter Gebiete in Deutschland im Visier und Russland wollte Österreich Gebiete auf dem Balkan abringen. England legte sich nicht vertraglich fest, traf jedoch seine geheimen Absprachen mit Frankreich und Russland und sorgte mithilfe seiner Presse dafür, dass sich die Stimmung allmählich gegen Deutschland drehte. Im Jahr 1914 waren die Vorbereitungen abgeschlossen. Über die Details des Ausbruchs und des Verlaufs des Ersten Weltkrieges finden Sie Wissenswertes im ersten Band meiner Geschichtsserie, welcher unter dem Titel *Londoner Außenpolitik und Adolf Hitler* im Anderwelt Verlag erschien.

Relevant für die Vorgeschichte des vorliegenden Bandes ist dann wieder, dass die Zusage fairer Friedensbedingungen durch den US-Präsidenten Woodrow Wilson 1918 zum Waffenstillstand – und Amerikas Forderung nach Abschaffung der Herrschaft der Adligen für jedes Reich außer für England zum Ende mächtiger und erfolgreicher Monarchien führte. Die Deutschen haben die Waffen niedergelegt, als sie noch immer tief in den Ländern der Kriegsgegner standen, um ihren jahrelangen Stellungskrieg mit Millionen Toten zu beenden. Dies galt auf einmal als Niederlage. Die ehemaligen Monarchien versanken anschließend im Chaos. Wem hat es genützt, dass das nun Demokratien sein sollten? Die Monarchie in England funktioniert doch wunderbar! Wie zum Hohn wurde den Kritikern der Umstürze dann auch noch vorgeworfen, dass sie keine überzeugten Demokraten seien. England hielt bis zum Abschluss eines Friedensvertrages seine Aushungerungsblockade gegen die deutsche Küste aufrecht. Das kritisieren Historiker selten, die Kritik daran aber sehr wohl.

In Versailles bei Paris verhandelten in den folgenden zwölf Monaten die Feindstaaten über die Zukunft Deutschlands. Es ist kein Beweis für faire Gespräche, dass daran deutsche Diplomaten nicht teilnehmen durften – um das nicht deutlicher auszudrücken. Von *fairen* Friedensbedingungen war auf einmal keine Rede mehr. Die Deutschen mussten erfahren, dass sie am Ausbruch des Kriegs allein schuld gewesen sein sollten. Das hatte sich den Zeitgenossen 1914 allerdings anders dargestellt. Alle politischen Lager in Deutschland haben diese Geschichtslüge sofort zurückgewiesen und Kritik hagelte es auch in England und in Frankreich. Als ob Kritiker in England nicht gewusst hätten, warum die Bedingungen genau so und nicht anders festgezurrt worden waren, wurde ihre Argumentation eine Basis für das verlogene *Appeasement* der Jahre bis 1940. Letzten Endes mussten aber Hermann Müller und Johannes Bell 1919 unterschreiben, was da von den erklärten Siegerstaaten vorgelegt wurde. Nachgeholfen wurde mit der Androhung, dieses entwaffnete Deutschland insgesamt zu besetzen. Dieses Vorgehen machte die selbsternannten Demokratien des Westens für die Deutschen und die Österreicher nicht attraktiv, sondern legte den Samen für die Retourkutsche. Menschen sind bloß Menschen; kühle Nachdenker sind sie leider nicht. Ausgerechnet der Marschall von Frankreich Ferdinand Foch, gewiss kein Freund der Deutschen, merkte über den Text von Versailles an, es handele sich hierbei nicht um einen Friedensvertrag, sondern um einen Waffenstillstand auf zwanzig Jahre. Deutschland sollte einfach seine Schuld anerkennen und die Kriegsausgaben aller Kriegsteilnehmer aus eigener Tasche begleichen. Nur Russland, in dem die Bolschewisten in einem Bürgerkrieg um die endgültige Erringung der Macht kämpften, schloss den Separatfrieden ab, mit dem man auf finanzielle Forderungen beiderseits verzichtete. Nein, Versailles war kein guter Start für demokratisch gesonnene deutsche Politiker. Zu alldem kamen die Rheinlandbesetzung durch französische, britische und belgische Truppen und später noch des Ruhrgebietes obendrein. Daraus folgten die Zerrüttung der deutschen Währung, der Abstieg des Mittelstandes, Massenelend, Hunger und Tod, und in der Endkonsequenz die Zerrüttung der sittlich-moralischen Verfasstheit des deutschen Volkes. Dieses so erzeugte Biotop garantierte einen günstigen Nährboden für die Scharfmacher von links und rechts. Einer von ihnen war eine zuerst eher untergeordnete Münchner Lokalberühmtheit namens Adolf Hitler.

Aufgrund eines gewissen Redetalents (vor den richtigen Zuhörern) und der Förderung durch aus- wie auch durch inländische Finanziers, wobei das Gros der Investitionen in die Nazitruppen in den Anfangsjahren aus dem Ausland kam, sicherte sich der fast blonde und beinahe blauäugige Hitler binnen zehn Jahren einen Platz unter den wichtigen Politikern in Deutschland. Die Stimmenanteile für seine NSDAP stiegen bis 1930 von 2,6 auf 10 Prozent. Nach dem Ende der Hyperinflation 1923 konnte sich Deutschland mithilfe amerikanischer Kredite langsam stabilisieren. Die Investitionen gingen vor allem in Unternehmen, die perspektivisch geeignet waren für die Rüstungsproduktion. So wurden schon einmal die materiellen Voraussetzungen für den Nachsorgekrieg für die jahrzehntelange Schwächung der Konkurrenz Englands in Europa geschaffen. Es geschah sicherlich nicht ohne Bedacht, dass mit Unterstützung aus dem Westen 1917 in Russland die Bolschewiki an die Macht gebracht wurden und danach die Nazis als Bolschewistenhasser in Deutschland. Wer die Rolle des Festlanddegens letztlich spielen sollte, konnte man je nach der Entwicklung in diesen Ländern entscheiden. Wer sich für die Details der weiteren Entwicklung interessiert, findet in meinen sechs Büchern über die Jahre bis '43 genug Stoff. Für das Verständnis der Nachkriegszeit ist sicher vor allem dies wichtig: In Deutschland etablierte sich ab 1933 ein autoritäres Regime, das vor Gewaltanwendung zur Durchsetzung seiner Ziele nicht zurückschreckte, im Gegenteil. Adolf Hitler, dem Alleinherrscher über Deutschland, gelang es, in vielen Auftritten der Öffentlichkeit weiszumachen, seine Politik richte sich ausschließlich auf eine friedliche Revision der unsäglichen Bedingungen des Versailler Friedensvertrages. Die Erfolge, die er tatsächlich erzielen durfte, verdankte er der Londoner Politik des sogenannten *Appeasement*. In seiner eigenen Wahrnehmung fußte die Beschwichtigungspolitik auf dem vermeintlich schlechten Gewissen in London wegen Versailles. Doch Staaten haben kein schlechtes Gewissen und wer es bis zu einem weltweiten *Empire* gebracht hat, der hat es gleich gar nicht. Der ist stolz darauf und weiß, wie man es anstellt.

Als Hitler beinahe alles erreicht hatte, glaubte er, sich wie der Boss einer Großmacht aufführen zu können, ohne dass noch jemand auf die Finger klopfen würde. Ende 1937 und im Laufe des Jahres 1938 wurde wenigen führenden Militärs und Diplomaten der alten Schule bekannt, dass der

Diktator einen Krieg gegen die Tschechoslowakei plante und dass er das Deutsche Reich sehr wohl in einen weiteren europäischen Krieg stürzen wollte, in dem es nur endgültig untergehen konnte. Um das Schicksal in eine andere Richtung zu lenken, fanden sich allmählich im Militär genau wie auch im zivilen Bereich Kräfte, die die Auslösung eines Krieges verhindern wollten. Als das bei Hitler auf taube Ohren gestoßen war, wurde ein Emissär nach dem anderen vom Auswärtigen Amte sowie der Wehrmacht nach London, Paris und Washington geschickt, wo jene ihr Glück in den vorgeblichen Demokratien versuchten. Aber die außenpolitischen *insider* in London blieben bei ihrer Strategie der *Balance of Power*.

Da sich Deutschland und Kontinentaleuropa gleich nochmal die Hörner aneinander abstoßen sollten, dachten sie nicht daran, den großen Krieg zu verhindern, und Paris ließ sich von der Zusammenarbeit mit anderen Staaten auf dem Kontinent abbringen und suchte Schutz ebenfalls ausgerechnet hinter England. Doch die einflussreichen Akteure in London opferten nach Österreich noch weitere kleine und größere Länder eiskalt kalkuliert, darunter auch Frankreich. Die Einzelheiten finden Sie in dem fünften Band meiner Geschichtsserie. Nach dem Ausbruch eines zweiten Krieges 1939 gingen diese Versuche der Emissäre aus Berlin verzweifelt weiter. Die angesprochenen weil zuständigen Männer in London waren einfach nicht bereit, gemeinsam mit den Kriegsgegnern bei uns das Gemetzel zum Erliegen kommen zu lassen. Irgendwann muss es zumindest einigen dieser Emissäre aufgefallen sein, dass das *Empire* unfair spielt. Spätestens nach der Ansage, man würde den Krieg nicht wieder beenden ohne eine bedingungslose Kapitulation Deutschlands, dürfte das klar geworden sein. Der Krieg wurde eben nicht gegen Hitler und die Nazis geführt, sondern gegen den Konkurrenten Deutschland. Über vierzig ausgeführte Attentate auf Hitler und die herrlichste Geheimdiplomatie der Kriegsgegner hatten versagt und parallel dazu wurden schreckliche Verbrechen an den Völkern Europas einschließlich der hier lebenden Juden begangen. Wie sollte es nun weitergehen? Am Ende des sechsten Bandes hatte ich mich dazu geäußert, welcher Plan nach der Ankündigung einer bedingungslosen Kapitulation und der Niederlage der Wehrmacht in der Schlacht um Stalingrad im Februar 1943 im Kreisauer Kreis entstanden sein muss. Meine Herleitung finden Sie am Ende des sechsten Bandes.

Hier nur die Kerngedanken:

- Der Krieg musste so schnell wie möglich beendet werden, doch danach durfte es auf gar keinen Fall erneut zum Abschluss eines Friedensvertrages nach dem Vorbild von Versailles kommen. Nach dem Ende des Krieges war anzustreben, das Verhältnis der Amerikaner zu den Sowjets zu einer Art von kaltem Krieg abzukühlen; in Amerika träumten sie 1945 noch vom amerikanisch-asiatischen Wirtschaftsraum unter Einschluss der Sowjetunion. Zu diesem Zweck fälschten Mitarbeiter der Abteilung Fremde Heere Ost Karten und andere Unterlagen, um den Amerikanern den Eindruck zu vermitteln, dass die Sowjets in der Lage wären, die Welt mit biologischen & chemischen Massenvernichtungswaffen und anderweitig zu bedrohen.
- Die deutschen Raketen- und Atomspezialisten mussten auf die Sowjets und die Amerikaner *gleichmäßig* verteilt werden, damit sich in der Konsequenz zwei Supermächte gegenüberstanden. Atomwaffen und Ähnliches würde den Deutschen selbst ohnehin nicht zur freien Verfügung zugebilligt werden, aber mit den langwierigen und komplizierten Verhandlungen zu Auf- und Abrüstung wurde in Bonn über Jahrzehnte Zeit geschunden, in der sich zumindest ein großer Teil der Leute in West-Deutschland mit der Zweistaatlichkeit allmählich abfinden konnte.
- Die Besetzung der Fläche des Deutschen Reiches durch alliierte Truppen musste ausgenutzt werden, um auf Dauer die Bildung einer gesamtdeutschen Regierung zu verhindern. Es durfte am Ende keine Institution übrig bleiben, die legitimiert war, einen Friedensvertrag zu unterzeichnen. Schließlich wurde 1949 im September ein Staat in Westdeutschland in Bonn am Rhein aus der Taufe gehoben. Daraufhin wurde im Osten der Stadt Berlin im Oktober 1949 auch ein Staat in Mitteldeutschland gegründet. Ostdeutschland war da bereits de facto der Westen von Polen.
- Für die Öffentlichkeit, die mehrheitlich für so einen Zauber wie zwei Staaten in Deutschland seinerzeit nicht zu haben gewesen wäre, musste natürlich ständig als Ziel der gesamten Politik die Vereinigung betont werden. Um jedoch zu verhindern, dass das Ausland mit aller Konsequenz bereit war, über eine Vereinigung

zu sprechen, wurde die „Deutsche Frage offengehalten". So ist immer die Rede gewesen von der *Wieder*vereinigung. Dies hätte aber auch Gebiete östlich der Flüsse Oder und Neiße mit eingeschlossen, die eben auch von einem vereinten Deutschland ferngehalten werden sollten, kann man doch bloß wiedervereinigen, was schon einmal vereinigt war.

- Zugleich sorgte die neue Elite in West-Deutschland unter dem Hitler-Gegner Dr. Konrad Adenauer und seinem Geheimdienst-Chef Reinhard Gehlen für die Bindung des Weststaates an den Westen Europas und Amerika. Nützlichkeit für die USA als ein Bollwerk gegen die Sowjets sowie Freundschaft mit Frankreich würde den Staat im Westen Deutschlands vor dem englischen Handelsneid und damit verbundener Feindschaft schützen. Abgesehen davon war es für die Briten auch erst einmal genug, dass der Wiederaufbau lange dauern musste und dann nur noch das halbe Deutschland der Konkurrent für England war.
- Jeder Vorstoß der Sowjets in Richtung einer Vereinigung der beiden deutschen Staaten und die Neutralisierung des kleineren Deutschlands war bei *der* Zielsetzung kontraproduktiv, sodass man sich damit gar nicht erst ernsthaft beschäftigte. In Bonn wurden alle diese Versuche über Jahrzehnte torpediert.
- Interessant ist noch die Eingliederung der alten Eliten in die westdeutsche Gesellschaft bei gleichzeitigem Ausschluss der Befürworter der Wiederherstellung der Einheit der deutschen Nation von den außenpolitisch sensiblen Positionen. Besonders in den Jahren und Jahrzehnten direkt nach dem Krieg hieß das, dass Akteure aus dem Widerstand gegen die Nazi-Diktatur an die wirklich wichtigen Stellen in der westdeutschen Republik kamen, wobei deren Vergangenheit im Widerstand nicht an die große Glocke gehängt, sondern verschwiegen wurde.

Diese Punkte waren mit gewissen Variationen über die Jahrzehnte bis 1989 aktuell und sie erklären die Ereignisse, die im vorliegenden Band dargestellt werden. Nach den hier dargelegten Gedanken stellt sich die Frage, ob die 1989 handelnde politische Elite in der Bundesrepublik die Einheit Deutschlands angestrebt hat, wie es erzählt wird. Tauchen Sie mit diesem Buch ganz einfach in die Realität des Jahres 1989 ein.

Erich Honeckers ratlose Berater

Das Jahr '89 beginnt für den Chef unserer DDR mit einer Überraschung. Hans-Dietrich Genscher, der Außenminister der Bundesrepublik, nicht die Bundesministerin für die innerdeutschen Beziehungen Wilms, warnt den Vorsitzenden des Staatsrates und des Nationalen Verteidigungsrates *unserer* Deutschen Demokratischen Republik, den langjährigen Alleinherrscher Erich Honecker im Januar '89 über den Anwalt Dr. Wolfgang Vogel und den Schriftsteller Stefan Heym vor Instabilität und Aufruhr in der DDR, falls das Regime weiter Reformen verweigere.[1] Wer fragt jetzt noch, ob Genscher in dieser trauten Runde womöglich etwas von Einheit oder so gesagt hat? Selbstverständlich nicht. Der Genosse Honecker, der in seiner eigenen Realität lebt, ignoriert natürlich das freundliche Wort des Außenamtschefs. Der kann sich mal um die Arbeitslosigkeit bei sich und um die Obdachlosigkeit kümmern. So bringt die Sturheit Honeckers das Führungskollektiv in Bonn, bestehend aus mehreren Parteien in der Regierung und in der Opposition, zur Verzweiflung. Letztlich können sie es ihm aber, genau wie der Genosse Michail Sergejewitsch Gorbatschow im bankrotten Moskau, auch nur sagen. Der hat ja wenigstens Reformen in seinem Reich auf den Weg gebracht. Unser Erich hat stattdessen stets noch einen flotten Spruch auf den Lippen und schmettert jeden Tipp ab. Vom ersten Tag an wurde in Bonn bei Köln politisch ein doppeltes Spiel getrieben, verkauft von einer breit aufgestellten Medienlandschaft. Der alte Brandt hat das noch gut im Ohr, wie sie früher auf die Anziehungskraft der im Entstehen begriffenen Bundesrepublik hingewiesen hatten und angeblich gehofft, dass sie dereinst mit den lieben Schwestern und Brüdern *wieder*vereint werden würden. Damals war nie die Rede davon, dass man die Zone stabil halten müsste, wenn sich endlich eine Chance eröffnete, zusammenzufügen, was zusammen gehört. Doch Brandt hatte das ja seinerzeit schon eingeschränkt: „Man baute, soweit das Interesse nicht ohnehin auf ganz anderes als die deutsche Einheit gerichtet war, auf die Anziehungskraft der im Entstehen begriffenen Bundesrepublik." Worauf Adenauers Interesse gerichtet war, konnte er damals in Büchern nachlesen, nachdem der Kanzler der aktuellen Politik durch seinen Tod nicht mehr wirklich unmittelbar zur Verfügung stand.[2] Brandt fiel es ja auch nicht hinreichend auf, dass der Druck gegen ihn aus *allen* Parteien des Bundestages kam, ob sie nun der Opposition oder der Regierung angehört haben mögen oder nicht. Alle gegen einen, einer gegen alle.

Verzweifelt ob der eigenbrötlerischen Verbohrtheit seines Chefs ist auch der vielversprechende SED-Genosse Egon Krenz, der möglicherweise in Honeckers Fußstapfen treten soll. Er ist nicht davon begeistert, dass der Genosse Generalsekretär am 18. Januar 1989 im Rahmen einer Rede auf der Tagung des Thomas-Müntzer-Komitees in Ost-Berlin äußerte, „die Mauer wird in fünfzig und auch in hundert Jahren noch bestehen, wenn die dazu vorhandenen Gründe noch nicht beseitigt sind." Er weiß, dass diese Formulierung nicht in der vom Politbüro bestätigten Redefassung enthalten war.[3] Ich habe schon Verständnis dafür, dass Egon Krenz die grobe Klarheit in der Rede Honeckers peinlich ist. Doch letztendlich ist er wohl auch nicht in dem Maße eingebunden in die Spitzendiplomatie, und dort hat *nie* ein Volksvertreter aus Bonn außer Hans-Jochen Vogel irgendetwas am innerdeutschen Grenzregime auszusetzen gehabt.[4]

Genosse Krenz war sicher auch nicht dabei, als der bayerische Ministerpräsident Franz Josef Strauß seinen Freund Erich Honecker im Herbst 1987 zu dem von Krenz beklagten forschen Ton ermutigte, indem er zum Ost-Berliner Chef sagte, die Grenzlage sei weiterhin ruhig, die Grenzabfertigung korrekt und zügig und auch die Grenzsperranlagen seien verändert worden. Erich Honecker habe Wort gehalten. Das ist schön, dass die Grenzlage so schön ruhig ist. Dann haben sich die Eingesperrten nun wohl endlich mit der Inhaftierung abgefunden. Aber im Radio dudelt es, dass man es dauernd in seinen Ohren hat: Ich war noch niemals in New York, ich war noch niemals auf Hawaii, ging nie durch San Francisco in zerrissenen Jeans. Einmal verrückt sein und aus allen Zwängen fliehen. Fürs Erste würden es ja einfache Jeans auch tun. Schön auch, dass Erich Honecker Wort gehalten hat. Allerdings haben von der korrekten sowie zügigen Abfertigung anderer Leute an der Grenze die meisten Menschen in der DDR gar nix. Deshalb hat man in der DDR auch deutlich weniger Verständnis für Verbesserungen an der Grenze als der Volksschauspieler Strauß, der zu Honecker sagte, die Grenzanlagen zwischen der DDR und der Bundesrepublik könnten halt nicht so sein wie zwischen Bayern und Österreich.[5] Wie lange soll es eigentlich noch so weitergehen?

Realität im Osten und Öffentlichkeitsarbeit im Westen

Grausam ehrlich meint das Mitglied des Politbüros des Zentralkomitees der SED Werner Krolikowski, dass die DDR 1989 ein derartiges Ausmaß in ihrer finanziellen Notlage erreicht hat, an dem sich jeder Offizier des Deutschen Kaiserreiches oder beispielsweise des zaristischen Russlands erschossen hätte.[6] Aber wer beim großen Chef in der Führungssiedlung Wandlitz nördlich von Berlin nicht in Ungnade fallen will, sagt das nicht laut. Was glauben Sie denn, wo Sprüche dieser Art herkommen? Auf der Oder-Brücke in Frankfurt begegnen sich ein polnischer Hund sowie ein DDR-Hund. Fragt der DDR-Hund: Was willst du denn bei uns? Sagt der polnische Hund: Endlich mal richtig einkaufen! Und du? Was willst du bei uns in Polen? – Darauf sagt der DDR-Hund: Na, endlich mal richtig bellen. In Moskau sind sie darüber freilich nach Aussagen ihres Außenministers Eduard Schewardnadse auf dem Laufenden: Der sowjetische Botschafter in Bonn bereitet für April seinen Bericht nach Hause vor, in dem es heißt, die DDR könne jeden Tag zusammenbrechen. Solche und ähnliche Vorwarnungen kommen auch noch in den folgenden Monaten von anderen Experten.[7] Es muss hier sicher nicht gesondert angemerkt werden, dass es sich dabei nicht um westdeutsche Experten handelt. Sie sind diejenigen, die angeblich die innere Stabilität und die Wirtschaftskraft der DDR überschätzen. Da ist weiterhin ohne jeden Realitätsbezug der Wunsch der Vater des Gedankens. Hans-Otto Bräutigam, der amtierende Leiter der Ständigen Vertretung der Bundesrepublik in Ost-Berlin befindet zum Beispiel zu Beginn des Jahres 1989 in einem Interview, die DDR habe einen Zustand „relativer Stabilität" erreicht. Diesen Zustand werde sie halten können. Die DDR sei kein Land für dramatische Änderungen und Wechsel.[8] Ein kurzer Blick in jede beliebige Stadt der DDR macht klar, dass das Land in seiner Infrastruktur von der Substanz der zwanziger und dreißiger Jahre zehrt – angefangen bei den Straßen- und Schienenwegen und bis hin zur Kanalisation und vielen Fabriken. In der Bausubstanz, befindet das Architektenehepaar Engel in Bautzen, wurde noch viel länger kein Handschlag mehr getan. Es ist mit den Händen zu greifen, dass überall ein irrwitziger Investitionsbedarf besteht, doch der Genosse Chef in Wandlitz will partout nicht von den Kombinaten zurück zu mittelständischen Betrieben. Das wäre aber nur ein Teil der Lösung.

In den späten 1960er Jahren reiste der Bundesbürger John Dornberg in die DDR, um sich vor Ort ein Bild von der Lage zu machen. Es spricht ja Bände, dass sich in den vergangenen zwanzig Jahren mehr oder weniger nichts groß geändert hat: „Verglichen mit dem neonbeleuchteten Stil des Westens scheinen Sachsen, Thüringen, Brandenburg und Mecklenburg in den dreißiger Jahren steckengeblieben zu sein. Das liegt nicht nur an dem allmächtigen, allgegenwärtigen Plan, in dem modernes Bauen jahrelang keinen Platz gefunden hat. Der Lebensstil in Westdeutschland ist amerikanisiert und beeinflusst von westlichen Elementen, die besonders von der jüngeren Generation absorbiert worden sind. Im Osten hat sich viel von der Atmosphäre Vorkriegsdeutschlands erhalten." Es ist witzig, dass Dornberg auch dies aufgefallen ist: „Der russische Einfluss ist trotz der zahllosen, mittlerweile allerdings umgetauften Stalinalleen minimal geblieben, weil die Menschen sich dagegen zur Wehr gesetzt hatten. Der Luxus von Auslandsreisen in den Westen blieb ihnen versagt. Aus politischen und wirtschaftlichen Gründen dürfen sie sich nur in kommunistischen Ländern bewegen. All das hat dazu beigetragen, dass Ostdeutschland heute deutscher wirkt als sein westliches Gegenstück und dass der von Heimweh erfüllte Besucher hier viel unmittelbarer an die »gute alte Zeit« erinnert wird."[9] Das bedeutet, dass die Ablehnung der Einführung sowjetischer Vorstellungen in Wirtschaft und Gesellschaft in der DDR – genau wie in Polen, der Tschechoslowakei, Ungarn, oder noch härter in Rumänien oder Jugoslawien getragen ist von einer nationalen Selbstbehauptung, die tief sitzt. Die gehirngewaschenen und umerzogenen Westdeutschen würden ihr blaues Wunder erleben, wenn es wider Erwarten doch noch einmal zu einer Vereinigung kommen würde. Dann müssten die Medien den Leuten hier und dort die Zusammenhänge erklären und nicht die Ostdeutschen mit dem Holzhammer auf Weststandard eichen. Die Westdeutschen wurden damals mit Zuckerbrot und Peitsche internationalisiert. Wehe, wenn sie es bei uns ohne Zuckerbrot probieren und der greise Honecker bekommt Recht, wenn er immer mit seiner Arbeitslosigkeit und den sozialen Unterschieden vor dem Westen warnt.

Einer, der daraus eben gerade nicht die Idylle DDR ableitet, sondern ein Pulverfass antizipiert, ist Willy Brandt. Man muss es ja eigentlich schon gar nicht mehr erwähnen. Ähnlich wie John Dornberg hat auch der gute

Ex-Kanzler bezogen auf die Bonner Politik in den 1950er und den 60er Jahren sehr beklagt, dass sie kein Jota dazu beitrug, das zerschmetterte deutsche Geschirr wieder zusammenzukleben, und an manchen Stellen scheint durch, dass er zumindest seine Zweifel hatte, was sie da in Bonn eigentlich im Schilde führten. Was jedoch Brandts Vorbildung, Bildung und seine Einbildung angeht, muss man einräumen, dass er die Bildung und Klugheit der anderen politischen Kombattanten aus einer Baugrube heraufblinzelnd von oben herab beurteilte. Als er einmal mit Dr. rer. pol. Ludwig Erhard, der 1925 über „Wesen und Inhalt der Werteinheit" promoviert worden war und nach Adenauer den Bundeskanzler in Bonn am Rhein *gab*, in ein- und demselben Wagen durch West-Berlin fuhr, hatte er für bare Münze genommen, als dieser fragte, wie viel es kosten würde, den Russen die Zone abzukaufen. Dass das nicht ging, wusste ein Erhard auch ohne Willy Brandts Nachhilfe. Er meint in den *Erinnerungen*, die er 1989 veröffentlichen lässt, er trete Erhard nicht zu nahe, wenn er ihm „ – allen Verdiensten um die deutsche Wirtschaft zum Trotz – ein erhebliches Maß an politischer Unsicherheit attestiere." Solche teilweise sogar unverschämte Fehleinschätzungen finden sich in dem besagten Buch am laufenden Meter. Als Erhard schon Kanzler war, soll er nicht einmal gewusst haben, dass es zwischen Bonn und Warschau damals noch keinen offiziellen diplomatischen Draht gab. Er lächelt über Erhard und es gibt keinen Hauch einer Andeutung, dass Erhard einfach nichts wissen mag von Annäherungsversuchen zwischen West-Deutschland und Polen.[10] Es ging darum, Zeit zu schinden, und da war es am besten, wenn man alles beließ, wie es eben gerade war. Es war Brandt, der sich letzten Endes ins Zeug legte und diplomatische Beziehungen mit Warschau aufbaute.

Lesen Sie seine *Erinnerungen* trotz alledem selbst. Immer wieder finden Sie in Brandts historischem Rückblick die Bestätigungen für die These, der wir nachgehen, wie in einem Spiegelbild: „Wie Deutschland staatlich verfasst war, darüber entschieden immer auch – direkt oder indirekt – seine Nachbarn, von denen es nicht wenige hat. Auch in einer nächsten Runde werden über ihre wie immer geartete nationalpolitische Zukunft die Deutschen nicht allein entscheiden. Auch nicht nur die Hauptsiegermächte des Zweiten Weltkrieges. Die andere Seite der Medaille: Die Perversion des deutschen Nationalismus, im Bewusstsein der Nachbarvölker und großer Teile der übrigen Welt präsent, muss sie für alle Zeiten ausschließen, dass sich nicht auf Zerstörung angelegte nationalrevolutionäre Energien ansammeln und gegebenenfalls – ohne dass eine Obrigkeit ausdrücklich dazu auffordert – sich entladen?“ Brandt hofft also auf jenen *coup*, den andere vermeiden wollen: „Die Vermutung spräche dafür, dass der Ort des Geschehens jener Teil des gespaltenen Deutschland wäre, in dem die Menschen weniger saturiert sind als in dem anderen. Warum, mit welchem Recht und auf Grund welcher Erfahrung ausschließen, dass eines Tages in Leipzig und Dresden, in Magdeburg und Schwerin – und in Ostberlin – nicht Hunderte sondern Hunderttausende auf den Beinen sind und ihre staatsbürgerlichen Rechte einfordern? Einschließlich des Rechts, von einem Teil Deutschlands in den anderen überzusiedeln?“ Brandt trifft die Mitte der Wurfscheibe: „Und nähmen vielleicht nicht einmal entscheidende Rücksicht auf jenen Typus selbstgefälliger Landsleute im Westen, der alles lieber täte, als mit denen zu teilen, die bei Kriegsende das kürzere Los gezogen hatten.“ Lesen Sie das Buch selbst, um eine Idee davon zu bekommen, wie Brandt die Welt sah, in der er es durch demokratische Wahlen bis zum Kanzler gebracht hat, und mit allen Tricks und Fallstricken von diesem brisanten Posten auch wieder heruntergeholt wurde, am Ende auch mit einem Ostagenten, der die Volksschule absolvierte und nach der achten Klasse ins echte Leben entlassen wurde. Der hatte sich spätestens 1963 so auffällig benommen, dass auch dem dümmsten Aufklärer klar werden musste, dass der nicht sonderlich vertrauenerweckend war. Gegen Brandt wurde er eingestellt. Hätte der sich als Kanzler bei diesen Ostverträgen nicht von denen, die wissen, was gehauen und gestochen ist, in die richtige Richtung drängen lassen, dann hätte man jederzeit eine Zeitbombe gehabt, mit der sie ihn von der Verantwortung befreien konnten. Lesen Sie Günter Guillaumes Büchlein selbst, welches unter dem Titel *Die Aussage* erschien. Auch die aufklärenden Diavorträge über Ost-Berlin, mit denen der gute Mann in den 1960er Jahren durch die Bundesrepublik tingelte, mussten Sicherheitsbehörden auf den Ostagenten aufmerksam machen. Warum soll der aus der DDR abgehauen sein, wenn er so sehr an Ost-Berlin hing?[11]

Auf dem internationalen Parkett

Im Januar 1989 findet in der Hauptstadt des neutralen Österreich Wien ein weiteres Folgetreffen der Konferenz für Sicherheit und Zusammenarbeit in Europa statt. Dort geht der jahrzehntelange Hickhack um Auf- und Abrüstung, um Kalten Krieg und Entspannung, jetzt in die nächste Runde. So läuft das Spiel schon seit dem Kriegsende. Am Anfang haben die Generäle um Reinhard Gehlen den Amis militärische Möglichkeiten der Sowjets vorgegaukelt, von denen sie im Osten nur träumen konnten, zugleich verteilten sich die deutschen Raketen- und Atomspezialisten in Richtung Osten und in Richtung Westen, und seitdem operiert Bonn mit einem Potenzial, von dem klar war, dass sie damit nicht selbst hantieren dürfen. Die Großmächte bemühen sich seit Jahren wieder um Gespräche über vertrauensbildende Maßnahmen und Abrüstung, doch der Außenamtschef aus Bonn Hans-Dietrich Genscher will bei der Modernisierung der Kurzstreckenraketen jede Option offenhalten, wie er beispielsweise dem norwegischen Außenminister Thorvald Stoltenberg erläutert. Sein Verhandlungsziel sind gleiche Obergrenzen, nicht null, denn wenn man null als Verhandlungsziel anvisiere, schließe man die Modernisierungsoption von vornherein aus. Sagt Genscher sonst nicht stets und überall, dass er den Bundeskanzler Helmut Kohl nicht von Null-Lösungen überzeugen kann? Vielleicht verhindert er ja diesmal selbst, dass es in einem Segment der Aufrüstungsspirale endlich zu einem Abbau des unfassbar großen vorhandenen Potenzials und zu einem Ende des elenden Kalten Krieges kommen kann?[12] So lassen sich doch sicherlich wieder ein paar Jahre an langwierigen Verhandlungen gewinnen. Aber das wird uns der Bonner Außenminister nicht auf die Nase binden. Schließlich muss man irgendwie die zwei Jährchen bis zur Bundestagswahl 1991 überbrücken.

Sie wissen, die letzten Wahlen waren im Jahr 1987, dann vergehen 1988, 1989, 1990 und für das Jahr 1991 sind wieder neue Wahlen vorgesehen. Entsprechend den Lehren von George Orwell werden sie in Zukunft die Vergangenheit nachbessern und von turnusmäßigen Wahlen im Jahr '90 sprechen. Im echten Jahr 1989 sind die Wahlen erst für '91 vorgesehen. Wenn die Wähler endgültig von Kohl genug haben, wählt eine Mehrheit die SPD von Oskar Lafontaine und das personell umgebaute Bonn kann endlich seine andere deutsche Staatsbürgerschaft anerkennen. Die CDU kann nicht heran an dieses heiße Eisen, weil sie nach dem Rollentausch der frühen siebziger Jahre dem Wahlvolk auf einmal die nationale Rolle darbieten muss, was in den fünfziger und sechziger Jahren allen Ernstes die Aufgabe der SPD und der ihr nahe stehenden Medien, wie beispielsweise der Bild-Zeitung, war. Die Pirouette auf der politischen Bühne war damals nötig geworden, als Willy Brandt 1969 nicht wieder wie 1961 und 1965 als Bundeskanzler verhindert werden konnte. Warten wir also ganz in Ruhe ab. Heinrich August Winkler wird den politischen Rollentausch einmal nach 1945 und noch einmal Anfang der 1970er Jahre hoffentlich in seinem Werk *Streitfragen der deutschen Geschichte* erwähnen. Bleibt zu hoffen, dass er erklären kann, wie man zehntausende Publizisten und Journalisten, Politiker und weiteres notwendiges Personal dazu bewegt, innerhalb weniger Monate Woche für Woche immer mehr solche Dinge zu schreiben, dass sie am Ende das Gegenteil dessen verkaufen, was sie zuvor in den öffentlichen Diskurs geworfen haben. Das Schleudertrauma bei Brandt und seinen Mitstreitern bedarf dann auch keiner gesonderten Erklärung mehr. Haben Sie keine Bange. Auf den Rollentausch gehe ich in diesem Band näher ein.

Direkt nach der besonders harmonischen Unterredung mit dem Osloer Außenminister fällt der Politikprofi Genscher in eine hartnäckige halbstündige Ohnmacht. Als er gegen Ende jenes dritten KSZE-Folgetreffens in Wien am 18. Januar mit dem Moskauer Außenminister die politische Situation ausführlich erörtert, erlebt er nach seinem eigenem Bekunden eine Überraschung. Schewardnadse spricht hier davon, dass es weniger um die Beseitigung von Waffen, sondern vielmehr um die Überwindung der Teilung Europas gehe. Den Zaungästen der Politik will er verkaufen, das seien „neue, ja revolutionäre Signale!“[13] Hier haben die Russen wohl einen anderen als den erhofften Schluss aus den Warnungen Genschers über mögliche Unruhen in *unserer* „D.D.R.“ im Jahr zuvor gezogen. Das hätte er sich aber auch denken können. Wenn sich schon Leonid Iljitsch Breschnew 1981 der Schmidt-Doktrin widersetzt hatte und damals nicht gegen die aufmüpfigen Polen vorging, war doch nach den Ansagen eines Michail Sergejewitsch Gorbatschow nicht mehr zu erwarten, dass ausgerechnet er die Einwohner der DDR auf die völlig chancenlose Honecker-

Linie drücken würde. Doch was meint Genscher denn eigentlich mit angeblich neuen oder revolutionären Signalen? Solche Angebote Moskaus gab es seit den 1950er Jahren. Nachdem alle Ansätze verpfuscht worden waren, haben die Publizisten und Historiker die Vorgänge nachbereitet und dem Publikum erläutert, dass das alles nur Fallen waren, mit denen Moskau den westdeutschen Staat in seinen Machtbereich zerren wollte, unabhängig davon, dass die drei West-Alliierten im Hintergrund waren. An denen vorbei konnte Moskau in Deutschland gar nichts erreichen.

Ich sehe die Bücher der professionellen Historiker schon vor den Augen, wie sie später mutmaßen, was die Sowjets 1989 im Schilde führten, und erklären, warum es vielleicht auch wieder nix wird mit der Vereinigung. Doch jetzt gibt es seit dem Jahr 1984 schon wieder neue Diskussionen in dieser Richtung zwischen den Amerikanern, Briten und Sowjets, und die Führung in Bonn zeigt seit Jahren Ganzkörpereinsatz dagegen. Wissen Sie noch, wie Kanzler Kohl 1984 für den Medienskandal um die „Gnade der späten Geburt“ gesorgt hatte, ausgerechnet ausgesprochen bei einer Rede in der Knesset, dem israelischen Parlament. Und der Experte blieb über Jahre im Ring. Im Oktober 1986 meinte er in einem Interview mit dem US-Nachrichtenmagazin Newsweek, darunter machen wir es ja nun einmal nicht, über den Moskauer Staatschef Michail Gorbatschow: „Er ist ein moderner kommunistischer Führer, der sich auf *Public Relations* versteht. Goebbels, einer von jenen, die für die Verbrechen der Hitler-Ära verantwortlich waren, war auch ein Experte in *Public Relations*.“ So einfach produziert man einen Skandal und die Medienmaschine hat mit Macht dafür gesorgt, dass die Nummer auch richtig Wellen schlug. Der Frust darüber hat sich in Moskau bis 1989 nicht gelegt. Ich habe es doch gleich gesagt: Der Russe ist schuld, wenn wir die Vereinigung der beiden deutschen Staaten wieder nicht zugestanden bekommen. Im Januar ’87 fand in der Dortmunder Westfalenhalle ein Deutschlandtreffen der CDU statt. Bundeskanzler Helmut Kohl, verkündete bei der Gelegenheit, dass in Honeckers DDR „über 2000 unserer Landsleute als politische Gefangene in Gefängnissen und Konzentrationslagern“ inhaftiert waren. Das veranlasste ihn damals aber ebenfalls nicht, seine Politik zu ändern. Und das war die Steilvorlage für den nächsten politischen Riesenskandal. Der vierte Streich folgte wenig später: Für den Sommer 1987 war ein Besuch des Präsidenten der Vereinigten Staaten von Amerika Ronald Reagan in der Bundesrepublik vorgesehen. In Vorbereitung der Festlichkeiten kam es jedoch zu einer „Kommunikationspanne“. Aber das kann doch jedem einmal passieren. Es passiert aber nicht jedem. Schon im Vorfeld ist das Besuchsprogramm bekanntgegeben worden, und es beinhaltete den gemeinsamen Besuch auf einem Soldatenfriedhof. Der arglose Zuschauer konnte glauben, Kohl wolle mit dem Amerikaner eine solche bewegende Versöhnung in Szene setzen wie auch mit dem Präsidenten der Republik Frankreich François Mitterrand über den Gräbern vor Verdun. Aber es kam (natürlich) anders. Auserwählt war der Friedhof „Kolmeshöhe“ am Rande des Städtchens Bitburg, in dem wahrscheinlich jeder in der Stadt auf eine Rückfrage unter den Leuten gesagt hätte, dass man da sage und schreibe 49 Gräber von SS-Leuten vorfindet. Helmut Kohl wurde wieder einmal von der bunten Medienlandschaft abgewatscht und damit gab es auch mit den USA eine gehörige diplomatische Verstimmung. Das ganze Auf und Ab in der Welt kann unseren Erich in Wandlitz seinerseits aber nicht wirklich aus der Ruhe bringen, denn er weiß sich im engen Bunde mit starken Partnern. Besonders gut sind seine Beziehungen jetzt gegen Ende der achtziger Jahre mit den Herrschern in Bukarest, in Prag sowie in Bonn, unabhängig davon, ob er wirklich Konzentrationslager hat oder auch nicht. Fast 100 Gespräche und unzählige Telefonate hat Honecker ab 1980 mit so ziemlich allen wichtigen bundesdeutschen Politikern geführt.[14] So viele Treffen gab es nun allerdings noch nicht einmal *summa summarum* mit den Politikern in Bukarest und in Prag. Die können ihm ja auch keine Geldscheine für den Aufbau seines Sozialismus schenken.

Ob es hier Kohl (CDU) war oder eben Genscher (FDP) oder vorher zum Beispiel auch Helmut Schmidt (SPD), der Kanzler von 1974 bis 1982, sie alle haben mit ganzer Kraft den Kalten Krieg zwischen West und Ost am Laufen gehalten, was uns ganz unwillkürlich zu der Frage führt, wie das zentrale Hindernis für die Vereinigung Deutschlands denn entstand.

Inszenierten Deutsche den Kalten Krieg?

War Deutschland nicht das erste Opfer des Kalten Krieges geworden? Ist es nicht im Jahr 1945 von den vier Alliierten besetzt und geteilt worden? Hatte ein Deutscher nach dem Kriege überhaupt noch etwas zu melden? Sahen Hitler-Gegner die Lösung aller Probleme in der Teilung Deutschlands? Ist die Idee aus den 1930er Jahren die Quelle des *postnationalen* Denkens? Fangen wir vorn an. Wie kam es zum Kalten Krieg? Die einen sagen, Churchill hätte den Ärger in die Welt gebracht. Aber diese Briten wollten die *Operation Unthinkable*: Nachdem Deutschland eingeäschert war, sollten britische gemeinsam mit den überlebenden deutschen Soldaten gleich noch einmal nach Osten marschieren und Russland für das *Empire* erobern. Eine Teilung Europas war die zweitbeste Wahl, alleine schon aus dem Grund, weil bei einer Fortsetzung dieser Entwicklung der Markt in Osteuropa wegfiel. Die anderen sagen, Stalin hätte den ganzen Ärger in die Welt gesetzt. Aber Stalin hat unendlich viele Revolutionäre aus dem Weg räumen lassen, die nun durchaus in ihren Ländern für die Weltrevolution kämpfen wollten. Es gibt genug Gründe, warum man im Osten wie auch im Westen jetzt ausgerechnet dem, lassen sie mich bitter sarkastisch sein, verdienstvollen Kämpfer gegen den Trotzkismus in die Schuhe schiebt, er habe *in Deutschland* Sozialismus haben wollen. Seine Rote Armee beließ er 1945 in Polen, der Tschechoslowakei und Deutschland, um über eine neue endgültige deutsche Ostgrenze zu verhandeln.[15]

Wie sieht das Ergebnis aus? Das frühere Deutschland existiert 1989 nur noch in den zwei Staaten, die mehrere Jahre nach dem II. Weltkrieg gegründet wurden. Das Telegramm, mit dem Jossif Stalin den Genossen in Ost-Berlin zur Staatsgründung der Deutschen Demokratischen Republik *gratulierte*, ging „schon" nach sieben Tagen ein. Das war jetzt alles sehr kurz gefasst und wird in weiteren Bänden meiner Serie vertieft. Politiker aus dem Ausland haben immer wieder angeregt, über Lösungen zu verhandeln, wie die Teilung überwunden werden kann. Die Sowjets wollten bereits in den 1950er Jahren eine Lösung finden, die ihnen Frieden und ebenso wirtschaftlichen Wohlstand bringt. Im Westen wird es gar nicht hingenommen, dass durch die Teilung Deutschlands alle Länder in Ost- und Südosteuropa vom westlichen Werte- und Wirtschaftssystem ausgeschlossen sind. Das zeigen schon die CIA-Operationen gegen die Sowjets und die kostspieligen Radiosender, die sie in Richtung Osteuropa aufgestellt haben. Es wird gewiss keinen überraschen, dass es auch im Osten und im Westen Deutschlands viele Leute gibt, die die Teilung nicht auf die Dauer ertragen wollen. Erstaunlich müsste für ausländische Agenten aber sein, dass es in beiden deutschen Staaten auch viele Leute gibt, die den aktuellen Zustand gut finden. Im Osten gibt es Leute, die ihre DDR lieben, wenn es auch weniger werden, und im Westen wird *postnational* modern und das mit steigender Tendenz. Wie entstand die Idee der Auflösung der Nation? In den 1930er Jahren entwickelten zum Beispiel die Mitglieder des „Reichs- und Heimatbundes deutscher Katholiken" sowie der „Reichs-Arbeitsgemeinschaft deutscher Föderalisten" ihren Ansatz, wie sie die Nazi-Herrschaft wieder loswerden könnten. Sie strebten eine Autonomie für das Rheinland und auch für andere Teile Deutschlands in einem neuorganisierten Bundesstaat an. Diese beiden Organisationen in Deutschland wurden von Dr. Benedikt Schmittmann angeführt, der sich als Professor aus der Leitung der Kölner Universität einiger Bekanntheit erfreut hat. Zum Freundeskreis zählte unter anderem der frühere Oberbürgermeister der Stadt Köln Dr. Konrad Adenauer, der später ab 1949 der erste Bundeskanzler in West-Deutschland wurde. Dieser Staat sollte allmählich mit den Staaten Westeuropas vereint werden. Der Osten des Reiches mochte sich mit Polen, Russland und China vereinigen. Das war die Lösung. Wenn Groß-Deutschland durch Klein-Deutschlands ersetzt ist, gibt es nie wieder Nazis. Dass jetzt die Hälfte der Deutschen weiter in einer Diktatur leben, spielt keine Rolle. Dass sich die schöne DDR als antifaschistisch-demokratischer Staat bezeichnet, liegt aber nicht daran, dass in ihr die Demokratie eingezogen ist. Die Ablehnung der Idee eines Europas von Nationalstaaten teilten Dr. Schmittmanns Leute auch mit anderen Gruppen der Nazi-Kritiker in Deutschland.[16]

Lösungen in der Richtung legte im Jahre 1939 auch Helmut James Graf von Moltke in der Arbeit *Die kleinen Gemeinschaften* nieder. Unter dem Eindruck dessen, was da im Reich passierte, kam auch Moltke auf seine Konzeption europäischer Regionen, einer Frontstellung gegen jeglichen Nationalismus als ein politisches Strukturprinzip, das Eintreten für den europäischen Bundesstaat, eine Rückbesinnung auf die im Christentum und Humanismus liegenden gemeinsamen Werte der Europäer und den Ruf nach spontaner Solidarität aus christlichem Geiste. Es war sein Gut in Schlesien, wo sich über die Jahre Kritiker des Hitler-Regimes und des geografisch immer noch weiter ausufernden Kriegs unter anderem auch trafen, nach dem die Gestapo diese Gruppe den Kreisauer Kreis nannte. Anfang 1943 stand der Horror im Raum, dass die Alliierten bis zu einer bedingungslosen Kapitulation weiterkämpfen, womit deutsche Generäle gezwungen waren, zu kämpfen bis zum Ende. Dazu kamen schreckliche Verbrechen, von denen man gerüchteweise gehört hat, die man womöglich sogar gesehen hat. Im Kern ging es offenbar darum, einen Friedensvertrag à la Versailles aus dem Jahr 1919 und eine zweite Chance für die Nazis zu verhindern. Helmut Kohl (1930) weiß besser als wir, die wir die Gnade der späten Geburt genießen, dass es viele der überlebenden Mitglieder jenes Kreisauer Kreises nach dem Krieg in die CDU von Kanzler Konrad Adenauer zog, ja dass sie im Hintergrund die Strippen zogen.[17]

Aber wie löst man eine Nation auf, wenn das nur eine Reihe von Leuten auf der Welt überhaupt will, warum auch immer? Versetzen wir uns also in das Jahr 1943 und schauen wir auf die Landkarte. Die Sowjets kamen von Osten immer näher und im Westen hielten Bunker an der Atlantikküste Fußtruppen der Briten und Amerikaner fern. Um das Gemetzel so rasch wie möglich zu beenden, würde man den Kriegsgegnern Siege ermöglichen müssen. Organisieren konnte das bloß die Abteilung Abwehr von General Canaris, indem sie ihre Informationen frisierte. Sie wissen aus dem dritten Band über 1938, dass es da keine Nazis gab. Um für die Zeit nach dem Krieg Argwohn und Auseinandersetzungen zwischen den westlichen Alliierten und den Sowjets hervorzurufen, fertigten die Mitarbeiter von Reinhard Gehlens Abteilung Fremde Heere Ost ihre Karten und Unterlagen, mit welchen sie gearbeitet haben, so an, dass sie damit nach dem Weltkrieg die westlichen Alliierten täuschen konnten. Gehlen ließ handverlesene Mitarbeiter wasserdichte Kisten mit Geheimdienstmaterial füllen und nach Süddeutschland transportieren. Am Ende hatte man fünfzig Kisten beieinander. Als er nach dem Krieg die Organisation Gehlen und später seinen BND leitete, setzte er alle Hebel in Bewegung, um historische Untersuchungen über seine Tätigkeit an der Ostfront zu vereiteln. Sich und seinen BND verkaufte er und verkauften die Medien als einen verfluchten Trupp von Alt-Nazis, wobei schon der erste Lacher ist, dass die Amis die handverlesenen Mitarbeiter leider Gottes nicht als Nazigegner erkannt haben, sondern aufgrund ihrer Reden als Nazis betrachteten. Aber wenn man überzeugt ist, das Richtige zu tun, redet man auch wie ein Nazi. Gefreut haben sich die Amerikaner, dass es gelungen war, führende deutsche Atom- und Raketenforscher mitzunehmen und dann für sich arbeiten zu lassen. Was aber haben sie sich denn gedacht, als sie der anderen Hälfte nicht habhaft werden konnten und weshalb diese anderen deutschen Spezialisten unter Manfred von Ardenne in die Sowjetunion gingen? Es hat sie dann auch nicht genug erstaunt, dass es ein Adenauer angeblich zuließ, dass alte Nazis den Geheimdienst seines Staates im Westen von Deutschland aufbauten. Angeblich wollten sie ja mit den Amerikanern gegen die Sowjets kämpfen. Zugleich redeten sie ihnen auch ein, wie stark die Russen wohl seien. Und wie viele Leute hat es gewundert, dass Kurt Schumacher nach elf Jahren in vier Konzentrationslagern seine markigen Sprüche von sich gab? Oder warum *die SPD* ehemalige NSDAP-Genossen *einbinden* sollte. Aber dieses ganze Rollenspiel in der BRD beruhte darauf, dass sich die Kritiker des Nazi-Regimes nach dem Kriege in *links, Mitte und rechts* aufsplitteten – *und spielten.* Starre politische Überzeugungen lassen solche Spiele natürlich nicht zu; wer aber *Der Fürst* von Niccoló Machiavelli verinnerlicht hat und genug geistige Flexibilität besitzt, muss diese Vorgehensweise gar nicht als befremdlich empfinden. Nehmen Sie zum Beispiel die SPD. Wie kommt es denn, dass jemand zwei Jahrzehnte lang im Bundestag für eine Wiedervereinigung bis hinüber nach Ostpreußen kämpft und dann über Nacht umschaltet auf eine Anerkennung eines anderen deutschen Staates und die diplomatische Anerkennung der Volksrepublik Polen? Wie kommen andererseits Vertreter der CDU und CSU zur gleichen Zeit auf den Dreh, unabhängig von der Gefahr eines Krieges nun auf genau diesen Gebieten östlich der Oder herumzureiten? Das war ja 1945 schon so gespenstisch, als sich die SPD, die sich für das Deutschsein noch nie interessiert hatte, nach dem Weltkrieg mit einem Schlag für diese Ostprovinzen begeistert hat. Wir sprechen von den Politikern, Journalisten, Publizisten usw. Das sind durchaus recht viele Akteure. Und die haben alle gleichzeitig umgeschaltet? Von links nach rechts und von rechts nach links? Gleichzeitig? Und das auch noch zweimal? Ohne Absprachen? Das glaube ich kaum.[18]

Im Jahr 1991, also nach dem Ende des Kalten Krieges, wird sich der einstige Chefaufklärer der CIA über die Sowjetunion Victor Marchetti ganz dunkel an die damaligen „Informationen über die chemische und biologische Bewaffnung der Russen“ erinnern und bitter beklagen, dass diese „von einer gefährlichen Ungenauigkeit“ gewesen seien. Er bemerkt, viel zu spät, die Kollegen von Generalmajor Reinhard Gehlen „stützten sich auf unzusammenhängende Indizien, die sie durch eigene Interpretationen miteinander in Verbindung brachten. Auf diese Weise kamen sie zu dem Schluss, dass die Sowjets weit höhere Kapazitäten auf diesem Gebiet hatten, als es tatsächlich der Fall war.“ Das Motiv mit vorgegaukelten Massenvernichtungswaffen hat also bereits Tradition. Es wurde den Deutschen ja auch unerhört leicht gemacht, die Amerikaner übers Ohr zu hauen. Der Trupp um Hermann Baun hat nach den Erinnerungen des US-Oberaufsehers James Critchfield nahezu unbeaufsichtigt gearbeitet. Hören Sie doch nur: „Der Stab der Operationsabteilung wirkte auf uns nicht ganz klar strukturiert und hatte offensichtlich weit weniger Übersicht über seine Arbeit als der Stab der Auswertung.“ Na ja, Hauptsache die Amerikaner behielten in dem vermuteten deutschen Durcheinander den Überblick. James Critchfield versucht sich an der Erklärung für die fragwürdigen Ergebnisse: Reinhard Gehlen „stellte allerdings fest, dass Hermann Baun eine beträchtliche Unabhängigkeit erlangt hatte, indem er darauf bestand, dass er und Gehlen zwar getrennte, aber gleichrangige Organisationen im Rahmen eines größeren nachrichtendienstlichen Vorhabens leiteten.“ In dem dann wohl die linke Hand nicht wusste, was die rechte Hand tat, oder wie dachte er sich das? Die guten Amerikaner wurden noch nicht einmal stutzig, als sie dann Anfang der 1950er Jahre bemerkten, dass ihr neuer Freund Reinhard Gehlen den Stäben der sogenannten Org. „keine besondere Aufmerksamkeit“ widmete und dafür ein größeres Interesse an dem entwickelt hat, was in Bonn geschah, als an den Einzelheiten der Operationen. Ja, weil seine Männer in Bonn die Politdarsteller verband, die sich offiziell nicht riechen konnten, und weil man nicht *ihn* fragen durfte, was da an Infos ausgearbeitet worden war. Aber kommen wir zurück zu den Jahren direkt nach dem Zweiten Weltkrieg. Marchetti war felsenfest überzeugt, dass die „Informationen sehr schlecht waren“, äußerte nur nicht die Vermutung, dass er vielleicht den Deutschen auf den Leim gegangen war. Nachdem die Infos in entscheidende Köpfe eingedrungen waren, war die Administration in Washington der Auffassung, Stalin in Moskau verfüge über Massenvernichtungswaffen. Sie dürfen jetzt nicht annehmen, dass bei dem Amerikaner auch bloß ein böses Wort über die Deutschen steht. Ganz im Gegenteil. Nach dem Krieg waren ihre Kriegsgefangenenlager seiner Meinung nach von den Sowjets unterwandert. 1951 hatte Gehlen dann beispielsweise einen Agenten *Kim*, von dem er angeblich Tag und Nacht Berichte bekommen hat. Die waren für die Amerikaner gedacht, doch der *Kim* wollte sie der Organisation Gehlen geben, damit die sie an die Amerikaner weitergab. Das haben die Amis Gehlen im wahrsten Sinne des Wortes abgekauft.[19]

Als sie feststellen mussten, dass die Informationen nicht zutrafen, sollte eine Untersuchung des Falles stattfinden. Der zuständige Kollege stellte entsetzt fest, dass *Kim* an einer unbehandelten Lungenerkrankung verstorben war. Es ist davon auszugehen, dass die Amerikaner ein Beileidsschreiben an den Partnerdienst hinter dem Mond geschickt haben. Den *Kim* gab es gewiss nicht – seine (oder auch nicht seine) „Informationen" aber schürten die Angst der Amerikaner vor den Sowjets. Wenn Heinz Felfe schreibt, der Mann habe Tag und Nacht Berichte geliefert, wird ein ganzes Kollektiv bei der *Org.* an der Erstellung der *fake news* gewerkelt haben. Die besondere Bedeutung der militärtechnischen Informationen von General Reinhard Gehlen dürfte in ihrer Exklusivität gelegen haben. Marchetti bestätigt, dass die Amerikaner in der zweiten Hälfte der vierziger Jahre noch „nichts Nennenswertes hinter dem Eisernen Vorhang" hatten. Das wird inhaltlich sowohl von dem CIA-Beamten Critchfield als auch von dem Journalisten Tim Weiner bekräftigt. Die Sowjets andererseits haben sich abgeschottet und keinen wissen lassen, was sie wirklich vorrätig hatten. In Geheimhaltung sind die Russen recht gut. Auf jeden Fall bekam Reinhard Gehlen nach den Worten von Murat Williams Gelegenheit, das amerikanische Bild von den militärischen Möglichkeiten der Sowjetunion zu beeinflussen. Murat Williams war US-Botschafter in Ungarn in den fünfziger Jahren. In einem Interview wird Williams 1991 zur Quelle dieses Ärgers aussagen: „Unsere Gefühle gegenüber dem Kalten Krieg wurden intensiviert. Das hätte man vermeiden müssen. Dieser Kalte Krieg wäre nicht notwendig gewesen." Der Zirkus ist so überflüssig wie ein Kropf und hat inzwischen viele Menschenleben gekostet. Harry

Rositzke, ein Geburtshelfer der militärischen Aufklärung der USA gegen die Sowjetunion wird leider erst nach dem Ende des Kalten Krieges von sich geben: „Heute, nach vierzig Jahren, wo das sowjetische Reich zum Teil auseinanderbricht, hat diese unsere Politik des »Containments« zur Folge, dass die zwei stärksten Wirtschaftsmächte in der Welt, die japanische und die westdeutsche, in direkter Konkurrenz zur amerikanischen Wirtschaft stehen. Heute, wo allmählich jeder akzeptiert, dass ökonomischer Wohlstand der wichtigste Maßstab des politischen Erfolgs ist!“[20]

Schnellmerker. Da war die Rechnung Reinhard Gehlens aber schon sehr lange aufgegangen gewesen. Was sagt er dazu? „In der Einstellung unserer amerikanischen Freunde zum weiteren Schicksal der »Organisation Gehlen« hatte sich ab Ende 1950 ein bemerkenswerter Wandel vollzogen. Sie hatten – vor allem Mr. M., aber auch die beiden Chefs der CIA, zuerst General Walter Bedell Smith, dann Allan Dulles (ab Januar 1953) – erkannt, dass sich meine Konzeption von 1945 realisieren würde, zu der sich als erster General Sibert im »Gentlemen's Agreement« bekannt hatte. Sie zogen daraus den Schluss, die Überführung der Organisation in die Hände der Bundesregierung mit allen Kräften zu unterstützen.“ In den folgenden Jahren führten dann amerikanische Beauftragte mehrere Gespräche mit dem Bundeskanzleramt zu technischen Fragen der Überführung und bewogen auf den verschiedensten Wegen auch die anderen Alliierten dazu, die gleiche zustimmende Haltung einzunehmen. Lassen Sie uns an der Stelle noch ein wenig O-Ton genießen: „Sie taten dies in der selbstverständlichen Erwartung, dass die enge Zusammenarbeit des Dienstes mit ihnen und den anderen Alliierten auch in Zukunft bestehen bleiben würde. Die CIA war darüber hinaus davon überzeugt, dass sich die positive Haltung später in der zukünftigen politischen Partnerschaft der Bundesrepublik mit den Westalliierten bezahlt machen würde.“ Sehr schön. „Diese Rechnung ging selbstverständlich auf; die vertrauensvolle kameradschaftliche Partnerschaft trug für alle Teile reiche Frucht.“ Für den Westen Deutschlands auf alle Fälle. Der Rest der Welt hat sein Geld in die Aufrüstung gesteckt. Abgesehen davon fällt mir auf, was der große Geheimdienstchef für selbstverständlich erklärt. Es ist zu viel des Guten, dass es obendrein hier gleich zweimal kommt. Bei dem deutschen Top-Medienmacher Günter Gaus kann man mehr erfahren zu der Frage, wie

Medien wie Der Spiegel zu dem von ihm kritisierten Blödsinn von einer geplanten kommunistischen Welteroberung über Jahrzehnte beitrugen. Sowohl westdeutsche als auch ostdeutsche Medien haben unterschlagen, dass Stalin im Kampf gegen Trotzki so viele Menschen ermorden ließ, da Trotzki für die Weltrevolution eintrat wie der Genosse Lenin, Stalin aber für *Sozialismus in einem Staat* und *gegen* eine Weltrevolution kämpfte. Darüber hatte er sich ja auch mit Mao in China zerstritten und mit dem Genossen Ulbricht in Ost-Berlin gefetzt. Den konnte er bloß nicht ohne Deckung im Regen stehen lassen, weil das sonst seine eigene Stellung in Deutschland beschädigt hätte. In Bonn auf der anderen Seite brauchen sie eine Erklärung, weshalb die Russen nicht aus Deutschland abziehen. Gaus benennt auch den Widerspruch, der sich vermutlich unbemerkt in den Köpfen eingenistet hat: „Einerseits kommt morgen der Russe, aber andererseits werden wir demnächst siegreich durchs Brandenburger Tor marschieren und den Annaberg in Schlesien zurückerobern." Es ist ganz und gar verständlich, dass die Polen und die Russen vor den Deutschen 1989 Angst haben. Alle anderen Nachbarn auch. Noch Ende der 1950er Jahre versorgte Gehlens BND die Amerikaner mit der Fehlinformation, Moskau besitze Tausende von Kernwaffen, die es ganz banal nicht hatte. 1961 hatte die Sowjetarmee vier (4) Atomsprengköpfe.[21]

Nach der Entspannungsphase Anfang der 1970er Jahre heizte dann das Duo Schmidt/Genscher den Kalten Krieg wieder an, was sich schließlich im Nato-Doppelbeschluss und im Krieg in Afghanistan entlud. Es ist ja auch interessant, wie Kanzler Helmut Schmidt danach zum Aufstand in Polen stand, der ganz rasch zu einem Ende der sowjetischen Herrschaft in Osteuropa hätte führen können. Es war auch 1981 weiter geplant, die renitenten Polen im Rahmen eines Manövers des Warschauer Vertrages niederzuschlagen. Das blieb aber eine ganz heikle Angelegenheit, da sich alle Staaten der Nato und des Warschauer Vertrages '75 in Helsinki verpflichtet hatten, große Truppenbewegungen ein halbes Jahr im Voraus anzukündigen. Ein halbes Jahr später konnte aber schon längst alles aus dem Ruder gelaufen sein, also sollte die vertrauensbildende Maßnahme für den Zweck ausgehebelt werden. Deshalb fuhren am 16. Juli 1981 der Leiter des Sekretariats des Bundes der Evangelischen Kirchen in unserer schönen Deutschen Demokratischen Republik, Manfred Stolpe, und der

Bischof Albrecht Schönherr zu einem Sondierungsgespräch mit Helmut Schmidt in die BRD. Stolpe war seit 1976 Mitglied der Menschenrechtskommission des Weltkirchenrates. Der Kanzler Helmut Schmidt war als Gesprächspartner in Bonn bezüglich der Polen prädestiniert, da er doch in der Nato ein Wörtchen mitreden konnte. Nach Stolpes Ausflug nach Bonn informierte er die Ost-Berliner Staatsführung über die Einstellung des Bundeskanzlers zu einem Einmarsch. Was konnten die Männer der Kirche in Erfahrung bringen? Bei der Staatssicherheit notierte man sich am 18. 7. '81: „Schmidt äußerte weiter, dass er es verstehen könne, wenn sich die Sowjetunion engagiert, denn sie muss als Führungsmacht ihren Laden reinhalten." Am Ende hat General Wojciech Jaruzelski lieber das Kriegsrecht ausgerufen als die sowjetischen Soldaten ins Land zu lassen. Lassen Sie uns hier einmal einen Blick in die Zukunft wagen. Was würde Schmidt erwidern, wenn ihm irgendwann geöffnete Stasi-Akten vor die Nase gelegt würden, in denen unschöne Details aus seiner Zeit in Bonn stehen? Schmidt-Schnauze, der sich seinen Spitznamen redlich verdient hat, wird '93 einerseits empört, aber andererseits auch entrüstet äußern, Manfred Wilke habe Ministerpräsident Stolpe und ihm in der Funktion als Bundeskanzler vorgeworfen, 1981 die Ausrufung des Kriegszustandes und einen eventuellen Einmarsch in Polen billigend in Kauf genommen zu haben sowie in Kenntnis der Lage von einem DDR-Besuch nicht Abstand genommen zu haben. Gut, und wie soll man ihm sowas beweisen? Etwa mit Akten eines östlichen Geheimdienstes? Nie und nimmer. Das ist alles ungültig. Und was kann er anbieten, um diesen Vorwurf aus der Welt zu schaffen? Man solle doch die Mitglieder seiner Delegation beim DDR-Besuch vom Dezember 1981 (wie zum Beispiel die Herren Bölling, Bräutigam, Huonker, Graf Lambsdorff oder von Richthofen) fragen. Mir leuchtet nur nicht ein, woher die Herren vom Dezember wissen sollten, was „Schmidt-Schnauze" im Juli zu *unserem* Albrecht Schönherr sowie zu Manfred Stolpe gesagt hat. Und den nächsten Tipp hätte er sich wohl besser auch verkneifen sollen: „Auch hat Wilke darauf verzichtet, mich zu befragen." Natürlich kann man fragen, aber welche Antwort will man denn von ihm an den Kopf bekommen?[22] Und Manfred Stolpe? Wird er im späteren Leben nach unten oder nach oben fallen?

Hält die deutsche Teilung bis 1950, 1970 oder ewig?

Wie alt sind Sie jetzt? 44 Jahre? So lange ist der Zweite Weltkrieg schon her. 1945 war er zu Ende gegangen, im Sommer gab es in Potsdam diese Konferenz der Alliierten und seitdem dauert die juristische Hängepartie um Deutschland schon an. Die Frage war ja berechtigt: Lässt sich das bis 1950, 1970 oder bis 1990 ziehen? Im Westen blieben Militärs der Amerikaner, Briten und Franzosen, in Mittel-Deutschland haben sowjetische Soldaten ihre neue Heimat gefunden und Ost-Deutschland steht immer noch unter polnischer und sowjetischer Verwaltung. Die Formulierung, über die man im Ausland nicht glücklich ist, kann man in dieser Form in jedem Schulatlas zwischen Passau in Bayern und Flensburg in Schleswig finden. Im September '49 wurde in dem Städtchen Bonn bei Godesberg eine Bundesrepublik Deutschland gegründet und im Oktober 1949 ist im Osten der Ex-Reichshauptstadt eine Deutsche Demokratische Republik die Antwort gewesen. Über die Gebiete östlich der Oder sprechen immer mal wieder die Politiker. Die einen haben sich mit der Lage längst abgefunden und halten es für Sonntagsreden. Am liebsten würden sie *unsere* D.D.R. endlich anerkennen. Aber wo ist das unsere DDR, wenn sie ihren Ursprung und Erhalt der Außenpolitik in Bonn am Rhein verdankt?

Die anderen sind in den Vertriebenenverbänden und hoffen auf bessere Zeiten. Ende 1972 wurde ein Grundlagenvertrag zwischen den zwei Teilstaaten in Deutschland abgeschlossen; im Osten freute sich Staats- und Parteichef Erich Honecker darüber und im Westen war es gelungen, den Vertrag dem seinerzeit amtierenden Bundeskanzler Willy Brandt unterzujubeln, als ob er Egon Bahrs Strategie vom Wandel durch Annäherung entsprochen hätte. Dabei war es hilfreich, dass Herr Brandt glücklicherweise von Tuten und Blasen keine Ahnung hatte, wie es Helmut Schmidt aus nächster Nähe bestätigen kann: „Manch einer verlor in diesem Prozess seine persönliche Urteilsfähigkeit; andere entwickelten sich zu Höflingen, und einige der Höflinge nützten ihre Stellung am Hofe zur Verfolgung ihrer eigenen Ziele." Angefangen mit Schmidt selbst, und er ergänzt: „Brandt neigte nicht zur verfassungsrechtlichen oder militärstrategischen oder ökonomischen Analyse, er suchte und fand seine Urteile mehr im Gespräch mit seiner unmittelbaren persönlichen Umgebung."[23]

Da war Helmut Schmidt. Als Willy Brandt die nicht bei allen populären Ostverträge unterzeichnet hatte, sagten sie dem Kanzler mit den gütigen Augen frei nach Friedrich Schiller – Mohr hat seine Schuldigkeit getan, Mohr kann gehen!

Perfekt platziert, drei Wochen, bevor auch Kanzler Helmut Schmidt die Schlussakte der Konferenz für Sicherheit und Zusammenarbeit in Europa unterzeichnen sollte, befand das unabhängige – weil vollkommen frei im Raum schwebende – Bundesverfassungsgericht am 7. Juli 1975, dass die Ländereien östlich der Oder-Neiße-Linie immer noch zu Deutschland gehörten. Wenn man nicht wüsste, welches Spiel hier gespielt wird, wäre es erstaunlich gewesen, warum die Medien die Richter dieses Gerichts in Karlsruhe nicht als Reichsbürger und als Aluhut-Träger verunglimpften. Aber wie unabhängig soll das Bundesverfassungsgericht denn nun sein, wenn dort Männer wie Fabian von Schlabrendorff* sitzen? Er war schon von Anfang an, ab 1933 im Widerstand gegen Hitlers Regime und er war bis zum Staatsstreich von 1944 immer wieder mit von der Partie. Diese Akteure haben sich nach 1945 offenkundig in *links*, *Mitte*, *rechts* aufgeteilt und ihre Vision zur *Rettung Deutschlands* realisiert. Sie haben sich schon beim Lesen der Bände zuvor immer gefragt, was diese Sternchen* wohl bedeuten sollten? Das sind die Menschen, die wissen, worum es in Deutschland-West geht. Man muss sich Deutschland-Ost weit vom Hals halten, damit der Westen keinen neuen Friedensvertrag aufgedrückt bekommt. Wenn es erst zwei Staaten gibt, dann gibt es nie wieder Nazis, so einfach stellen sich das einige Leute nun einmal vor. Über den Ursprung der Teilung Deutschlands wird hier in Ruhe zu sprechen sein, zumal die Auswirkungen bis hin zu weniger Lohn im Osten lange dauern werden.

Wie ist das, was Brandt unterschrieb, also zu bewerten? „Die Kernthese des Grundlagenvertrages besagte, dass das Deutsche Reich fortexistiere, dass es nach wie vor Rechtsfähigkeit besitze, allerdings als Gesamtstaat mangels Organisation, insbesondere mangels institutionalisierter Organe selbst nicht handlungsfähig sei.“ Nach der Einführung der D-Mark in den Westzonen 1948, der Gründung von Teilstaaten und der Zuordnung zur Nato und anschließend der DDR zum Warschauer Pakt ist *das* keine überwältigende Überraschung mehr. „Die rechtliche Begründung stützte sich ausdrücklich auf zweierlei: auf das verfassungsrechtliche Argument unter Hinweis auf die Präambel und die Artikel 16, 23, 116 und 146 des Grundgesetzes sowie auf das völkerrechtliche Argument der Verantwortung der Vier Mächte für Deutschland als Ganzes."[24] Diesen verzwickten Zustand verdanken Sie Ihrem Bundesverfassungsgericht in Karlsruhe.

Es ist nicht zu erwarten, dass Sie das Zitat auf Anhieb verstanden haben, deshalb zögern Sie nicht, es in Ruhe noch einmal zu lesen: Als Deutschland nach 1949 keine gemeinsamen Institutionen mehr hatte, war es im Prinzip tot, lebte jedoch in der Theorie noch weiter. Jüngeren Leuten im Publikum muss man vielleicht sagen, dass es an der politischen Linie in Bonn bei Godesberg von Anfang an massive Zweifel gab. Um die Kritiker in West-Deutschland auszumanövrieren, wurde an einer babylonischen Sprachverwirrung gefeilt. Im obigen Zitat wird einerseits von einem verfassungsrechtlichen Argument und andererseits von einem Grundgesetz gesprochen. So wurde in der Öffentlichkeit der Eindruck erweckt, beide Begriffe, Verfassung und Grundgesetz seien ja eigentlich gleichzusetzen. Parallel dazu wurde jedoch viel Papier beschrieben, um zu betonen, dass das Grundgesetz nichts als ein Provisorium sei, ebenso wie der Staat im Westen Deutschlands, und dass man nur darauf warte, mit den anderen Teilen vereint zu werden. Genauso war es mit den Begriffen Vereinigung und *Wieder*vereinigung. Vereinigung war die der zwei neu entstandenen Staaten Bundesrepublik Deutschland und DDR, gegen die nichts einzuwenden war. Wiedervereinigung war der Zusammenschluss der Gebiete, die am 31. Dezember 1937 zum Deutschen Reich gehörten. Angefangen bei *Franz Josef Strauß* kann man nachlesen, dass es den hohen Chargen in der Politik bekannt und klar war, dass sie das nirgendwo im Ausland wieder zulassen würden. Wiedervereinigen kann man ja nur, was einmal zusammengehört hat, und nicht zwei juristische Einheiten, die es früher nicht gegeben hatte. *Der beste Abiturient Bayerns* nach 1915 hat immer wieder von der *Wieder*veinigung gesprochen – den Hass der *Linken* auf sich gezogen und zugleich den Fans von *Strauß* das Licht ausgemacht.

Wer war der Klügere? Bei Leuten wie Willy Brandt kam eine mangelnde Vorbildung dazu. Während er in Bonn von gelernten Juristen umzingelt war, verstand er unter anderem nicht, dass er weder die polnische noch die sowjetische Westgrenze anerkannt hat, sondern dass er schlicht und ergreifend Gewaltverzichtsverträge unterschrieben hatte, die nur sagten, dass die Bundeswehr unter den Bedingungen der Spannung in der Welt nicht kommen werde, um sich die Gebiete mithilfe militärischer Gewalt zurückzuholen. Von Jura unbeleckt hielt er seine politische Konkurrenz seinerseits für dumm. So gibt er in *Erinnerungen* die Frage des Kanzlers von Schweden im Dreißigjährigen Kriege Axel Oxenstierna an den Sohn wieder, ob er denn nicht wisse, mit wie viel Dummheit diese Welt regiert werde, und erläutert von oben herab, es sei keine neue Erfahrung, dass sich die Menschen gern und leicht mit Wunschdenken abspeisen ließen, oder sich einem Selbstbetrug hingeben, statt den Realitäten ins Auge zu sehen.[25] Bis 1989 kommt ihm nicht der Gedanke, dass er nicht klüger ist als andere, sondern dass die gelernten Juristen mit ihren Traumbildern von Schlesien usw. andere Ziele haben als er selbst und die Hälfte unter den Leuten draußen. Er hat verstanden, dass sie keinen neuen Friedensvertrag wie 1919 wollen, aber versteht nicht, wie das eine und das andere zusammenhängen. So war es bloß eine Frage der Zeit, wann stringentes Denken bei der Mehrzahl der Menschen in West-Deutschland zu einem Ding der Unmöglichkeit geworden war und wann politisch nicht gleich tickende Menschen nicht mehr sachlich und faktengestützt miteinander sprechen konnten. Versuchen wir, das wieder möglich zu machen.

Auch nach dem Karlsruher Urteil haben Politiker in Bonn solche Reden gehalten wie diese hier von Bundespräsident Walter Scheel, bei der mir schon beim ersten Wort Fragezeichen in die Augen kommen: „Natürlich versuchen unsere östlichen Nachbarn gegenwärtig, unser Streben nach Einheit und unsere Bemühungen um Entspannung als widersprüchliche Politik hinzustellen. Wird dieses als friedensstiftende Politik anerkannt, so wird jenes als Revanchismus, als Revisionismus und wie die Worte bis hin zum Imperialismus alle heißen, gebrandmarkt. Wir müssen sie geduldig davon zu überzeugen versuchen, dass unser Streben nach Einheit und unser Bemühen um Entspannung auf lange Sicht eine und dieselbe Sache ist.“ Wie verlogen geht es denn noch? Weshalb unterschlägt er, dass es nach dem Grundsatzurteil aus Karlsruhe um die Einheit des Reiches in den Grenzen von 1937 geht? Und auch im Januar 1989 reden führende Politiker weiterhin vom *Offenhalten der Deutschen Frage*. Im

Ausland nehmen sie das gültige Recht in der Bundesrepublik viel ernster als in Schwaben oder anderen Zipfeln der Bundesrepublik Deutschland. Punktgenau zu Beginn des Jahres '89 *verschärft* sich die innenpolitische Diskussion über die Endgültigkeit der polnischen Westgrenze. Hier lässt sich gut zeigen, dass gute Politik natürlich auch eine Frage des richtigen *timing* ist. Übergroße Freude löst das aus, überall – in Washington, wo man nach einem Ausgleich nach den Verstimmungen zwischen Moskau und Bonn sucht, in Paris, in Warschau, in London einfach überall. Diese vorgetragenen Vorstellungen, die Frage der Grenze zwischen Polen und Deutschland könnte offen gehalten werden, lösen in Polen wieder ernste Befürchtungen aus, wie verbindlich letzten Endes die 1970 in Warschau verabredete Ruhe an der Grenze für die Regierung Kohl bleiben wird.[26]

Ohne Zweifel ist es eine widersprüchliche Politik, und der Ranghöchste, der das in den 1970ern wusste, war der Präsident. Die Argumentationen anderer Politiker gegen Brandt sind ja stets darauf gerichtet, dass er mit seinem Versuch, die Grenzen anzuerkennen, den Ausverkauf deutscher Interessen betrieben habe. Diese wilde Kampagne ist sicher der Grund, warum Brandt geglaubt hat, dass er diese Grenzlinie an Oder und Neiße wirklich anerkannt habe. Es ist genau das, was Walter Scheel leugnete – die Bonner Politik bleibt zweideutig und allüberall haben sie aus diesem Grund Angst vor einem Kernwaffenkrieg wegen westdeutscher Gebietsansprüche. Zynismus – Nein, danke. Der ist nicht hilfreich. Von wegen, das sind doch alles nur Sonntagsreden. Montagsdemonstrationen gegen Sonntagsreden müsste es jede Woche geben, bis zu einer Änderung der immer noch gültigen Rechtslage von vor dem Zweiten Weltkrieg.

Als Willy Brandt '74 schließlich aus dem Weg geräumt war und sich um die Not im Rest der Welt kümmerte, haben sich, unabhängig von ihrem Parteibuch, *Menschen, die wissen, worum es geht*, wie es Marion Gräfin Dönhoff ausdrückte, um eine schrittweise juristische Anerkennung eines eigenständigen Staates in Mittel-Deutschland – namens DDR – bemüht. Wenn sie nun endlich gelingt, war es das nämlich mit einer Vereinigung. Als ihm Ende der 70er Jahre durch die unmarxistische und ökonomieferne Wurstelei des Generalsekretärs des ZK der SED und Vorsitzenden des Staatsrates der DDR sowie des Nationalen Verteidigungsrates Erich

Honecker finanziell langsam die Luft ausging, bemühte sich sein Freund und Genosse Helmut Schmidt in Bonn und später sein Kampfgenosse in München Franz Josef Strauß um Kredite für die DDR, um weitere Jahre Zeit herauszuschinden. Weniger Aufsehen hat es erregt, dass Banken in der BRD zugleich die Arbeiter-und-Bauern-Wirtschaft der Sowjetunion am Leben erhielten. Wie hätte man ohne den russischen Bären noch die Teilung Deutschlands erklären sollen? Während sich die Menschen, die wissen, worum's geht, in der SPD um das Anerkennen der Staatsbürgerschaft der DDR und um die Umwandlung der Ständigen Vertretungen in Bonn und Ost-Berlin bemühen, wurde in Pankow/Rosenthal 1986 unter dem CDU-Kanzler Kohl längst der Grundstein für ein Botschaftsgebäude fernab der belebten Innenstadt gelegt. Ich habe dieses bunkerartige Gebäude mit dem drei Meter hohen Zaun aus Nato-Stahl selbst gesehen. Wer da drüben klettern will, der schlitzt sich den Bauch auf. Nichts öko. Man hatte unten noch eine Gedenktafel für das Richtfest eingearbeitet. Das Raumprogramm entspricht dem einer normalen Residenz, wie sie der Bund überall auf der Welt für Botschafter errichtet. Dieser festungsartige Bau soll die Teilung Deutschlands symbolisieren. Das ist eine Botschaft wie jede Botschaft irgendeines Landes in der Welt und für einen Botschafter, und nicht für Brandts Ständigen Vertreter.[27]

1987 empfingen Helmut Kohl, Franz Josef Strauß und Oskar Lafontaine ihren lieben Freund und Genossen Erich Honecker, der die Dachdeckerlehre leider nach dem zweiten Jahr abgebrochen hatte, zu einem Staatsbesuch in der Bundesrepublik, in der inzwischen die Hälfte der Bevölkerung nichts mehr von Deutschland wissen wollte. Den Bürgerinnen und Bürgern der DDR ist nur zu wünschen, dass sie mit diesen Leuten nicht in Berührung kommen. Da käme etwas auf sie zu. Noch 1988 versicherte ein gewisser Wolfgang Schäuble aus der Bonner CDU dem Unterhändler Alexander Schalck-Golodkowski, der auf den katastrophalen Zustand in Wirtschaft und Finanzen *unserer* wunderschönen DDR hinwies: „Wenn das Schlimmste eintreffen würde, könnte die Bundesrepublik mit einem weiteren Milliardenkredit aushelfen."[28] Die Elite in Bonn hat sich in den Jahrzehnten nach dem Krieg so übel in postnationale Träume hineingesteigert, dass es egal geworden ist, wie es den Leuten in jener DDR geht. Kredite sind es, die Bonn zur Erhaltung der DDR bieten kann – und auf der anderen Seite finden wir die illegale wirtschaftliche Hilfe, die es von Anfang an gab. Die Amerikaner versuchen schon seit vier Jahrzehnten, die Entwicklung und Nutzung von Hochtechnologie in Ost-Europa nach Möglichkeit mit Embargos zu behindern, und Firmen in West-Deutschland unterlaufen genau so lange schon die Embargos, im Falle der Firma Siemens beispielsweise stellt der BND sogar selbst den verantwortlichen Abwehrbeauftragten, damit das nicht auffliegt. In den 1950er Jahren ist das Major i. G. Ulrich Bauer alias „Bayerle" gewesen.[29] Ohne die Hilfe, die es schon im tiefsten Kalten Krieg der 1950er Jahre gab, wäre es der DDR noch schwerer gefallen, auf ihrem Mittelstreifen von Deutschland einen lebensfähigen Staat aufzubauen. Im Januar 1989 treffen sich also wieder einmal Abgesandte beider Seiten. DDR-Außenhändler Siegfried Schürer verständigt sich im Appartement 8126 des Ost-Berliner Palasthotels mit zwei Vertretern des Hanauer Technologie-Unternehmens Leybold über ein weiteres dieser illegalen Embargogeschäfte: Für drei Millionen Mark offerieren die Unterhändler aus dem Westen die Konstruktionspläne für den Plasma-Ätzer MBE 3002/3003, ein Gerät zur Mikrochip-Fertigung. Siegfried Schürer glaubt ihnen laut seinen Aufzeichnungen, dass sie die Unterlagen in ihrer Firma „zur Seite gebracht" hätten.[30] Ob der spannenden Heimlichtuerei glauben die Ost-Berliner Chefs auch weiter unbeirrt, dass sie da Einzelpersonen zur Zusammenarbeit mit der DDR bewegen konnten, und das geht bis hin zum Geheimdienstchef Markus Wolf, der überhaupt der Schärfste von allen ist. Nichts bringt ihn auf die Möglichkeit, dass der Embargohandel nur vor den westlichen Verbündeten verheimlicht werden muss. Dass aber Bundesbürger, die wissen, worum es geht, ein sattes Eigeninteresse am Aufschwung der Wirtschaft des anderen deutschen Staates haben, nimmt er nicht an. Bei seinem Denken in zwei Blöcken, West und Ost, zählt die böse BRD eben zum Westen. Aber heißt es nicht im Osten immer, schon Adenauer habe Deutschland in die Einzelteile zerlegen wollen? Und hat der SD der SS nicht schon 1943 aus dem Westen und Süden des Reiches gemeldet, dass dort Teile der Bevölkerung aller Schichten argumentieren, dass diese Gebiete ohnehin einst „zur anglo-amerikanischen Sphäre" gehören würden. Sie hätten nicht so viel zu befürchten, wie die Bevölkerung von Ost- und Norddeutschland, die den Sowjets ausgeliefert sein würde.[31]

Russen und Amerikaner wollen neue Perspektiven

Schon im März des Jahres 1988 hat der Moskauer Deutschland-Experte Valentin Falin eine Analyse vorgelegt, aus der hervorging, dass Bonn in der Lage sei, die DDR innerhalb von bloß drei Monaten vollkommen zu destabilisieren. Er erklärt, aus Informationen, die man erhalten habe, ist zu entnehmen, dass die Bundesrepublik das politische Klima „im Osten des Landes" immer stärker beeinflusst. Man muss sich das einmal vergegenwärtigen: Er spricht von keiner BRD und keiner DDR, sondern er spricht vom *Osten des Landes*. Aber der engere Kreis um Gorbatschow hat das Kapitel DDR längst *ad acta* gelegt und denkt über die künftigen Beziehungen zwischen der Sowjetunion und *Deutschland* nach. Falin ist der Meinung, dass es Bundeskanzler Kohl nicht für opportun halte, die Dinge zu forcieren. Er wolle abwarten, bis die Frucht von innen heraus reif wäre. So erklärt er sich auch, warum der Kanzler den Staatsratsvorsitzenden *unserer* DDR 1987 zu einem offiziellen Besuch in die Bundesrepublik eingeladen habe. Zu seinem Unverständnis über die Absichten der Führer in Bonn kommt, dass er auch in Moskau nicht zu der Gruppe zählt, in der schon lange über den Weg zur Überwindung der Teilung in Deutschland nachgedacht wird, weil man endlich die Ressourcen seines eigentlich sehr reichen Landes nicht mehr für das teure Wettrüsten mit dem Westen verpulvern möchte. Wie soll der Lebensstandard denn auf einem anderen Wege gehoben werden? Die Mangelwirtschaft hat jedoch auch ihre Schokoladenseite; sie gebiert die schönsten Witze. Anfrage an Radio Jerewan: Ist es wahr, dass die Amerikaner viel mehr Autos haben als wir Russen? – Ja, dafür haben wir aber mehr Parkplätze. Doch bloß von Witzen wird man nicht satt. Michail Sergejewitsch Gorbatschow ist bereits Mitte Dezember des Jahres 1984 mit seiner klugen und schönen Frau Raissa zu einem politischen Sondierungsgespräch nach London geflogen. Er wurde auch begleitet von Alexander Jakowlew, der zu seinem wichtigsten Berater wurde. Ein Vierteljahr später wurde Gorbatschow in Moskau zum Chef der Kommunistischen Partei der Sowjetunion gekürt und schon wenige Tage danach trafen sich Experten aus dem geheimen Projekt „Gawrilow" mit Experten aus den USA in London.[32]

Eine mächtige Überraschung erlebte Manfred Uschner im Mai 1988. Er war als wissenschaftlicher Mitarbeiter aus der Abteilung Internationale Verbindungen beim Zentralkomitee der SED und persönlicher Referent des ZK-Sekretärs Hermann Axen mit diesem und einer DDR-Delegation nach Washington geflogen. Erich Honecker wollte die Beziehungen zum Westen verbessern und ausloten, ob er wohl auch dort zu einem Staatsbesuch willkommen wäre. Dort fand in der Johns Hopkins University in der Hauptstadt Washington ein Empfang für fast eintausend Gäste statt. Man muss in diesem Zusammenhang aber nicht nur wissen, dass dieser *think tank* in der Hauptstadt und im angrenzenden Baltimore ist, man muss auch wissen, dass Johns Hopkins zu den Geschäftsleuten gehörte, die große Summen auf den Tisch legten, um die Infrastrukturen reicher Leute in den Vereinigten Staaten weiterzuentwickeln. Für Nachschlagewerke werden solche Leute dann immer als Philanthropen ausgegeben. Aber die Herrscher haben eben überall auf der Welt ihre ganz speziellen verschleiernden Begriffe in petto. Unser *high-tech fence* heißt ja letztlich auch *antifaschistischer Schutzwall* und im Westen wird er verlogen als *innerdeutsche Grenze* bezeichnet und man schreibt nicht in die Bücher, dass der erste Draht meines Wissen von den Firmen Thyssen und Krupp geliefert wurde und zur Erneuerung 1983 von Volvo aus Schweden oder dass diese Selbstschussanlagen von Siemens stammen und nach einem Augenzeugenbericht mit Firmenwagen instandgehalten wurden.[33]

Manfred Uschner wurde bei dem Empfang ein Platz zugewiesen, fernab der Delegation aus Ost-Berlin, hinter einem Pflanzengitter, sodass man mit ihm ruhig sprechen konnte. Ein relativ hoch gewachsener Mann hat sich an ihn gewandt und geklärt, dass man kein gewöhnliches Gespräch führen werde, sondern man wolle mit ihm über einige Dinge sprechen. Der Amerikaner sagte, dass man Uschners Kontakte zu Egon Bahr kennt und aus Kontakten nach Moskau, dass er nicht mit zwei Zungen spricht. Langer Rede kurzer Sinn: Die DDR sei in den kommenden zwei bis vier Jahren am Ende und man fürchte, dass es ein Chaos gibt. Dann müsste sich Washington genauso einmischen wie Moskau und das wollten beide nicht. Der Amerikaner weiß, dass Uschner das auch so sieht und erklärt ihm, dass es wahrscheinlich etwa zehn Tage nach dem 40. Jahrestag der DDR geschehen werde. Dann fällt die Mauer. Wenn die politische Krise ausbreche, möge Uschner bitte nach Pätz fahren zum Hauptkommando der Grenztruppen und seinen Vertrauten da sagen, sie mögen die Mauer und die Grenze zur BRD noch sechs Wochen halten, bis die Amerikaner und die Sowjets alle technischen Details geklärt haben. Wupp, und weg waren sie, noch bevor die Nachspeise gereicht wurde.[34]

Ende 1988 wurde George Bush, der Vater von George Walker Bush und von fünf weiteren Kindern, zum Präsidenten der Vereinigten Staaten gewählt. Mit dem neuen Mann an der Spitze entwickeln sie in Washington Anfang 1989 die erfolgreiche Strategie von US-Präsident Ronald Reagan weiter. Der war ja schon vom Totrüsten der Sowjetunion mit dem Krieg der Sterne bis zu inoffiziellen und offiziellen Gesprächen mit Moskau gelangt. Jetzt kommen sie zur Neuorientierung und einem grundsätzlichen Wandel in ihrer Einstellung zu den Westdeutschen, mit denen sie in der Nato verbündet sind. Die Bush-Administration legt speziell einen Streit der Regierung Reagan mit der Führung in Bonn über den so genannten Genscherismus bei. Die ideologische Kontroverse über eine angeblich zu weiche Haltung gegenüber der Sowjetunion war durch die Aufforderung Genschers 1987 in Davos ausgelöst worden, den fast neuen Gorbatschow als Chef in Moskau ernst, ihn „beim Wort" zu nehmen.[35] Hier lässt sich ja wieder wunderbar die Bonner Doppelstrategie zeigen, die nun schon ein paar Jahrzehnte Deutschland zwischen zwei Welten in der Schwebe hält und vor einem weiteren Krieg bewahrt. Dieses Leitmotiv durchzieht jetzt schon seit mehreren Jahrzehnten so viele Gespräche. Erkennen Sie den wahren Grund für die Bonner Zirkelei? Nachdem das Duo Schmidt/Genscher mit der von ihnen überhaupt erst entdeckten Raketenlücke die Amis in den siebziger Jahren eben auf jenen Gedanken mit dem Kaputtrüsten der Sowjets gebracht hatten, war der sanfte „Genscherismus" der achtziger Jahre ausgezeichnet geeignet, um die Welt endgültig über die außenpolitischen Absichten der Bonner Regierung zu verwirren und um namentlich die Amerikaner vollends wütend zu machen. Doch wie schon unter Helmut Schmidt glättet *Genschman* auch in den achtziger Jahren unter Kohl immer wieder liebevoll die Wogen. In einer ruhigen Minute fragt dann auch der US-amerikanische Außenminister James Baker den drittbesten Volksschauspieler der BRD nach Strauß und Kohl: „Erzähle uns doch einmal, Hans-Dietrich, wieso man uns aus Bonn fortgesetzt erzählt, dass es auf Deine Haltung nicht ankommt?“ Dies spielt sich nach einer Szene ab, in der Genscher durchaus auch selbst einmal richtig gut in Fahrt ist – wir können auch anders. Genschers Sparringspartner gibt jetzt der Bauerntölpel Helmut Kohl; vorher war es jenes nordisch-kühle Schnoddermaul Helmut Schmidt. Wie in einer guten Ehe gibt Genscher den ausgleichenden Ruhepol. Über Schmidts Zeit erzählt er bereitwillig und restlos ungeniert, dass man diese Nummer mit der Rollenverteilung *good cop, bad cop* von Anfang an durchgezogen hatte: „Mein Verhältnis zu Präsident Carter war ungewöhnlich gut, persönlich sogar sehr eng.“ Als Carter schon nicht mehr im Amt war, zählte er Schmidt an, weil der das Raketenthema erfunden habe; eine Diskussion im schönen Venedig im Juni 1980 schilderte er als die unerfreulichste, die er jemals mit einer führenden ausländischen Persönlichkeit geführt habe.[36]

Es kann nicht erstaunen, dass wenigstens irgendein Ansprechpartner in Bonn freundlich sein musste. Letztlich brauchte Bonn die Amerikaner ja schon. Erst gab Schmidt-Schnauze, wie er genannt wurde, den *bad cop* und jetzt ist es Kohl, der in den Medien unter solchen Pseudonymen wie Birne Erwähnung findet. Sie sind nur zwei der politischen Schauspieler auf den Brettern, die die große weite Welt bedeuten. Nehmen wir ihnen also die Kostüme weg, schminken sie mal ab und reduzieren sie auf das, was sie sind: Helmut Schmidt hat Volkswirtschaft und die Staatswissenschaften studiert und mit einer vergleichenden Arbeit über die deutsche, also westdeutsche und die japanische Währungsreform einen Abschluss als Diplom-Volkswirt abgelegt. Helmut Kohl hat seinerseits ein Studium der Rechts-, Sozial- und Staatswissenschaften absolviert und mit seiner Arbeit über die politische Entwicklung in der wunderschönen Pfalz und das Wiedererstehen der Parteien nach 1945 abgeschlossen. Er weiß, wie die Shakespeare-Bühne der Pseudodemokratie in West-Deutschland in den Jahren nach dem Psychopathen aus Braunau am Inn damals aufgebaut worden war. Es spricht Bände, dass kein Unbefugter diese Arbeit je zu Gesicht bekam. Und der Ruhepol Hans-Dietrich Genscher zählte zum Club der Juristen, die den Willy Brandt mit den gutmütigen Augen ohne Blutvergießen aus dem Amt warfen. Genscher ist nun schon über dreißig Jahre in Bonn in der oberen Liga dabei; das war Brandt nicht vergönnt.

Wer das Gras wachsen hört, ahnte schon seit Jahren, dass die Welt nicht so still steht, wie es scheint. Man muss die Zeichen letzten Endes einfach nur richtig interpretieren. Nehmen Sie zum Beispiel das auffällige Hochhaus des Internationalen Handelszentrums in der Friedrichstraße. Es ist ja wohl eines der ganz wenigen Gebäude in Ost-Berlin, bei denen man in der Tat von Architektur bei Neubauten sprechen kann. Während in dem Gebäude 1986 nur ungefähr 20 Mitarbeiter im Arbeitnehmerverleih der DDR-Firma Transinter in den Repräsentanzen tätig waren, ist ihre Zahl bis 1989 auf fast 50 angewachsen. Otto Normalverbraucher in der DDR, darf darin einen neuerlichen großen *Erfolg* der Wirtschafts- und Sozialpolitik der SED sehen. Wenn man allerdings weiß, dass die Amerikaner seit Jahren mit den Sowjets über die Zusammenlegung von Deutschland beraten, darf man mit Fug und Recht annehmen, dass sich eingeweihte Firmenchefs in Amerika schon einmal eine Stellung auf dem neu zu erobernden Markt DDR und Osteuropa sichern. Hat es wenigstens stutzig gemacht, dass der anvisierte offizielle Empfang für das SED-Politbüromitglied Hermann Axen beim Staatssekretär John Cunningham Whitehead in Washington 1988 plötzlich und unerwartet aus der Debatte war und zu einem privaten Empfang herabgestuft wurde? Selbstverständlich kann man auch privat über Geschichten wie die abschließende Regelung zu jüdischen Vermögen sprechen, die von den Nazis enteignet und nach dem Ende des Zweiten Weltkrieges in Volkseigentum überführt worden waren. Der jüdische Weltkongress will jetzt die von der DDR für die Vermögen vorgeschlagenen Abfindungen gar nicht mehr haben, steht doch nach dessen Erkenntnissen die DDR als solche zur Disposition. Da sind als Entschädigungen ganz andere Summen zu erwarten.[37]

John C. Whitehead hat ja auch eine interessante Biographie. Der Mann hat Wirtschaftswissenschaften studiert und mit dem *Bachelor of Arts* im Feld *Economics* abgeschlossen. Nach dem Militärdienst ging es flott mit einem Betriebswirtschaftslehrestudium an der Harvard Business School weiter. Am Ende gab es den *Master of Business Administration*. Er begann das Berufsleben im Investment- und Wertpapierhandelsunternehmen Goldman Sachs, bei dem er 1956 zuerst Partner und später ebenso Senior Partner wurde. Das war dann im Jahr 1976 und da wurde er auch mit John L. Weinberg der Co-Vorstandsvorsitzende von Goldman Sachs.

Nebenher war er zeitweise Mitglied im Board of Directors der New York Stock Exchange und er wurde dann zu dem Vorsitzenden des Gremiums bei der Federal Reserve Bank of New York gekürt. Geradezu folgerichtig wurde er 1985 stellvertretender Außenminister der Vereinigten Staaten. Von seinen Freizeitaktivitäten soll hier bloß der Besuch von Bilderberg-Konferenzen herausgegriffen werden, um auch bei ihm zu verdeutlichen, wer in den USA den Ton in der Politik angibt. Helmut Schmidt schrieb darüber 1987, man brauchte bloß diese Konferenzen zu besuchen, um zu wissen, wie Amerika gerade tickt. *Menschen und Mächte* auf Seite 267.

Die Franzosen wollen eine Perspektive für Europa

Riesig freut sich Willy Brandt über die offizielle nachträgliche Geburtstagsfeier am 20. Januar 1989: „Als Bundespräsident Richard von Weizsäcker aus Anlass meines 75. Geburtstages Weggefährten zu Tisch gebeten hatte, war manch einer über eine Bemerkung François Mitterrands erstaunt; er sprach darüber, dass wir in den siebziger Jahren viel mehr über die westeuropäische Gemeinschaft und deren Einigung gesprochen hätten als über gesamteuropäische Perspektiven." Mitterrands deutliche Ohrfeige an die Adresse des Ex-Bundeskanzlers Helmut Schmidt sitzt.[38]

Richard von Weizsäcker konstruiert in seiner ureigenen Ansprache allen Ernstes eine inhaltliche Linie vom ersten zum vierten Kanzler der BRD. Der Edle mit seiner feinen Sprache erklärt, dass Brandt der Aussöhnung mit dem Westen, die Konrad Adenauer zustande gebracht hatte, die Verständigung mit dem Osten an die Seite gestellt habe. Das Neue sei allerdings keine Ablösung des Alten gewesen. „Aus den beiden Teilen ist ein zusammengehörendes Ganzes geworden, das seither nicht mehr ernsthaft umstritten ist – ein kostbares Allgemeingut."[39]

Der feine von Weizsäcker sagt aber nicht, dass die Aussöhnung mit dem Westen im Laufe der 1950er und 60er Jahre immer schwieriger wurde, weil die Bonner Administration jegliche Verständigung mit dem Osten verweigert hatte. „Es ist kein Zufall," hatte Sebastian Haffner schon 1970 schriftlich fixiert, „dass die westeuropäische Einigungsbewegung in den sechziger Jahren ins Stocken geraten ist und erst jetzt, dank Brandt und seiner neuen Ostpolitik, wieder Belebungszeichen aufweist: Mit einer revisionistischen Bundesrepublik möchte kein westeuropäischer Staat sich zu tief einlassen.“[40] Natürlich nicht. Weil niemand in einen Konflikt um die ehemaligen deutschen Ost-Provinzen hineingezogen werden möchte. Brandt verweigert sich weiterhin der gewünschten Linie in Bonn, welche besagt, dass West-Europa zum Schmelztiegel werden muss, wohingegen Ost-Europa außen vor bleibt, weil es sonst keinen Grund mehr gäbe, die Deutschen voneinander getrennt zu halten. Damit ist Paris wieder dort angekommen, wohin Adenauer sie in den 1950er Jahren gebracht hatte.

Von Weizsäcker war ja selbst ebenfalls nicht zu jeder Zeit begeistert von einer Deutschland-Politik à la Bahr und Brandt. Im Jahr 34 der Teilung hatte er ihren Wandel durch Annäherung zwischen den zwei deutschen Staaten noch als die Hypothek bezeichnet, von der die Ostpolitik befreit werden müsste. Das war damals im Jahr des ersten Milliarden-Kredites für die notleidende DDR, 1983. Streng genommen war Herr Weizsäcker niemals vor oder nach den guten Worten zum 75. Geburtstag von Brandt begeistert von dessen Deutschland-Politik. Vielleicht kommt das mal in ein Blatt: „In dem von Brandt erstrebten »Wandel durch Annäherung« hatten manche Christdemokraten immer ein Risiko gesehen – dass auch der Westen im Zuge der Annäherung viele Prinzipien aufzugeben hätte.“ Wer irgendwann um Ausreden verlegen ist, hat verloren.[41] Doch welche Prinzipien sollen das unter Umständen sein, die der Westen im Umgang mit den Regimen in Ost-Europa aufgeben kann oder sogar müsste? Wer steht mit dem Rücken zur Wand und wo muss man sich Sorgen machen, wann man von wütenden Völkern geerdet wird?

Andererseits ist es durch die rieselnde Dauerpropaganda in der Bundesrepublik nach drei Jahrzehnten völlig normal geworden, dass man jede Menschenrechtsverletzung in der Welt anprangern kann außer einer in der schönen Welt Honeckers hinter dem Eisernen Vorhang. Wenn man in linken Kreisen im Westen jedoch ernsthaft glaubt, dass es im Osten so schön ist, müssten folgerichtig viel mehr linke, kluge, schöne Menschen den Weg in den ersten Arbeiter- und Bauernstaat auf deutschem Boden finden. Allem Anschein nach will jedoch keiner von ihnen ins Gatter.

Diplomatie auf höchstem Niveau

Am 13. Februar treffen Theo Waigel und Max Streibl aus der CSU-Spitze Erich Honeckers Unterhändler Alexander Schalck-Golodkowski in dem Münchener Prominentenlokal „Bogenhauser Hof". Im Februar ist Björn Engholm aus der SPD-Spitze zu Gesprächen in Ost-Berlin. Es kommt zu einem Gespräch, an dem auch der ehemalige Leiter der Ständigen Vertretung der „B.R.D." in der DDR Günter Gaus teilnimmt. Nach der Mitschrift der Staatssicherheit sagt Gaus, wer die DDR richtig kennenlernen wolle, müsste „mehr reisen. Aber zu den richtigen DDR-Bürgern. Nicht zu Querulanten und Dissidenten und sonstigen Quatschköpfen, die von morgens bis abends nur dummes Zeug reden und rumbarben, denn das sind nicht die Leute, die die DDR aufbauen." Es mag ja sein, dass es sich hier um den Sprachduktus der Arbeiter-und-Bauern-Stasi handelt, aber in der Tendenz wird Gaus schon ziemlich genau das gesagt haben. Hätte es Sinn, wenn die sich über seine Auffassung selbst in die Tasche lügen? Wie man es auch dreht und wendet, in einer Hinsicht ist sich Herr Gaus sicher: Die sogenannten Dissidenten widerspiegeln nicht das Lebensgefühl der Mehrheit in der DDR. Oh, dann waren die Leute, die ich in Jena während des Studiums kennengelernt habe, ja gar keine richtigen DDR-Bürger. Das überrascht mich allerdings wirklich. Das hätte ich gar nicht gedacht. Mal sehen, wie sich Gaus herauswindet, wenn ihm das irgendwann einmal vorgehalten wird. Sind die Leute in West-Deutschland, die herummaulen über die Zustände bei ihnen, seiner Meinung nach dann auch keine richtigen BRD-Bürger? Wie Ulrich Wetzel aus München, der darüber empört ist, dass Jutta Limbach, die Justizsenatorin von West-Berlin unter Walter Momper (SPD) im Mai 1989 die Zahlungen Berlins für die Zentrale Erfassungsstelle für politisch motivierte Urteile und für Tötungsdelikte an der innerdeutschen Grenze in Salzgitter einstellt, um im Verein mit dem Saarland, Bremen, Hamburg, Nordrhein-Westfalen und Schleswig-Holstein diese Einrichtung zur Aufgabe ihrer Tätigkeit zu zwingen?[42]

Honecker hofft auf eine rot-grüne Koalition in Bonn

Ost-Berlins Boss mischt weiter im westdeutschen Wahlkampf mit. Dabei geht es ihm darum, die Kräfte an die Macht zu bringen, die sich für eine Anerkennung unserer größten DDR auf der Welt einsetzen. Hier kommt nur eine Koalition aus SPD und Grünen infrage und sie gelingt erstmals nach den Wahlen im März 1989 in West-Berlin. Dort kommt es zu einer Koalition der Sozialdemokraten mit der alternativen Liste, wodurch der Mann mit dem roten Schal, Walter Momper, Regierender Bürgermeister wird. Um den rot-grünen Versuchsballon auch in Westdeutschland zum Durchbruch zu verhelfen, schenkt Honecker dem neuen Senat ein Paket Reiseerleichterungen. Der Bausenator Harry Ristock bedankt sich dann auch artig als Mitglied des West-Berliner Abgeordnetenhauses bei dem Leiter der ZK-Westabteilung Gunter Rettner und erklärt, noch nie habe ein Regierender Bürgermeister „so viel Gutes auf einmal erhalten". Die gesamte SPD-Ostpolitik sei darauf aufgebaut, dass in den sozialistischen Ländern stabile Verhältnisse herrschen. Am stabilsten stehe die DDR in der Landschaft. Man müsste alles dafür tun, damit dies so bleibe. Das ist es, was Erich Honecker hören will, und es ist schön, dass auch Johannes Rau aus der SPD-Führung in Bonn bei einem Besuch im März mehrmals seine tiefste Zufriedenheit über die diskrete und bestimmende Arbeitsweise der ihn begleitenden Sicherheitskräfte äußert.[43] Nein, nicht alle in der DDR sind derartig glücklich und zufrieden mit den sie begleitenden Staatssicherheitskräften. Sicherlich erinnern Sie sich noch an die Worte der Schriftstellerin Christa Wolf, die in Kassandra leicht verklausuliert geschrieben hatte: „Ich bin blöd genug, sagte ich Panthoos, zu denken, einige folgen mir. Sie sind blöd genug, dir zu folgen, sagte Panthoos."

Die Ungarn wollen eine Perspektive für Europa

Anfang Mai öffnet der ungarische Ministerpräsident Miklos Nemeth im Einvernehmen mit Kremlchef Michail Gorbatschow den *Eisernen Vorhang* zwischen Ungarn und Österreich, den er seinerseits als grausamen Anachronismus empfindet.[44] Damit eröffnen jetzt auch die Osteuropäer die Auseinandersetzung mit den Chefs der Deutschen in Ost und West. Dabei hatte Gorbatschow die Entscheidung doch vor Jahren schon den Ungarn selbst überlassen. Allerdings wissen die Ungarn noch zu gut, wie plötzlich sowjetische Panzer in den Straßen standen, als sie vor ungefähr drei Jahrzehnten schon einmal etwas selbst entscheiden wollten. Darum haben sie seit 1986 mehrfach in Moskau gefragt, ob sie das echt dürfen. Wer konnte denn voraussagen, ob der Genosse Gorbatschow nicht ganz einfach gestürzt wird, wenn die Ungarn die Welt in Bewegung versetzen, indem sie diesen Grenzzaun öffnen? Ungarn braucht diese Grenzanlage auf jeden Fall nicht. Seine Staatsbürger können problemlos legal in den Westen reisen. Es ist nur Ost-Berlin, das auf den modernen Limes Wert legt. Dort erfahren sie zu ihrer Überraschung aus dem Fernsehen davon, dass Ungarn am 2. Mai mit dem Abbau der Sperranlagen an der Westgrenze beginnt. Wenige Wochen später unterbreitet Otto von Habsburg, der Sohn des letzten österreichischen Kaisers und Europa-Abgeordneter der CSU, den Regierungen Österreichs und Ungarns den Vorschlag, aus Anlass des Abbaus der Grenze im August 1989 ein Pan-Europa-Picknick auf der österreichischen Seite der Grenze bei Sopron durchzuführen. Bei dieser Gelegenheit soll die Grenze in der Nähe von einem der Übergänge aufgemacht werden. Der Terminvorschlag 19. August scheint freilich aus Moskau zu kommen.[45]

Fragt man den SED-Chef von Ost-Berlin Günter Schabowski, so weiß er scheinbar wirklich nicht, was da im Hintergrund gespielt wird. Er zählt ja auch *nur* zum inneren Zirkel der Macht über die Arbeiter und Bauern. Offenbar lässt der Genosse Honecker auch ihn nicht an seine Schatzkiste der Informationen heran. Der Staatsratsvorsitzende weiß jedenfalls aus seinen Quellen mehr. Von ihm kann man erfahren: „Hier handelt es sich um große Vorgänge, die nicht von heute auf morgen eintraten, sondern um langfristig angestrebte Veränderungen auf der europäischen Bühne, ja auf der Weltbühne. Wir erhielten 1987 Signale aus Washington. Wir konnten und wollten sie nicht als Grundlage unserer Politik betrachten. Dies, obwohl unser Botschafter in Moskau, König, schon 1987 feststellte, dass viele sowjetische Autoren in den verschiedensten Medien die Überwindung der deutschen Zweistaatlichkeit plötzlich als politische Tagesaufgabe beschrieben." Die Auflösung Seiner Deutschen Demokratischen Republik in Luft „wäre als Beitrag zur Herausbildung des europäischen Hauses zu betrachten. Dies konnte nach Lage der Dinge nur durch einen Systemwechsel in der DDR erreicht werden." Dieser 2. Mai in Ungarn ist übrigens auch für die Soldaten an der Grenze zwischen der DDR und der BRD ein Wendepunkt. Für sie wird die Waffenausgabe abgeschafft. Die Grenzsoldaten rücken zwar weiter mit Maschinenpistole aus, aber ohne Munition. Noch mehr schlechte PR kann Honecker nicht gebrauchen.[46]

Die Stimmung im Gehege kippt

Am 7. Mai 1989 finden in *unserer* Deutschen Demokratischen Republik wieder Kommunalwahlen statt. Normalerweise erbringen die Wahlen ja immer Ergebnisse wie im Dritten Reich, knapp unterm Dachfirst. Daher rührt dieser Witz: „Weshalb dauern die Wahlen in der DDR zwei Tage? Damit jeder frei entscheiden kann, ob er am Freitag oder am Sonnabend wählen geht."[47] Aber diesmal ist die Stimmung angespannt und es kann zu einem Erdrutsch kommen. Weil meines Erachtens die überwiegende Mehrheit der Bevölkerung Veränderungen in der DDR wünscht, die sich an Gorbatschows Politik von *glasnost* und *perestroika* orientieren, und da bis dato weder eine Reisefreiheit noch eine Vereinigung mit der BRD ein großartiges Thema an den Straßenecken sind, dürfte es der nach den Kommunalwahlen aufgetretene Verdacht einer Wahlfälschung sein, der die Initialzündung für einen Stimmungsumschwung in breiten Kreisen der Gesellschaft gibt. Somit ist es interessant, wer für die Wahlfälschung die Verantwortung trägt.

Da es sich bei der DDR jetzt nicht um eine lupenreine Volksdemokratie handelt, fällt der erste Verdacht selbstredend auf den Genossen Generalsekretär an der Spitze der Diktatur des Proletariats. Doch der ist von der

Aktion von Kadern auf der mittleren Ebene glaubhaft entsetzt. Als diese Nummer später ein großes Thema im öffentlichen Diskurs wird, unternimmt der Alleinherrscher nicht den geringsten Versuch, die Fälschung der Ergebnisse abzustreiten oder zu bagatellisieren. Er ist eher ziemlich geschockt: „Also die Losung, dass diese Wahlen die besten sein müssten, wurde nicht vom Politbüro herausgegeben, erst recht nicht vom Zentralkomitee. Bis jetzt ist mir unerklärlich, wer dies in die Partei und in die Nationale Front hineingebracht hat. Für uns wäre ein Ergebnis von 65 Prozent ein großer Erfolg gewesen."[48]

Natürlich sieht er auch selbst, dass Wahlergebnisse, die niedriger ausgefallen wären, Spott hervorgerufen hätten: „Zwar hätte der Gegner dann gesagt, soundsoviel sind dagegen. Aber das war nicht die Frage. Bei den Menschen hätte sich das Vertrauen gefestigt, dass das, was sie meinen, doch seinen Ausdruck findet in den Ergebnissen der Kommunalwahlen. Ich muss ganz offen sagen, dass ich hier vor einem Rätsel stehe." Und er erklärt klipp und klar: „Wahlfälschung betrachte ich als etwas Furchtbares, weil das nicht nur ein Selbstbetrug ist, sondern auch ein Betrug am Volk, um dessen Mitarbeit man doch rang. Nun wird man sagen, warum bist du nicht darauf gekommen und hast in dieser Beziehung klärend gewirkt? Aber ich möchte sagen, dass auf der Tagung des Zentralkomitees, in der die Wahlen vorbereitet wurden, in meinen Darlegungen ganz klar zum Ausdruck kam, dass diese Wahlen zu einer breiteren Entwicklung der sozialistischen Demokratie führen sollten, weil die Wähler die Möglichkeit hatten, die Kandidaten auszuwählen, die sie haben möchten."[49]

Es deckt sich mit der Erinnerung an die Zeit vor den Kommunalwahlen, wenn er nochmal Revue passieren lässt: „Aus diesem Grunde wurde mit den in der Nationalen Front vereinten Parteien und Massenorganisationen vereinbart, die Wahlkreise kleiner zu machen, damit die Wähler die Möglichkeit haben, alle Personen zu testen, ob sie ihnen ihr Vertrauen geben könnten. Die durch die Bürgerkomitees aufgedeckten Verfehlungen brachten im Durchschnitt 10 bis 15 Prozent weniger Zustimmung zu den Wahlkandidaten ans Tageslicht, als offiziell bekanntgegeben wurde. Dieses Ergebnis wäre ein sehr gutes Ergebnis gewesen."[50]

Das Kernproblem besteht an dieser Stelle darin, dass es Erich Honecker zwar gelungen ist, ein System zu festigen, in dem nur er definieren darf, was zum Wohle des Volkes gereicht und was man dafür zu tun hat. Aber er begreift die Konsequenzen nicht. An der Basis entsteht nicht zufällig der Eindruck, dass man den Gang der Dinge nicht beeinflussen könnte, die Leute gehen in die innere Emigration oder flüchten gleich endgültig, und bei seinen mittleren Führungskadern kommt es zum Spagat. An der großen Linie dürfen auch sie nicht rütteln, müssen jedoch den Eindruck erwecken, das ihnen unterstellte Menschenmaterial sei mit seiner Lage sehr zufrieden. Also wer steht denn nun gerade für die Ausbesserung der tatsächlichen Wahlergebnisse?

Im Moment ist niemand auch nur bereit einzuräumen, dass es sich hier um Wahlfälschungen handelt. Doch es gab pfiffige Leute und bestimmt nicht nur in Ost-Berlin, die beim Auszählen der Stimmen halfen – und die Ergebnisse mit nach Hause nahmen. Als die Zeitungen die offiziellen Zahlen brachten, flog der Schwindel auf. Das Einzige, was uns jetzt hilft, ist eine Zeitmaschine, die uns ein paar Jahre in die Zukunft trägt. Dann werden manche der Sünden vor bundesdeutschen Gerichten verhandelt werden. Danach wird die Parteizeitung Neues Deutschland endlich tun, wozu Medien eigentlich da sind. Ein Journalist wird Günter Polauke ansprechen, der '89 noch Stadtbezirksbürgermeister in Berlin-Treptow ist: „Sie sind wegen Wahlfälschung verurteilt worden." Günter Polauke wird das konkretisieren: „Sechs Monate, ausgesetzt auf Bewährung." Daraufhin fragt der Journalist, ob das als eine Vorstrafe gelte, und Polauke erklärt: „Im polizeilichen Führungszeugnis wird es nach einer bestimmten Frist herausgenommen." Die Frage, ob er denn „absolut zu Recht verurteilt" worden sei, wird er klipp und klar mit „Ja" beantworten und ohne Umschweife erläutern: „Die Wahlergebnisse sind verfälscht worden, und das war nach Strafprozessordnung der DDR strafbar. Damit ist es eindeutig, dass ich gegen Gesetze der DDR verstoßen habe und gemäß Einigungsvertrag zu Recht verurteilt worden bin." Es ist keine Frage, dass er „darüber nicht erfreut ist, nun vor bundesrepublikanischen Richtern zu stehen, das steht auf einem ganz anderen Blatt." Man habe „aber nicht das moralische Recht, diese Situation zur nachträglichen Abmilderung seines Handelns benutzen zu wollen." Im Übrigen sei es dann eine faire, ruhige Verhandlung gewesen. Auch andere Passagen sind erfrischend – „Haben Sie Schuld auf sich geladen?“ Staunen wir hier gemeinsam über die späten Erkenntnisse: „Es ist nicht so, dass man eine Kiste aufmacht und nun kommt das alles raus. Das ist ein Prozess, der da in einem stattfindet. Und Schuldgefühl meint ja nicht Eingeständnis einer damals täglich abgesegneten und organisiert abgelaufenen Unmenschlichkeit. Aber du suchst in der Erinnerung durchaus nach Momenten, da du Menschen ungerecht behandelt oder in deiner Funktion Schuld zugelassen hast.“[51] Und er gelangt mit seinen Erkenntnissen bis zur wunderbaren Einsicht: „Neben der strafrechtlichen Seite gibt es vor allem unseren moralischen Anspruch, der in der Welt war und den wir allen aufgezwungen haben. Und wir haben gründlich versagt.“[52]

Die Größe, das laut auszusprechen, macht Menschen zu Menschen. Mir ist keine Studie bekannt, die geklärt hätte, ob es sich hier tatsächlich um eine unorganisierte Kurzschlussreaktion erschrockener Einzeltäter gehandelt hat. Ich könnte mir das Szenario aber durchaus vorstellen. Vor dieser Wahl hat man sich immer selbst den Vorwurf gemacht, man sei ja trotzdem auch wieder zum „Zettelfalten“ gegangen, wie man das nannte. Aber vor dieser Wahl 1989 habe ich in Jena und Weimar viele Leute gehört, die mit unterschiedlichen Begründungen angekündigt hatten, dass sie diesmal nicht zur Wahl gehen würden. Ich vermute, dass die Wahlleiter ob der Ergebnisse so geschockt waren, dass sie wirklich annehmen mussten, nur in ihrem eigenen Wahlkreis wäre das Ergebnis so schlecht ausgefallen. Vielleicht haben sie deshalb spontan leicht nachgeholfen.

Die Amerikaner lassen nicht locker

Die Mitarbeiter sowie der Chef des Nationalen Sicherheitsrates der USA Brent Scowcroft, Robert D. Blackwill und Philip Zelikow sind überzeugt, dass die Vereinigung Deutschlands als politische Aufgabe in Angriff genommen werden müsse. Am 12. Mai 1989 wendet sich der US-Präsident Bush in einem vertraulichen Brief an Kanzler Kohl, in dem er formuliert, dass sich eine historische Chance biete, die Ost-West-Beziehungen jetzt endlich zu verändern. Und am 17. Mai legt Robert D. Zoellick als Berater von Außenminister Baker ein Papier unter dem Titel „Germany“ vor, das diesen Standpunkt enthält. Das Weiße Haus ist ungeduldig, weil für das Frühjahr und den Frühsommer zwei große Reisen von Präsident George Bush nach West- und nach Osteuropa geplant sind, auf denen auch über die Zukunft der Nato anlässlich des 40. Jahrestages der Gründung des Bündnisses am 4. April 1949 nachgedacht werden soll – und der Nato-Jubiläums-Gipfel soll am 29. und 30. Mai in Brüssel stattfinden.[53]

Die Staats- und Regierungschefs, die an diesem Gipfel teilnehmen, veröffentlichen am 30. Mai eine Erklärung, in der in Artikel 26 unter anderem steht: „Die Mauer, die die Stadt [Berlin] trennt, ist ein unannehmbares Symbol der Trennung Europas. Wir streben nach einem Zustand des Friedens in Europa, in dem das deutsche Volk in freier Selbstbestimmung seine Einheit wiedererlangt.“ Da haben die braven Ausländer den Spruch aus Walter Scheels Briefchen zur deutschen Einheit kunstvoll in ihren Text eingearbeitet. Manche Leute wollen sich einfach nicht davon abbringen lassen, andere Leute beim Wort zu nehmen. Im Anschluss an den Nato-Gipfel in Brüssel besuchen Präsident George Bush und dessen Außenminister Baker am 30. und 31. Mai 1989 die Bundesrepublik. Am Morgen des 31. Mai führt Hans-Dietrich Genscher ein dreißigminütiges Gespräch unter vier Augen mit seinem Amtskollegen Baker im Bonner Auswärtigen Amt. James Baker bittet Genscher um seine Einschätzung der Lage in den Staaten des Warschauer Vertrages. Die DDR sei in der kompliziertesten Lage aller Warschauer-Pakt-Staaten, erklärt Genscher, weil sie über keine eigene Identität verfüge. In Wahrheit identifizierten sich die Menschen dort mit Persönlichkeiten, Entscheidungen und den Werten der Bundesrepublik. Die DDR sei zwar ein sozialistischer Staat –

mit allen dort üblichen Einschränkungen der Pressefreiheit –, sie habe aber zwei völlig gegensätzliche Medienlandschaften. Auf der einen Seite gebe es das Staatsfernsehen, den Staatsrundfunk und natürlich auch die staatlich kontrollierte Presse. Vielleicht muss das wirklich jemand dem Amerikaner einmal sagen. Auf der anderen Seite jedoch empfingen fünfundachtzig Prozent der Bevölkerung regelmäßig Westfernsehen. In der Wirtschaft sehe es ähnlich zwiespältig aus: Offiziell regiere der Plan, in Wirklichkeit gebe es aber zwei parallele Volkswirtschaften. Die eine beruhe auf dem Plan und dem Verteilungsapparat. Daneben gebe es auch die D-Mark, die für viele DDR-Bürger eine Zweitwährung darstellt, mit der in speziellen staatlichen Läden auch bessere Waren gekauft werden können. Zunehmend wird jedoch auch für qualifizierte Dienstleistungen die D-Mark verlangt.[54]

Brent Scowcroft, Präsident George Bushs Sicherheitsberater, erkundigt sich beim Bonner Verteidigungsminister Gerhard Stoltenberg: „Soll sich der Präsident auch zum Thema deutsche Wiedervereinigung äußern?" – Scowcroft ist irritiert, denn Stoltenberg zieht als Antwort lediglich eine Grimasse. Daraufhin streicht der Präsident den geplanten Redepassus.[55] Unabhängig davon, ob die neue Administration das Desinteresse an der Vereinigung von Bundesrepublik und DDR nun versteht oder nicht, ist gewiss davon auszugehen, dass in der Auswertung dieses Sondierungsgespräches beschlossen wird, die Führung in Bonn nicht in den Plan zur Maueröffnung einzuweihen.

Schon Ronald Reagan wollte sich immer mit Michail S. Gorbatschow in Moskau verständigen und seit seinen ersten Versuchen bezüglich eines Abrüstungsprozesses gab es Ärger mit seinen Freunden in Bonn. Erst im Frühjahr 1989 wird der Streit beigelegt – mit Erfolg. Da die Kontroverse um die Modernisierung der nuklearen Kurzstreckenraketen, bei welcher sich ein Genscher nur nicht auf null festlegen lassen wollte, beigelegt ist, wird aus dem Staatsbesuch von US-Präsident Bush ein atmosphärischer Höhepunkt in den deutsch-amerikanischen Beziehungen. Der verbissen ausgetragene SNF-Streit im Nato-Bündnis hat jedenfalls unmittelbare Auswirkungen auf das deutsch-amerikanische Verhältnis: In der Rede in Mainz ernennt Präsident Bush die Deutschen in einer ebenso frühen wie kühl kalkulierten Erkenntnis ihres politischen Gewichts zu *„partners in leadership“* – also zu Partnern in der Führungsrolle. Noch cleverer geht es ja nun wirklich nicht, als dass man den Bock zum Gärtner macht. Da hat Bonn vier Jahrzehnte minus die Jahre mit Brandt als Kanzler darum gekämpft, den Status quo so starr wie nur irgend möglich zu halten, und jetzt sollen sie auf einmal den Platz vor dem Karren einnehmen und das voranbringen, was sie bisher 44 Jahre lang mit Erfolg verhindert haben. Einige Bonner Politiker, vor allem im konservativen Lager, hören diese Einstufung als schieres Kompliment; den bitteren Ernst, der hinter den Bush-Worten steht, begreifen viele, wenn überhaupt, erst später.[56]

„Partners in leadership“ ist keine Salbung des deutsch-amerikanischen Verhältnisses, wie es die Publizistin Elizabeth Pond nennt. Zoellick, der an dieser Passage mitgewirkt hat, ist hier nüchterner. Er bezeichnet das als ein Stück ureigenster amerikanischer Interessenpolitik. Washington habe erkannt, meint er, dass bei der Fortentwicklung des Ost-West-Verhältnisses, besonders der Beziehungen zu Moskau, den Deutschen eine Schlüsselrolle zukommt. Das Angebot zur Partnerschaft sei daher gerade auch in der Absicht erfolgt, die amerikanischen Möglichkeiten zum Mitgestalten der Entwicklung zu sichern. Robert D. Zoellick erklärt, dass sie sich einerseits von den Deutschen herausgefordert fühlen, aber andererseits wollen sie Respekt vor der Rolle zum Ausdruck bringen. Historisch betrachtet war das allerdings eine rasante Entwicklung. Die Amerikaner fühlen sich schon viereinhalb Jahrzehnte nach dem Zweiten Weltkriege von den Deutschen herausgefordert und fangen nun endlich an, mit den Russen zu kooperieren. Besser spät als nie.[57]

Zögerliches Umdenken

Am 12. Juni tritt Ungarn der Genfer Flüchtlingskonvention bei und hat sich damit nun offiziell verpflichtet, Flüchtlinge nicht mehr gegen ihren Willen abzuschieben, sobald sie Asyl beantragt haben. Eine Auslieferung von an der Westgrenze gefassten DDR-Bürgern ist demzufolge ebenfalls nicht mehr möglich. Westdeutsche Medien machen das bekannt und im Fernsehen werden Leute gezeigt, denen die Flucht nach Österreich über Ungarn geglückt ist.[58] Der Tag der Deutschen Einheit am 17. Juni bietet Erhard Eppler aus der Bonner SPD, der dort 1987 federführend bei dem gemeinsamen Papier der DDR-Staatspartei SED und einer nach Brandt generalüberholten SPD in der BRD war, eine wertvolle Gelegenheit zum Sprechen. In der traditionellen Rede im Bundestag überrascht er seine Zuhörerinnen und Zuhörer auf einmal mit düsteren Prognosen über die Zukunft der DDR. Es gebe so etwas, sagte er, wie ein „DDR-Bewusstsein, ein manchmal fast trotziges Gefühl der Zugehörigkeit zu diesem kleineren, ärmeren deutschen Staat." Doch wenn er sich nicht völlig täuschte, wäre dieses Gefühl vor zwei Jahren, als er jenes gemeinsame Papier von SPD und SED unterschrieben hat, stärker gewesen als heute. Aber noch dürfte es in der DDR eine Mehrheit geben, deren Hoffnungen sich nicht auf das Ende, sondern auf die Reform ihres Staates richteten. Noch viel zärtlicher kann man nicht um eine realistische Bestandsaufnahme sowie schnellstmögliche Reformen in Berlin betteln: „Wenn sich die Führung der DDR allerdings weiterhin in jener realitätsblinden Selbstgefälligkeit übt, die wir aus den letzten Monaten kennen, dann könnte in weiteren zwei Jahren aus dieser Mehrheit eine Minderheit geworden sein." Nach seinem Wink mit dem Zaunpfahl meint er: „Keine Seite kann die andere daran hindern, sich selbst zugrunde zu richten." Es ist unbestreitbar und ist ziemlich schön formuliert: „Solcher Klartext über die innere Lage der DDR war seit vielen langen Jahren keinem führenden Sozialdemokraten über die Lippen gekommen."[59]

Wie reagieren aber seine Genossen auf diese ersten kritischen Töne seit es Schokolade gibt? Hart geht Harry Ristock aus der West-Berliner SPD mit seinem Parteifreund Erhard Eppler ins Gericht wegen jener Bundestagsrede am 17. Juni, dem Jahrestag des Arbeiteraufstandes von 1953 in der DDR? So wie Herr Eppler aufgetreten sei, „hätte in der heutigen Zeit auch ein CDU-Vertreter nicht schlimmer sprechen können." Auch dem taufrischen Ministerpräsidenten von Niedersachsen Gerhard Schröder aus der SPD verschlägt es die Sprache. Er distanziert sich bei einem Gespräch mit Gunter Rettner aus der SED-Spitze von „den Epplers", denen man das Ideologiepapier nicht überlassen dürfe. Dieses Ideologiepapier über den friedlichen Streit der Ideologien hatte aber gerade jener Erhard Eppler mit ausgearbeitet und für die SPD unterschrieben. Im Juni 1989 sagt der Regierende Bürgermeister von West-Berlin Walter Momper im Bundestag zu Bonn bei Köln: „Die Wiedervereinigungsrhetorik ist unter den heutigen Prämissen verlogen." Er fügt hinzu, dass sie eine Fortentwicklung des Verhältnisses zwischen den beiden deutschen Staaten und „innere Entwicklungen in der DDR" blockiere. Die von Walter Momper aus der SPD kritisierte Wiedervereinigungsrhetorik ist freilich nicht erst „unter den heutigen Prämissen" im Sommer 1989 verlogen. Er selbst ist entweder unbelesen oder genauso verlogen, weil er nicht erklärt, warum die *Wieder*-Vereinigungsrhetorik in CDU und CSU verlogen ist.[60]

Nachdem Konrad Adenauer mit Erfolg verhindert hatte, dass Berlin die Hauptstadt Deutschlands blieb, fordert Momper nunmehr, West-Berlin solle die „Hauptstadt der Phantasie, die Hauptstadt der Kreativität und der Selbstverwirklichung"[61] werden. Warum eigentlich nun nicht gleich die Hauptstadt der DDR? Mit Ku'damm! Wie auch schon damals in der Hauptstadtfrage, hatte sich Dr. Konrad Adenauer seinerzeit ja auch bei der Unterstützung *unseres sozialistischen Aufbaus* gegen die Alliierten über die Verflechtung der beiden parallel aufgebauten Volkswirtschaften durchgesetzt, mit der *nationalen Begründung*, es sei dabei doch um den „innerdeutschen Handel" gegangen. Was dadurch noch immer nicht abgedeckt war, wurde dann eben illegal den Machthabern in Pankow zugespielt. Selbstverständlich waren und sind es Verstöße gegen die Gesetze der Westalliierten. Diese Gesetze sollten den ökonomischen Kollaps der DDR herbeiführen. Warten wir auf höchstrichterliche Rechtsprechung und wir werden es noch erleben, dass die Tathandlungen von 1957 bis in den Mai 1989 als verjährt anzusehen sind; doch was wird aus jenen circa 155 Millionen Mark, die von Juni 1989 bis zum Frühjahr des Jahres '90 unter Verstoß gegen das Militärregierungsgesetz 53 in die DDR gehen?[62]

Die Russen gehen in die Offensive

Zwei Wochen nach den Amerikanern besuchen der Moskauer Präsident Michail S. Gorbatschow und Außenminister Eduard Schewardnadse die Bundesrepublik. Wie schon im Gespräch mit den Amerikanern müssen sich die Herrscher in Bonn zum gemeinsamen Ziel der Überwindung der Trennung Europas bekennen. Nur dass die Moskauer eben nicht irgendwann im nächsten Jahrhundert das Ziel erreichen wollen, wie es immer in den Sonntagsreden heißt, sondern zackig und bevor ihre Sowjetunion wirklich nicht mehr zu retten ist. Bonn bekennt sich auch brav zur europäischen Friedensordnung und zur Moskauer Formel des gemeinsamen europäischen Hauses, in welchem auch die USA und Kanada ihren Platz haben, und die KSZE, also die Konferenz für Sicherheit und Zusammenarbeit in Europa soll die Grundlage für alle diese Bestrebungen sein. Als integrale Bestandteile eines Europas des Friedens und der Zusammenarbeit werden neben anderem genannt: uneingeschränkte Achtung von Integrität und Sicherheit jedes Staates; das Recht eines jeden, das eigene politische und soziale System frei zu wählen; uneingeschränkte Achtung der Grundsätze und Normen des Völkerrechtes, besonders natürlich die Respektierung des Selbstbestimmungsrechts; eine Verwirklichung aller Menschenrechte und die Forderung, Kontakte zwischen den Menschen zu fördern und Ideen auszutauschen. Jedem Streben nach militärischer Überlegenheit wird eine Absage erteilt. Wichtig in dieser Gemeinsamen Erklärung ist aber vor allem folgende Feststellung: „Die Bundesrepublik Deutschland und die Sowjetunion sind sich angesichts des Gewichts, das jede Seite in ihrem Bündnis hat, bewusst, dass eine positive Entwicklung ihres Verhältnisses zueinander für die Lage in Europa und für das Ost-West-Verhältnis insgesamt zentrale Bedeutung hat.“ Warten wir einmal ab, wie Bonn diesem hehren Anspruch gerecht zu werden gedenkt. Nach der Ohnmacht vom Januar ’89 kann den westdeutschen Außenminister Hans-Dietrich Genscher ein Bekenntnis des Moskauer Außenministers kaum noch schocken: Schewardnadse stellt fest, dass auch die Berliner Mauer fallen werde, wenn die Zeit dafür reif sei, doch dafür sei eine gewisse Atmosphäre des Vertrauens und des Respekts unerlässlich. Dann darf Kohl zum Beispiel Gorbatschow nicht mit Goebbels vergleichen.[63]

Bonn setzt die Politik der kleinen Schritte fort

Die Politik von Willy Brandt führt jetzt nur in die gegenteilige Richtung. Helmut Kohls neuer Kanzleramtschef Rudolf Seiters (CDU) versucht es am 4. Juli 1989 auch mit einem Beratungstermin bei Erich Honecker. Er ist innerhalb der Bundesregierung zuständig für die operative Deutschlandpolitik. Seiters hatte sich in kürzester Frist in seine schwierige Aufgabe als Chef vom Bundeskanzleramt eingearbeitet. Dr. Kohl schätzt ihn besonders wegen seiner absoluten Zuverlässigkeit, seines sicheren Gespürs und des menschlichen Takts, mit dem er schon viele komplizierte Situationen gemeistert hat. Das Gespür und der Takt sind unabdingbar, wenn ein erfolgreicher Mann nach einem abgeschlossenen Studium der Rechts- und Staatswissenschaften von Amts wegen mit einem alt, jedoch nicht weise gewordenen Mann sprechen muss, der nichts erreicht hat im Leben, aber den Chef mimt. Wie das Leben so spielt, wird Rudolf Seiters der letzte Außenpolitiker bei Erich Honecker vor dessen Operation. Die Situation ist insgesamt recht prekär. Die Zahl der Ausreisesüchtigen aus der DDR ist in diesem Jahr sprunghaft gewachsen. Der Kanzler erklärt, dass es jetzt darum gehe, einerseits behutsam seine pragmatische Politik der kleinen Schritte im Sinne von menschlichen Erleichterungen fortzusetzen, andererseits aber die Grundpositionen seiner Deutschlandpolitik zu wahren. Das sind Grundpositionen, die Kohl (CDU) 1982 nahtlos von Schmidt (SPD) übernahm. Sonst stünden Kohls Deutschlandpolitik und die menschlichen Erleichterungen nicht im Widerspruch zueinander – einerseits und andererseits. [64] Schmidt wollte sich ja auch einerseits mit Honecker im engsten Kreise in Güstrow treffen und andererseits keinen Menschenauflauf jubelnder DDR-Bürger in der Stadt Rostock haben.

Frischen wir auf, welche Rolle einerseits Schmidt und andererseits Kohl mit ihren Parteien in der Bundesrepublik über die Jahrzehnte nach dem Zweiten Weltkrieg gespielt haben und warum es einen Widerspruch gibt zwischen den Grundpositionen der Bonner Deutschlandpolitik und dem Streben nach menschlichen Erleichterungen. Greifen wir beherzt zu den *Streitfragen der deutschen Geschichte*. Der gute Prof. Winkler erläutert dem Publikum, dass die Ostverträge Anfang der 1970er Jahre mit einer Umkehrung der innenpolitischen Fronten in der nationalen Frage einhergegangen seien. In der Ära Adenauer habe die gemäßigte Linke, also die neue SPD, den Primat der deutschen Einheit proklamiert. Auf diese Art hätten sie den nationalen Part übernommen. Ehrlich gesagt, hört ein kritisches Ohr hier schon, dass es sich um eine Theaternummer handelt.

Einen Part übernommen. Wenn ich einen Inhalt nicht vertreten will, so werde ich diesen Standpunkt auch nicht vertreten. Doch zurück zu dem gelernten Geschichtenerzähler. Das war, verglichen mit dem Kaiserreich und der Weimarer Republik, ein kompletter Rollentausch zwischen links und rechts, befindet Winkler. In der zweiten Hälfte der sechziger Jahre, solange die CDU den Kanzler in Bonn stellte, hätten liberal-konservative Publizisten und Politikwissenschaftler wie Burkhard Freudenfeld, Hans Buchheim und Waldemar Besson die Bundesrepublik dazu angehalten, ein eigenes bundesdeutsches Nationalbewusstsein zu entwickeln; es sei darum gegangen, endlich Abschied von der gesamtdeutschen Illusion zu nehmen. Dazu muss man sagen, dass der Marx-Kritiker Erich Honecker erst einige Jahre später auch die Menschen im Osten aufgerufen hat, ein eigenes DDR-Nationalbewusstsein zu entwickeln. Im Leben hätte ich es ihm nicht geglaubt, dass Deutschland durch Bonn zerlegt worden ist.[65]

Seit den Ostverträgen argumentierte man dann mit vertauschten Rollen. So bekämpften die Unionsparteien den Grundlagenvertrag mit der DDR mit nationalen Parolen. Die Bayerische Staatsregierung erstritt 1973 ein Urteil des Bundesverfassungsgerichtes, das es allen Verfassungsorganen untersagte, die Wiederherstellung der staatlichen Einheit aufzugeben, so Winkler. Aber was ist das für ein Verfassungsgericht und was redet jener Experte von Verfassungsorganen, wenn man überall lesen konnte, dass das Grundgesetz bloß ein Provisorium sei und dies mit der Begründung, eine Verfassung müsste sich ein vereintes deutsches Volk irgendwann in der Zukunft in freier Selbstbestimmung geben? Prof. Dr. Winkler erklärt dann weiter, die „Wiedervereinigung“ habe sich von den 1950er Jahren bis in die Gegenwart von einer Formel aus der neuen SPD immer mehr verwandelt in eine „rechte“, gegen den sozialliberalen Pragmatismus gerichtete Formel. Rhetorisch zumindest war das traditionelle Rollenspiel zwischen *links* und *rechts* wiederhergestellt. Die Wirklichkeit, erklärt er den Leuten, sei um vieles komplizierter gewesen. Wer mit Blick auf ein rechtes Wählerspektrum die Wiederherstellung der staatlichen Einheit beschwor, musste deswegen noch nicht „national" denken und handeln. Das gilt nach Winklers Erkenntnissen dann natürlich erst recht für eine Beschwörung eines Deutschen Reiches in den Grenzen von 1937, auf die Politiker der CSU wie beispielsweise Bundesfinanzminister Theo Waigel vor zwei Tagen schon wieder am 2. Juli auf dem Deutschlandtreffen der Schlesier in Hannover nicht verzichten zu können meinen.[66] Dann ist es also nicht national gedacht, wenn Theo Waigel auf ehemaligen Gebieten Deutschlands besteht? Wissend, dass er so die Vereinigung der übriggebliebenen Gebiete von Frankfurt an der Oder bis Aachen verhindert?

Es spricht Bände, welche Begrifflichkeiten der Spezialist in Anführungszeichen setzt. *Wiedervereinigung* zum Beispiel. Der Begriff wird wieder abstrakt und steril benutzt. Es bleibt erneut offen, was man denn nun in Angriff nahm, um da eventuell hinzukommen. Umgekehrt entstand bei den Leuten über die Jahre der Eindruck, man könne gar nichts tun, man müsste nur auf einen Zusammenbruch jener „Supermacht" Sowjetunion warten. Und sowas kann ja bekanntlich dauern. Gewartet haben jedoch nicht alle. Manche haben den Zusammenbruch *unseres Großen Bruders* eben auch verhindert, indem sie der Sowjetunion Kredite gewährten. Ob man es glauben möchte oder nicht: Die Bundesrepublik Deutschland ist der bei weitem größte Gläubiger des armen Sowjetreichs. Der Historiker Norman Stone denkt in einem Essay über den Moskauer Außenminister Andrej Andrejewitsch Gromyko laut über die Frage nach, ob die Bundesrepublik die Krise des Kommunismus zwei Jahrzehnte hinausgeschoben hat. Da können die Deutschen natürlich lange warten, wann sich bei uns etwas tut.[67] Es kann auch nicht erstaunen, dass das Wort *national* hier in Anführungsstrichen steht, oder *rechts* und *links*. Kein Wunder, wenn es einen Rollentausch nach dem Krieg gab und einen zweiten Rollentausch, weil man den Kanzler Brandt 1970 ausmanövrieren musste. Dieser Willy war in der nationalen SPD, deren Führer Kurt Schumacher zum Beispiel im Herbst 1950 schon die Aufstellung zahlreicher alliierter Divisionen in Deutschland forderte, um im Fall eines Krieges die erste Schlacht an der Elbe und die zweite an der Weichsel schlagen zu können. Er vertrat den Standpunkt, dass die angekündigte Verstärkung nicht ausreichend sein werde und keinen Schutz biete.[68] Bloß, damit Sie nicht denken, Sie sind im falschen Film: Das forderte jener Dr. Kurt Schumacher, der sich mit allem, was seine Lunge nach den elf Jahren in vier Konzentrationslagern noch hergab, *gegen* die Westbindung der Bundesrepublik stemmte, die Kanzler Konrad Adenauer aus der bösen CDU propagierte. Auf diese Art würde die Möglichkeit für eine Wiedervereinigung zerstört. An der Elbe sollten die Alliierten angeblich die DDR beseitigen und an der Weichsel die deutschen Ostprovinzen bis an die Memel heim ins Reich holen. Da hätten die Alliierten lieber tot im Straßengraben gelegen. Seit die Leute in West-Deutschland den Politikern so einen Nonsens abgekauft haben, spielt diese Gilde mit der Bevölkerung hemmungslos Pingpong. Nehmen Sie auch Helmut Schmidt, der nach dem großen Rollentausch Kanzler in Bonn am Rhein wurde. Streng genommen muss man eine Tonaufnahme seiner Rede vom 22. März 1958 im Bundestag hören, um den nationalen Pathos zu erleben, mit dem *er* in den fünfziger Jahren sprach: „Und wir sagen dem deutschen Volke in voller ernster Überzeugung, dass der Entschluss, die beiden Teile unseres Vaterlandes mit atomaren Bomben gegeneinander zu bewaffnen, später in der Geschichte einmal als genauso schwerwiegend und verhängnisvoll angesehen werden kann, wie es damals das Ermächtigungsgesetz für Hitler war."[69] Sie irren sich gar nicht, das war genau der Mann, der sich so für den Nato-Raketenbeschluss von 1979 ins Zeug gelegt hat, nachdem die SPD an die Regierung kam. Nein, die Aufrüstung unter Konrad Adenauer war auch nicht verhängnisvoller als die Aufrüstung unter Helmut Schmidt, Partei hin oder her.

Halb aufgeflogen sind jene Absprachen, als Brandt 1969 Kanzler wurde. Er hat seinen Vertrauten Horst Ehmke als Kanzleramtsminister ausgewählt, wodurch Ehmke zum Chef im Kanzleramt wurde und nun verantwortlich für die Aufsicht über die Geheimdienste. Er hat Lunte gerochen von der Arbeit des Bundesnachrichtendienstes BND im Inland, was der Dienst laut Grundgesetz nicht darf. Daraufhin ließ er die BND-Zentrale in Pullach bei München nach dem Material aus der verbotenen Inlandsaufklärung durchforsten. Obwohl in einer Eilaktion haufenweise Akten weggeschafft worden waren, konnte er dann die Existenz von Personendossiers in 54 Akten beweisen. Aber die BND-Akten wurden auf Mikrofilm übertragen und die Reste dieser Sonderkartei wurden auf Weisung von Horst Ehmke und BND-Präsident Gerhard Wessel, dem Vertrauten und Nachfolger von Reinhard Gehlen, vernichtet, hat der Horst Ehmke geglaubt. Sie wurden nicht vernichtet, sondern auf einer portugiesischen Insel zwischengelagert. In Portugal herrschte ein faschistisches Regime, zu dem der BND guten Kontakt pflegte. Das hat die gleiche Gilde in der Bundesrepublik organisiert, die die Republikaner zu einer Rechtsaußentruppe erklärt hat, weil die ursprünglich gegen die Milliardenkredite für die kommunistisch geführte DDR waren. Die kennen sich bei Faschisten aus und wissen, wer ein Nazi ist. Wie Kai aus der Kiste sind diese Akten nach der Abwicklung Brandts und der Machtübernahme durch Schmidt wieder aufgetaucht. Die Erklärung des vormaligen BND-Chefs Reinhard Gehlen, echte Inlandsaufklärung seiner Behörde habe es nicht gegeben, ist völlig zutreffend, denn es handelt sich um das Netzwerk der Bundesbürgerinnen und Bundesbürger, die wissen, worum es geht. Um einmal abzustecken, welche Kreise das Netz umfasst, seien einige von ihnen genannt: der Politiker Herbert Wehner, Bundesverfassungsrichter Fabian von Schlabrendorff und der Zeitungsverleger Gerd Bucerius. Zutreffend ist es also auch, wenn aus dem BND verlautete, viele der Akten seien auf Wunsch der Betroffenen angelegt worden. Mit ihren eigenen Augen gesehen haben die alphabetisch geordnete Liste der Bespitzelten beispielsweise die Chefredakteurin Marion Gräfin Dönhoff und der Meisterspion aus der Ost-Zone Günter Guillaume. Diesen Volksschulabsolventen hat der BND 1969 für eine Art *Attentat* gegen den Träumer Brandt gesucht, der die nationalen Ziele der SPD-Größen wie Dr. Kurt Schumacher nach dem Krieg für bare Münze genommen hatte. Günter Guillaume brauchte nur den Anfang der besagten Liste zu lesen, und schon wurde ihm bunt vor Augen. Da waren Leute drauf wie Conrad Ahlers, der mit Strauß die Spiegel-Affäre 1962 eingefädelt hatte und der Politiker Dr. Rainer Barzel oder Prof. Dr. Wolfgang Abendroth, Dr. Viktor Agartz, Dr. Adolf Arndt, Fritz Baier, Franz Barsig, Helmut Bazille, Arno Behrisch, Berthold Beitz, Ernst Bende und so weiter. Da auch Willy Brandt auf der Liste steht, ist anzunehmen, dass alle politisch relevanten Köpfe der Bundesrepublik in der Obhut des BND sind. Gräfin Dönhoff fand auf jener Liste die Namen der Kollegen: „Mir, aber auch allen anderen, die diese Liste zu sehen bekamen, sind die Augen übergelaufen. Es waren so gut wie alle, die Rang und Namen hatten im bürgerlichen Journalismus fein säuberlich alphabetisch geordnet zu finden.“[70]

Von der Hallstein-Doktrin über Gänsefüßchen zur Anerkennung Unserer Sozialistischen DDR

In den siebziger Jahren hat sich nach dem Rauswurf des Kanzlers Willy Brandt die ehemals national orientierte SPD der Aufgabe einer weiteren tektonischen Verschiebung der DDR in Richtung Ostasien verschrieben. Ihre Medien schoben die Bevölkerung in der westdeutschen Teilrepublik immer weiter weg von der Nation und hin zu den Sternen. Wir wissen ja, die Idee kam 1939 auf. Bereits im Jahre 1940 war es Konsens bei vielen Widerstandsgruppen, dass der ganze nationale Hickhack um Polen und Deutsche und Tschechen und Belgier und Franzosen überhaupt erst die Kriege in Europa hervorruft. Woher sollten sie damals wissen, dass der blutige Zirkus von reichen Lords in England und großen Firmenchefs in den USA inszeniert worden war? 1940 meinten immer mehr Leute, dass es um die Veränderung dessen geht, was unter nationalen Interessen zu verstehen sei, Interessen des Staates sowie seiner Souveränität.[71] Würde es nicht vollkommen ausreichen, Wahlkampfunterstützung aus fremden Ländern unter Strafe zu stellen? Muss Deutschland in Einzelteile zerlegt werden, um Ruhe zu bekommen und wird die Bevölkerung mitspielen?

Die demokratieskeptische Tendenz hat sich im Widerstand bald durchgesetzt. Dort hielt man es für abwegig, die künftige Ordnung dem Urteil des Volkes zu überantworten. Deshalb sollten Wahlen dann nach einem schwierigen, indirekten und modifizierten Mehrheitswahlrecht entschieden werden. Es ging um eine radikale Überwindung nationalstaatlicher Egoismen durch eine Europäisierung des Bewusstseins und es sollte neu definiert werden, was unter nationalen Interessen zu verstehen sei.[72]

Nachdem die Führer in England und Amerika 1943 erklärt hatten, dass sie es endgültig auf eine bedingungslose Kapitulation Deutschlands anlegten, kam die Idee des Kreisauer Kreises dazu, das Reich in Teile aufzusplitten, um keine verhandlungsfähige gesamtdeutsche Regierung zu haben, die noch einmal solch eine Scheußlichkeit wie den sogenannten Friedensvertrag von Versailles 1919 unterzeichnen müsste. Unter einem Frieden stellt man sich ja normalerweise nicht vor, dass weiterhin viele Menschen im Land verhungern und erfrieren. Wilhelm Leuschner allein hatte über 10.000 Männer und Frauen für die Übernahme der Macht in Deutschland nach Hitler zusammengebracht, die nicht auffallen durften, um Adolf Hitlers Herrschaft zu überleben.[73] Als es dann mit der Separatstaatslösung 1949 geklappt hatte, arbeiteten die Führer in Bonn auf zwei Baustellen. An der vordersten Front war schon in den ersten Jahren die BILD-Zeitung mit dabei, anfangs auf der Seite von Willy Brandt und der SPD und dann seit dem Rollentausch auf der Seite der CDU von Rainer Barzel und der CSU von Franz Josef Strauß. Erst nannten sie den Staat in Mitteldeutschland abschätzig SBZ, sowjetische Besatzungszone, was nach der größten Ablehnung der Teilung klingen sollte, und nach jenem Grundlagenvertrag ließen sie sich förmlich nötigen, den Begriff DDR in ihr gewichtiges Blatt einzuführen – mit Anführungszeichen, um großen Widerwillen zu bezeugen. Jetzt, in dieser heißen Phase massenhaft wegrennender Leute aus dem Gehege, ohne die es diesen zweiten deutschen Staat mangels Einwohnern über kurz oder lang einfach nicht mehr gibt, verzichten auch die Medien des Springer-Verlages seit dem 1. August bei der Erwähnung der DDR auf die Anführungszeichen.[74]

Unterdessen ist dieses neue Gebäude für eine Botschaft der BRD in der Deutschen Demokratischen Republik fast fertig – in Pankow/Rosenthal, jenseits der Zivilisation, und damit auch nicht mehr ständig präsent wie jene Vertretung aus den 1970er Jahren in Berlin-Mitte in der Hannoverschen Straße. Am 10. August 1989 eröffnet die Lufthansa die erste Fluglinie zwischen den beiden Messestädten Frankfurt am Main und Leipzig. So kommt man auch in dieser Angelegenheit einer Normalität zwischen zwei Staaten noch ein Stückchen näher. Die Normalisierung der beiderseitigen Beziehungen wird bloß noch durch die Leute behindert, die mit dem Sozialismus in ihrer Kleinstadt nicht so recht zufrieden sind. Einige von ihnen versuchen jetzt tatsächlich, eigene Parteien zu gründen. West-Berlins Regierender Bürgermeister Walter Momper hat für so etwas nun gar kein Verständnis. Im August spottet der Mann mit dem roten Schal: „Mit Parteigründungen durch kleine Gruppen kann in der DDR jetzt gar nichts bewegt werden." Es klingt einigermaßen seltsam, dass er aus der Fluchtbewegung keine Hoffnung schöpft, wenn er in größter Seelenruhe festhält: „Die SED hat in der DDR tatsächlich die Macht, und sie wird sie in absehbarer Zeit behalten."[75] Mit Demokratie hat er es nicht so.

Die Haltung von führenden Vertretern der SPD wird im Osten sehr wohl registriert und das wird man sich merken. Es ist nicht aller Tage Abend. Martin Gutzeit zählt zu denjenigen, die eine sozialdemokratische Partei in der DDR planen. Bei einem Gespräch mit einem Repräsentanten der westdeutschen Sozialdemokraten im Sommer 1989 sagt jener Demokrat zu dem Wessi-SPD-Mann: „Alles, was wir wollen, ist, dass ihr für uns die gleichen Rechte und Freiheiten verlangt, die ihr selber genießt." Und in Anspielung auf das Verhalten der SPD in den achtziger Jahren meint er schlicht: „Wie konntet ihr nur so prinzipienlos sein?"[76] Dabei sind sie in Bonn so prinzipienfest, wie es Genosse Stalin den Arbeiterparteien einst nahegelegt hatte, mal mit dem einen Unfug und mal mit dem anderen.

Im August, als zahlreiche Flüchtlinge aus der DDR in der Ständigen Vertretung der BRD in Ost-Berlin und in den BRD-Botschaften in Prag und Budapest festsitzen, lässt Oskar Lafontaine, inzwischen schon Kanzlerkandidat der SPD, den Herrn über die DDR Erich Honecker über Staatssekretär Hanspeter Weber mitteilen, er wolle „persönlich einen internen Beitrag leisten, um die entstandene Lage in der Ständigen Vertretung" in Ost-Berlin zu „entschärfen". Deshalb wolle Oskar Lafontaine den Herrn Staatsratsvorsitzenden erneut treffen. Weber, heißt es im SED-Protokoll der Begegnung, sagte, so wie das mit der Ständigen Vertretung gelaufen sei, könne es sich kein Staat gefallen lassen. Unzumutbar sei es natürlich auch, dass in Budapest BRD-Pässe an Bürgerinnen und Bürger der DDR ausgegeben werden.[77]

Oskar Lafontaine ist sicher in dem Moment gerade entfallen, dass er als Volksvertreter an jenes Urteil des Bundesverfassungsgerichts gebunden ist, in dem deutlich steht: „Deutscher Staatsbürger im Sinne des Grundgesetzes ist also nicht nur der Bürger der Bundesrepublik Deutschland. Ein Deutscher hat, wann immer er in den Schutzbereich der staatlichen Ordnung der Bundesrepublik Deutschland gelangt, einen Anspruch auf den vollen Schutz der Gerichte der Bundesrepublik und alle Garantien der Grundrechte des Grundgesetzes." Und in der Botschaft der BRD zu Budapest oder beispielsweise auch Warschau ist er in den Schutzbereich der staatlichen Ordnung der Bundesrepublik Deutschland gelangt. Der Skandal beschränkt sich allerdings längst nicht auf die SPD. Auch Frau

Hildegard Hamm-Brücher aus der F.D.P.-Führung, die Staatsministerin im Auswärtigen Amt, lehnt die Aufnahme der Flüchtlinge in den BRD-Botschaften rundheraus ab. Ich stelle es mir richtig bildhaft vor, wie der Dienstherr Hans-Dietrich Genscher deshalb böse mit ihr ist. Man kann das als Verletzung des Grundgesetzes kritisieren und man kann es genau so gut lassen, es hinterlässt seine Duftmarke: Am 8. August schließt die Bundesrepublik ihre Ständige Vertretung in Ost-Berlin bis auf Weiteres für den Publikumsverkehr. Aus Bonn verlautet, man sei gezwungen, dies zu tun, denn es hätten inzwischen schon 130 Personen Zuflucht gesucht. Wenn deren Anzahl steige, sei der Aufenthalt unter menschenwürdigen Bedingungen nicht gewährleistet. Doch die vorübergehende Schließung bedeute keine Abkehr von der Politik der Bundesregierung, nach wie vor ziele sie auf eine humanitäre Lösung der Probleme von ausreisewilligen DDR-Bürgern ab.[78] Glauben Sie nicht, dass einer aus der SPD oder vom gelben Haufen F.D.P. auf die Idee kommt, endlich die ehemaligen Ostgebiete Deutschlands und somit den Westen von Polen ins Gespräch zu bringen. Dann könnte sich eine öffentliche Diskussion entwickeln, in der in erster Linie die allermeisten Leute aus allen Wolken fallen würden bei der Erkenntnis, dass das Anfang der 1970er noch lange nicht endgültig geregelt worden war. Lieber werben sie um Verständnis dafür, dass 130 Leute nicht auf die Dauer in einem Bürogebäude wohnen können, was ja nun eine Binsenweisheit ist. Es gibt Auswege, wenn man sie nicht ausgerechnet am falschen Ende sucht.

Man sage bloß nicht, die SPD-Leute seien nur in der Opposition und die F.D.P.-Leute seien bloß der kleinere Koalitionspartner. Den niedlichsten Vogel schießt in dieser Situation der Bundeskanzler Helmut Kohl ab. Er schreibt aus seinem Urlaubsort St. Gilgen in Österreich dem Freund und Genossen Erich Honecker einen Brief, in dem er wie auch Erhard Eppler anmahnt: „Unser Wunsch ist freilich, dass die Menschen in ihrer angestammten Heimat ein für sie lebenswertes Leben führen können. Nach meinem Eindruck sehen derzeit nicht nur einzelne, sondern eine größere Zahl, insbesondere auch viele jüngere Menschen, dafür unter den gegebenen Umständen keine Perspektive. Dies zu ändern liegt ausschließlich in der Verantwortung der Führung der Deutschen Demokratischen Republik.“[79]

Wie zärtlich hätte es der feindlich verbündete Bundeskanzler denn noch sagen sollen, dass unser Erich schnell die Rahmenbedingungen ändern soll, damit der Sozialismus wenigstens ein bisschen attraktiv wird oder zumindest nicht mehr zum Weglaufen ist? Doch der Erich schreibt dem Herrn Bundeskanzler unter dem Datum des 17. August eine gepfefferte Antwort. Darin hat er auf keinen Fall zum ersten Mal betont und unterstrichen und deutlich herausgestellt, dass es sich hier eindeutig um „eine Einmischung in souveräne Angelegenheiten eines anderen Staates“[80] gehandelt habe. Jawohl, gib ihm Saures. Meine DDR! Die geht dich überhaupt nix an. Reformen kann unser Herr und Meister jedoch nicht einleiten, da er wegen der Galle gerade im Krankenhaus versorgt wird.

In grauenerregender Verkennung der Stimmung in der Bevölkerung lädt der Genosse Honecker in dem Schreiben den Herrn Bundeskanzler nunmehr zum Staatsbesuch in die DDR ein, wahrscheinlich, um sein eigenes Prestige bei den Leuten hier und dort zu heben. Helmut Kohl ist freilich nicht ganz und gar von allen guten Geistern verlassen und wimmelt die übermütige Einladung freundlich ab: „Ich sollte also in die DDR reisen. Ich erklärte meine grundsätzliche Bereitschaft dazu, falls die Lage in der Ständigen Vertretung in Ost-Berlin und der Botschaft in Budapest sich so zuspitzen sollte, dass es zwingend geboten wäre, einen direkten Kontakt aufzunehmen. Einen offiziellen Besuch schloss ich in der gegenwärtigen Lage jedoch aus.“ Na, da ist der liebe Erich Honecker noch einmal mit einem blauen Auge davongekommen. Schon Adenauer hat bei dem Jubel während des 1963er Besuchs von Frankreichs Präsident de Gaulle in der Bundesrepublik recht treffend bemerkt: „Die Deutschen verlieren leicht die Balance.“ Vielleicht an der Stelle noch eine Überlegung. Wenn Kanzler Kohl auf eine Vereinigung von Deutschland hinarbeiten würde, dann ginge er auf die Einladung Erich Honeckers ein. Wer so verdammt klug ist, wie der Herr Doktor Helmut Kohl, der schlägt aus den Fehlern eines Gegners Kapital. Tut er das nicht, hat er ein anderes Ziel.[81]

Der letzte feierliche Jahrestag des Mauerbaus

In einer kaum noch zu überbietenden Verkennung der Wirklichkeit wie auch der Stimmung in der Bevölkerung, schreiben sie zum 28. Jahrestag des Mauerbaus, dem 13. August 1989, in der Zeitung des offiziellen Ost-Berlin, Neues Deutschland, Halbwahrheiten wie beispielsweise, dass die „zunehmende Wirtschaftskraft" ihrer DDR sich „als solides Fundament für wachsenden Lebensstandard, soziale Sicherheit, Vollbeschäftigung, hohes Bildungsniveau und kostenlose Gesundheitsfürsorge" zeige.[82] Die Mauer wird als Garant der Stabilität gefeiert und jeglicher Reform abermals eine strikte Abfuhr erteilt: „Die Mauer wird nicht niedergelegt, solange die Bedingungen weiterbestehen, die zu ihrer Errichtung führten. Und solche Bedingungen bestehen weiter." Dieser Tage misslingt an der Grenzübergangsstelle für Ausländer *Checkpoint Charlie* ein neuerlicher Fluchtversuch, aber das bloß als Begleitmusik dieses Propagandatextes. Die Zeitung befindet erneut, der Mauerbau habe die Völker Europas vor einem „neuen kriegerischen Inferno" bewahrt.[83] Die Uraltargumentation reißt unter den aktuellen Umständen kaum noch jemanden vom Hocker.

Honecker selbst preist aus Anlass der propagandistisch aufgebauschten Übergabe der ersten in der DDR hergestellten hochmodernen Mikroprozessoren die Vorzüge des DDR-Sozialismus, mit denen zweifellos unter Beweis gestellt wird, „dass das Triumphgeschrei westlicher Medien über das Scheitern der sozialistischen Gesellschaftskonzeption nicht das Geld wert ist, das dafür ausgegeben wird." Er fügt hinzu: „Den Sozialismus in seinem Lauf hält weder Ochs noch Esel auf." Diese doch schon recht alte Erkenntnis der deutschen Arbeiterbewegung finde durch die Initiativen der Werktätigen der DDR ihre aktuelle Bestätigung.[84] Es sei dabei noch angemerkt, dass es sich bei dem von Honecker verwendeten Bebel-Zitat gar nicht um eine Erkenntnis der Arbeiterbewegung handelte, sondern um einen viel älteren *slogan* vom Klassenfeind, den Liberalen, die eine Revolution im Verkehrswesen populär machen wollten. Sie hatten lange zuvor schon die Losung kreiert: Die Eisenbahn in ihrem Lauf hält weder Ochs noch Esel auf.

Einen Tag vor dem ungarischen Nationalfeiertag bereiten die Ungarn in der Nähe von Sopron der Welt eine Überraschung. Am 19. August findet ein Pan-Europa-Picknick auf der österreichischen Seite der ungarischen Westgrenze auf einer Wiese statt. Die Führung Ungarns will die Grenze für diese Veranstaltung unter freiem Himmel öffnen, damit sich Ungarn und ihre österreichischen Nachbarn ungehindert treffen und miteinander unterhalten können. Sie lässt aber auch die Flüchtlinge aus der DDR vertraulich wissen, wenn sie während des Picknicks dort einträfen, dann könnten sie die Grenze passieren. Schon drei Tage vorher machen Zettel mit der Ankündigung dieses Picknicks und der dann offenen Grenze die Runde in Budapest, so dass sich viele Ostdeutsche auf den Weg machen. Aber auch internationale TV-Teams und Journalisten kommen dorthin. Otto von Habsburg, der Sohn des letzten Kaisers der Habsburger, sowie Imre Pozsgay, einer der führenden Reformer des Sozialismus in Ungarn, sind zu Schirmherrn der heißen Nummer geworden. Wenige Tage später titelt dann Der Spiegel in Hamburg: Explodiert die DDR? Massenflucht aus Honeckers Sozialismus. Imre Pozgay sagt, die Moskauer Führung ist ambivalent und hat keine klare Linie. Sie wurden aus Budapest über den ungarischen Schritt informiert, haben allerdings daraufhin kein Lebenszeichen von sich gegeben.[85]

Totgeglaubte Geister steigen aus der Gruft

Am 23. August jährt sich die Unterzeichnung des Deutsch-Sowjetischen Nichtangriffsabkommens mit seinen geheimen Zusatzklauseln von 1939 zum 50. Mal. Es ist natürlich eine echte Sensation nach so vielen Jahren, dass die Texte, die das schnelle Ende der Unabhängigkeit des Baltikums eingeläutet hatten, in einer estnischen Zeitung veröffentlicht werden. Es stellt sich nur die Frage, wie die Dokumente, die Moskau immerhin über mehrere Jahrzehnte geheimgehalten hat, einem estnischen Journalisten in die Hände gespielt wurden. Vorstellbar ist wohl nur, dass die Führung in Moskau einen Weg gesucht hat, um diese Dokumente ins Gespräch zu bringen. Wenn ihre Existenz und Gültigkeit weiter geleugnet wird, dann stehen sie der Vereinigung Deutschlands im Weg, weil sie einerseits den Grenzverlauf zwischen Litauen und Ostpreußen entsprechend dem unseligen Grenzvertrag vom September 1939 dokumentieren und andererseits nicht als von Anfang an für ungültig erklärt werden können, wenn es sie angeblich gar nicht gibt. Die Veröffentlichung führt zu zahlreichen Veranstaltungen, so beteiligen sich zum Beispiel über zwei Millionen an einer Menschenkette quer durch die drei baltischen Republiken. An *der* Stelle bleibt nur zu hoffen, dass sie im Baltikum auch der ungeschickten außenpolitischen Fehler der Chefs ihrer Länder gedenken, die seinerzeit die Unabhängigkeit der Länder beseitigte. Bis Mitte 1939 hielten sie eine Politik der strengen Äquidistanz ihrer Länder zu Berlin und Moskau ein, doch dann ließen sie den Chef des deutschen Generalstabs Franz Halder in die Länder einreisen und unter der Aufsicht von Hitlers militärischen Sachverständigen wurde im Baltikum mit dem Bau von Befestigungsanlagen begonnen. Ob man Stalin verehrt oder ihn hasst, kann dies keinem Staatschef egal sein, wenn die Sicherheit seines Landes bedroht wird.[86]

In den westdeutschen Medien tritt dieser Jahrestag in den Hintergrund. Dort wird ausführlich über das Picknick bei Sopron und einen daraufhin anschwellenden Reiseverkehr berichtet, sicher auch, um die Menschen in der Bundesrepublik auf die Aufnahme der Flüchtlinge vorzubereiten. In der DDR erscheint am 24. August ein Artikel in der offiziellen Parteizeitung Neues Deutschland, der unter einer Überschrift steht, die lediglich die Angst vor einem Ausscheiden einer Republik aus der Union der Sozialistischen Sowjetrepubliken thematisiert: Moskauer Parteizeitung „Prawda verurteilt separatistische Bestrebungen von Sajudis-Führern". Von einer Menschenkette oder geheimen Klauseln zu irgendeinem Vertrag ist keine Rede. In Ost-Berlin bestimmt die Führung selbst, was zur Geschichte gehört und was unter den Teppich gekehrt wird.[87]

Unter dem Siegel der Verschwiegenheit

Die Angst vor einem erneuten Einmarsch russischer Truppen in Ungarn sitzt nach den Erfahrungen von 1956 und 1849 so tief, dass die Führung in Budapest über die Jahre nicht nur mehrfach nachgefragt hat, ob man es in Moskau mit der Erlaubnis für die Öffnung der Westgrenze für alle wirklich ernst meinte, sondern jetzt auch in den beiden Hauptstädten in Deutschland absichert, dass die Entscheidung ihrem Land nicht auf die Füße fällt. Darum fliegen Ministerpräsident Miklós Németh und Außenminister Gyula Horn am 25. August zu einem Geheimbesuch nach Bonn. In einem vertraulichen Gespräch sichert Ministerpräsident Németh dem Kanzler die Grenzöffnung für DDR-Bürger zu. Vertraulich hin oder her, dreimal dürfen sie raten, was Helmut Kohl als nächstes macht. Er bricht sein Versprechen, ruft Gorbatschow in Moskau an und informiert diesen über das Gespräch. Ich hoffe, er tut das in guter Absicht. Weiß er davon, dass Sowjets und Amerikaner in einer geheimen Aktion die Mauer aufmachen wollen? Am 31. August reist der Außenminister Horn nach Ost-Berlin. Die DDR-Führung besteht unbedingt auf Ausreisen nur über die eigene Grenze in den Westen. Gyula Horn erklärt den Männern mit den starren Köpfen, dass die provisorische Aussetzung des abgeschlossenen Rückführungsabkommens für gefasste DDR-Flüchtlinge weiterhin gilt. Was *die gute Absicht* angeht, soll hier ein ungewöhnlicher Vorgriff in die Zukunft gewagt werden. In Ungarn wird es Unverständnis auslösen, wer den Internationalen Karlspreis zu Aachen ein Jahr später erhält. Es sind Gyula Horn und György Konrád. Nichts gegen diese beiden Herren, aber in Ungarn sind einige sogar der Meinung, dass die Entscheidung falsch ist. Gyula Horn gehört sicher dem Kreis der Reformer an und leistet bei der Grenzöffnung für die DDR-Flüchtlinge eine hervorragende Arbeit – doch entschieden haben Miklós Németh und Imre Pozsgay. Das wissen sowohl Kanzler Kohl als auch Minister Genscher. Wenn man schon den Ungarn für die Grenzöffnung danken möchte, dann haben Németh und Pozsgay den Aachener Karlspreis verdient.[88]

Willy Brandt hat das Gefühl, eine Zeit gehe zu Ende.

Die Erinnerungsrede zum 50. Jahrestag des Beginns des II. Weltkrieges im Bundestag wird der Alterspräsident der Volksvertreter Willy Brandt halten. Er bereitet sie im Urlaub in Frankreich vor und verwendet große Sorgfalt darauf. Auf jeden Fall will er den Bogen schlagen vom Krieg zu einer Überwindung seiner Folgen. Deshalb feilt er an der Formulierung, dass eine Zeit zu Ende gehe. Da legt er sich natürlich mit den Großen an, den Politikern in Bonn und den Medien für die Verbreitung ihrer Heilslehre. Hier geht gar nichts zu Ende. Die DDR wird notdürftig wieder auf die Beine gestellt und danach geht es so weiter wie bisher. Was 40 Jahre funktioniert hat, geht nicht auf einmal zu Ende. Es ist kein Wunder, dass erbetene und unerbetene Ratschläge bei Brandt eingehen. Am Vorabend der Rede versucht Egon Bahr, ihm den entscheidenden Satz von der zu Ende gehenden Zeit auszureden. Auch das ist kein Wunder, denn das ist nicht mehr sein Egon aus den alten Tagen, der Egon der Entspannung, der Egon des Wandels durch Annäherung. Das ist Egon Bahr, der in der Zeit zwischen 1974 und 1978 angesprochen worden sein muss und aufgeklärt über die Bedeutung der DDR für das Wohlergehen der BRD. Er ist seitdem auf jeden Fall vorn dabei, wenn es um das Gleichgewicht des Schreckens geht, nicht zu viel Aufrüstung – und nicht zu viel Abrüstung. Frieden auf des Messers Schneide und möglichst bald die Anerkennung der größten DDR auf der Welt. Wurde Bahr an die Front geschickt, weil andere Volksvertreter in Bonn dachten, dass Brandt von ihnen bestimmt kein Stück Brot annehmen wird? Seine Frau Brigitte sagt, ihr Mann hat sich oft Sätze abhandeln lassen, Sätze, die man so oder durchaus ebenso anders sagen konnte. Nach einem launigen Bericht über die Anmutung, so sagt sie, habe Brandt sogleich versichert, er werde sagen, was er will. Also sprach er es im Bundestag aus: „Ich will meinem Empfinden Ausdruck geben, dass eine Zeit zu Ende geht.“[89] Ich vermute, dass viel mehr Leute in der DDR die Reden im Bonner Wasserwerk verfolgt haben als das bunte Volk im Westen Deutschlands. *Correct me if I'm wrong.*

Keine Ahnung, ob Brandts Worte die Wut so vieler Leipziger in den Mut verwandelt haben, jetzt endlich ihre Forderung nach der Sowjetisierung ihres Staates auf die Straßen zu tragen, oder ob es die Herren vom KGB waren, die seit dem Frühjahr offensiv versuchen, Leute für den Aufstand zu gewinnen. Fakt ist, dass die Sowjetunion zusammenbricht, wenn jetzt nicht endlich ein Ende des Kalten Krieges herbeigeführt wird. Vielleicht ist es gar schon zu spät und der Supermacht geht die Luft schneller aus, als man das glauben möchte. Sei es, wie es sei, am 4. September kommt es nach dem schon traditionellen Friedensgebet in der Nikolaikirche zu Leipzig das erste Mal zu einer Montagsdemonstration. Da fühlt man wie Goethe: Sie feiern die Auferstehung des Herrn, denn sie sind selber auferstanden, aus niedriger Häuser dumpfen Gemächern, aus Handwerks- und Gewerbesbanden, aus dem Druck von Giebeln und Dächern, aus der Straßen quetschender Enge, aus der Kirchen ehrwürdiger Nacht sind sie alle ans Licht gebracht. Ja, richtig erinnert. Das hatte Goethe in seinem Faust so gut formuliert. Endlich fordern Leute laut und deutlich die Abschaffung des Geheimdienstes Staatssicherheit und Reisefreiheit. Worte der Würdigung kommen aus Bonn – nein, natürlich nicht jetzt, sondern erst Monate danach, wenn die Zeitungen verkaufen, dass Bundeskanzler Helmut Kohl, na ja... : „Dass dieser Tag schon jetzt kommt, ist besonders jenen Deutschen zu verdanken, die mit der Kraft ihrer Freiheitsliebe die SED-Diktatur überwanden. Ihre Friedfertigkeit und ihre Besonnenheit bleiben beispielhaft."[90]

Die Grenze auf oder die Grenze zu?

Am 5. September 1989 trifft sich das Politbüro der SED zu einer Sitzung. Die Stimmung bei dieser Veranstaltung ist nicht so gut. Die Anwesenden bejammern die angekündigte Grenzöffnung in Ungarn, von der Außenminister Gyula Horn seinen DDR-Kollegen Oskar Fischer am 31. August unterrichtet hat. In ihren Augen ist das Verrat am sozialistischen Lager. Alle Versuche, „das Loch zuzumachen in Ungarn" sind nach den Worten von Günter Mittag gescheitert. Und warum? Weil sich der Chef im alten Moskau Gorbatschow schlicht weigert, Budapest zur Lagertreue zurückzuzwingen. Nun ist der Generalsekretär der SED, der liebe Freund und Diktator Erich Honecker erst im Krankenhaus und jetzt im Genesungsurlaub, und schon kommt es in *unserem* Politbüro zu einer Diskussion. Kaum ist die Katze aus dem Haus, schon sind die Mäuse auf dem Tisch.

Der SED-Chef von Ost-Berlin Günter Schabowski hat in der Runde gesessen und schüttet uns sein Herz aus: „Die Nachricht löste eine hitzige Debatte aus, die erste Diskussion in der Geschichte dieses Politbüros, bei der Fehlentwicklungen nicht auf die Inkompetenz eines Kombinatsdirektors oder die Faulheit eines Ministers geschoben werden, sondern Systemfragen berührt werden." Mehrere Mitglieder dieses im Prinzip ja schon wichtigen Gremiums fordern das erste Mal laut, einmal ernsthaft über Reisefreiheit und die Devisen dafür nachzudenken.[91]

Indessen bemüht man sich in Budapest, die Ausreise von DDR-Bürgern über Österreich zu ermöglichen. Am 6. September unterrichtet der ungarische Botschafter István Horváth Frank Elbe vom Auswärtigen Amt, dass bis zum 10. September eine Regelung gefunden wird. Elbe bittet er nachdrücklich, auf Politiker und Presse dahingehend einzuwirken, dass sie bitte Zurückhaltung üben mögen. Elbe ruft nicht den Rhein, sondern Genscher an, und der gibt diese Bitte an den Sprecher des Auswärtigen Amts Jürgen Chrobog weiter. Dann ruft Genscher die wichtigen Männer anderer Parteien an wie Helmut Kohl, Wolfgang Mischnick sowie Hans-Jochen Vogel. Auch sie bittet er, nach seinem eigenen Bekunden, in den eigenen Parteien und Fraktionen entsprechend zu wirken, und gibt sich übertrieben überrascht darüber, dass der Ungar, dieser István Horváth, am 7. September schon wieder anruft, empört über einen Pressebericht, demzufolge seine Ungarn die Ausreise verzögern, indem sie für die mögliche Grenzöffnung mehr Geld von Deutschland wollen. Das setzt schon voraus, dass sie ursprünglich überhaupt Geld wollten. Horváth kommt sogar, und das muss man sich einmal vorstellen, er kommt also auf den Gedanken, die Behauptung müsse aus Regierungskreisen kommen. Mit anderen Leuten in Bonn hat er ja nicht gesprochen. Elbe weist den Vorwurf in aller Form scharf zurück. Später müssen Genscher und Kollegen feststellen, dass Horváth Recht gehabt hatte.[92]

Es ist eigentlich schade, dass Genscher nicht einräumt, dass er selbst die Information zur völligen Unzeit an die Bild-Zeitung weitergeleitet hatte. Hans-Dietrich Genscher hat sich am 6. September einen Gast in seinen privaten Garten eingeladen. Es handelt sich dabei um den Büroleiter der Bild-Zeitung in der Bundeshauptstadt Bonn am Rhein; das ist Wolfgang

Kenntemich. Da sitzen diese beiden Spitzbuben also an einem wunderbaren Spätsommertag 1989 in Genschers Garten in Bonn. Der Gastgeber nimmt sich Zeit, und nach dem Kaffee gibt es noch Eis. Kenntemich hat keine Zeit; er fühlt sich wie auf heißen Kohlen, denn eigentlich hat er als Bonner Büroleiter der Bild-Zeitung gerade Dienst. Irgendwann rückt der Außenminister mit der Nachricht heraus, wegen der er den guten Mann zu sich gebeten hatte. Er sagt zu dem Topjournalisten, er habe erfahren, dass die Ungarn die Pforte aufreißen wollen. Ganz große Klasse. Das war dann wohl nix mit der gewünschten Zurückhaltung, wenn er diese heiße Information gleich selbst und brühwarm an die Bild-Zeitung weitergibt, die genug Erfahrung im Umgang mit solchen heiklen Informationen hat. Es ist gewiss kein Zufall, dass Genscher ihn und keinen anderen mit der sensationellen Meldung aus Ungarn versorgt.[93] Das enthebt Kenntemich zugleich der Frage, was er morgen in der Zeitung bringen soll, und sein Schwatz im Garten war das Gegenteil von reiner Zeitverschwendung.

Der ungarische Ministerpräsidenten Miklós Németh ruft Bundeskanzler Helmut Kohl an und erklärt ihm kurz und bündig, dass sein Land keine Menschen verkaufe. Es lässt schon tief blicken, dass sich Genscher nicht genierte, die Regierung an der Donau mit derartigen frivolen Methoden an der Öffnung der ungarisch-österreichischen Grenze zu hindern. Vielleicht hier noch ein Wort zu diesbezüglichen Äußerungen Honeckers. Er hört etwas von Geld und sagt sich: Was ich selber denk und tu, das traue ich auch den andern zu. Er will nur zu gerne glauben, dass in diesem Zusammenhang Geld geboten wurde, macht ihn das doch zum Opfer eines billigen Deals. Und wer konnte schamloser Geld aus Bonn und München annehmen als der Volksschulabsolvent aus dem Saarland?

Ein Außenminister wie Genscher hat schon einen recht straffen Arbeitsrhythmus: Nach Frankreichs Außenminister Roland Dumas am 5. sowie dem Vizeaußenminister der Vereinigten Staaten Lawrence Eagleburger am 6. September kommt am 8. September der polnische Volksheld Lech Wałesa mit einer Delegation nach Bonn. Der gelernte Jurist Genscher ist unbeeindruckt von der unabhängigen Rechtsprechung irgendwo in dem Provinznest Karlsruhe und erklärt dem Polen: „Nehmen Sie als Gewissheit mit: Die Bundesrepublik Deutschland, das demokratische Deutschland, wird eine Garantie der polnischen Westgrenze nicht der DDR und der Sowjetunion überlassen." Im Schinken für sein Publikum erklärt er, als er abends der lieben Frau von dem Wałesa berichtete, sei er besorgt gewesen: „Wissen eigentlich diejenigen, die die Grenzfrage offen halten wollen, dass sie damit die Tür zur deutschen Einheit zudrücken, weil sie der DDR eine Garantenfunktion zuweisen?" Je mehr Genscher über die Begegnung mit Wałesa und die Entwicklung hier in Europa nachdenkt, um so ernsthafter erwägt er, in seiner Rede vor den Vereinten Nationen Ende September eine Grenzgarantie für Polen abzugeben, sagt er.[94] Also das kommt ja verdammt spät, aber vielleicht ist Hans-Dietrich Genscher dieser einmalig kluge Gedanke einfach nicht fünf, zehn oder unter Umständen dreißig Jahre früher in den Sinn gekommen. Hat er denn dann darüber schnellstens mit dem Bundeskanzler gesprochen? Mensch, du, Helmut! Wir verhindern hier mit der Grenzzirkelei die Vereinigung seit vier Jahrzehnten schon! Der Gedanke kam mir gestern Abend! Im Bett, neben meiner Frau.

Aber *Genschman* erzählt viel, wenn der Tag lang ist. Es ist eigentlich ein bisschen traurig, in welchem Ausmaß dieser Mensch, der ja selbst ebenfalls aus Mittel-Deutschland kommt, andere Leute für dusselig hält. Als er dem Publikum etwas anderes erzählen will, plaudert er aus dem Nähkästchen: „Erbitterten Widerstand erregten der Moskauer Vertrag, der Vertrag mit Polen, der Grundlagenvertrag mit der DDR, die Aufgabe der Hallstein-Doktrin. Mir war jedoch schon frühzeitig klar geworden, dass die deutschen Ostprovinzen für immer verloren waren: nicht aufgegeben von irgendeiner demokratischen Nachkriegsregierung, sondern verspielt vom verbrecherischen Regime Hitlers. Und es war meine feste Überzeugung, dass wir die Sowjetunion eines Tages zur Aufgabe der DDR würden veranlassen können, wenn die alten Ostprovinzen der Reiches auch verloren blieben."[95] Da hätte er das dem juristisch unbeleckten Dr. Kohl ja sogar noch viel eher sagen können und wir hätten den Walter Ulbricht und den besonders unabhängigen Erich Honecker auch als Arbeitskräfte in der Produktion zum Wohle des Volkes einsetzen können.

Ungarn macht Schluss mit lustig

In Budapest wird am 10. September um 19.30 Uhr verkündet, dass man die ungarisch-österreichische Grenze ab dem 11. September um null Uhr für DDR-Bürger bei Vorlage des Personalausweises öffnet. Just an dem Tag beginnt glücklicherweise auch der Bundesparteitag der CDU. Er gibt einem gelernten Historiker eine Gelegenheit, die einer wie Helmut Kohl zu nutzen weiß. Auf der Vorabendpressekonferenz kann er es verkünden und sich freuen. Und auf dem Parteitag in Bremen verteilt dann die Ost- und Mitteldeutsche Vereinigung der CDU ein Faltblatt, das Werbung für ein Deutschland in den Grenzen von 1937 macht. Provozierend ist darin von den „Ostprovinzen des Deutschen Reiches" die Rede, die momentan nur polnisch und sowjetisch „verwaltet" seien. Wenn Sie sagen, dass der Helmut dies nicht organisiert haben muss, dann sage ich, dass Dr. Kohl in der CDU doch ein gewisses Mitspracherecht hat. Er muss in Bremen sein Veto einlegen, damit es überhaupt zur internationalen Verhandlung der deutsche Frage kommen kann. Abgesehen davon, was schätzen Sie? Wie viele Leute würden 1989 durchs Feuer gehen, um die Provinzen im Osten wiederzubekommen? Viele von ihnen wollen ja noch nicht einmal die Gebiete von Sachsen bis zur Ostsee, runderneuert, wie sie sind. Ganz folgerichtig hat Dr. Helmut Kohl darüber hinaus in seiner Parteitagsrede kein Hehl aus der Absicht seiner Regierung gemacht, in Osteuropa nunmehr tiefgreifende Veränderungen herbeizuführen.[96]

Es wird niemanden wirklich erstaunen, dass die Sowjets außer sich sind. Der sowjetische Botschafter in Bonn Juli Kwizinski berichtet unverzüglich nach Moskau, vor allem über der DDR würden sich dunkle Wolken zusammenziehen. Auf dem Parteitag der Kanzlerpartei, der auf ihn „wie ein Alarmsignal" gewirkt habe, sei bereits zu erkennen gewesen, welche Richtung die Entwicklung nehmen kann und welche Perspektiven man in Bonn habe.[97] Seien wir ehrlich, wie soll jemand darauf kommen, dass Bonn auf diese hinterhältige Art sicherstellen will, dass sich ungeachtet der äußerst angespannten Lage in der DDR kein Mensch in dieser Welt auf Sondierungsgespräche über Deutschland einlässt? Warum der Trick schon seit Jahrzehnten funktioniert, kann ein kluger Mensch bestimmt recht überzeugend erklären: Derjenige wird politisch am erfolgreichsten sein, der, ohne eigene Vorurteile zu haben, die Vorurteile der anderen zu seinen Gunsten ausnutzt. Es bleibt selbstredend nicht bei einer Stänker-Initiative aus der CDU des Herrn Kohl. Im Gegenteil.

Auch Außenminister Genschers F.D.P. legt die Hände jetzt nicht untätig in den Schoß. Nun wird diese Idee einer *Konföderation* aus der Mottenkiste geholt, die seit den 1950er Jahren immer wieder aufgewärmt wird. Es ist so ein bisschen wie dieser Zusammenschluss in der Europäischen Union: Belgien, Luxemburg und so weiter, und trotzdem eigene Länder. Hauptsache, Deutschland kommt so nicht zurück in den Stand von 1945. Wolfgang Mleczkowski, ein Mitglied vom West-Berliner Abgeordnetenhaus hat aufgrund der Ereignisse in Ungarn mit dem Berliner FDP-Vorsitzenden Hermann Oxfort ein Konföderationspapier vorgelegt, das aber bei der Presse kaum ein Echo findet. Oxfort stellt sich ein mehrjähriges Drei-Phasen-Modell vor. In einem ersten Schritt sollten beide deutsche Regierungen einen „Konföderationsausschuss für die deutsche Einheit" bilden, um die Konföderation auf allen Ebenen zu entwickeln. Zunächst sollte für fünf Jahre eine Wirtschaftsunion nach dem Vorbild der Benelux-Staaten (Belgien, Niederlande und Luxemburg) entstehen. In einem zweiten Schritt von weiteren zwei Jahren sollten die Vereinbarungen für ein gesamteuropäisches Sicherheitssystem unterzeichnet und da soll ein konföderiertes Vorparlament aus Mitgliedern des Bundestags sowie der Volkskammer gebildet werden. In einer dritten Phase von maximal drei Jahren schlägt der FDP-Vertreter die Bildung der verfassungsgebenden Deutschen Konföderationsversammlung auf der Grundlage eines vorher beschlossenen Wahlgesetzes vor. Sie sollte mit den Siegermächten einen endgültigen Friedensvertrag aushandeln und unterzeichnen. Überzeugt Sie das? Keiner hier will noch so einen Friedensvertrag, aber Oxfort will so in die Offensive zur Vereinigung von Deutschland gehen. Süffisant in seinem Unterton erklärt Mleczkowski, dass es im Gegensatz zu FDP und der SPD seitens der CDU nie einen Plan zur Wiedervereinigung gegeben habe.[98] Dieser Herr Mleczkowski bezieht sich da wahrscheinlich auf den einen Deutschland-Plan, den es in der SPD 1959 mal gegeben hatte und von dem Brigitte Seebacher nicht viel hält. Herbert Wehner habe diesen noch schneller vom Tisch genommen, als er ihn hinaufbefördert hat. Der Jongleur mit Worten Herbert Wehner hatte bei der Gelegenheit die SPD letzten Endes auf den genau entgegengesetzten Zug gebracht und auf die CDU-Linie der Wiederaufrüstung und der Westintegration der Bundesrepublik eingeschworen. Von einem weiteren Plan, der irgendwo einmal tatsächlich eine Rolle gespielt hätte, ist mir nichts bekannt, und seit dem Jahr 1972 dreht sich jede Äußerung der SPD-Führung (außer bei Herrn Brandt) nur noch um die Anerkennung der Staatsbürgerschaft der DDR. Bei der FDP sieht es spätestens seit 1970 nicht anders aus und der FDP-Plan vom September 1989 ist geeignet, um über die nächste Bundestagswahl im Jahr 1991 hinwegzukommen. Der FDP-Plan sieht ja auch nicht vor, jetzt endlich den Bau der neuen Ständigen Vertretung in Ost-Berlin zu stoppen, um auf diese Art Steuergelder zu sparen.

Ob ersehnt oder gefürchtet überqueren im Laufe des 11. September 1989 über 30.000 Flüchtlinge aus der DDR die Grenze in Richtung Österreich und wollen in die Bundesrepublik Deutschland. Als Reaktion auf das ungarische Vorgehen sperrt nun aber die ČSSR für Deutsche aus der DDR seine Grenzen nach Ungarn. Dieser Fluchtweg ist somit wieder verbaut. Zwangsläufig wenden sich nunmehr die Leute, die um jeden Preis rauswollen aus der DDR an die Botschaften in Prag und Warschau.

Grundgesetzfreunde watschen Pseudopläne ab

Im September tritt ein CDU-Bundestagsabgeordneter mit einer Idee auf den Plan. Es handelt sich hierbei um Jürgen Todenhöfer. Angesichts der Fluchtereignisse in Ungarn stellt er jetzt einen eigenen Fahrplan für eine Wiedervereinigung auf. Er fegt die Idee einer Konföderation hinfort und fordert eine schnelle Volksabstimmung in beiden deutschen Staaten. Bei einer Zustimmung soll es zunächst zu einer Ausarbeitung einer gesamtdeutschen Verfassung kommen, anschließend zur Entscheidung des gesamten deutschen Volkes über die Verfassung und über das Wirtschafts- und Bündnissystem dieses neuen Staates. Abschließend sollen gesamtdeutsche Wahlen durchgeführt werden, an denen auch die Sozialistische Einheitspartei Deutschlands, die bisherige Staatspartei in der DDR, teilnehmen soll. Jürgen Todenhöfer bestreitet jedes Mitspracherecht dritter Staaten bei dieser Frage auf Grund des Selbstbestimmungsrechtes und beklagt witzigerweise: „Im Grunde ist es schlimm, dass in einer Zeit, in der Zehntausende auch deshalb aus der DDR fliehen, weil sie keine Perspektive für Deutschland sehen, weder die Opposition noch die Bundesregierung einen Plan für Deutschland hat.“[99]

Mitte September 1989 veröffentlicht die Bild-Zeitung, die in den 1950er und 1960er Jahren auch schon einmal freundlicher mit dem aufstrebenden Polit-Talent Willy Brandt umgegangen war, seine Worte, dass zwar „offen bleibt, wann und wie weit und in welcher Form die Menschen in den beiden jetzigen Staaten zusammenfinden werden“, es werde jedoch „nicht ewig zu trennen sein, was denn doch zusammengehört.“[100]

Demokratische Mitsprache muss man sich erzwingen

Die Bürgerbewegung *Demokratie Jetzt* veröffentlicht am 12. September ihren Gründungsaufruf. Man kann durchaus sagen, dass in diesen Tagen von Wiedervereinigung im öffentlichen Diskurs in der DDR noch keine Rede ist. Die Bürgerrechtler streben eine radikale Demokratisierung der DDR an und fordern das innere Selbstbestimmungsrecht der Menschen. Die Hoffnungen richten sich jetzt verstärkt auf Gorbatschows Reformen, auf *glasnost* und *perestroika*. Glasnost ist ein russisches Wort und heißt so viel wie Offenheit und Transparenz in der Politik. Perestroika ist das Wort für Umbau und bezieht sich auf den Umbau der sowjetischen Gesellschaft hin zur Einhaltung der Menschenrechte und zu mehr Lebensstandard. Es ist menschlich nicht besonders schön zu beobachten, dass viele Wohlstandskinder verächtlich auf Leute herabblicken, die ebenfalls mit ihrer Hände Arbeit ein schönes Leben aufbauen wollen. Suchen Sie den Fehler. Historisch betrachtet ist es interessant, dass nur die Sowjets und die Amerikaner in Richtung einer Vereinigung der Bundesrepublik und der DDR drängeln. Unterstützt wird dieser Reformwillen bei uns in der sowjetischen Parteizeitung Prawda. Am 15. September wird ein ungewöhnlich groß aufgemachter, überlanger Artikel mit Porträtfoto über drei Spalten über Markus Wolf veröffentlicht, was als eindeutige Parteinahme zu verstehen ist. Doch Honecker lässt sich nicht einfach ersetzen. Der Antrag der DDR-Oppositionsgruppe *Neues Forum* auf Zulassung als Vereinigung wird am 19. September abgelehnt, was man eigentlich bloß als die blanke Hilflosigkeit der Herrschenden verstehen kann. Mit einem Pulk aufgebrachter Menschen kann man nicht wirklich sachlich gut und zielorientiert diskutieren. Da ist es schon besser, wenn sich eine Gruppe einmal zusammensetzt und ihre Ziele klärt. Dann können sich Vertreter der Staatsmacht mit Vertretern dieser Gruppe über Wege aus der Krise unterhalten. Wohin soll die Wirklichkeitsverweigerung denn führen? Es gibt allerdings auch mutige Denker bei der Staatssicherheit, die durchgeführte Veranstaltungen mit Vertretern des *Neuen Forums* unter dem Dach der Kirchen als einen gewissen Erfolg einschätzen. In Leipzig sind während der Montagsdemonstration am 25. September rund 5000 auf den Beinen. Sie demonstrieren für Reformen und gegen das Verbot des *Neuen Forums*. Wes Geistes Kind sicher viele Stasi-Leute sind, zeigt sich in der Formulierung: „Negativ-feindliche Handlungen und geplante Veranstaltungen des »Neuen Forums«, welche durch intensive Maßnahmen unserer Partei beeinflusst wurden.“ Alles in allem zählen die Freunde in der Staatssicherheit im September 1989 etwa 150 sogenannte Personenzusammenschlüsse, also organisierte Gruppen in der DDR, die für Alternativen zum existierenden System eintreten.[101]

Faszinierend ist eine auffällige Parallele zum Niedergang des Deutschen Reiches während des Krieges. Damals hat der Sicherheitsdienst auch in Berlin gemeldet, dass viele Menschen die Heuchelei satt haben und die ständige Desinformation. Die Leute, vor allem in der führenden Partei, der SED, wollen endlich ehrlich über die Lage informiert werden! Dabei gibt es zwei parallele Welten, die feinsäuberlich getrennt bleiben. In der Partei wird an verschiedenen Orten schon seit mehreren Monaten über das gemeinsame Papier von SPD und SED aus dem Jahr 1987 diskutiert. Im Protokoll für die Kreisleitung der SED wird natürlich etwas anderes berichtet. In den kritischen Gruppen innerhalb der Partei hat man nicht mehr und nicht weniger Angst als in der Welt außerhalb der Partei. Die Gruppen haben sich trotz allem in und zwischen den verschiedenen Betrieben verständigt. Die andere Welt spielt sich in den Kirchen ab und in oppositionellen Gruppen außerhalb der Kirchen. Wer davon ausgeht, die SED sei statutengemäß ein Kampfbund von Gleichgesinnten, der kennt die Wirklichkeit nicht, sagt ein Genosse. Das „Gleichgesinnte“ wird nach seinen Worten über die Parteikontrollkommission und über Kriminalisierung und Aussonderung von Andersdenkenden innerhalb der Partei, abseits jeder Öffentlichkeit herbeigeführt. Deshalb gehen im Herbst ’89 auch so viele SED-Mitglieder zu den Demonstrationen, auch wenn man von den kirchlichen Gruppen im Prinzip so gut wie nichts weiß, oder so wenig, wie sie draußen über die SED wissen. Auch die Genossen gehen auf die Straßen des Landes, weil sie sich sagen: Dieser Zustand ist nicht mehr zu ertragen. Das ist eigentlich das Grundgefühl, das sehr viele Genossen dazu bringt, etwas zu riskieren, was sie zuvor niemals riskierten. Lassen wir Thomas Theise (27) noch den Glorienschein der Amtskirche hinterfragen. Dass die Kirche der Raum für die Opposition geworden ist, „fiel ihr in den Schoß wie der Jungfrau das Kind“. Die Kirchen kümmern sich um alles in der Welt, aber nicht um die Leute vor Ort, meint er.[102]

Genscher steigt in New York in den Ring

Am 26. September '89 findet in New York die 44. Generalversammlung der UNO statt. Zum Zeitpunkt der Ankunft der einzelnen Delegationen haben mehrere hundert Menschen in den BRD-Botschaftsgebäuden von Prag und Warschau Zuflucht gefunden. New York bietet die Gelegenheit für Gespräche von BRD-Außenminister Hans-Dietrich Genscher mit den Amtskollegen Krzysztof J. Skubiszewski aus Polen, Jaromír Johanes aus der ČSSR sowie mit Oskar Fischer aus unserer gerade zerfallenden DDR, um praktische Lösungen für die Flüchtlinge zu erörtern. So weit, so gut.

Mit dem Rücken zur Wand steht der sowjetische Außenminister Eduard Schewardnadse in der UNO am Pult. Er weiß zweierlei: Die Sowjetunion wandelt ökonomisch und finanziell schon sehr lange am Abgrund und er muss hier sehr beherzt auftreten, um die Forderungen von Kanzler Kohl von vor zwei Wochen in angemessener Schärfe zurückzuweisen. Es wäre das sofortige Ende, wenn es Moskau zuließe, dass die Nachkriegsgrenze Polens angetastet wird. In dieser offenen Frage muss man zwischen den unterschiedlichen Aspekten ganz klar unterscheiden. Es gibt Meinungen und Hoffnungen, es gibt juristische Realitäten *und* es gibt die Interessen anderer Staaten. Wer das verstanden hat, wirft nicht mehr alles durcheinander. Über den ersten und den zweiten Punkt wird man sich schnell klar werden. Beim dritten Punkt gibt es keinen Zweifel. In London und Washington will man kein neues deutsches Großreich. Westdeutschland allein ist ja schon Export-Weltmeister. Was soll das denn werden, wenn die doppelte Landmasse dazukommt? Frankreich will kein Deutschland, das mehr Einwohner hat als Frankreich. Zweimal in einem Jahrhundert wurde das Land schon von deutschen Truppen bedrängt. In Moskau ist man froh, wenn das eigene Reich nicht zusammenbricht, und sie wollen nicht daran schuld sein, dass Polen dem Deal mit den Amerikanern zum Opfer fällt. Damit gibt es genau zwei Optionen für die Zukunft: Es bleibt bei den zwei deutschen Staaten ob mit oder ohne Mauer oder diese zwei Staaten werden vereinigt. Die dritte Option wird es nicht geben. Das ist die Ausgangslage, seit Hitler den Krieg gegen die Welt und das deutsche Volk buchstäblich in den Sand gesetzt hat.

Eduard Schewardnadse warnt davor, „dass die Kräfte des Revanchismus wieder aktiv werden und versuchen, die Nachkriegsrealitäten in Europa zu zerstören." Die „revanchistische Bewegung" sei gefährlich und stehe dem „Weg des Friedens", den der amerikanische Präsident George Bush propagiere, feindlich gegenüber. So viel zu dem CDU-Faltblatt von den „Ostprovinzen des Deutschen Reiches", die polnisch oder meinetwegen sowjetisch „verwaltet" seien, und Helmut Kohls heitere Aussichten, dass die Regierung Seiner Majestät aus Oggersheim plant, im Osten Europas „tiefgreifende Veränderungen" herbeizuführen.[103]

Am nächsten Tag der Generalversammlung dürfen auch Repräsentanten kleinerer Staaten etwas am Pult sagen. Soll man sich nun wundern oder freuen, wenn sich Genscher zwei Wochen nach dem Auftritt von Kanzler Dr. Kohl beim CDU-Parteitag vor der UNO persönlich an Außenminister Krzystof Skubiszewski wendet und laut deklamiert: „Das polnische Volk ist vor 50 Jahren das erste Opfer des von Hitler-Deutschland vom Zaune gebrochenen Krieges geworden. Ich wende mich an Sie, Herr Außenminister Skubiszewski, als den Außenminister des neuen Polens. Ihr Volk soll wissen, dass sein Recht, in sicheren Grenzen zu leben, von uns Deutschen weder jetzt noch in Zukunft durch Gebietsansprüche in Frage gestellt wird. Das Rad der Geschichte wird nicht zurückgedreht. Wir wollen mit Polen für ein besseres Europa der Zukunft arbeiten. Die Unverletzlichkeit der Grenzen ist Grundlage des friedlichen Zusammenlebens in Europa".[104] Es geht diesen Polinnen und Polen aber nicht bloß um ein freundliches Wort über die *Unverletzlichkeit* ihrer Grenzen. Ihnen geht es darum, dass speziell die Grenze zwischen Deutschland und Polen für alle Zeit anerkannt wird. Völkerrechtlich anerkannt.

Was muss die Welt denn von den guten Worten des kleinen Koalitionspartners in Bonn halten, wenn es nach Genschers Rede in New York in der Bonner Koalition geraucht hat? Wenn es nach Presseberichten Ärger mit der CDU gegeben haben soll? Worauf hätte man sich denn verlassen sollen? Auf sein Gefühl? Na, danke auch. Hier geht es um die Frage von Krieg oder Frieden. Denn was man schwarz auf weiß besitzt, kann man getrost nach Hause tragen. Wenn Sie bei einer Familie eingeladen sind, und der Herr des Hauses gestattet das Rauchen nur auf dem Balkon, die

Frau bedeutet Ihnen jedoch mit einem Augenzwinkern, Sie können auch im Wohnzimmer rauchen – worauf würden Sie sich letztlich verlassen? Dass der wütende Hausherr Sie trotzdem freundlich anlächelt?

Im Anschluss an die ganz große Runde folgt die ganz kleine Runde bloß mit Schewardnadse, Genscher und Dolmetscher. Wenn das mit Bremen alles nur ein Missverständnis war, dann kann Genscher jetzt zeigen, was ein Diplomat kann. Seien wir fair und lassen wir Genscher doch einfach zu Wort kommen: „Mit großer Offenheit, so begann ich unser Gespräch, wolle ich seine Ausführungen vom gestrigen Tag ansprechen. Sie habe in der deutschen Öffentlichkeit große Aufmerksamkeit gefunden, weil man nach dem Stand unserer Beziehungen derartige Äußerungen nicht mehr für möglich gehalten habe." Mit keinem Wort lässt Genscher die Öffentlichkeit wissen, warum die Moskauer Bedenken vollkommen berechtigt sind. Nein, gib ihm Saures. Ich hoffe, Sie haben eine absolut realistische Vorstellung davon, was dieses „mit großer Offenheit" in der Sprache der Diplomatie bedeutet. Diese Diplomatie mit der Brechstange erinnert unwillkürlich an den Reichsaußenminister von 1939 und seine brachialen Gesprächsmethoden. Ich erinnere nur an die Unterredung Ribbentrops mit dem englischen Botschafter Henderson am 30. August 1939, in der Deutschlands Außenminister in einer außenpolitischen Krise höchst undiplomatisch ausstieß: „Das ist eine unverschämte Lüge der polnischen Regierung. Ich kann Ihnen nur sagen, Herr Henderson, die Lage ist verdammt ernst!" Da verlor der Botschafter die Beherrschung und hat den guten Ribbentrop mit tadelnd erhobenen Zeigefinger angeherrscht: „Sie haben soeben *verdammt* gesagt! Das ist nicht die Sprache eines Staatsmannes in einer so ernsten Situation!" Ribbentrop sprang plötzlich von seinem Stuhl auf und brüllte los: „Was haben Sie da eben gesagt?" Und da stand Henderson ebenfalls auf und die zwei Männer maßen sich mit funkelnden Augen. Es ist ja schlimm genug, dass es dem Außenminister Genscher auch 1989 wieder in gleicher Manier um Polen geht.[105]

Wenn *Genschman* zu dem Georgier im Pelz eines Russen sagt, dass man nach dem Stand unserer Beziehungen derartige Äußerungen nicht mehr für möglich gehalten habe, so geht es den Russen genau so. Solche Entgleisungen hätten die nach dem Stand der Beziehungen dieses Jahres ja auch nicht mehr für möglich gehalten. Schewardnadse erwidert darauf, Anlass dazu seien „einige Elemente in der Rede des Bundeskanzlers auf dem CDU-Parteitag in Bremen“ gewesen, vor allem die Passage über die Wiedervereinigung Deutschlands in den alten Grenzen. Er habe bewusst keine Namen genannt, um diese Sache nicht zu verschlimmern, aber er halte die Lage für ernster als nach jenem Interview des Bundeskanzlers von 1986.[106]

Da hat Kohl den sowjetischen Reformer Gorbatschow mit dem Chef von Hitlers Propagandaministerium Goebbels verglichen. Schlimmer ist das jetzt deshalb, weil der Russe angenommen hatte, die freundlichen Worte bei seinem Staatsbesuch in Bonn vor einem Vierteljahr seien nicht auch wieder nur feuchtwarme Luft gewesen. Erneut dürfen Sie nicht glauben, nun reißt Genscher alles raus und das Gesicht Schewardnadses hellt sich auf. Weit gefehlt. Lassen wir Genscher erzählen: „Diese Beurteilung der Bremer Rede wies ich zurück. Es gebe, so betonte ich, keinen Anlass zu einer solchen Bewertung. Im Übrigen wisse ich sehr genau, wie der Bundeskanzler zur Grenzfrage stehe; er sehe die Dinge nicht anders als ich, und meine Rede am Morgen sei wohl hinreichend klar gewesen.“[107] Nun hat der gute Mann gleich noch mehr nasse Pampe im Gesicht. Ich weiß nicht, was die Rede des Chefs des großen Koalitionsblocks aus CDU und CSU mit der Rede des Chefs einer Partei zu tun hat, bei der Moskau bei jeder Wahl Bange hat, ob sie wieder in den Bundestag einzieht, um den Kanzler der Revanchisten auszubalancieren. Es wollte auch gar niemand wissen, wie der Kanzler vielleicht privat denkt. Die Europäer wollen das auf Papier haben. Andererseits lehnt sich *Genschman* mit der Äußerung über Kohls wirkliche Sicht auf die Frage mit den Grenzen ziemlich weit aus dem Fenster. Was wollte er antworten, wenn der Nachfolger unseres Genossen Stalin fragt, wie es mit der Demokratie in der Bundesrepublik aussieht, wenn der gewählte Kanzler den Leuten in der Frage der Grenze etwas vom Pferd erzählt und die anderen Volksvertreter ebenfalls?

Jetzt sind nur noch die heiklen Gesprächstermine wegen der Flüchtlinge in den Botschaften offen. Darum muss sich Hans-Dietrich Genscher am 27. September mit dem Außenminister der DDR Oskar Fischer auseinandersetzen und die Freude steht ihm ins Gesicht geschrieben. Fischer muss das frostige Gespräch mit dem Bonner Kollegen, der ihn vor Jahr und Tag immer respektvoll behandelt hatte, ohne Schrammen irgendwie hinter sich bringen. Als die prekäre Lage der Botschaftsflüchtlinge angesprochen wird, reproduziert er lediglich des Genossen Honeckers Psalm über die angebliche innere Stabilität der DDR.[108] Für einen ist es dumm, dass er nichts anderes sagen darf, und für den anderen eben, dass es die Spatzen von den Dächern pfeifen, dass es nicht stimmt. Genscher erklärt anschließend, dass Fischer um „eine humanitäre Lösung"[109] bemüht sei.

Zugeknöpft und stur zeigt sich der tschechoslowakische Außenminister Johanes im Gespräch mit Genscher. Er erklärt, das Botschaftsdrama sei eine Sache zwischen den zwei deutschen Staaten. Intern beschimpft jedoch die Prager Führung ihre Genossen und Kampfgefährten im Osten von Berlin und fordert sie dringendst auf, ihr das Problem vom Halse zu schaffen. Die Rettung kommt letzten Endes aus Moskau. Außenminister Genscher hat seinen Kollegen Schewardnadse bei einem kurzfristig angesetzten Treffen in New York über die Lage in Prag unterrichtet und da hat sich der Moskauer Außenminister vor allem besorgt nach der Anzahl der erkrankten Kinder unter den Botschaftsflüchtlingen erkundigt. Der Druck auf die DDR-Führung aus dem Moskauer Kreml dürfte der Grund für das letztliche Einlenken in Ost-Berlin sein.[110]

Der letzte Schrei – Flucht über Botschaftsgebäude

Die Situation der Geflüchteten spitzt sich am 28. September dramatisch zu. Es gehen beunruhigende Berichte aus Prag ein, denn inzwischen befinden sich über 2500 Menschen in der Botschaft. Sprunghaft ist die Anzahl in nur wenigen Stunden gestiegen. Wenn sich die Tendenz fortsetzt, kommt es zu einer Katastrophe. Die Botschaft und sogar schon der Park des Palais Lobkowicz sind bereits hoffnungslos überfüllt. Die sanitären Möglichkeiten reichen nicht mehr aus. Wenn hier nicht zügig Abhilfe geschaffen wird, droht eine Epidemie. Die Nächte sind schon recht kalt.[111]

Es muss also etwas passieren. Die unerträgliche Situation setzt alle Beteiligten unter Handlungszwang. Sowohl der Außenminister von Frankreich Roland Dumas als auch Genschers amerikanischer Kollege James Baker sagen Genscher ihre Unterstützung zu und demarchieren gegenüber der Regierung in Prag. Die Haltung der Alliierten wird gewiss am sinnfälligsten deutlich in der Frage des amerikanischen Außenministers Baker, der in einem der Gespräche fragt: „Hans-Dietrich, was kann ich für Dich tun?“[112] So freundlich gehen aber nicht alle Menschen mit dem Hans-Dietrich um. Er hört sowohl von Journalisten als auch von nahestehenden Politikern der Unionsparteien CDU und CSU, man habe seine „Aktivitäten skeptisch, ja mit Missfallen registriert“.[113] Schade, dass dem Herrn Außenminister entfallen ist, dass sich auch seine Staatsministerin im Auswärtigen Amt aus der F.D.P. Hildegard Hamm-Brücher gegen die Aufnahme von Deutschen aus der DDR in den Botschaften der BRD ausgesprochen hat. Manchmal hat man aber auch einfach nicht alles parat. Wegen der Ost-Berliner Entscheidung, die Flüchtlinge mit Sonderzügen durch die DDR zu leiten, beschließen Genscher und Seiters in Absprache mit Kanzler Helmut Kohl, umgehend nach Prag zu fliegen. Man will den Ausreisewilligen im Botschaftsgarten durch ihre Anwesenheit das Misstrauen gegenüber den DDR-Behörden nehmen. Der Außenminister, der im Juli einen Herzinfarkt erlitten hat, ist so aufgewühlt, dass er während des Fluges „sehr starke Herzrhythmusstörungen“ verspürt.[114] Es ist eben blöd, wenn einem sein politisches Lebenswerk durch die Finger rinnt.

Die nächste Herausforderung für die Politik stellen natürlich die Sowjets dar. Anstatt diesem wilden Treiben bei Erich Honecker kurz und bündig ein Ende zu bereiten, erklärt ihr Deutschlandexperte Valentin Falin am 30. September dem Regierenden Bürgermeister von West-Berlin Walter Momper, dass sich die Truppen des Großen Bruders nicht in die innenpolitischen Angelegenheiten der DDR einmischen werden.[115] Wie schnell gibt der SPD-Mann diesen Wink mit dem Zaunpfahl nach Bonn weiter? Die Information ist zu bedeutsam für Bonn, als dass Momper sie für sich behalten könnte. Da kommt es an diesem 30. September zum nächsten Krisengipfel zur Lösung der Flüchtlingsproblematik zwischen Kanzleramtsminister Rudolf Seiters, Minister Hans-Dietrich Genscher und dem Ständigen Vertreter der DDR in der BRD Horst Neubauer. Der Diplomat hat um einen dringenden Gesprächstermin ersucht und überbringt den beiden Herren Honeckers Ratschluss: Den Botschaftsbesetzern wird die Ausreise in die Bundesrepublik gestattet – allerdings nur durch das Gebiet der DDR. Dort soll ihnen offiziell die Staatsbürgerschaft aberkannt werden. Genscher erweist sich als Experte für die Stimmung in *unserer* DDR. Sie kann jeden Moment umschlagen in offene Gewaltanwendung, sowohl seitens der Staatsmacht als auch seitens der wütenden Teile der Bevölkerung. Genscher zeigt sich darüber erstaunt, dass Erich Honecker darauf beharrt, die republikmüden Bürger aus Prinzip heimzuholen. Er sagt, es sei ja „voraussehbar, dass die Züge bei der Fahrt durch die DDR großes Aufsehen und große Emotionen erregen“ würden.[116] Aber, warum denn nur nicht? Genscher müsste der Erste sein, der sich darüber freut, war er als Kenner der Zone doch angeblich bereits im Sommer 1988 zu dem Ergebnis gekommen, dass es bei uns in absehbarer Zeit zu Massendemonstrationen kommen würde.

Der realitätsnahe Erste Sekretär der Bezirksleitung der SED in Dresden Hans Modrow und seine Mitstreiter wie Wolfgang Berghofer, Dresdens Oberbürgermeister, sehen, was da auf die Stadt und das Land zukommt. Die Ausreisewelle rollt und Demonstrationen sind sogar im gemütlichen Dresden zu erwarten. Politiker ihres Schlags verteufeln die Bürgerinnen und Bürger nicht, die protestieren, sondern akzeptieren ihren Zorn und teilen ihren Änderungswillen. Die große wie vielfältige Bürgerbewegung bleibt nicht zuletzt deshalb friedlich, weil beide von vornherein das Einvernehmen mit der Kirche suchen. Kirchlicher Einfluss wirkt ebenso gut für jene bedrohliche Situation am Dresdner Hauptbahnhof beruhigend, die entsteht, weil die Sonderzüge mit ausreisenden DDR-Bürgern angekündigt sind und viele junge Leute zusteigen oder ganz einfach auf diese Züge aufspringen wollen. Modrow hat vergebens gegen den Unsinn protestiert, die Züge aus der ČSSR bloß deswegen durch die DDR fahren zu lassen, um den Anschein einer legalen Ausreise zu erwecken. Aber Erich Honecker setzt sich über alle Einwände hinweg.[117]

Aus der Not geboren muss sich Hans-Dietrich Genscher jetzt gegen jene feindlichen Kräfte durchsetzen, die keine Flüchtlinge aus einem fremden Land aufnehmen wollen. Bleibt zu hoffen, dass sie das in der DDR rasch wieder vergessen – oder, dass sie dort nicht nachtragend sind. Genscher spürt, nach seinem eigenen Bekunden, dass seine Bemühungen um die Ausreise der Zufluchtsuchenden in der Botschaft wie überhaupt der Flug nach Prag in der Bonner Koalition aus CDU, CSU und der FDP nicht nur Freude ausgelöst hat.[118] Wird der Ritter Hans-Dietrich *die* Kandidaten in Karlsruhe verpfeifen? Am Abend des 30. September um 18.52 Uhr auf jeden Fall treten Genscher und Seiters auf den Balkon der Botschaft der BRD. „Liebe Landsleute“ – spricht Genscher – „wir sind gekommen, um Ihnen mitzuteilen, dass heute Ihre Ausreise . . . “ Der Rest geht in einem ohrenbetäubendem Jubel unter, befindet Der Spiegel aus Hamburg, das Sturmgeschütz der Demokratie, oder so ähnlich.[119] Doch nicht nur seine Stimme geht im Jubel der erlösten Menschen unter, sondern auch seine Gesichtsstarre. Sehen Sie sich doch die Bilder noch einmal in Ruhe an.

Wenige Stunden später fährt gegen 21 Uhr der erste Zug los. Schließlich durchqueren Sonderzüge mit ca. 6800 Flüchtlingen aus der Polnischen Republik und aus der ČSSR ab dem 1. Oktober die bisherige Heimat, die Deutsche Demokratische Republik. An diesem Tag spricht der Genosse Honecker den vermutlich geschmacklosesten Satz, der ihm während der Bilderbuchkarriere vom Volksschulabsolventen zum Staatschef gelang – Er meint, man sollte denen, die jetzt gehen, „keine Träne nachweinen“. Und damit zurück in den ersten Zug. Auf der Fahrt können sich die mitreisenden Beamten aus Bonn ein Bild von der katastrophalen Stimmung im Elbtal und im Vogtland machen. Unter ihnen ist Frank Elbe. Mag der

Meister einfach erzählen: „Der Zug überrollt den Grenzübergang Schöna in die DDR, ohne dass etwas geschieht. Die Fahrt führt durch die sächsische Schweiz. Über Transistorradios hören wir die Nachricht, dass sich die DDR-Regierung »aus humanitären Gründen« entschlossen habe, die Botschaftsflüchtlinge auszuweisen." Diese Meldung wird zu allem Überfluss auch noch im Halbstundentakt wiederholt. Ihr zynischer Inhalt löst sowohl Empörung als auch Heiterkeit im Zug aus. Die Wiederholung der Nachrichten bewirkt jedoch, dass in einem zunehmenden Maße entlang der Fahrtstrecke Menschen auftauchen, die mit weißen Tüchern in den Händen dem Zug zuwinken. Elbe erfährt, dass weiße Tücher ein Symbol dafür sind, dass jemand einen Ausreiseantrag gestellt hat.[120]

Der Zug hält in Reichenbach. Der Bahnhof wurde schon hermetisch von der Bahnpolizei abgesperrt. Ungefähr hundert Beamte der Staatssicherheit betreten den Zug. Sie gehen jeweils in Dreiergruppen in die Abteile und nehmen den Menschen nach einem absurden System die Ausweise ab: Der erste nimmt den Ausweis ab, der zweite guckt hinein, der dritte steckt ihn in einen schwarzen Koffer. Es entsteht Unruhe. Die Stimmung gegen die Stasi-Beamten schlägt in Aggression um, als sich herausstellt, dass keine Ersatzpapiere bzw. Ausreisepapiere ausgestellt werden. Viele empfinden den Verlust ihrer Identitätspapiere als den letzten gemeinen Tritt, den ihnen das Regime verpasst. Nachdem diese Beamten den Zug verlassen haben, kommt es zu einer Demonstration ungewöhnlicher Art. Ein 18-jähriger Schlosser lehnt sich aus dem Abteilfenster und wirft sein Bargeld – Münzen und Noten – auf den Bahnsteig. Fast alle in dem Zug folgen seinem Beispiel. Der Bahnsteig ist schon bald mit Banknoten und Münzen übersät, auch mit Schlüsseln, Mitgliedsausweisen oder anderen Dingen, die die Flüchtlinge im Westen nicht mehr brauchen werden. Als der Zug langsam aus dem Bahnhof Reichenbach wegfährt, kommt Elbe die Formulierung von Lenin in den Sinn, die Deutschen wären unfähig zu einer Revolution; wenn sie einen Bahnhof besetzen wollen, kaufen sie vorher eine Bahnsteigkarte. In diesem Moment ist alles anders: Ein Mitarbeiter der Reichsbahn nimmt die rote Mütze ab und winkt den Flüchtlingen zu. Gleisarbeiter in schwarzen Arbeitsanzügen folgen seinem Beispiel, winken mit ihren Schutzhelmen. Diese Geste der Solidarität eines Reichsbahnbeamten mit den Flüchtlingen in Gegenwart der Bahnpolizei und der Staatssicherheit symbolisiert anschaulich die Brüchigkeit dieses Honecker-Regimes. Frank Elbe durchzuckt es auf einmal: „Haben wir es mit mehr als nur einer Fluchtbewegung zu tun?“[121]

Der Zug fährt weiter. Bei der Fahrt durch Plauen stehen gleich Hunderte von Menschen an den Fenstern ihrer Arbeiterschließfächer und winken mit weißen Tüchern. Ein Transparent ist zu sehen: „Das Vogtland grüßt den Zug der Freiheit.“ Die Menschen im Zug sind ziemlich ergriffen. Ein junger Mann steht fassungslos weinend vor mir und sagt: „Nun weiß ich, dass es richtig war zu gehen, wenn die da draußen genauso denken wie wir.“ Kurz vor der Grenze zur Bundesrepublik wird es noch einmal still im Zug. Der Zug fährt an perfekt installierten Sicherheitsanlagen vorbei. Wissen sie, dass die Anlagen von Siemens installiert wurden? Deutsche Qualitätsarbeit vom Feinsten. Als der Zug dann endlich den Grenzpfahl bei Gutenfürst passiert, bricht unvorstellbarer Jubel los. Die Angst löst sich, Menschen fallen sich weinend und lachend in die Arme. Jetzt hält der Zug einen kurzen Moment, um Helfer wie Sanitäter, Ärzte, Bundesgrenzschutzbeamte aufzunehmen. Wenig später erreichen sie die Stadt Hof. Für die einen ist eine Reise in eine neue Zukunft zu Ende gegangen. Für die Männer aus Bonn war es eine ungewöhnliche, bewegende Reise von New York über Prag nach Hof, die man nie vergessen wird. Und das zumindest können wir Frank Elbe nun ganz bestimmt glauben.

An der Montagsdemonstration in Leipzig nehmen am 2. Oktober bereits 20.000 Mutige teil. Sie wird von unfreundlichen Sicherheitskräften aufgelöst. Am 3. Oktober unterbindet die Regierung den visafreien Verkehr mit der ČSSR, und am 4. Oktober kommt es letzten Endes doch noch zu schweren Auseinandersetzungen zwischen Bürgern und Polizei bei der Durchfahrt weiterer Sonderzüge durch Dresdens Hauptbahnhof. Genau davor haben ja nun in Ost und West so ziemlich alle gewarnt. Berate mal einen Besserwisser.[122] Es wird niemanden überraschen, dass es auch im Westen Deutschlands Querdenker und Dissidenten gibt, die keinen Bock haben, nun auch noch den 40. Jahrestag der Deutschen Demokratischen Republik miterleben zu müssen. So schreibt Jürgen Todenhöfer aus der CDU eigenmächtig einen Brief an die Staatschefs der vier Siegermächte des Zweiten Weltkrieges. Er beschwört sie, die erneut einsetzende Ausreisewelle als „einmalige Chance zur Wiederherstellung der staatlichen Einheit Deutschlands, und damit einer dauerhaften Friedensordnung in ganz Europa“ zu nutzen. Der Unions-Abgeordnete appelliert flehentlich an die Großen in der Welt: „Die vier Mächte dürfen diese Chance nicht ungenutzt vorübergehen lassen.“ Sie müssten „alle Möglichkeiten einer aktiven Wiedervereinigungspolitik prüfen“.[123] Warten wir ab, ob wir von Jürgen Todenhöfer im Leben noch einmal etwas hören.

Das Jubiläum des kranken Huhnes

Man muss wohl einräumen, dass die Deutsche Demokratische Republik zwischen den großen Rohstoffgebieten im Osten des ehemaligen Reiches und den Industriegebieten im Westen des ehemaligen Reiches wirklich schlechte Voraussetzungen zum Aufbau einer eigenen Wirtschaft hatte. Von beiden Regionen war die DDR nach dem Weltkrieg abgeschnitten. In Mittel-Deutschland waren traditionell viele Betriebe der zwischenverarbeitenden Industrie angesiedelt und ansonsten gab es im Prinzip bloß Landwirtschaft. Wenn sich die Staatsführung auf die Nutzung aller vorhandenen menschlichen Ressourcen konzentriert hätte, wäre sicher aus dieser misslichen Lage etwas zu machen gewesen. Doch obwohl man bei Marx lernen konnte, dass man zuerst eine ökonomische Basis errichten muss, bevor man den Überbau der Gesellschaft nach seinem Geschmack gestalten kann, setzten sie in der DDR die Prioritäten gnadenlos anders. Sie verwirklichten ihre Jugendträume vom Aufbau des Kommunismus. Unendlich viele fähige Menschen verließen das Land. Als Ausweg ist den Volksschülern nur eingefallen, das Land mit einem Hochsicherheitszaun einzuhegen. Zu viele Menschen hat der Drang in die Freiheit das Leben gekostet. Immer wieder wurden Menschen rausgekauft, die Jahre ihres Lebens für nichts und wieder nichts im Knast gewesen waren, und 1983 ließen die Staatslenker Menschen in Kontingenten aus dem Gehege frei. 1989 macht die geläuterte Führung in Ungarn dann die Grenze bei sich auf und wieder entkommen Zöglinge dem anmaßenden Regime in Ost-Berlin, das einfach besser weiß, was zum Wohle der Menschen gereicht als diese selbst.

Das ist selbstredend kein schöner Vorlauf für all die festlichen Feierlichkeiten zum 40. Staatsfeiertag der DDR am 7. Oktober 1989. Es gibt auch wieder ein paar hübsche Aufmärsche und Militärparaden, daneben aber auch vielerorts Demonstrationen für Reformen, zum Teil auch begleitet von Verhaftungen und Gewalt. Unter den Linden in Berlin fand bereits am Abend des 6. Oktober ein Fackelzug der Jugendorganisation „Freie Deutsche Jugend" statt. Dabei sollte vielleicht gesagt werden, dass man sich *frei* nicht sonderlich frei vorstellen darf, dass *deutsch* schon seit den siebziger Jahren tendenziell mehr *DDR-* in Zusammensetzungen meint, und dass *Jugend* auf gar keinen Fall heißt, dass der eigene Opa da nicht der Chef sein kann. Der größte Freund der Jugendlichen Erich Honecker winkte Seinen Jugendlichen zu, aber diese undankbaren Bälger winkten umgekehrt nicht Ihm zu, sondern Michail Sergejewitsch Gorbatschow in seiner Eigenschaft als Chef in Moskau, der für *glasnost* und *perestrojka* steht. Das hängt mit prosowjetischen Hoffnungen zusammen, mit denen sie schwanger gehen. Von diesem Mann erwarten sie jetzt endlich einen Anstoß für Veränderungen in Erichs Gehege. Der Fackelzug wurde alles in allem kein schönes Erlebnis für Ihn; besonders jenes nicht abreißende „Gorbi, Gorbi!" war nicht der richtige Schlachtruf für die nächsten Jahre „Weiter so!" Honecker stand auf seiner Tribüne mit steinernem Gesicht. Dem Gast aus Moskau war auch nicht feierlich zumute. In der Nähe des sowjetischen Deutschlandexperten Valentin Falin war Erich Mielke, der Minister für Staatssicherheit, der besser als jeder andere aus der Staatsführung um die Stimmung in der Bevölkerung weiß. Er stellte ihm diese rhetorische Frage: „Nu, was sagen Sie jetzt, Genosse Falin?" Offenbar ist auch er für Veränderungen zu haben, erwartet aber wie alle anderen den Anstoß vom Großen sowjetischen Brüderchen aus Moskau. Dann gab es eine Art von Festakt zur Feier des Tages in „Honeckers Lampenladen" – dem Palast der Republik. Nach dieser schlechten Schau hat Egon Krenz Genossen Valentin Falin angehalten und gesagt: „Ihrer hat alles gesagt, was gesagt werden musste. Unserer hat nichts begriffen."[124]

Weil wir dem Spektakel leider nicht beiwohnen durften, müssen wir uns auf anderem Wege darüber informieren, was Michail Gorbatschow den deutschen Genossen ins Stammbuch geschrieben hat. Am schlimmsten für die sturen Köpfe in Wandlitz ist, dass ihnen Gorbatschow ihr ewiges

Argument aus den Händen schlägt, sie täten ja bloß, was ihnen von den Russen vorgegeben werde, als er sagte: „Die Auswahl der Entwicklungsformen ist eine souveräne Angelegenheit eines jeden Volkes." Ohne jede Rührung haut er auf die offene Wunde: „Die Versuche der Unifizierung und Standardisierung in den Fragen der gesellschaftlichen Entwicklung, einerseits der Nachahmung [und] andererseits der Aufzwingung von irgendwelchen verbindlichen Mustern, gehören der Vergangenheit an." Er entdeckt eine Entschuldigung: „Natürlich hat die DDR, wie jedes andere Land, ihre eigenen Entwicklungsprobleme, die ihre Durchdenkung und ihre Lösung erfordern. Sie sind sowohl vom inneren Bedürfnis der Gesellschaft zur ständigen Weiterentwicklung hervorgerufen als auch vom allgemeinen Prozess der Modernisierung und Erneuerung, der jetzt im gesamten sozialistischen Lager vorgeht." Außer in dem Gebiet, das Gott Erich als Privateigentum anvertraut hat. Und weiter Gorbatschow: „Wir zweifeln nicht daran, dass die Sozialistische Einheitspartei mit ihrem intellektuellen Potenzial, ihren reichen Erfahrungen und ihrer politischen Autorität imstande ist, in Zusammenarbeit mit allen gesellschaftlichen Kräften Antworten auf Fragen zu finden, die durch die Entwicklung der Republik auf die Tagesordnung gestellt wurden und die ihre Bürger bewegen." Und in Richtung Bonn und dem restlichen Westen der Welt erklärt er dazu: „Vor allen Dingen sollten unsere westlichen Partner davon ausgehen, dass die Fragen, die die DDR betreffen, nicht in Moskau, sondern in Berlin entschieden werden. Die DDR ist ein souveräner Staat, sie unternimmt selbstständig Maßnahmen, die verschiedene Aufgaben des Schutzes ihrer Interessen, ihre Innen- und Außenpolitik betreffen."[125]

Warum ist die Führungsspitze aus Moskau überhaupt noch einmal nach Ost-Berlin gekommen? Diese Frage stellt man sich ganz bestimmt nicht bloß in Budapest. Dort wissen sie genau wie im Rest der Welt, dass diese DDR wirtschaftlich am Ende ist. Aber ich vermute, dass Gorbatschow im eigenen Reich wie auch in Deutschland nicht die Verschwörungstheorie hervorrufen möchte, dass seine Führung unsere DDR im Stich gelassen und so das Signal zum Umsturz gegeben habe. Zu einem kleinen Anteile wird er auch die Hoffnung gehegt haben, dass sein Erscheinen den Mut zum Aufstand gegen Honecker verleiht, entweder bei der Staatsführung oder in der Bevölkerung, um das Land doch noch mit Reformen zu stabilisieren. Mal sehen; ein paar Stunden ist er noch hier in Ost-Berlin. Als entscheidende Voraussetzung für den Erfolg des neuen Kurses wurde im Kreml seit Jahren schon die Beteiligung aller RGW-Staaten am Reformprogramm angesehen. Doch einige der Parteiführer verweigern sich den Vorgaben. Besonderer Widerstand kommt dabei aus Ost-Berlin. Die Begründung dafür, die die SED-Ideologen um Parteichef Honecker immer wieder liefern, geht auf ihr eigenes Weltbild zurück. Die DDR sei nur als antifaschistisch-sozialistischer deutscher Staat denkbar. Nur der scharfe Klassengegensatz zur kapitalistischen Bundesrepublik gewährleiste die Existenz zweier deutscher Staaten. Doch muss sozialistisch grau, kleinbürgerlich und altbacken heißen? Aus ihrer Verbohrtheit heraus wurde alles verboten, was den Geist einer neuen Zeit atmete. Das betrifft sogar die Verbreitung sowjetischer Filme und Zeitschriften. Auf diese Art entfremdet sich die SED-Führung immer weiter von *ihrer* Bevölkerung und es kommt zunehmend zu offenen Unmutsbekundungen, bei denen man sich doch auf keinen geringeren als auf den Generalsekretär des großen sowjetischen Brudervolkes berufen kann. Weil die Perestroika in ihrem Kern ein Einschreiten sowjetischer Truppen verbietet und Gorbatschow es letzten Endes selbst gewesen war, der die kommunistischen Parteien für selbstständig erklärt hatte, muss im Kreml nach anderen Wegen zur Durchsetzung der Reformen gesucht werden. So ist schon seit Mitte der achtziger Jahre ein weitverzweigtes Netz von Sympathisanten aufgebaut worden, die der Reformpolitik gegenüber aufgeschlossen sind. Das Netz des KGB reicht von Angestellten im Bereich von Wissenschaft und Technik über Kulturschaffende und Kirchenleute bis hin zu Funktionären in den Block-Parteien und in der Staatssicherheit. Nach dem Aufbau einer Opposition gegen das Honecker-Regime forciert der Kreml nun seit dem Frühjahr 1989 den äußeren Druck auf Ost-Berlin. Die Moskauer Parteizeitung Prawda bereitet indessen die sowjetische Bevölkerung schonend auf Veränderungen in Bezug auf Deutschland vor. So feiert der Spezialkorrespondent Baigarow den langjährigen obersten Chef des DDR-Auslandsgeheimdienstes Markus Wolf in einem ungewöhnlich langen Bericht nicht etwa als erfolgreichen Kundschafter, sondern als begnadeten Publizisten und hoffnungsvollen Reformpolitiker. Westdeutsche Tageszeitungen wie die Süddeutsche Zeitung oder die Frankfurter Allgemeine Zeitung schließen sich witzigerweise ihrem Vorbild aus Moskau an und widmen Markus Wolf, aber auch Hans Modrow ausführlich wohlwollende Berichte, in denen diese als die zukünftigen Männer an der Spitze der DDR gehandelt werden. Späteren Historikern wird es sicherlich einmal rätselhaft erscheinen, mit welcher frappierenden Übereinstimmung die sowjetischen und bundesdeutsche Medien im Herbst 1989 Imagepflege für Leute wie Wolf oder Modrow betreiben. Die Gleichschaltung geht ja so weit, dass Springer die „DDR" nicht mehr in Anführungsstriche setzt. Dieses Rätsel werden sie jedoch lösen können, wenn sie die Vermutung fallen lassen, dass diese Medienmacher in der BRD gemäß dem Auftrag des Grundgesetzes auf ein endgültiges Zusammenbrechen der „D.D.R." spekulieren, und stattdessen annehmen, dass es diesen Leuten um einen etwas attraktiveren Sozialismus auf deutschem Boden geht.[126]

Punkt 10 Uhr ertönen am Morgen des 7. Oktober 1989 elektronisch verstärkte Glockenschläge vom Turm des Roten Rathauses zur Karl-Marx-Allee herüber. Sie läuten die Ehrenparade zum Republik-Geburtstag ein. Eine gute Stunde lang präsentiert sich Honeckers Scheinwelt noch einmal in bester Ordnung. Jede Szene sitzt, und alle spielen mit. Auf einer Ehrentribüne zwischen dem Kino „International" und dem Ost-Berliner Alexanderplatz geben sich die sozialistischen Brüder ein Stelldichein – die Bühne ist rechts von Honecker mit den Herren von Gorbatschow bis Ceauşescu und Arafat gefüllt. Bevor der DDR-Staatschef die Hand zum Paradegruß an den grauen Hut führt, inspiziert er den linken Flügel. Die Altherrenriege des Politbüros ist vollständig angetreten. In der Mitte ist seine Gattin Margot, die ihre graublaue Dauerwelle mit einem Tüchlein verziert hat, passend zum Pflicht-Fahnenschmuck der Plattenbauten auf der anderen Straßenseite. Mit preußischer Akkuratesse sind, von Stockwerk zu Stockwerk im Wechsel, rote Fahnen und DDR-Flaggen drapiert. Beim zehnten Glockenschlag schließlich beginnt die große Militärparade der NVA. Das wäre uns ohne Adenauers Außenpolitik erspart geblieben. Stechschrittgetöse, Marschmusik und Motorenlärm donnern durch die Allee. Jede der zwanzig Paradeeinheiten wird von der Prominenz auf der Tribüne beklatscht. Auf der Straße wedeln von ihrer Arbeit freigestellte und extra bezahlte Leute mit festivalistischen Wink-Elementen.[127] Seien wir gespannt, wann sich Der Spiegel aus Hamburg über Veranstaltungen dieser Machart lustig macht. Die Ausgabe soll man den Journalisten im

Westen gleich links und rechts um ihre Ohren hauen. Journalisten sind neben den gewählten Politikern in erster Linie dafür verantwortlich, wie sich die Menschen eines Landes in der Gesellschaft fühlen, und sie sind es auch, die sich zuerst aufregen, wenn sich Menschen nicht wohlfühlen in ihrem Land und daraufhin bockig reagieren. Ich warte auf die Worte, dass jeder Mensch dafür in erster Linie selbst verantwortlich ist, aber in der Realität können sie der tollste und fähigste und fleißigste Mensch in der Welt sein und werden nicht glücklich, wenn die Lebensumstände sie daran hindern, sich so gut wie möglich zu entfalten.

Ich habe es förmlich schon vor Augen: Gegen Mittag, nachdem sich die Tribüne geleert und sich die Abgaswolken der Schützenpanzer wie auch der Schwertransporter verzogen hat, weht über den „Alex" der Duft von Grillfleisch und Soljanka – die Geburtstagsparty fürs Volk ist gerichtet. Obwohl, werden sie beim Spiegel tatsächlich das Wort Volk verwenden? Über dem Volksfest am „Alex" lastet ein bei früheren Republik-Geburtstagen nie gekannter Druck. Hunderte von Dreiergrüppchen in gar nicht auffälligen Lederjacken oder Dederon-Joppen observieren, was passiert. Was dann kommt, ist einfach nur noch schlecht. Wie ein Ehemann, dem die Frau mit der Scheidung droht, jault eine Volksmusikkapelle das Lied „Ach bleib doch hier und geh nicht fort". Die Brisanz des Textes lässt die Feiernden aufhorchen. Kurz vor 17 Uhr entlädt sich die Spannung. Nahe der Weltzeituhr haben sich – wie an jedem 7. der vergangenen Monate – einige hundert Jugendliche versammelt. Um an den Wahlbetrug vom 7. Mai zu erinnern, wollen sie „auf die Wahlen pfeifen". Plötzlich, während aus den Lautsprechern Schlagermusik quillt, so Kitsch wie zum Beispiel „Tanze Samba mit mir", kommt es zu einer Festnahme: Männer von der Stasi schleifen einen blassen Jugendlichen an den Haaren davon. Pfiffe, Buhrufe, Sprechchöre: „Freiheit, Freiheit, Freiheit". Ein ARD-Team, obwohl von Remplern in Zivil bedrängt, filmt die Szene. Ich warte auf den entsprechenden Bericht im Spiegel. Ob mit oder ohne Segen der Bonner Führer der SPD wird an diesem 7. Oktober im brandenburgischen Dorf Schwante die Sozialdemokratische Partei (SDP) bei uns gegründet.[128]

Wer zu spät kommt, den bestraft das Leben.

Weniger als acht Kilometer entfernt vom Alexanderplatz geht es in dem Schloss Niederschönhausen für Honecker buchstäblich um die Wurst. In kleinstem Kreis wirft Gorbatschow ihm vor, die wahren Bedürfnisse des Volkes zu verkennen. Richtig, Probleme kann man haben, man muss sie bloß auch ansprechen. Dann kann man realisierbare Lösungen suchen. Viel Wurst und viel Brot seien noch nicht alles, sagt Gorbatschow, denn die Menschen verlangten heutzutage auch eine neue Atmosphäre, mehr Sauerstoff, einen neuen Atem. Unser Genosse Honecker pampt zurück, bei seinem jüngsten Besuch in der Stadt Magnitogorsk habe es nicht mal Mehl, Seife, Salz und Streichhölzer gegeben. Gorbatschow hat bei soviel Arroganz das Gefühl, „Erbsen an die Wand" zu werfen.[129] Ehe Strauß die Milliarden 1983 seinem Freund Erich Honecker zur Rettung des Sozialstaates DDR zukommen ließ, gab es von vielen Nahrungsmitteln bis hin zu Bettwäsche und Damenstrümpfen auch nix mehr in Erichs Läden. In dem Gespräch unter vier Augen legt Gorbatschow dem alten Erich einen ehrenvollen Rücktritt nahe und beruft sich in dieser heiklen Angelegenheit auf den Präsidentenberater Anatoli Tschernjajew. Als sich der King von Ost-Berlin geweigert hat, unter Hinweis auf sein Alter sowie die vier überstandenen Operationen seinen verantwortungsvollen Posten abzugeben, zischt Gorbatschow „мудак", Flachwichser.[130] Man muss ziemlich verzweifelt sein, um sich auf dieser Ebene anzugehen.

Nach dem peinlichen Dialog treten die beiden Verantwortlichen für das Schicksal von vielen Millionen Menschen vor das versammelte Politbüro des ZK der SED, von dem der Gast aus Moskau einfach mehr Reformbereitschaft erwartet. Vor der SED-Spitze variiert er die Mahnung: „Wenn wir zurückbleiben, bestraft uns das Leben sofort"; „wenn die Partei nicht auf das Leben reagiert, ist sie verurteilt" oder auch: „wir haben nur eine Wahl – entschieden voranzugehen, sonst werden wir vom Leben selbst geschlagen". Offen spricht er seine Hoffnung aus, dass es rasch zu einer „Wende in der Entwicklung des Landes" kommen werde. Honecker antwortet mit hölzernen Worten – er hat nichts begriffen, weil er nichts begreifen kann. Wenn er es könnte, hätte er es längst in Angriff genommen und es wäre auch bis dahin nicht so gelaufen, wie wir das mit ihm erlebt haben. Wer den Marsch durch die Institutionen scheut, Schule, Abitur, Studium, der muss sich zurückhalten beim Regieren von Menschen. In seiner Not flüchtet sich dieser geistig arme, aber wohlmeinende Mann in Floskeln wie „Vorwärts immer, rückwärts nimmer" und lobt in höchsten Tönen die zweifelhaften Errungenschaften der DDR-Wirtschaft. Als der Genosse am Ende ist, schweigt die Runde. Auch von Männern wie Egon Krenz und Günter Schabowski kommt kein einziges Wort der Kritik an Honecker. Michail Gorbatschow schaut still den Tisch rauf und runter – ungläubig, wendet sich zu seinem Nachbarn und sagt: „Tsss" Ein letzter Blick in die stummen Gesichter des Politbüros, dann steht der Gast abrupt auf und geht.[131]

Einige der führenden Sprecher des deutschen Proletariats brauchen ein paar Jahre, um zur Besinnung zu kommen. Aber manchmal ist es später freilich auch einfach zu spät. Egon Krenz wird merken: „Wir verpassen die Möglichkeit, uns gegenseitig offen und ehrlich über die tatsächliche Lage in unseren Ländern zu informieren." Günter Schabowski wird sehr spät urteilen: „Wir waren Arschlöcher, da hätten wir putschen müssen, unter seinen Augen."[132] Weil aktuell aber von den alternden Führern der Arbeiterklasse bedauerlicherweise keine Maßnahmen ergriffen werden, und schon gar nicht selbstständig, bleibt das von ihnen regierte Volk auf den Straßen. Am 9. Oktober demonstrieren schon 70.000 Mutige in der Stadt Leipzig mit dem Ruf „Wir sind das Volk – keine Gewalt!" Es war ja immer eine Losung der Staatspartei SED, die da lautet: Alles zum Wohle des Volkes. Mit dem Ruf „Wir sind das Volk!" hat endlich einmal jemand die passende Antwort gefunden. Es wäre ja wirklich keine schlechte Idee gewesen, wenn mal jemand nachgefragt hätte, was sich die Bevölkerung eigentlich wünscht, damit sie sich wohlfühlt. Aber das kann man von der Truppe nicht erwarten, die sich ohne abgeschlossene Ausbildung für die Elite hält, die anderen Leuten vorschreiben will, wo es langgehen müsse. Eine Woche später werden schon 120.000 Teilnehmer gezählt.[133]

In der regulären Lagebesprechung der sowjetischen Botschaft sagt am 9. Oktober der sowjetische Botschafter Kotschemassow, die Lage sei ernst und werde immer schlimmer. Politisierung greife um sich. Die Freunde seien sehr beunruhigt. 4000 Demonstranten hätten in den letzten Tagen in Dresden ein aggressives Verhalten gezeigt. Sieben Bataillone aus den Reihen der Truppen des Innenministeriums seien nötig gewesen. In den Städten Plauen und in Karl-Marx-Stadt habe es erst ganz belanglos angefangen, und dann seien riesige Mengen zusammengekommen. Bei den Oppositionellen stellt er eine Konsolidierungstendenz fest. Das hört sich alles nach einem Kader der alten Schule an und nicht nach einem, der es mitbekommt, dass sich seine Führung und die in Amerika einig sind, in welche Richtung es mit der ehemaligen sowjetischen Besatzungszone in Zukunft geht. Das hört man auch aus anderen Äußerungen heraus, zum Beispiel, als er sagt, das *Neue Forum* gewinne an Einfluss. Die Losungen *Gorbi! Gorbi!* seien doppelsinnig, warnt er und, die Situation sei nie so ernst gewesen seit dem Volksaufstand von 1953.[134]

In den Wochen, in denen Erich Honecker im Krankenhaus lag, hat sich die Stimmung im Land zugespitzt und droht jetzt zu eskalieren. Ein Teil der Bevölkerung sieht das allerdings anders. Unter ihnen befindet sich der Genosse Honecker. Hören wir seine Einschätzung der Sitzung vom Politbüro am 10. Oktober, allerdings erst zu einem späteren Zeitpunkt, wenn er sich schon wieder darüber beruhigt hat: „Ich kam aus dem Genesungsurlaub in die erste Sitzung des Politbüros nach dem 40. Jahrestag der DDR in eine vollkommen neue Situation. Es war tagesordnungsmäßig festgelegt, zur politischen Situation Stellung zu nehmen. Dies war bedingt durch die sich anbahnenden Ereignisse in der DDR, die sozusagen zur friedlichen Revolution führten." Jetzt, im Oktober 1989, ist das, was sich auf den Straßen *Seines* Landes sammelt, die Konterrevolution. Auf jeden Fall sagt er, die Mitglieder des Politbüros haben an dem Tage eines nach dem anderen das Wort ergriffen und dabei sei zum Ausdruck gekommen, dass diejenigen, die zur Diskussion sprachen, der Meinung waren, dass wir unbedingt von der Möglichkeit Gebrauch machen müssten, vor der Öffentlichkeit unseren Standpunkt zu der Lage in der DDR darzulegen und den Weg, um da wieder rauszukommen. Es lag der Entwurf einer Entschließung vor, die Egon Krenz nach seiner Rückkehr aus China vorgelegt hatte. Er bat darum, dass diese Vorlage eingereicht wird als Grundlage für die Diskussion und für mögliche Schlussfolgerungen. Honecker sagt, er habe zuvor am Abend des 9. Oktober mit Egon Krenz darüber gesprochen, dass seines Erachtens die ausgearbeitete Erklärung sehr unbefriedigend sei und man erst nach einer Aussprache, ohne aber die Ergebnisse vorwegzunehmen, endgültig entscheiden könne. Weiter sagt Honecker wörtlich: „Ich ging davon aus, dass wir selbstverständlich das Neue der Lage sehen müssten, weil die durch die innere und äußere Entwicklung sehr kompliziert geworden war. Aber entsprechend unserer Erfahrungen, die wir mit dem Neuen Kurs seit 1953 machten, mussten wir natürlich eine kurze, allgemeinverständliche Analyse der Lage geben." Es spricht Bände, dass das 36 Jahre später noch der neue Kurs ist. Er zeigt sich aber partiell einsichtig: „Für mich stand außer Frage, dass wir in den 40 Jahren nicht nur Erfolge erzielt hatten, das habe ich unterstrichen, sondern sich in unserer Arbeit auch große Mängel zeigten, die es möglich machten, dass ein Teil der Bürger der DDR nicht mehr das Bewusstsein hatte, die DDR und nicht die Bundesrepublik Deutschland ist ihr Vaterland. Aber umgekehrt dürften wir auch nicht so tun, als hätte es in der letzten Zeit bei uns nur Fehler und Mängel gegeben." Es sei doch nicht abzustreiten, dass mit der Beendigung des Kalten Kriegs und der Hinwendung zu einer modernen Volkswirtschaft in der Industrie, im Transportwesen, im Bauwesen und in der Landwirtschaft etwas geleistet worden sei, auf dem man für die Zukunft aufbauen könnte. Der Verlauf der Sitzung am 10. Oktober 1989 macht jedenfalls den meisten der Anwesenden deutlich, dass Genosse Erich Honecker weder den Ernst der Lage realisiert hat noch zu einer Änderung seiner Linie zu bewegen ist. So ziehen sie sich zu Beratungen in kleinen Runden zurück, um ihrerseits endlich ihn von der großen Bühne zurückzuziehen.[135]

Zu spät vom Sockel gestürzt

Erich Honecker hat in diesem Jahr einfach keinen guten Lauf. Noch gibt es keinen Termin für seinen offiziellen Staatsbesuch in den Vereinigten Staaten von Amerika, da wird ihm am 11. Oktober auch noch der Besuch im Königreich Dänemark wegen der aktuell etwas misslichen Umstände „auf einen späteren Zeitpunkt verschoben".[136] Allerdings interessiert das auch so ziemlich niemanden mehr. Darüber macht sich Dr. Helmut Kohl berechtigte Sorgen. Dieser Tage ruft er *den lieben Freund* George Bush in den Vereinigten Staaten an: „Ich erklärte dem amerikanischen Präsidenten, dass in der Bevölkerung eine enorme Unruhe bestehe. Die Dinge würden unkontrollierbar, wenn keine Reformen durchgeführt würden. Es liege nicht in unserem Interesse, dass möglichst viele Menschen aus der DDR wegliefen, denn dies habe katastrophale Folgen für die DDR." Großer Gott, worum sich der Bundeskanzler alles Sorgen macht. Ist das nicht wunderbar, wenn sich die DDR ohne Einsatz von Kernwaffen von selbst in Luft auflöst? Stattdessen sagt er zu Bush, er wolle alles tun, was vernünftig sei, „um den Druck im Kessel zu verringern". Dennoch könne die Lage sehr schwierig werden.[137] Hätten Sie in dem Moment an seiner Stelle sein wollen und Bush erklären, dass er bloß nicht herumdrängeln soll? Und sich nicht wie Reagan vor das Brandenburger Tor stellen und Gorbatschow zurufen, er solle doch dieses Tor aufmachen? Oder warum es ganz wichtig ist, dass *unsere* DDR bitte nicht zusammenbrechen darf? Wo sie doch schon vierzig Jahre geschafft hatte, wenn auch unterdessen arg schwächelnd. Jeden Tag wird die marode Infrastruktur immer noch älter und der Investitionsbedarf wird jeden Tag größer.

Vermutlich direkt im Anschluss daran telefoniert Helmut Kohl mit dem Chef in Moskau Michail Gorbatschow. Darüber erzählt Kohl: „Ich sagte ihm, dass für die Bundesregierung die Leitlinien der Politik, die wir bei seinem Besuch in Deutschland verabredet hätten, uneingeschränkt gelten würden. Gorbatschow entgegnete, er nehme dies gern zur Kenntnis; dies sei »gut«, sagte er wörtlich auf deutsch. Hinsichtlich der dramatischen Entwicklung im anderen Teil unseres Vaterlandes versicherte ich auch ihm, dass die Bundesrepublik keinesfalls an einem Chaos in der DDR interessiert sei. Wir hofften, dass die Entwicklung dort nicht außer

Kontrolle gerate, dass die Gefühle nicht überschwappten. Unser Interesse sei vielmehr, dass sich die DDR dem sowjetischen Kurs der Reformen und der Umgestaltung anschließe und die Menschen dort blieben."[138] Na großartig: Mit Schwarz-Kohl vorwärts zu neuen Siegen des Sozialismus!

Für das Grenzkommando Berlin-Mitte wird am 13. Oktober erhöhte Gefechtsbereitschaft angeordnet. Der Kommandeur der 1. Mot. Schützendivision erhält vom Stabschef der Nationalen Volksarmee den Befehl, in dem es heißt, er solle zur Aufrechterhaltung der Ordnung und Sicherheit im Raum Berlin Hundertschaften formieren und sich auf Einsätze vorbereiten. Man kann sagen, dass jener Befehl eigenwillig umgesetzt wird. Der Kommandeur verbietet den Soldaten ausdrücklich jede Anwendung von Gewalt. In Potsdam beschränkt sich der Kommandierende auf eine Alarmierung seiner Einheit. Das klingt einerseits nach dem sowjetisch-amerikanischen Drehbuch, andererseits auch nach jenen Putschplänen, die es schon Monate zuvor bei den Grenztruppen gab.[139]

Jetzt kommt es vor allem darauf an, dass alles wie am Schnürchen läuft und Erich Honecker nicht vorzeitig Wind bekommt von diesem Putsch. Stimmen Sie mir da zu? Immerhin liegt der Oberbefehl über das Militär weiterhin bei dem gealterten Diktator. Und da passiert das absolute Unding. Ich gehe freilich von einem Versehen aus! Am 13. Oktober schreibt die *Bild*-Zeitung in dicken Lettern, am kommenden Mittwoch, also am 18. Oktober, werde Honeckers „letzter Arbeitstag" sein. Egon Krenz sagt an diesem Freitag zu den drei für die innere Sicherheit verantwortlichen Generalobersten, dass er in ein paar Tagen ihr neuer Oberbefehlshaber sein werde.[140] Dreimal dürfen Sie raten, was die Redaktion von Bild hier im Schilde führte. Es dürfte die Stimmung in der Staatsführung hinlänglich klären, wenn niemand zu Genossen Honecker läuft und ihm dieses Blatt vom 13. Oktober vor seine Nase hält. Woher wusste die Redaktion der Bild-Zeitung bereits am 12. Oktober vom Rücktritt Honeckers? Und noch viel spannender wäre es zu erfahren, warum die Info veröffentlicht wird, ist sie doch geeignet, die Info über den tatsächlichen Rücktritt zu verhindern. Ist es vielleicht gar eine Spekulation, die unseren Erich veranlassen soll, vor einem Putsch das Militär einzusetzen? Der Beschluss, wann und wie Honecker abgesetzt wird, ist noch gar nicht gefallen.

Unter dem Eindruck der massiven Proteste der Bevölkerung in den vorangegangenen Tagen finden sich endlich einige bisher ganz still leidende Opfer von Erichs Bevormundungs- und Gängelungsdiktatur zusammen, um den Alleinherrscher endlich selbst vom Thron zu holen. Ein bis dato extra stilles Opfer ist Günter Schabowski. Auch er hatte es im Leben mit dem Genossen Erich Honecker nicht immer ganz leicht gehabt: „Am folgenden Wochenende gab es in Wandlitz weitere Absprachen, ein bruchstückhaftes Vordenken. Krenz und ich entschieden uns, Harry Tisch voll in die Konspiration einzuweihen. In der Dämmerung sind wir in unseren Trainingsanzügen auf Schleichpfaden zu Tisch gestiefelt, damit uns nicht doch Honecker unverhofft über den Weg läuft." Er meint, die Diskussion sei hauptsächlich davon geprägt gewesen: Honecker müsse weg und Günter Mittag und Joachim Herrmann am besten gleich mit. Man sei sich im Verlaufe dieses Gespräches darüber einig geworden, dass der Dienstag der „point of no return" sein soll.[141]

Hören wir dazu ein anderes langjähriges Opfer, den Freund der Jugend, Egon Krenz: „Der 14. Oktober war ein Samstag. Es wurde ein Wochenende interner Gespräche über den Verlauf der kommenden Politbürositzung am 17. Oktober, auf der die Entscheidung über den Wechsel an der Spitze der Partei herbeigeführt werden musste. Zunächst traf ich mich mit Willi Stoph, dem Vorsitzenden des Ministerrates. Wir waren uns sofort einig, dass auf besagter Sitzung die Absetzung von Erich Honecker gefordert werden sollte und dass Willi Stoph dazu die Initiative ergreifen würde." Am Sonntag trifft sich nun im Wandlitzer Haus von Harry Tisch eine Dreierrunde: Tisch selbst, Günter Schabowski und Egon Krenz. Sie besprechen den Ablauf des 17. Oktober. Ursprünglich ist der Plan, dass eine Gruppe von Politbüromitgliedern Dienstag früh zu Erich Honecker geht und ihm ganz einfach mitteilt: Erich, wir sind zu der Auffassung gelangt, dass wir an der Spitze der Partei eine Veränderung brauchen. Die Gruppe sollte aus den Herren Willi Stoph, Günter Schabowski, Siegfried Lorenz, Egon Krenz, Kurt Hager, Harry Tisch sowie Werner Krolikowski bestehen. Willi Stoph macht einen gewiss zutreffenden Einwand: Wenn nur sieben Leute kommen, dann kann der Herr und Meister fragen: Wer hat euch denn beauftragt? Und es wird so aussehen, als sei da bloß eine kleine Fraktion vor ihm erschienen. Sie wurden sich einig, dass sie Erich

Honecker direkt in der Politbürositzung damit konfrontieren müssen.[142] Ich möchte allerdings darauf hinweisen, dass das ewige Stillhalten unabhängig von Meinungsverschiedenheiten mit dem jeweiligen Führer auch kein spezifisch ostdeutsches Phänomen ist. So haben Konrad Adenauer, Franz Josef Strauß oder zum Beispiel Herbert Wehner auch die Parteien führen können. Der aktuelle Klassiker ist natürlich Helmut Kohl. So lief es über Jahrzehnte. Sonst wäre dieses Kartenhaus nach wenigen Jahren nämlich ganz banal in sich zusammengebrochen.

Willy Stoph informiert am Montag dann den sowjetischen Botschafter in Ost-Berlin Wjatscheslaw Kotschemassow vom bevorstehenden Wechsel. So ist Gorbatschow vermutlich auf dem Laufenden, bevor Tisch ihm die Mitteilung überbringt, dass am Dienstag der Staffelstab an Krenz geht.[143] Bei der Lagebesprechung in der sowjetischen Botschaft in Ost-Berlin am 16. Oktober ist auch der Diplomat Igor Maximytschew zugegen. Er kann uns von dem Gespräch berichten. Es hieß, dass die Krise „eine qualitativ neue Dimension" erreicht habe und: „Die Lage ist seit 1953 nie so ernst gewesen". Jetzt gebe es mehrere Möglichkeiten. Da sei zum Beispiel die chinesische Variante mit der unausweichlichen Folge eines Zusammenbruches „spätestens innerhalb eines halben Jahres". Während der Beratung fiel nach seinen Worten auch die Formulierung: „Es muss begriffen werden, die Vergangenheit ist aus und vorbei. Die UdSSR sollte sich auf alle Eventualitäten vorbereiten, darunter auch die Möglichkeit, in dem die Mehrheit der Demonstranten die Vereinigung einfordern wird."[144] In den Gesprächen, die Vertrauensleute vom KGB mitbekommen können, spielt dieses Thema also auch Mitte Oktober auf den Straßen noch keine Rolle; es besteht die Möglichkeit, dass die Vereinigung gefordert wird.

Es erinnert arg an George Orwells Roman *1984*, wie am 16. Oktober ein paar Köpfe aus der DDR-Staatsführung die Unmutsbekundungen ihrer Schutzbefohlenen in Augenschein nehmen. Rot blinkende Leuchtdioden zeigen die Betriebsbereitschaft der Video-Kontrollzentrale in der Hauptstadt der DDR an. Da laufen die Signale aus fernlenkbaren Kameras von der Firma Grundig zusammen, die überall im Stadtgebiet montiert sind. Ein Steuerungssystem der dänischen Firma APS leitet die Bilder dann in das Polizeipräsidium und ins Lagezentrum im Ministerium des Inneren.

Dort kann mit Hilfe einer Galerie flimmernder Monitore die Verkehrs- oder eben auch die Demonstrationslage in allen größeren DDR-Städten beobachtet werden. Interesse am Operativen Fernsehen der Sicherheitsorgane hat für diesen Tag Egon Krenz bekundet. Schriftlich hat der Verschwörer den Staats- und Parteichef um die Genehmigung gebeten, am Nachmittag gemeinsam mit Stasi-Minister Erich Mielke sowie mit Fritz Streletz, dem Chef des Hauptstabes der Nationalen Volksarmee, die angekündigten Protestmärsche im Lande verfolgen zu dürfen. Papa, komm schon, lass mich auch mal sehen! Kurz vor 15 Uhr, als Krenz gerade sein Büro im ZK-Gebäude verlassen will, ruft ausgerechnet Honecker an. Der Generalsekretär teilt mit, er selbst werde auch in das Innenministerium kommen. Krenz ist es recht: Auf diese Weise sieht er sichergestellt, dass keiner der Männer, die für die bewaffneten Organe verantwortlich sind, aus der Kette ausbrechen und für sich allein irgendwelche Befehle geben kann. Auf den Monitoren im Arbeitszimmer des Innenministers schauen fünf Spitzengenossen zu, wie sich viele Leipziger zum Protest formieren. Sie sehen, wie sich 120.000 Demonstranten über den Ring schieben, so viele wie seit dem 17. Juni 1953 nicht mehr. Über zusätzlich geschaltete Tonleitungen können sie gut hören, was die Menschen wollen: „Neu-es Fo-rum, Neu-es Fo-rum“, „Gor-bi, Gor-bi“, „Die Mauer muss weg“. Der Genosse Honecker wird ein wenig unruhig. Ein paar Mal kräht er: „Jetzt muss man doch etwas tun.“ Doch Fritz Streletz weiß die Militärs hinter sich: „Wir können nichts tun. Wir wollen doch die ganze Sache friedlich verlaufen lassen.“ In die Runde wird ein Anruf des Kopfes der Einheitsgewerkschaft durchgestellt: Harry Tisch, von Egon Krenz nach Moskau geschickt, um Gorbatschow in jenen Führungswechsel einzuweihen, will telefonisch Vollzug erstatten. Er kann jedoch nicht ahnen, dass der liebe Genosse Honecker während des Anrufes im Zimmer ist. Krenz nimmt es als „eine sehr diffizile Situation“ wahr und ängstigt sich, dass Honecker etwas von den Vorbereitungen zu seinem Sturz mitbekommt. Aber Tisch übermittelt nur die unverfängliche Botschaft, Gorbatschow wünsche den Ost-Berliner Genossen „viel Erfolg“. Nachdem der liebe Erich Honecker das Innenministerium verlassen hat, nimmt Krenz Vize-Verteidigungsminister Streletz beiseite und bittet ihn, als Sekretär des Nationalen Verteidigungsrates nur noch Weisungen von ihm allein entgegenzunehmen: „Fritz, am besten ist, du hörst ab sofort auf mich.“ Er fragt Streletz, wie sich NVA und Grenztruppen wohl verhalten würden. Der Generaloberst, der in die Absprachen mit Moskau eingeweiht ist, versichert, auf Armee und Grenztruppen sei Verlass. Sein Fahneneid, beteuert der Militär, der gelte nicht einer bestimmten Person: „Ich bin auf die DDR vereidigt. Ich weiß, was ich jetzt zu tun habe.“[145] Ob Erich Honecker wirklich krähte, es müsse jetzt etwas getan werden, oder nicht, auf jeden Fall behauptet der Staatschef vollkommen steif und fest: „Der von Genossen Krenz nur vorbereitete und von mir unterzeichnete Befehl untersagte ausdrücklich die Anwendung von Schusswaffen.“[146]

Erich Honecker fliegt vom Spielfeld

Am 17. Oktober ist es endlich soweit und der langjährige Staatsratsvorsitzende Honecker soll von der für ihn zu großen Verantwortung für die Staatsbürgerinnen & Staatsbürger der DDR entlastet werden. Der Zeitpunkt ist günstig, weil sich Honeckers Kronprinz Egon Krenz den Vorbereitungen endlich anschließt und weil sich der Verteidigungsminister Heinz Keßler, ein Freund Honeckers, gerade zu einem offiziellen Besuch in Nicaragua aufhält. Dadurch ist jetzt Fritz Streletz der erste Militär.[147]

Um sieben Uhr in der Frühe, zwei Stunden vor Beginn der entscheidenden Politbüro-Sitzung, ruft der Minister für Staatssicherheit Mielke den ZK-Abteilungsleiter für Sicherheitsfragen, Wolfgang Herger, an, um ihn aufzufordern, sich während der Sitzung vor dem Beratungszimmer mit einigen zuverlässigen Mitarbeitern zu postieren. Erich Mielke möchte da auf Nummer Sicher gehen: Wenn Erich Honecker bemerkt, dass es ernst wird für ihn, soll er nicht den Personenschutz zu Hilfe rufen können, um die Verschwörer vor Ort festnehmen zu lassen. Der Stellvertretende Vorsitzende des Staatsrates Egon Krenz beordert Generaloberst Streletz ins ZK-Gebäude, um den ranghöchsten Soldaten des Staates im Ernstfall in seiner Nähe zu wissen.“[148]

Kurz vor der Sitzung des Politbüros ruft der SED-Bezirkschef Dresdens Hans Modrow, der in der Beratung mit den 1. Bezirkssekretären bei der Beurteilung der Situation bereits sehr zugespitzt gegen Erich aufgetreten war, bei Honecker an und sagt zu ihm: „Erich, es wäre gut, wenn wir uns sprechen könnten, damit wir aufeinander zugehen." Keck erwidert unser Erich: „Ja, das können wir am Freitag."[149]

Der Genosse Chef geht also zu der dienstäglichen Sitzung des Politbüros und entschuldigt sich, dass er sich etwas verspätet hat durch den Anruf von Modrow, und sagt: „Ich habe mit ihm ein Treffen vereinbart. Er will eine Bemerkung zu seinem Auftreten machen, damit man sich verständigt." Selbstkritik Fehlanzeige. Er geht an den Mitgliedern im Gremium vorbei, gibt jedem die Hand, nimmt an der Stirnseite seines sechs Meter breiten Tisches Platz und eröffnet die Sitzung. Was dann in der richtigen Wirklichkeit passiert, verschwimmt im Nebel absolut unterschiedlicher Erinnerungen. Manche sagen, dass alles geordnet seinen sozialistischen Gang geht und die anderen sagen, dass Willy Stoph ganz unvermittelt in die Einleitung Honeckers reinplatzt mit dem Antrag, ihn vom Amt, oder gleich von allen Ämtern zu entfernen. Übereinstimmung gibt es dahingehend, dass die Anwesenden nacheinander das Wort ergreifen, das der Chef wie gewohnt mit einer knappen Handbewegung erteilt. Niemand in der langen eckigen Runde versucht, Honecker, oder auch nur sich selbst, zu verteidigen. Selbst Günter Mittag, mit dem er gemeinsam jede Kritik an einer abenteuerlichen weil ruinösen Wirtschaftspolitik hinweggefegt hatte, rückt von ihm ab: Honecker wäre untragbar. Mittag erntet daraufhin Hohngelächter: „Und zu dir sagst du nichts?" Aufgeregt rechtfertigt Stasi-Chef Mielke diese Palastrevolte: Er habe immer gewarnt, „aber du hast ja nie reagiert." Erregt platzt Mielke heraus: „Wir haben vieles mitgemacht. Wir können doch nicht anfangen, mit Panzern zu schießen."[150]

Honecker hat inzwischen schon begriffen, dass alles vorbesprochen war, und gibt als 21. Redner Egon Krenz das Wort. Der erhebt sich und sagt, dass dies ein entscheidender Augenblick sei. Er habe sich die Dinge sehr wohl überlegt, und er stimme zu. Wenn das Politbüro nun den Beschluss fasse, nach dem Antrag Willi Stophs, dann sei er bereit, die Funktion zu übernehmen. Er sei gesund. Als Honecker die Situation realisiert, ist für ihn „ganz klar, dass ich zukünftig in einem solchen Kollektiv nicht mehr arbeiten konnte." Wie schon so oft in seinem Leben sind hier wieder alle anderen das Problem. Mit einem beherrschten Gesicht hört der Meister zu. Ganz ohne Widerspruch will er dann aber doch nicht abtreten. Er sei „tief getroffen", weil dieser Vorschlag ausgerechnet von Stoph käme. Er warnt davor zu glauben, dass mit seiner Ablösung die inneren Probleme der DDR gelöst würden; ein Auswechseln von Personen signalisiere dem Gegner nur, „dass wir erpressbar sind". Irgendwie hat er nie verstanden, dass es nicht mehr um Klassenkampf geht, sondern darum, das tägliche Leben der Menschen so zu ermöglichen, dass die Menschen nicht lieber weggehen, als die Segnungen sozialer Grundversorgung zu genießen. Er erklärt noch, er sage das „nicht als geschlagener Mann, sondern als Genosse, der bei bester Gesundheit ist." Will er damit den Mitgliedern des Politbüros sagen, sie könnten ihn nicht nach der gleichen Methode vom Schachbrett nehmen, wie er Anfang der 1970er seinen wirtschaftlich erfolgreichen Vorgänger abgesägt hat? Übrigens ebenfalls mit freundlicher Unterstützung aus dem kalten Moskau. Am Ende bleibt ihm aber nichts übrig, als seiner Ablösung zuzustimmen. Um ehrlich zu sein – das spielt nach dieser Sitzung sowieso keine Rolle mehr. Honecker muss den ihm so lieb gewordenen Platz hoch oben über all den Ingenieuren, Doktoren, Professoren, Arbeitern, Bauern und den klugen Frauen räumen.[151]

Wie nimmt er den weiteren Verlauf wahr? „Während der Diskussion hat dann noch einer den Antrag gestellt, Günter Mittag ebenfalls von seiner Funktion zu entbinden, und ein anderer schlug vor, auch Joachim Herrmann von seiner Funktion zu entbinden. Weitere Anträge gab es nicht. Zuerst habe ich darüber abstimmen lassen, wer dafür ist, dass wir auf der 9. Tagung des Zentralkomitees vorschlagen, mich von meinen drei Funktionen zu entbinden, und ich bat um das Handzeichen. Daraufhin haben alle Mitglieder des Politbüros und alle Kandidaten zugestimmt. Ich selbst habe dem Beschluss ebenfalls durch die Hebung meiner Hand die Zustimmung gegeben. Dann fuhr ich fort und sagte: »Wer dafür ist, Günter Mittag von seinen Funktionen zu entbinden, den bitte ich ebenfalls um das Handzeichen.« Da haben alle zugestimmt, und ich auch." In erster Linie ist für ihn die Einstimmigkeit beruhigend, selbst wenn diese allseitige Zustimmung sein politisches Aus bedeutet. Es muss ihm ganz wichtig sein, den Eindruck eines chaotischen Rauswurfes zu vermeiden. Er ergänzt noch: „Und das gleiche geschah bei Joachim Herrmann. Alle drei Beschlüsse sind also einstimmig gefasst worden." Nach der Sitzung ruft er seinen Genossen Egon Krenz an und sagt: „Du hör mal, wenn ihr schon bei der Ausarbeitung seid, mach gleich eine kurze Erklärung fertig für meinen Rücktritt." Den Entwurf des Texts für den Rücktritt schreibt Günter Schabowski nachts auf seinem Computer und Egon Krenz leistet Schützenhilfe. Schabowski sagt zu ihm, dass er gar nicht wisse, „wie man so was formuliert".[152]

Am Morgen des 18. Oktober liegt der Entwurf einer Erklärung auf Erich Honeckers Platz. Er sagt dazu, er habe mit Krenz gesprochen und einige „Ergänzungen vorgenommen in Bezug auf Einheit und Geschlossenheit der Partei und beste Wünsche, die Aufgaben zu meistern." In der Erklärung wird letztlich „als Grund für meinen Rücktritt angegeben, dass ich durch die Operationen, die ich unmittelbar zuvor hatte, nicht mehr die Kraft und die Energie besaß, die Aufgaben zu erfüllen, die gegenwärtig vor der Partei und vor dem Volk der DDR stehen." Dann sagt Honecker zu Egon Krenz: „Ihr müsst euch noch darüber einig werden, wen ich als Generalsekretär vorschlagen soll." Darauf entgegnet der Angesprochene, dass in der Begründung von Stoph sein Name schon enthalten sei. Dann sagt er wörtlich: „Du hast mich ja vorbereitet als deinen Nachfolger." So sieht sich Erich Honecker nicht mehr frei, einen anderen vorzuschlagen oder zu gewinnen, und schreibt dann einfach hinein: Egon Krenz. Dieser ist sichtlich erleichtert, und sie gehen zusammen ins Politbüro. Die zwei nehmen ihre Plätze ein. Honecker eröffnet die Sitzung und liest brav die Erklärung vor. Zu seiner Überraschung klatschen alle Beifall. Das hatte es noch nie im Politbüro gegeben. Dann sagt er – immer noch Generalsekretär: „Dann studieren wir zunächst die Rede von Egon." Diese Rede wird bestätigt und am Nachmittag beginnt die ZK-Sitzung, die Honecker gleich mit der Verlesung seiner Bitte beginnt, ihn aus den Funktionen zu entbinden. Willi Stoph nennt die Beschlussfassung dazu. Dieser wird zugestimmt – zur Freude der einen, zur Verblüffung der anderen. Die Abstimmung erfolgt gegen nur eine Stimme. Es folgt die Abstimmung über Egon Krenz. Danach bittet Honecker Genossen Willy Stoph, dem ZK die Frage zu stellen, ob er aus Gesundheitsgründen von der Tagung befreit werden könne. Das tut Stoph und alle sind dafür. Der Genosse Honecker verabschiedet sich von Stoph, von Krenz, von Sindermann und geht und das ganze ZK erhebt sich von den Sitzen.[153]

Fragen wir Günter Schabowski, wie man auf die Idee kam, ausgerechnet auf Egon Krenz als den Hoffnungsträger für einen Neustart zu verfallen. Der SED-Chef von Berlin erklärt dies so: „Krenz hatte zwar Sympathien für die Reformen Gorbatschows gezeigt, ihn schätzten die Altsassen des Politbüros aber dennoch wohl mehr als einen der ihren ein." Und weiter meint er: „Sie hofften, dass er, der langjährige Kandidat des Politbüros, der 1983 zum Sekretär für den Bereich Armee, Polizei und Staatssicherheit avanciert war, es schlimmstenfalls zur Wende, aber sicher nicht zu einer Kehrtwende würde kommen lassen. Das »Angebot« Krenz war für sie akzeptabel. So hatten wir einige von ihnen gewinnen können, für die Absetzung Honeckers zu stimmen."[154]

Eine Zeit geht zu Ende

Dass er sein Lebensziel zum Zeitpunkt seiner Absetzung noch nicht vollständig erreicht hat, formulierte Erich Honecker im Anschluss an Worte über die im Zweiten Weltkrieg angerichteten Schäden: „Das wieder aufzubauen war genau so schwierig wie bei uns in Dresden und Berlin. Wir sind jetzt noch nicht damit fertig." In der Tat. Leider weist er aber nicht darauf hin, dass es seit dem VIII. Parteitag *seiner* SED überhaupt nicht mehr darum geht, die vorhandene Bausubstanz instandzusetzen. Anstatt den Eigentümern älterer Häuser die Voraussetzungen zu schaffen, diese selbst in Ordnung zu bringen und günstige Rahmenbedingungen für die existierenden mittelständischen Betriebe zu schaffen, hat er bereits vorhandene Betriebe zu sogenannten Baukombinaten zusammengelegt, die neben der vorhandenen, jedoch desolaten Bausubstanz Häuserblöcke in Plattenbauweise errichteten. In einem etwas hilflosen Humor fand man für deren Anti-Architektur Begriffe wie Arbeiterschließfächer. Das klingt ein kleines bisschen lustig, kann aber nicht verhindern, dass jetzt um die verwahrlosten Stadtkerne herum die neuzeitlichen Sichtblenden stehen. In Bautzen kommt es Ende der achtziger Jahre zu einer verhältnismäßig eigenwilligen Art von Protest. Den Auszug der Bewohner des spätmittelalterlichen Stadtkerns haben die Einwohner der Stadt noch brummend hingenommen. Als dann aber Gerüchte durchsickerten, dass man sich in den kommenden Monaten daran machen wollte, die Gebäude im Stadtzentrum vollends abzureißen um auch in der Altstadt für die hässlichen Betonblöcke Platz zu machen, sichern Einwohner des Städtchens nun in ihrer Freizeit diese Häuser. Ich bin in einer Gruppe, die ein mittelalterliches Kellergewölbe vom Müll im Inneren befreit. Als wir anfingen, war es bis zur Decke voll. Jetzt steht man schon nahe am Boden und kann in die Höhe blicken und staunen. Andere Gruppen ziehen Planen über die Dächer, damit es nicht mehr hineinregnet. So tut jeder, was er kann. Es fehlen natürlich Geld und Möglichkeiten, um die Häuser wirklich wieder aufzubauen, aber egal. Hauptsache, es wird nicht abgerissen.

Vielleicht ist es ja jetzt alles noch zu frisch und Herr Honecker muss sich erst einmal erholen und tief durchatmen. Aber dann sollte man unserem ehemaligen Oberindianer, wie ihn Udo Lindenberg einst nannte, schon noch ein paar Fragen stellen, zum Beispiel: „Seit wann und warum gab es ein so gewaltiges flächendeckendes Sicherheitssystem in der DDR?“[155] Der erste Mann in der Nomenklatura sagt: „Also einen Sprung in der Sicherheitspolitik zum flächendeckenden Abhorchsystem gab es natürlich nicht. Wenn es gemacht wurde, so erfolgte dies außerhalb der Legalität. Es gibt dazu weder einen Beschluss des Politbüros noch des Nationalen Verteidigungsrates.“ Geheimdienste an sich mag ein Land ja brauchen – „Aber dass zum Beispiel Herger solche Akten über Künstler hatte, davon bin ich selbst wirklich sehr überrascht, sehr überrascht. Ich glaube, das ist eben das, was die Menschen auf die Palme brachte.“ Da hat der gute Mann vollkommen recht. Ich stimme da voll zu, wenn er sagt: „Ich halte ein solches System nicht nur für hanebüchen, sondern auch vom Standpunkt der Entwicklung der DDR, der Vertrauensbildung zwischen der Partei und den Volksmassen und zur Partei- und Staatsführung geradezu für unerhört!“ Und er konkretisiert das: „Ich muss sagen, ich schätze die Tätigkeit der Mehrheit der Mitglieder des Ministeriums für Staatssicherheit sehr hoch ein. Das sind verantwortliche Genossen gewesen. Aber ein solches System flächenweit zu entwickeln, wie sich jetzt offenbar herausstellt, das widersprach allen Beschlüssen sowohl des Politbüros als auch des Nationalen Verteidigungsrates in Bezug auf hauptamtlich und ehrenamtlich Tätige und ist nur so zu erklären, dass man versucht hat, entsprechend dem Vorbild der Tscheka einen Staat im Staate zu entwickeln.“[156]

Was hat Honecker dagegen unternommen? „Ich kann mich heute noch ganz vage daran erinnern, dass ich sehr oft Mielke darauf hingewiesen habe, dass das Ministerium kein Überministerium ist, das außerhalb der Regierung steht, sondern dass man doch davon ausgehen muss, dass jeder Minister auf seinem Gebiet verantwortlich ist. Es war ja nicht nur so, dass ein Minister für Staatssicherheit im Ministerrat war." Ach so, aber wie war es letztendlich gewesen? „Es war ja so, dass in jedem Ministerium offiziell Vertreter des Ministeriums für Staatssicherheit waren. Und – wie sich jetzt herausstellte – dieses System bis nach unten weiterging. Es zeigt sich jetzt, dass dieses System kein System war, das zur Stabilisierung der DDR beitrug, sondern im Gegenteil, dass viele aufgebracht wurden gegen die Methoden, die dabei manchmal angewandt wurden und die selbstverständlich unbekannt blieben." Wie war das System nun entstanden, wenn der erste Mann im Staate das nicht gewusst hat? Wie wurde die Stasi ein Staat im Staat, den auch er nicht mehr kontrollieren konnte? Darauf erklärt Honecker den Interessierten: „Das war von vornherein so. Das lag in der Tradition des Systems der Staatssicherheit der sozialistischen Länder." Seine Worte sprechen Bände: „Es wird für jeden überraschend sein, wenn ich auf die Frage der Anzahl der Mitarbeiter des Ministeriums für Staatssicherheit sage, dass solange ich im Politbüro des ZK der SED war, und das war schon seit 1950 als Kandidat, und seinerzeit als erster Sekretär der Sicherheitskommission beim ZK, das war 1956, bis zum Sekretär des Nationalen Verteidigungsrates, der später gegründet wurde, bis zur Übernahme meines Vorsitzes des Nationalen Verteidigungsrates, weder im Politbüro noch im Nationalen Verteidigungsrat, ganz zu schweigen vom Ministerrat, jemals die personelle Stärke des Ministeriums für Staatssicherheit festgelegt wurde, so dass ich die Anzahl der hauptamtlichen Mitarbeiter, einschließlich des Wachregiments *Felix Dzierzynski*, ungefähr auf 35.000 Mitarbeiter schätzte. Über die Anzahl 85.000 hauptamtlicher und 100.000 ehrenamtlicher Mitarbeiter war ich sehr überrascht." Daraus ergibt sich folgerichtig die Frage: „Aber Sie haben auch nie danach gefragt?" Worauf der ehemalige große Chef antwortet: „Ich habe auch nie danach gefragt. Warum habe ich nie danach gefragt? Erstens, weil diese Fragestellung in Verbindung mit der Ablösung von Wollweber 1953 als Minister für Staatssicherheit bereits eine große Rolle spielte. [...] Das war einer der Hauptgründe für die Ablösung von Wollweber."[157] Ernst Wollweber war einst Chef da.

Dann hatte Honecker sogar selbst Angst vor *unserer* Stasi. Das ist schon so ziemlich urkomisch. „Damals, in einer Zeit des zugespitzten Klassenkampfes, fand man es unerhört, Mitarbeiter des Ministeriums in einem größeren Umfange abzubauen. Aber damals spielte die Anzahl derer, die vorhanden waren, noch nicht einmal eine so große Rolle. Zweitens ging ich stets davon aus, dass man soviel Verantwortungsbewusstsein hat, innerhalb eines engen Rahmens, der für alle gesetzt war, nur soviel Mitarbeiter wie erforderlich einzusetzen. Drittens war ja zu berücksichtigen, dass als Mitarbeiter für Staatssicherheit nur die gezählt wurden, die in der DDR arbeiteten, und diejenigen, die an der geheimen Front waren, so dass darüber Vertraulichkeit gesichert sein musste. Es war offensichtlich ein Fehler, dass man nie diese Fragen gestellt hat." Das korrigiert er allerdings und sagt, er habe mal eine Zusammenstellung vorgenommen, und wollte damals wissen, wie viele Angehörige die bewaffneten Organe hatten. Bei der Armee fragte er einfach den Zuständigen: „Der Minister des Innern hatte auf diesem Gebiet keine Berührungsängste. Im Gegenteil. Er war sehr dafür, dass herauskam, dass er viel weniger bekam als das Ministerium für Staatssicherheit." Ja, und dann: „Ich fragte Mielke damals, wie stark die Anzahl der Mitarbeiter für Staatssicherheit ist, um einen Überblick zu bekommen. Und er sagte mir damals, 35.000. Es ist natürlich ein großer Unterschied zwischen 35.000 und 80.000."

Da drängt sich geradezu die Frage auf, warum Erich Mielke eigentlich so unaufhörlich neue Mitarbeiter für seine Extraberichte gesucht hat, wenn das der Chef gar nicht von ihm verlangt hat. Versuchen wir eine Antwort zu finden. Honecker wird mit der Frage konfrontiert: „Und wurden Sie nicht wenigstens vom Ministerium für Staatssicherheit informiert, wie die Leute wirklich dachten?" Na ja, sein Vorgänger Walter Ulbricht hatte sich immer mal von seinem Personenschutz gelöst und hat sich einfach unters Volk gemischt. Honecker las eben gern die schriftlichen Berichte. Was er dem Journalisten antwortet, ist unglaublich: „Ich möchte sagen, dass ich fast alle Informationen des MfS gelesen habe, auch hinsichtlich der ökonomischen Entwicklung, der sozialen Entwicklung, bis hin zur

Kohlenhaldenentwicklung. Die Berichte vom MfS, soweit sie nicht unter Geheimhaltung standen und auch nicht nur mir zugänglich waren, vor allem wenn es die westliche Seite betraf, erschienen mir immer wie eine Zusammenfassung der Veröffentlichungen der westlichen Presse über die DDR. Das sage ich hier in aller Offenheit. Ich selbst habe diesen Berichten wenig Beachtung geschenkt, weil all das, was da drin stand, man auch aus den Berichten der westlichen Medien gewinnen konnte. So zuverlässig waren die Informationen des MfS für die Partei- und Staatsführung der DDR überhaupt nicht. Und wenn man sich die Berichte bis zum Sommer des vorigen Jahres ansieht, hatte sich an ihrem Charakter diesbezüglich nichts geändert. Das Lauschsystem, dass sie dort aufgebaut haben, fand kaum Niederschlag in den Berichten des MfS. Das ist eine Selbstüberschätzung, eine Beweihräucherung vom MfS, wenn man nachträglich solche Äußerungen macht, dass wir gewarnt wurden."[158] Im Klartext heißt das doch wohl, dass er auch im Angesicht der Fluchtwelle und der Demonstrationen von Hunderttausenden nicht zu der Einsicht gelangt, dass diese Berichte durchaus die reale Misere darstellten. Ist die Verfassung dieses Mannes keinem der Gesprächspartner aus München, Saarbrücken oder zum Beispiel aus Bonn aufgefallen? Warum wurde die Unterstützung für die DDR nicht an Bedingungen geknüpft?

Die befragenden Journalisten können seine Antwort wohl auch nicht so richtig glauben und fragen nach: „Wenn Sie sagen, diese Informationen vom MfS glichen den Westzeitungen, dann zeichneten sie doch ein sehr schlimmes Bild von der Situation in der DDR." Versunken im rosa Weltbild lässt er hören: „Ja, das war ein schlimmes Bild. Und wir sind davon ausgegangen, dass der Gegner uns nicht lobte, sondern Interesse hatte, uns mies zu machen, so dass wir uns von diesem Gesichtspunkt aus an den Brechtschen Ausspruch hielten: Klassenkampf ist natürlich Klassenkampf. Heute ist es offenbar, dass die imperialistischen Staaten, besonders die USA, auch Großbritannien und die BRD, eingesetzt wurden zur Untergrabung der Positionen der sozialistischen Länder." Dann sind die lästigen Berichte der Stasi also auch noch nutzlos verpufft. Hat Genosse Erich Mielke etwa deswegen die Spitzelei so ausgebaut? Wollte er durch die Erhöhung der Anzahl der Katastrophenberichte erreichen, dass sein Genosse Erich Honecker aus seiner rosaroten Umnachtung aufwacht?[159]

Willy Brandt betreibt noch einmal Nebenaußenpolitik

Während sich der Kanzler sträubt, im Angesicht der dramatischen Entwicklung in der DDR Gespräche mit Moskau aufzunehmen, ist einer der Politiker vom 14. bis 17. Oktober dort. Gorbatschow empfängt am 17. 10. den SPD-Ehrenvorsitzenden Willy Brandt, der tags zuvor die Ehrendoktorwürde der Lomonossow-Universität erhalten hat. In dieses Gespräch platzt die Mitteilung, dass im Politbüro die Entscheidung über Honecker gefallen ist. Na bitte, wird mancher denken – Und sie bewegt sich doch! Gorbatschows Berater Jakowlew fragt den mitreisenden Egon Bahr, wer wohl der Nachfolger von Honecker werden sollte. Bahr ist verblüfft und antwortet, dass er ihm das natürlich nicht sagen könne, sondern lediglich, wer es wird: Egon Krenz. Alexander Jakowlew macht eine ganz abschätzige Handbewegung und sagt zu ihm: „Wollen wir doch erstmal abwarten, wie morgen die Kundgebung oder die Demonstration in Leipzig verläuft."[160] Gut, und was tut sich derweil in Bonn? Man feiert, als wäre nichts passiert, auf einem Empfang des Ständigen Vertreters der DDR in der BRD in Bonn den 40. Jahrestag der DDR. Jetzt heißt der Chef eben nicht mehr Genosse Honecker, sondern Krenz. Wasser gießt der Unterhändler Rechtsanwalt Wolfgang Vogel in den Wein. Er beschwört einen von Genschers Diplomaten, die Stimmung in der DDR sei katastrophal, sie sei vorrevolutionär.[161] Hören Sie nicht die Freude, die aus Dr. Vogels Worten spricht? Die helle Freude. Seit Konrad Adenauers Zeiten warten sie auf nichts anderes als einen Zusammenbruch *unseres* sozialistischen Experiments. Sehnsüchtig und schmachtend. Und da passiert es. Einer, der ein privates Interesse daran hat, dass *unsere* DDR nicht zusammenbricht, ist Dr. Wolfgang Vogel selbst. Er hat ja völlig recht, wenn er sagt, er sei kein Top-Agent der Stasi oder Erich Honeckers. Das sieht man ja schon daran, dass sie ihn in Ost-Berlin mit 100.000 Mark der DDR und 50.000 D-Mark pro Jahr abspeisen, während er aus der Bundesrepublik 360.000 DM auf ein Konto in West-Berlin erhält. Unschön ist es für ihn, dass er die wunderbaren Moneten nicht in der DDR versteuern kann, da er sie hier nicht als Einnahmen angeben kann. Sonst würde dieser bunte Vogel vermutlich in unserem sozialistischen Vaterland wegen irgendwas mit dem Feind hinter Schloss und Riegel kommen. Es wäre der Knaller, wenn sie ihn deshalb später im Westen vor den Kadi bringen würden.[162]

Brandt hört in Moskau, was außer ihm so ziemlich keiner in Bonn hören will: Der ZK-Sekretär Valentin Falin sagt, die neue SED-Führung unter Krenz werde nach seiner Einschätzung bloß eine Frist von einem Monat haben, um prinzipielle Veränderungen in Gang zu setzen.[163] Brandt verweist vor Journalisten auf die Aussage Gorbatschows, nach der über die weitere DDR-Entwicklung nicht in Moskau, sondern in Berlin entschieden werde. Brandt fügt hinzu, es werde auch nicht in Bonn darüber entschieden.[164] Wie viel zu oft lässt Willy Brandt auch hier wieder offen, wie sein Satz denn nun zu deuten ist. Warum sagt er nicht einfach klipp und klar, dass sie in Bonn keine Vereinigung wünschen und dass die dortige Ablehnung, wie er hofft, keinen Einfluss auf den Gang der Dinge haben wird. Jetzt, da er zu Vorträgen und Gesprächen in Moskau ist, hat er auf der anderen Seite den Eindruck gewonnen, dass die Moskauer Führung „ihre militärische – auch »strategisch« genannte – Präsenz in der DDR nicht einseitig abzubauen“ gedenkt.[165] Nein, selbstverständlich nicht. Die Russen sind ja nicht lebensmüde. Es treibt mir die Tränen in die Augen, dass er den Begriff strategisch in Anführungsstriche setzt und meint, die deutsche Frage werde vieldeutig diskutiert und eine klare Haltung sei da für ihn nicht auszumachen – und weiter: „Gewiss, die deutsch-polnische Nachkriegsgrenze wollte man festgeschrieben wissen. Und sonst?“[166]

Was, und sonst? Seit Jahrzehnten geht es um nichts anderes als um zwei Themen. Es geht um die Frage der Grenzen Polens und der Sowjetunion, der ČSSR und Österreichs, und andererseits geht es darum, dass es nicht noch einmal einen Krieg Deutschlands um die früheren Ostgebiete gibt. Und um nichts sonst. Es war nicht unberechtigt, dass formuliert wurde, Egon Bahr sei der strategische Kopf hinter Willy Brandt gewesen. Nachdem Bahr die Seiten gewechselt hatte, war Brandt kopflos. Sie wissen ja, dass Schmidt über ihn denkt: „Brandt neigte nicht zur verfassungsrechtlichen oder militärstrategischen oder ökonomischen Analyse, er suchte und fand seine Urteile mehr im Gespräch mit seiner unmittelbaren persönlichen Umgebung.“[167] Solange Brandt noch lebt, wird sich Schmidt ja schwer hüten, das laut zu sagen. Doch was nicht ist, kann noch werden. Die Frage „Und sonst?“ ist überhaupt nicht verständlich, zumal er selbst in Moskau erklärt: „Die Wiedervereinigung bedeutet eine Rückkehr zur Vergangenheit, was erstens unmöglich ist und zweitens nicht unser Ziel sein kann.“[168] Na ja, es ist auch nur eine Frage der Zeit, wann die Presse in Deutschland diesen Satz aufgreift und ausgerechnet Brandt vorwirft, *er* hätte die Vereinigung nicht gewünscht. Es ist ein Kreuz, denn Brandt hat vieles nicht verstanden: „Wie also konnte ein prominenter Unionspolitiker wie Rainer Barzel noch Jahre später behaupten, wir hätten uns durch die Ostverträge verpflichtet, »von Wiedervereinigung nicht mehr zu sprechen«?“ Könnte es vielleicht sein, dass Barzel wollte, dass Brandt das Thema vergisst? „Im gleichen Zusammenhang war davon die Rede, ich hätte mich negativ zur Wiedervereinigung geäußert; das macht Sinn nur für den, der meine Gründe gegen das rückwärtsgewandte »Wieder« nicht zur Kenntnis nehmen wollte und will.“[169] Erneut gelingt es Brandt nicht, diesen Gedanken einmal in einem vollständigen Satz auszuformulieren. Dem Ex-Kanzler kann man den Zugang zu den Medien nicht verweigern. Da könnte er klären, dass es bei einer Vereinigung um die DDR und die Bundesrepublik geht und bei der Wiedervereinigung um die Gebiete von Aachen im Westen bis nach Tilsit und Memel im Osten – weit östlich von der Oder und der Görlitzer Neiße. Nach seiner Rückkehr aus Moskau informiert der Hobby-Diplomat am 18. Oktober Bundeskanzler Helmut Kohl über seine Gespräche und danach trifft Brandt gemeinsam mit Gerhard Schröder aus der richtigen Fraktion der SPD den früheren sowjetischen Botschafter in Bonn Valentin Falin. An diesem Tag können endlich auch die Flüchtlinge in der Warschauer Botschaft der DDR ihre Zahnbürsten einpacken und sich auf den Weg machen.

Die erste Rede des gewendeten Egon Krenz

Mit einem bislang nicht gesehenen Elan führt sich Krenz auf der Tagung des ZK der SED am 18. Oktober ein. Der neue Generalsekretär hält eine knapp einstündige Rede und er verspricht, seine Partei, die SED, werde mit dieser ZK-Tagung „eine Wende einleiten". Hat er diesen Begriff aus den Berliner Reden von Gorbatschow entlehnt? Die führende Partei, die den Ereignissen bis jetzt eher hinterhergehinkt ist, will nun die Initiative übernehmen.[170] Genau diesen Eindruck macht die Rede aber nicht, als er sie am Abend noch einmal im Fernsehen vorliest. Krenz erklärt sich das damit, dass er kurzerhand jene Rede verlesen hatte, die er schon bei der ZK-Tagung in der Hand hatte. Das könnte am Zeitmangel gelegen haben oder an was auch immer. Aber wie ist er auf den Schnellschuss verfallen, die Gesamtheit der Menschen in der DDR genauso anzusprechen wie die nur zwei Millionen Mitglieder seiner Partei? Eine mögliche, wenn auch ziemlich desillusionierende Antwort ergibt sich aus einer Anfrage an den SED-Chef von Ost-Berlin Günter Schabowski, ob die ausschlaggebenden Personen in der Staatsführung beim Amtsantritt von Krenz wirklich von der realen Chance ausgingen, die DDR als Staat zu retten: „Gewiss. Das Wesentliche am Amtsantritt von Krenz war im Grunde die Entmachtung Honeckers. Nur durch die Absetzung Honeckers war eine Veränderung der Reiseregelungen möglich geworden. Sie schien den Putschisten gegen Honecker notwendig, um die Massenflucht und dadurch den Ruin des DDR-Systems zu stoppen." Die Chance wäre bestimmt nur gegeben, wenn auf der Stelle ein verständliches ökonomisches Reformprogramm auf den Weg gebracht würde. Aber Schabowski meint, dass „als einziger grundlegender Auftrag an die Regierung" die einfallslose Order ergeht, „ein neues Reisegesetz zu erlassen. Durch Reisefreiheit erhoffte sich das Regime öffentliche Druckentlastung und damit seinen Fortbestand."[171]

Wie (fast) jeder Bürger der DDR verfolgt auch der Kanzler in Bonn diese abendliche Rede seines neuen und geradezu jugendlichen Statthalters in Ost-Berlin und auch er ist enorm enttäuscht, wie (fast) alle Bürger in der DDR: „Einerseits berief sich Krenz auf Gorbatschow, stellte eine Rücknahme der Reisebeschränkungen in das sozialistische Ausland und eine Reiseregelung für den Westen in Aussicht. Andererseits weigerte er sich, wie schon sein Vorgänger, mit den Oppositionsgruppen einen gleichberechtigten Dialog aufzunehmen, und beharrte stattdessen auf den sozialistischen Errungenschaften einer eigenständigen DDR, die ihre Probleme ohne fremde Einmischung löse."[172] Ohne fremde Einmischung, aber nicht ohne fremdes Geld. Wenn es nach Marx geht, ist jetzt erst einmal ein solides ökonomisches Konzept gefragt, das die bisherige Wurstelei in der Wirtschaft erfolgversprechend ersetzen kann. Aber das haben sie ja nicht parat. Wie wirkt sich die Kopflosigkeit im Zusammenhang mit der gültigen Rechtslage in der Bundesrepublik im Ausland aus?

Wie in Moskau wissen sie auch in Paris nur zu gut um die höchstrichterliche Rechtsprechung in Karlsruhe, nach der diese Bundesrepublik nicht irgendein Rechtsnachfolger des Deutschen Reiches ist, sondern als Staat identisch mit dem Staat Deutsches Reich, bezüglich der räumlichen Ausdehnung allerdings nur teilidentisch. Nach wie vor weigern sich Bonner Regierungen jeder Mischung die maximale räumliche Ausdehnung des deutschen Staatsgebietes anzuerkennen. Die gute Bundesrepublik „beschränkt staatsrechtlich ihre Hoheitsgewalt auf den »Geltungsbereich des Grundgesetzes« (vgl. BVerfGE 3, 288 (319 f.); 6, 309 (338, 363)), fühlt sich aber auch verantwortlich für das ganze Deutschland (vgl. Präambel des Grundgesetzes). Derzeit besteht die Bundesrepublik aus den in Art. 23 GG genannten Ländern, einschließlich Berlin; der Status des Landes Berlin in der Bundesrepublik Deutschland ist nur gemindert und belastet durch den sog. Vorbehalt der Gouverneure der Westmächte (BVerfGE 7, 1 (7 ff.); 19, 377 (388); 20, 257 (266))." Haben Sie diese Erläuterungen zum Urteil über den Grundlagenvertrag von 1972 schon gelesen? In Paris haben sie das gelesen und verstanden. Das geht aus jeder einzelnen einschlägigen Äußerung der Pariser hervor. Der französische Staatspräsident François Mitterrand jedenfalls übermittelt Egon Krenz herzliche Glückwünsche zu seiner Wahl als Vorsitzender des Staatsrates der DDR. In dem Schreiben heißt es dann: „In einer für die Zukunft der DDR bedeutsamen Zeit bringe ich meine Wünsche und Ermutigung für die vor Ihnen stehende Aufgabe zum Ausdruck. Ich warte auf eine baldige Gelegenheit, um mit Ihnen zusammenzutreffen und die Beziehungen zwischen unseren beiden Ländern zu verstärken."[173] Das sagt der gleiche Mitterrand, der im Januar noch klagte, man habe in den 1970er Jahren über die westeuropäische Gemeinschaft gesprochen statt über gesamteuropäische Perspektiven. Aber in der Bundesrepublik bewegt sich auch im Angesicht der Möglichkeit des Zusammenbruchs der DDR nichts.

Am Tag nach Ernennung des neuen Parteichefs der SED telefoniert Kohl mit Gorbatschow. Der Moskauer nutzt die Gelegenheit, um einmal nachzufragen, was wohl Helmut Kohls Eindruck sei und wie der neue Mann es mit Reformen halte. Im Unterschied zu dem Mann im Kreml hat Kohl mit Egon Krenz schon fernmündlichen Kontakt gehabt.[174] Wie es kaum anders zu erwarten war, erfährt der SED-Generalsekretär vor allem aus der SPD sogleich große Unterstützung. Der Berliner Regierende Bürgermeister Walter Momper sieht jetzt den „dritten Weg der DDR zwischen Kapitalismus und Kommunismus" als unser Zukunftsmodell schlechthin an, das durch die ganz „überflüssige, in die Sackgasse führende Wiedervereinigungsdiskussion" nicht gefährdet werden dürfe. Selbstverständlich äußern sich auch andere führende Sozialdemokraten, wie beispielsweise Oskar Lafontaine oder der Ministerpräsident Schleswig-Holsteins Björn Engholm ähnlich. Der SPD-Vorsitzende Hans-Jochen Vogel nennt Informations-, Meinungs- und Reisefreiheit als seine Prüfsteine für den Reformwillen der neuen SED-Führung. So schnell wie Helmut Kohl mit Egon Krenz telefonieren wollte, geht EG-Kommissar Martin Bangemann aus der FDP nach Ost-Berlin, um *unserem* Egon Krenz die Reverenz zu erweisen, und weitere Bonner Größen tun es ihm gleich. Es ist fast schon schade, dass sich das nicht genauer spezifizieren lässt. Hauptsache, man tut auch in Bonn weiterhin alles zum Wohle der DDR.[175]

Die Doppelzüngigkeit aufs Butterbrot geschmiert

Wie im übrigen Ostblock unterstützt Bonn auch die Modernisierungsbestrebungen im tschechischen Prag. So wird im Oktober 1989 der renommierte Friedenspreis des Deutschen Buchhandels dem Schriftsteller und Oppositionellen aus der ČSSR Václav Havel verliehen. Die Behörden der Tschechoslowakei verhindern, dass Havel nach Frankfurt reist, um den Preis entgegenzunehmen. Seine Dankesrede wird dann bei der Festveranstaltung in der Paulskirche verlesen – dort, wo 1848 die Frankfurter Nationalversammlung deutscher Liberaler und Patrioten stattgefunden hat. Bundespräsident Richard von Weizsäcker und Kanzler Helmut Kohl sitzen in der ersten Reihe.

Zwischen ihnen symbolisch ein leerer Stuhl.

Havels Rede „Ein Wort über das Wort" ist auch eine Meditation über die außergewöhnliche Bedeutung von Worten in totalitären Systemen sowie über die Fallstricke, Zweideutigkeiten und Wendungen der wichtigsten Worte: „Sozialismus", „Freiheit", „Frieden". „Ihr Land hat einen großen Beitrag zur modernen europäischen Geschichte geleistet: die erste Welle der Entspannung durch seine bekannte Ostpolitik." Aber Havel benennt auch gleich den Haken, den diese Ostpolitik unter Schmidt hatte: „Doch auch dieses Wort konnte so manches mal ganz schön doppeldeutig sein. Es bedeutete selbstverständlich den ersten Hoffnungsschimmer für ein Europa ohne Kalten Krieg und Eisernen Vorhang; zugleich aber – leider – bedeutete es nicht nur einmal auch den Verzicht auf Freiheit und damit auf eine grundlegende Voraussetzung jedes wirklichen Friedens: Ich erinnere mich immer noch, wie zu Beginn der 70er Jahre einige meiner westdeutschen Freunde und Kollegen mir auswichen aus Furcht, dass sie durch einen wie auch immer gearteten Kontakt zu mir, den die hiesige Regierung nicht gerade liebte, eben diese Regierung überflüssigerweise provozieren und damit die zerbrechlichen Fundamente der aufkeimenden Entspannung bedrohen könnten." Da hat Havel gewiss teilweise recht. Von Brandts Bonn ging Entspannung aus. Woher hätte der spätere Prager Präsident in seinem oppositionellen Kohlenkeller wissen sollen, dass vor und nach Brandt der Kalte Krieg von derselben Stadt am schönen Rhein ausging? Der englische Professor Timothy G. Ash hat in der Hinsicht auch eine durchaus gute Frage: „Wie war es möglich, dass einer der bemerkenswertesten unabhängigen Sprecher der Tschechoslowakei dem Wort *Ostpolitik* – wenn auch vorsichtig, sehr persönlich und in der Vergangenheitsform – das Wort *Freiheit* gegenüberstellen konnte? Saßen denn nicht als Verkörperung eines Gleichklangs dieser beiden Worte die höchsten Repräsentanten der Bundesrepublik in der ersten Reihe der Frankfurter Paulskirche?“ Allerdings hat sich Brandt vom Begriff Ostpolitik lange vorher bereits distanziert. Selbstredend steht die Bonner Ostpolitik im Gegensatz zum Ziel der Freiheit für Ost-Europa.[176]

Egon Krenz droht der Kirche mit der Grenzöffnung

Die guten Wünsche für den neuen Chef in Ost-Berlin kommen nicht nur aus aller Welt, sondern auch vom Vorsitzenden der Konferenz Evangelischer Kirchenleitungen der DDR. Dr. Werner Leich. Er beglückwünscht am 19. Oktober Genossen Krenz auf Schloss Hubertusstock zu der Wahl zum Chef des insolventen Unternehmens „D.D.R.“. In einer Pressemitteilung steht: „Beiderseitiges Einverständnis wurde dahingehend festgestellt, dass der Dialog nicht durch unbedachte Handlungen, deren Auswirkungen unabsehbar sein können, gestört, gefährdet oder gar unmöglich gemacht wird.“[177] Damit dürfte gemeint sein, dass Krenz in dem Gespräch mit dem Bischof wie schon in seiner Rede zum Amtsantritt seine Absicht angekündigt hat, die Mauer aufzumachen, um etwas Druck aus dem Kessel zu lassen. Was wird Bischof Dr. Werner Leich sonst mit *unbedachten Handlungen* gemeint haben können? Dass Krenz ob der unsicheren Zukunft damit gedroht hat, in den Westen abzuhauen? Für die erste Deutung spricht ein Artikel, der schon zwei Tage später im Zentralorgan *seiner* SED zu finden war. „Reisemöglichkeiten – was wir wollen und wer sich quer legt“, so titelt das Neue Deutschland in Ost-Berlin am 21. Oktober. Dort wird klar, worum es in Ost-Berlin nun geht: „Bleibt zu sprechen über das Hindernis. Es wurde in Bonn errichtet. Es besteht in der Nichtrespektierung der Staatsbürgerschaft der DDR.“ In dem Artikel steht dazu: „Trifft es zu, dass realistisch denkende Leute am Rhein das zu begreifen beginnen und überlegen, wie man von der »Obhutspflicht« wegkommen kann? Es wäre zeitgemäß und sehr gut.“[178] Krenz weiß, dass seine Schäfchen dann aus dem Westen wieder zurückkommen müssten.

Kommen wir von der Fixierung der neuen Führung auf Reisefreiheit auf das andere Thema, das der kirchliche Oberhirte in diesem Gespräch am 19. Oktober wachgehalten hat. Er sagte, die Kirche fühle sich unbeirrbar verpflichtet, „ihren Auftrag als Kirche hier in unserem Land, das ein sozialistisches Land ist, auszuführen." Jetzt muss also die Kirche schon der SED erklären, dass unsere DDR ein sozialistisches Land ist. Wenn es jemand nicht viel früher bemerkt hat, sagte Dr. Werner Leich noch einmal in aller Klarheit: „Die Kirche hat schon immer versucht, die Situation zu entspannen und zur Besonnenheit aufzurufen."[179] Dafür war die Staatsführung allerdings über die Jahrzehnte blind gewesen. Wir haben es in den Gemeinden wohl gespürt, dass mancher Kirchenfürst ein seltsames Spiel aufführte, aber dass diese Männer für die Ruhe im Karton gesorgt haben, das haben wir doch nun wirklich nicht gedacht. Und da geht es ja wirklich nicht bloß um Herrn Konsistorialpräsidenten Manfred Stolpe.

Alle fahren los und wollen die DDR retten

Vertreter der F.D.P. und der SPD fahren Ende Oktober zu vertraulichen Gesprächen mit Vertretern der SED nach Berlin und 200 Experten der DDR und Niedersachsens diskutieren bereits seit dem 19. Oktober 1989 im schönen Wolfenbüttel über die weitere Entwicklung der Wirtschaftsbeziehungen zwischen DDR und BRD. Das ist wunderschön – Alles zur Stärkung unserer Heimat, der sozialistischen DDR! Für die Entwicklung von Kontakten zwischen den Parlamenten der DDR und der BRD setzen sich am Freitag, dem 20. Oktober, der 1. Sekretär der Bezirksleitung der SED Dresden Hans Modrow und der Fraktionsvorsitzende der FDP im BRD-Bundestag, Wolfgang Mischnick, ein. Er sagt, jegliches Reden von einem Deutschland in den Grenzen von 1937 sei kein Angebot und kann nicht Gegenstand der Politik sein. Weiterhin besteht Übereinstimmung über den Ausbau wirtschaftlicher Beziehungen, vor allem mittelständischer und kleinerer Betriebe, die von der F.D.P. insbesondere vertreten werden, fügt Mischnick hinzu. Deutschland in den Grenzen von 1937 ist jedoch kein Angebot, sondern der gültige Rechtsstandpunkt in der BRD und ist auch zu keinem Zeitpunkt x zwischen 1937 und 1990 abgeändert worden. Darf ein Parlamentarier sowas dann überhaupt sagen?[180]

Außenamtschef Genscher spricht sich jetzt dafür aus, die Konfrontation durch Zusammenarbeit abzulösen. Zu den Beziehungen zwischen beiden deutschen Staaten sagt er einerseits, die BRD wolle sich nicht in innere Angelegenheiten der DDR einmischen, wünscht jedoch auf der anderen Seite grundlegende Reformen in der DDR nach Bonner Vorstellungen – und damit jetzt das Junktim, das schon sehr lange auf sich warten lässt. Der stellvertretende DDR-Außenminister Harry Ott macht deutlich, die DDR sei ein souveränes Land und werde ihre Probleme selbst lösen. Sie will dafür aber Knete von einem anderen souveränen Land. Wie viel Zeit hat die DDR schon damit zugebracht, fremdes Geld zu verbrennen?[181]

In der westdeutschen Hauptstadt Bonn am Rhein gibt es Ende Oktober eine Pressekonferenz. Die Zeitung Neues Deutschland in Ost-Berlin berichtet, der Regierende Bürgermeister von Berlin-West Walter Momper (SPD) sei der Meinung, die DDR werde an ihrer Absicht festhalten, eine Politik der Kooperation und guten Nachbarschaft zu bewahren und fortzusetzen. Momper sagt, er sei zu einem Gespräch mit Egon Krenz bereit, so schnell wie möglich. Mögliche Themen könnten unter anderem auch Probleme des ökonomischen und kulturellen Austausches sein. Als neugewählter Bundesratspräsident bekräftigt Walter Momper seinen Standpunkt, dass die Zentrale Erfassungsstelle in Salzgitter zur Erfassung von Tötungsfällen an der innerdeutschen Grenze zwischen DDR und BRD, Misshandlungen in Ermittlungsverfahren und im Strafvollzug, politisch motivierten Urteilen an DDR-Gerichten sowie anderen Verletzungen der Menschenrechte aufgelöst werden soll. Schon in seiner Regierungserklärung vor dem Abgeordnetenhaus hatte er ausgeführt, Berlin-West müsse die Politik gegenüber der DDR und den sozialistischen Ländern neu bestimmen. Die Stadt müsse Abschied nehmen von Verhaltensweisen aus der Zeit des Kalten Krieges. Die deutsche Frage dürfe kein Stolperstein auf dem Weg zu einer europäischen Friedensordnung sein. Der Prozess dürfe auch nicht durch eine überflüssige und in die Sackgasse führende Wiedervereinigungsdiskussion verschleppt werden. Es seien durchaus „mehrere Staaten deutscher Zunge denkbar". Die Zentrale Erfassungsstelle in Salzgitter sei heute überflüssiger denn je und gehöre sofort aufgelöst, betonte Momper.[182] Mit den Sätzen zuvor wird die Vision aus den 1940er Jahren einmal ausgesprochen und auf den Punkt gebracht.

Ost-Berlin droht Mischnick mit der Grenzöffnung

Wolfgang Mischnick aus der FDP-Führung spricht dann am 24. Oktober in Ost-Berlin mit Egon Krenz. Im Unterschied zu Walter Momper ist der Herr Mischnick kein Vertreter der Opposition, sondern der Koalitionspartner von Helmut Kohls CDU. Wolfgang Mischnick, der selbst aus der Stadt Dresden stammt, sagt bei der Pressekonferenz, das Wichtigste sei, dass von deutschem Boden Frieden ausgehen müsse, und das Festhalten an der Vertragspolitik stehe außer Frage. Von allen Seiten werde betont, dass das auf dem Boden der DDR-Verfassung geschehe, und das heiße, auf dem Boden des Sozialismus. Verständlicherweise, sagt er, hat keine der acht bisherigen Reisen von FDP-Delegationen in die DDR solch eine große Aufmerksamkeit erregt wie die aktuelle. Mischnick fügt hinzu, bei dem Problem Obhutspflicht ja oder nein gebe es unterschiedliche Standpunkte. „Wir haben unser Grundgesetz, die DDR hat ihre Verfassung“, erklärt er. Es gelte jedoch, den praktischen Weg zu finden und sich nicht in grundsätzlichen Diskussionen zu verfangen.[183] Im Westen ist das egal; im Osten hängt daran das Selbstverständnis der Leute und daran hängt auch, ob die DDR in geordneter Weise ihre Grenzen öffnen kann. Wenn die Obhutspflicht nicht aufgegeben wird, kann jeder, der in den Westen gelangt, dann auch dort bleiben. Die DDR-Regierung hat dann keinerlei Einfluss mehr darauf, wie viele Ärzte und andere Fachkräfte Tag für Tag zur Versorgung der Bevölkerung zur Verfügung stehen. Diejenigen, die jetzt in Ost-Berlin regieren, können sich noch an die verzweifelte Lage in den Jahren und Monaten bis zum Mauerbau im August 1961 erinnern.

Bis dahin klingt Mischnick noch relativ koordiniert. Als ihm danach aber ein Journalist „unter allgemeiner Heiterkeit“ die eigentlich ganz witzige Frage stellt, ob er wisse, ob sein Partner Skat spielen könne, verliert der leidenschaftliche Skatspieler seine *contenance*: „Wer Skat spielen kann, der kann auf jeden Fall bis drei zählen, kann beim Reizen bis ins Unendliche gehen, ist in der Lage, aus einem schlechten Blatt noch ein gutes zu machen. Aber er muss aufpassen, dass er nicht nur auf den Skat reizt. – Das kann dann bedeuten, dass man neben der Sache steht. Wer das als Politiker alles behauptet, der ist schon ganz gut dran.“ In der Konferenz bestätigt Mischnick dann auch, dass die Problematik der Reisefreiheit in dem Gespräch eine große Rolle gespielt habe. Es ist schlagfertig, wie der Genosse Krenz auf den Ausraster Mischnicks entgegnet: „Ich traue mir noch zu, aus einem schlechten Blatt ein gutes zu machen. Ansonsten ist mir das Laufen lieber als das Skatspielen, weil man da in Bewegung ist, und die Politik braucht Bewegung.“[184]

Dass die Grenzöffnung ein ausdiskutiertes Thema war, geht auch daraus hervor, dass an diesem 24. Oktober das Politbüro unter dem Vorsitz von Krenz getagt hat und „sich auf der Grundlage der 9. Tagung des Zentralkomitees mit Grundsätzen für die Erweiterung der Reisemöglichkeiten für Bürger der DDR befasst“ hat, wie es am nächsten Tag in der BZ am Abend aus Ost-Berlin heißt. Blättert man auf die zweite Seite um, dann steht dort: „Es wurde die Empfehlung an den Ministerrat der Deutschen Demokratischen Republik bekräftigt, den Entwurf eines Gesetzes über Reisen von Bürgern der Deutschen Demokratischen Republik nach dem Ausland auszuarbeiten und im November öffentlich zur Diskussion zu stellen“.[185] Das sollten Sie ruhig noch einmal lesen. Nach dieser Pressemitteilung blieb noch viel Zeit. So ein Gesetz muss ausgearbeitet werden (wenn es schnell geht, zwei Wochen), dann soll das ausdiskutiert werden (vier Wochen) und dann muss es verabschiedet werden (so etwas dauert eigentlich eine Weile). Ein Postskriptum soll an dieser Stelle angebracht werden, wenn es auch erst in einem späteren Band über die Jahre nach dem Zweiten Weltkrieg vertieft werden soll: Das Skatspielen hat sich im Laufe der zwölf Jahre der Diktatur unter Hitler als effektive Tarnung für konspirative Gespräche entwickelt. Skatspielen unter Männern ist ja nur zu unverfänglich, als dass man dabei Verdacht schöpfen könnte. In dem beschaulichen Städtchen Bonn am Rhein wurde diese Technik dann von den sogenannten Kanalarbeitern weitergeführt. So konnten sie wichtige Absprachen am Rande eines gemütlichen Zusammenseins treffen. Es ist für mich keine Überraschung, dass Wolfgang Mischnick zu den Leuten gehört, die wissen, worum es dort tatsächlich geht. Die anderen können ja probieren, mit Parlamentsdebatten den Lauf der Dinge zu ändern.

Anerkennen, so schnell wie möglich anerkennen!

Von Ratschlägen aus Bonn an die DDR sollte man absehen, erklärte der F.D.P.-Vorsitzende Otto Graf Lambsdorff am 23. nach einer Präsidiumssitzung seiner Partei. Gewisse Ratschläge seien in der jetzigen Situation weder erbeten noch nützlich. Unter Anspielung auf Wiedervereinigungsforderungen in der BRD sagt Lambsdorff: „Wir haben arge Zweifel, dass die Mehrheit der Bürger der DDR morgen das 12. Bundesland der Bundesrepublik Deutschland sein wollen." Es gebe viele, die auf ihren Staat und das, was sie unter so schwierigen Umständen erreicht haben, auch stolz seien.[186] Ach was? Jetzt auf einmal. Das fällt ihm aber auf jeden Fall zu spät ein. Das wirkt so, als würden die Matrosen eines Ozeandampfers den Leuten auf der Titanic, die schon einen Neigungswinkel von 15 Grad hat, Blumensträuße entgegenwerfen und Motivationslieder johlen.

Der stellvertretende FDP-Vorsitzende Uwe Ronneburger setzt sich jetzt für offizielle Kontakte des Bundestages mit der Volkskammer der DDR ein.[187] Dafür haben sich bei Erichs Besuch in der alten Heimat 1987 auch schon Hans-Jochen Vogel von der SPD und Kohls Staatssekretär Philipp Jenninger von der CDU eingesetzt. Unterdessen wurde munter weitergebastelt an der Ständigen Vertretung der BRD in der DDR in Pankow-Rosenthal. Bundeskanzler Helmut Kohl erklärt am 24. Oktober, dass er die Absicht habe, schon in kurzer Zeit einen direkten Telefonkontakt mit Egon Krenz zu nutzen. Er denke daran, durch einen Beauftragten diesen Kontakt weiter zu vertiefen. Wenn es beiden nützlich erscheint, könne es auch zu einem Treffen kommen. Wie kommt die FAZ darauf, es habe vor dieser Ankündigung schon längst ein Telefonat gegeben? Nichts Genaues weiß man nicht. Warum dann die Medien?[188]

Günter Schabowski (SED) wiederholt am Abend des 25. Oktober live im BRD-Fernsehen, jeder Bürger werde einen Reisepass erhalten und unter Berücksichtigung entsprechender Visabestimmungen in jedes Land der Erde fahren können.[189] Es gibt keine Anzeichen dafür, dass Schabowski vielleicht Kenntnis von den Plänen der Sowjets und der Amerikaner hat. Auf jeden Fall heißt es in der New York Times an diesem Tag unter der Überschrift *„Possibility of a Reunited Germany Is No Cause for Alarm,*

Bush Says" über ein Interview mit US-Präsident George Bush, ein entspannter, gutgelaunter Präsident habe zu den privat geäußerten Sorgen der englischen Premierministerin Margaret Thatcher sowie des französischen Präsidenten François Mitterrand festgestellt, es werde viel über Furcht vor einer Wiedervereinigung geschrieben, die er persönlich nicht teile. Die New York Times hatte getitelt: „Die Möglichkeit eines wiedervereinigten Deutschland ist kein Grund zum Alarm, sagt Bush."[190]

In der DDR herrscht allerdings Aufregung. Am 26. Oktober schreibt die Berliner Zeitung: „BRD-Bundeskanzler Helmut Kohl beharrt weiter auf der Obhutspflicht der BRD für alle Deutschen und lehnt eine Respektierung der DDR-Staatsbürgerschaft ab. In einer Rede vor dem Deutschen Industrie- und Handelstag in Bonn erklärte Kohl gestern: »Mit mir wird es eine Abkehr von der einheitlichen deutschen Staatsbürgerschaft nicht geben.«" Die Erregung in der DDR zeigt jedoch lediglich, dass das Spiel mit gezinkten Karten in Bonn noch immer nicht verstanden wird. Nach dem Rollentausch der Linken und der Rechten Anfang der 1970er Jahre rund um den Träumer Willy Brandt herum hat Kohl gar keine Wahl, als bis zum bitteren Ende auf seiner einheitlichen deutschen Staatsbürgerschaft herumzureiten. Oder soll er in der jetzigen Situation, die sich von derjenigen im Jahre 1961 nun sehr deutlich unterscheidet, wie seinerzeit Adenauer dem amerikanischen Präsidenten auch wieder sagen, dass er keinen Wert legt auf die Überwindung der Teilung Europas? Abgesehen davon weiß Kohl, dass von den DDR-Bürgern, die offiziell in den Westen fahren dürfen auf Geschäftsreisen oder zu Familienfeiern, und das sind überraschenderweise schon die Hälfte der Leute gewesen, lediglich 0,02 Prozent im Westen bleiben. Er weiß, was sie in Ost-Berlin nicht glauben wollen: So gut wie niemand nutzt die Möglichkeit aus, die sich durch die Obhutspflicht ergibt. Mit diesem Argument hatte Kohl aber im Gespräch im kleinen Kreis Honecker beim Staatsbesuch '87 in der Bundesrepublik auch schon nicht überzeugen können, endlich die Mauer aufzumachen, um der Normalität der Zweistaatlichkeit näherzukommen.[191]

Ost-Berlin droht Kohl mit der Grenzöffnung

Am 26. Oktober telefoniert der Kanzler morgens um halb neun mit dem Genossen Egon Krenz. Das Gespräch dauert ungefähr zwanzig Minuten, obwohl es immer heißt, dass sich Männer am Telefon nicht sehr viel zu sagen hätten. So hört es sich an: „Also, mein erster Wunsch ist, dass wir regelmäßig miteinander telefonieren." Na – welcher der zwei spricht so? Bingo! Das war Helmut Kohl. Und Egon Krenz meint: „Das ist eine gute Idee. Miteinander reden ist immer besser als übereinander reden." Von Helmut Kohl ist danach zu hören: „Es ist inzwischen möglich, dass ich, um einmal ein Beispiel zu nennen, ganz selbstverständlich zum Telefonhörer greife und den Generalsekretär in Moskau anrufe oder umgekehrt. Und das wünsche ich mir auch, dass das zwischen uns geschieht." Krenz antwortet: „Also abgemacht, Herr Bundeskanzler." Also, ehrlich gesagt, klingt das wie der Anfang des wirklich ersten Gespräches mehrere Tage zuvor. Wie käme das Magazin der FAZ sonst darauf, dass Helmut Kohl, im Unterschied zum Mann im Kreml bereits mit Egon Krenz fernmündlichen Kontakt gehabt habe? Aber zurück zum 26. Oktober.[192]

Wie schon Erich Honecker 1977 über Wolfgang Vogel bei Bundeskanzler Helmut Schmidt für die Anerkennung der Staatsbürgerschaft der DDR generelle Reisefreiheit in Aussicht gestellt hatte, so versucht es nun auch Egon Krenz. In der BRD müsste man überdenken, wie einige praktische Fragen in der Form gehandhabt werden können, dass die Respektierung der Staatsbürgerschaft der DDR deutlich werde. Aber schon Schmidt hat Honecker 1977 ausrichten lassen, er könnte seinen Stuhl gleich vor sein Kanzleramt stellen, wenn er sich hier nachgiebig zeige. Richtig, wenn die Staatsangehörigkeit auf dem Gebiet des Deutschen Reiches geklärt wäre, könnte Bonn schwerlich die Zirkelei zur Verhinderung des Friedensvertrages fortsetzen. Den Hintergrund der Ablehnung ahnt Krenz natürlich nicht. Er kommt auch auf die Thematik der Finanzen zu sprechen. Das geplante Reisegesetz bedeute „erhebliche zusätzliche ökonomische Belastungen" für die DDR. Die Ständige Vertretung in Ost-Berlin hatte der Bonner Regierung bereits vor Tagen signalisiert, dass das Reiserecht nur geändert werden könne, wenn sich die Bundesrepublik an der Finanzierung beteilige. Es geht um 20 Milliarden Mark. Egon Krenz versucht, die

Interessenlage seines Gegenübers zu verstehen: „Die Bonner wollen Zeit gewinnen.“ Und er notiert sich: „Den schwarzen Peter, vor allem bei den zusätzlichen Kosten für den Reiseverkehr, soll die DDR behalten.“[193]

Geschichte wird gemacht: Bonn und Polen

Inzwischen bereitet sich Helmut Kohl auf den historischen Staatsbesuch in der Republik Polen vor. Er möchte in die Geschichtsbücher eingehen als der große Aussöhner mit den Polen. Bereits 1970 hatte der damalige Ministerpräsident von Rheinland-Pfalz bei einem guten Pfälzer Wein im Keller der Mainzer Staatskanzlei darüber gesprochen, ob man nicht eine öffentliche Erklärung abgeben sollte, dass die Bundesrepublik die Oder-Neiße-Linie anerkennt. Damit verband er die Hoffnung, das würde dann der Beginn einer Aussöhnung zwischen Deutschen und Polen sein, wie Adenauer sie mit Frankreich erreicht hatte. Prominente Parteifreunde in der CDU haben ihn danach ins Gebet genommen, um den Ahnungslosen aufzuklären, welche enorme Bedeutung die Offenhaltung der deutschen Frage hat.[194] In all den Jahren hatte sich deswegen nichts bewegt. Stattdessen kam es nach dem VIII. Parteitag zu einem IX. Parteitag der SED, dann auch zu einem X. und zu einem XI. Parteitag. Für Erich Honecker gab es immer frische Blumen. Das war schön. Darum wollte er eigentlich auch noch auf dem XX. und dem XXX. Parteitag sprechen.

Wie Genscher in New York, so spricht sich auch der heutige Kanzler für die Unantastbarkeit der polnischen Westgrenze aus. Stefan Staniszewski kann die Äußerung als Sprecher des Außenministeriums am 26. Oktober nur begrüßen. Die Zusicherung des Kanzlers, die BRD erhebe keine Gebietsansprüche gegenüber Polen und habe solches auch in Zukunft nicht vor, betrachte man als grundsätzlich, sagt er.[195] Was bleibt auch anderes übrig, als zu hoffen, dass das grundsätzlich gemeint ist. Das Grundgesetz ändert der Kanzler ja nicht und vom langjährigen, erfolgreichen Außenminister können die Leute in Polen leider auch nicht mehr erwarten als abgestandene Luft im Saal.

Ost-Berlin droht Momper mit der Grenzöffnung

Aus Äußerungen nach den Gesprächen von Krenz mit dem Vorsitzenden der Konferenz der Evangelischen Kirchenleitungen in der DDR Bischof Dr. Werner Leich und mit Wolfgang Mischnick aus Bonn, aber auch aus einem fernmündlichen Kontakt von Egon Krenz und Helmut Kohl sowie Zeitungsartikeln war zu entnehmen, dass sich die Staatsführung in Ost-Berlin energisch darum bemüht, eine zivilisierte und geordnete Öffnung der innerdeutschen Grenze zu organisieren. Günter Schabowski ist der Meinung, dass ein Termin im Dezember realistisch sei. Am 28. Oktober sind er als Parteichef und Erhard Krack als Oberbürgermeister von Ost-Berlin im Palasthotel in der Nähe des Palastes der Republik verabredet mit West-Berlins Regierendem Bürgermeister Walter Momper. Das ist erst einmal ganz schön. Aber am Ende des Gespräches sagt Schabowski zu Momper: „Übrigens – wir werden Reisefreiheit geben." Was er denn damit meine, fragt der Regierende. „Richtige Reisefreiheit" – versichert Schabowski: „Jeder DDR-Bürger kann reisen, wohin er will. Er kann die DDR auch auf Dauer verlassen."[196] Wenn später Politiker erzählen, dass sie von dieser Aktion überrascht werden, müssten sie dann wohl lügen.

Die Plankommission sucht eine Parteiführung

Der Generalleutnant der Staatssicherheit Alfred Kleine aus der Hauptabteilung XVIII des Überministeriums notiert Ende Oktober 1989, dass die DDR-Wirtschaft einen dringenden Investitionsbedarf von ungefähr 500 Milliarden Mark, oder anders ausgedrückt, der Höhe von zwei jährlichen Nationaleinkommen hat. Hier handelt es sich natürlich bloß um eine theoretische Formulierung, weil solche Summen praktisch benötigt würden, um das tägliche Leben dieses Landes aufrechtzuerhalten. Wenn sich unsere DDR also nicht freiwillig auflöst, müsste man zugunsten der nötigen Investitionen den Lebensstandard noch weiter senken.[197]

Gerhard Schürer übergibt als Leiter der Staatlichen Plankommission der DDR am 30. Oktober 1989 dem Politbüro die angeforderte ökonomische Analyse. Krenz will von ihm ein ungeschminktes Bild der ökonomischen

Lage. Schürer sagt dazu: „Wir hatten vorher nur keine Parteiführung gefunden, die darüber informiert werden wollte.“[198] Das sagt alles über die Führungsqualitäten von Erich Honecker und Günter Mittag. Es ist nicht schön, dass dieser wirtschaftliche Blindflug seit Jahren und Jahrzehnten aus der Bundesrepublik bedingungslos unterstützt wird.

Aber in der DDR ist nicht alles schlecht. An Bildung mangelt es nicht, so erläutert Gerhard Schürer: „Bei der Einschätzung der Kreditwürdigkeit eines Landes wird international davon ausgegangen, dass die Schuldendienstrate – das Verhältnis von Export zu den im gleichen Jahr fälligen Kreditrückzahlungen und Zinsen – nicht mehr als 25 Prozent betragen sollte. Damit sollen 75 Prozent der Exporte für eine Bezahlung von Importen und sonstigen Ausgaben zur Verfügung stehen. Die DDR hat, bezogen auf den NSW-Export [ins nichtsozialistische Wirtschaftsgebiet], 1989 eine Schuldendienstrate von 150 Prozent.“ Nur gut, dass Karl Marx das nicht mehr miterleben muss. Gerhard Schürer ergänzt noch, dass es mit der Zahlungsbilanz nach dem erreichten Arbeitsstand zum Entwurf des Planes 1990 noch schlimmer wird. Der sogenannte Sockel werde bei einem NSW-Exportüberschuss von 0,3 – 0,5 Mrd. VM (Valutamark) auf etwa 57 Mrd. VM Ende 1990 ansteigen. Er meint, die Kosten und Zinsen werden 1990 insgesamt über 8 Mrd. VM betragen. Wenn ein Anstieg des Sockels verhindert werden soll, müsste 1990 ein Inlandsprodukt von 30 Milliarden Mark aufgewendet werden, was dem geplanten Zuwachs des Nationaleinkommens von drei Jahren entspricht und eine Reduzierung der Konsumtion um 25 – 30 Prozent erfordere. Der gute Bundeskanzler Dr. Helmut Kohl fällt im Laufe der Lektüre aus allen Wolken: „Um nur den weiteren Anstieg der Verschuldung im Jahre 1990 zu stoppen, heißt es in dem Bericht weiter, müsse der Lebensstandard sofort um fünfundzwanzig bis dreißig Prozent gesenkt werden, womit jedoch die DDR unregierbar würde.“ Richtig ermutigend ist das nicht: „Mit den geplanten Valutaeinnahmen 1989 werden nur etwa 35 Prozent der Valutaausgaben insbesondere für Kredittilgungen, Zinszahlungen und Importe gedeckt.“ Das bedeutet, dass die fälligen Zahlungen von Tilgungen und Zinsen bezahlt werden. Das heißt im Klartext, dass Schulden mit neuen Schulden gedeckelt werden.[199]

Der Lebensstandard der DDR-Bevölkerung müsste laut Schürer um 30 Prozent gesenkt werden, um das Schiff wieder flott zu bekommen. Dies würde eine Verdreifachung der Mieten und eine massive Erhöhung der Energiepreise bedeuten. Auch eine Straßenbahnfahrt für 20 Pfennige ist dann nicht mehr drin. Aber das würde einen Aufstand geben, ist er sich sicher. Und sagen Sie nicht, 20 Pfennige sind ja letztlich auch kein Geld. Sonst muss erklärt werden, wie das Preissystem funktioniert. Man geht von *zwei Lohntüten* aus. Netto bekommen die Leute zwischen 600 und 1200 Mark im Monat. Ich bekomme als junger Lehrer 820 Mark. Darauf sind die Preise aufgebaut. Man kriegt nicht mehr, da der Rest über Subventionen ausgeteilt wird. Da kann man nicht die Preise für das Lebensnotwendige einfach so erhöhen. Man geht ja auch in der DDR nicht aus Jux und Tollerei zur Arbeit. Ein Journalist fragt sicherheitshalber später noch einmal bei Schürer nach: „Also hatte die DDR 1989 wirtschaftlich praktisch keine Überlebenschance?“ Auf diese klare Frage bekommt der Journalist eine klare Antwort: „Nein, unsere Nettoverschuldung von 25 Milliarden West-Mark hätten wir auf Dauer nicht bedienen können.“[200]

Wie sieht Lothar de Maizière die aktuelle wirtschaftliche Lage der DDR? Immerhin zählt er zu den Hoffnungsträgern für die Zeit nach Honecker. Die Entwicklung des Verbrauchs der öffentlichen Hände in der DDR war 1988 so weit gediehen, dass 83 % des gesamten Bruttosozialprodukts in den Haushalt gingen. Das heißt, nur noch 17 % blieben für Reparaturen, für Ersatzinvestitionen. Für Neuinvestitionen ist überhaupt nichts mehr da. Normalerweise muss man etwa 50 Prozent von dem, was produziert wird, akkumulieren und reinvestieren, um ökonomisch handlungsfähig zu bleiben. Wenn also ein öffentlicher Haushalt mehr als 50 Prozent des Bruttosozialprodukts über lange Zeiträume verbraucht, wie das jetzt bei uns in der DDR sogar mit über 80 Prozent der Fall ist, dann geht das an die Substanz. Das drückt sich dann im Verschleißgrad der Industrie aus. Die Anlagen haben im Durchschnitt einen Verschleiß von 60 bis 80 Prozent. Die Abschreibungszeiten sind mit den westdeutschen kein kleines bisschen vergleichbar. Ein Industriegebäude kann bloß mit 1 % pro anno abgeschrieben werden. Das heißt im Klartext, dass von einer normativen Nutzungsdauer der Anlagen von 100 Jahren ausgegangen wird. Und so sehen sie ja zum großen Teil auch aus. Hat Honecker deshalb gesagt, die

Mauer werde auch in 100 Jahren noch stehen? Kann sie jetzt noch nicht abgeschrieben werden? Das, was an Lebensstandard da ist, ist mit einer enormen Inlandsverschuldung aufgebaut worden. Dieser Staat lebt real auf Kredit, auf Pump bei den Spareinlagen der Bevölkerung. Sämtliche Investitionen wurden nach vorn ins Kreditwesen verlagert. Die Industrie hat Schulden von 220 Milliarden DDR-Mark, die Bauindustrie von etwa 110 Milliarden Mark, die Landwirtschaft von etwa 100 Milliarden Mark. Die 160 Milliarden Mark Spareinlagen der Bevölkerung sind genau noch so viel wert wie das Papier, auf dem sie verbrieft sind. Eine wertmäßige Deckung haben sie nicht. Würden die Bürgerinnen und Bürger alle ihre Ersparnisse schlagartig abheben und würden in Erichs Läden stürmen, dann wäre Feierabend.[201]

Warum hat eigentlich keiner im DDR-Machtzentrum die Verschuldung kritisiert, könnten Ausländer jetzt fragen. Immerhin sollten die Leute im Machtzentrum ja Macht haben. So funktioniert eine Diktatur aber nicht. Wenn das in diesem Rahmen so *easy* wäre, hätte auch keiner den Adolf in die Luft sprengen müssen, um ihn zum innen- und außenpolitischen Kurswechsel zu bewegen. Gerhard Schürer entlockt das bloß ein müdes Lächeln: „Tja . . . Jedes Jahr, wenn ich diese Verschuldungsfrage vorgetragen habe, hat das Politbüro mich aufgefordert, kurzfristig vorzulegen, wie die Schulden halbiert werden können." Der Journalist bohrt weiter: „Und was haben Sie dann vorgeschlagen?" Auf diese Frage erhält er die klare Antwort: „Die Preise drastisch zu erhöhen, die Subventionen abzuschaffen, der Armee und der Stasi die Mittel zu kürzen. Aber das wäre ins Mark gegangen, deshalb konnte Honecker nicht zustimmen. Das war wie der Ruf bei den Römern – Karthago muss zerstört werden – nur mit dem Unterschied, dass Karthago nach dem 3. Punischen Krieg zerstört war, während unsere Verschuldung immer weiter anstieg." Interessant ist die Antwort auf die Frage: „Warum haben westliche Wissenschaftler und Geheimdienste nicht den wahren, dramatischen Zustand der DDR-Wirtschaft begriffen?" Gerhard Schürer sagt daraufhin: „Wir haben uns auch gewundert, warum westliche Wissenschaftler mit Zahlen gearbeitet haben, von denen sie wissen mussten, dass sie nicht stimmen können." Als er sich wundert, muss er wohl von der Unabhängigkeit und Wissenschaftlichkeit der mit der Materie befassten Wissenschaftler in der BRD ausgehen. Dieses Bild müsste sich selbstverständlich ändern, falls in den 1990er Jahren laut wird, dass die Bundesregierungen und ihre Geheimdienste die Verstöße gegen den Embargohandel mit der DDR vertuscht haben. Wie hätte das Kollektiv der Staatsführung in München und Bonn dem Wahlvolk seine Politik gegenüber der DDR verkaufen sollen, wenn unabhängige Wissenschaftler den Leuten verraten hätten, wie es diesem Nebelwesen östlich des Harzes tatsächlich ging? Da hätte ich gerne mal sehen wollen, wie sich *unser* Erich Honecker 1987 beim Staatsbesuch in der Bundesrepublik Deutschland mit der Ablehnung der Einheimischen am Wegesrand auseinandergesetzt hätte.[202]

Vielleicht ernstlich völlig nichtsahnend fragt der Journalist: „Waren die Wessis naiv?“ Daraufhin meint Schürer: „Ein Teil war naiv, ein anderer hat vielleicht zwei Herren gedient. Es gab aber auch Wissenschaftler, die damals schon auf die wirkliche Lage der DDR hingewiesen haben.“ Also ich denke, der eine Teil von ihnen hat *Dem Herrn in der Höhe* gedient. *Und* war naiv. Wie kann man im Radio immer wieder erzählen, dass die Marktwirtschaft dieser Planwirtschaft überlegen ist, was man im Osten hören kann, und darauf hoffen, dass das im Osten nicht zu dem Wunsch führt, dass nun endlich auch hier eine Marktwirtschaft eingeführt wird? Hat man sich wirklich darauf verlassen, dass die Deutschen ganz einfach keine Revolution hinkriegen, wie es einst von Jossif Stalin (KPdSU) und Walter Scheel (FDP) formuliert worden war? Und die sind ja unfehlbar. Doch wer kann das besser wissen als die Wessis, die sich mit der D.D.R. nicht beschäftigt haben? Das Bild, das beispielsweise das Kieler Institut für Weltwirtschaft von der DDR hat, basiert im Wesentlichen darauf, die Statistischen Jahrbücher der DDR abzuschreiben und sie für korrekt geführt zu nehmen. Die DDR-Wirtschaft ist schon lange kein Forschungsgegenstand mehr. Dort wissen sie: Wenn die BRD mit der DDR Handel treibt, dann aus politischen, aber nicht aus wirtschaftlichen Gründen.[203] Gehe ich recht in der Annahme, dass hier wiederum die Funktion einer verlängerten Werkbank und eines Billiglohnlandes unterschlagen wird? Mit obendrein relativ kurzen Transportwegen? Richtig bleibt natürlich, dass man mit Betrieben in der DDR nicht Handel treibt, um an neueste Technik heranzukommen.

Krenz lässt sich die Maueröffnung im Kreml absegnen

Am 31. Oktober fliegt der neue Staatschef der DDR zu einem Arbeitsbesuch nach Moskau. Michail Gorbatschow empfängt ihn am 1. November im Kreml. Von schrägen Absprachen zwischen den Vereinigten Staaten und der Sowjetunion weiß Egon Krenz vermutlich nix; es kann natürlich genauso gut sein, dass er nun fragt, weil er davon weiß, denn er geht den Moskauer Chef in der Weise an: „Die DDR ist ein Kind der Sowjetunion. Es ist für uns wichtig zu wissen, ob ihr zu eurer Vaterschaft steht." Als es übersetzt wird, beobachtet er sein Gegenüber. Gorbatschow scheint ihm nachdenklich zu sein. Der spricht leise einen Satz vor sich hin, als würde er mit sich selbst reden. Er glaubt, es sei ein russisches Sprichwort, das sinngemäß heißt: Wie lang sich die Schnur auch windet, es kommt doch ein Ende. In seinen Notizen setzt er dahinter ein Fragezeichen. Das war es dann ja wohl gewesen mit der Wirtschaftshilfe aus der sozialistischen Sowjetunion. Gorbatschow beteuert, die Sowjetunion sei immer bemüht gewesen, ihre Pflichten gegenüber der DDR zu erfüllen, weist dann aber auf die äußerst schwierige wirtschaftliche Lage des eigenen Landes hin. Am Ende seiner Ausführungen weiß er für Krenz keinen anderen Rat als den, sich an Bonn zu wenden. Nun weiß Krenz, dass von Moskau weder die militärische Beistandsgarantie für den Fall des Volksaufstandes noch irgendeine ökonomische Hilfe zur Stabilisierung der Macht zu erwarten ist. Gorbatschow bekundet bei diesem Gespräch sein Einverständnis mit dem Reisegesetzentwurf, der auch nach den Worten von Egon Krenz im Dezember in Kraft treten soll. Auf der Pressekonferenz am Ende des Besuchs erklärt Krenz, dass die Staatsgrenze der DDR nicht dazu existiere, die Kontakte zwischen den Menschen zu verhindern.[204]

Ein kurzer *stopover* in Warschau

Auf dem Rückflug aus Moskau nach Ost-Berlin macht Krenz noch einen Zwischenstopp in Warschau. Beim Antrittsbesuch in Polen hört er vom Staatspräsidenten Wojciech Jaruzelski auf Schloss Belvedere, dass sie in Westeuropa ebenso wie Polen selbst strikt gegen die Wiedervereinigung Deutschlands seien, versichert der Präsident dem verunsicherten Krenz. Das treffe bei England, Frankreich und Italien auf alle Fälle zu. Londons Premierministerin Margaret Thatcher habe betont, man dürfe keinerlei Anschluss zulassen, sonst würde die Bundesrepublik ja auch noch Österreich schlucken. Das wäre eine reale Kriegsgefahr. Auf die offene Frage, was Österreich angeht, hatte in den 1960er Jahren schon der ehemalige französische Präsident de Gaulle den Außenamtschef Willy Brandt hingewiesen. Dieser hatte auch nicht mehr zu bieten als warme Luft. Keiner der Verantwortlichen in Deutschland dächte erneut an einen Anschluss. De Gaulle wollte auch einmal etwas Schriftliches in die Hand bekommen von den Freunden in Bonn. Jaruzelski jedenfalls sagt, niemand gebe das natürlich öffentlich zu, aber alle seien sich dessen bewusst, was *Wiedervereinigung* bedeuten würde.[205] Und genau damit operieren sie in Bonn.

Für diejenigen, die bisher daran zweifelten, dass Bonn vierzig Jahre lang nach einem und demselben Plan vorgegangen ist, soll hier an das zweite Sondierungsgespräch zweier amerikanischer Offiziere mit dem späteren Herrn Bundeskanzler von Ende März 1945 erinnert werden: „Adenauer erläuterte dann seine Vorstellung von einer idealen Lösung: Errichtung eines Bundesstaates aus Österreich, den Resten Preußens, Westdeutschland (Westfalen und Rheinland) und Süddeutschland." Damals dürften die Amerikaner gedacht haben, jetzt seien sie ja hier, dann könne dieser Mann keine Faxen machen. Österreich sollte der alte Mann ganz sicher nicht bekommen. Und weil er 1945 schon ein alter Mann war, würde er später ohnehin keine Rolle mehr spielen. Wie hätten sie ahnen können, dass der alte Mann erst mal richtig Gas gibt und dann ab 1949 *vierzehn* Jahre lang Kanzler bleiben würde?! Fakt ist, dass Kanzler Kohl exakt auf der Linie des Planes aus dem Jahre 1943 bleibt, nachdem die Briten und die Amerikaner erklärten, dass sie bis zur *bedingungslosen* Kapitulation Deutschlands durchziehen und keinen Frieden akzeptieren werden.[206]

Verbot der Anwendung der Schusswaffe an der Grenze

Aus den Gesprächen in Moskau und Warschau konnte Egon Krenz also entnehmen, dass ihm niemand helfen kann. Bonn knüpft eine Erfüllung von Kreditwünschen aus Ost-Berlin an Forderungen nach Reformen. Er kann sich nicht mehr selbst helfen; dafür hat sein Land bereits zu lange am Rand der Zahlungsunfähigkeit vegetiert und wenn er Vorstellungen von den recht schnell notwendigen wirtschaftlichen Reformen hätte, so hätte er davon in den letzten Tagen geredet. Günter Schabowski erklärt, dass die entscheidenden Akteure deshalb jetzt vorrangig auf die Öffnung der Grenze zur BRD setzen. Als ersten Schritt gibt Egon Krenz nach der Rückkehr aus Warschau am 3. November den Grenztruppen den Befehl, der die Anwendung der Schusswaffe verbietet, wenn Demonstranten ins Grenzgebiet eindringen. Doch eine Unwägbarkeit bleibt ihm: „Was aber, wenn irgendjemand provoziert?“[207]

Wir sind das Volk

Am 4. November 1989 findet endlich eine denkwürdige Demonstration auf dem Berliner Alexanderplatz statt, an der beinahe eine halbe Million Menschen für demokratische Reformen in der DDR eintreten. So lange ich denken kann, bekam man auf Kritik hin zu hören: „Gehe doch nach drüben, wenn es dir bei uns nicht gefällt!“ Ich habe darauf immer gerne geantwortet: „Wie denn?“ Dass nicht so besonders viele Westdeutsche in die DDR übersiedelten, gibt in der DDR ja auch nicht jedem zu denken. Im Westen gibt es diesen Spruch witzigerweise gleichlautend, doch dort könnte man dem Rat wenigstens folgen, ohne sich nun gleich in Lebensgefahr zu begeben. Auf jener vom Fernsehen übertragenen Kundgebung sprechen unter anderem Stefan Heym, Christoph Hein und Christa Wolf sowie – von Pfiffen begleitet – Markus Wolf und Günter Schabowski.[208]

Mit einem derjenigen, die das Drehbuch für diese Demonstration ausgetüftelt haben, sitzt Günter Schabowski als SED-Chef von Ost-Berlin vor dem Beginn in einem Café am Alex zusammen. Für Schabowski ist dies eine surreale Erfahrung. Er nennt es eine schräge Runde. Auch mit von der Partie sind der Dramatiker Heiner Müller sowie der *Kirchen-Oberseminarist* Friedrich Schorlemmer. „Na", meint Müller, den unvermeidlichen Tabakstumpen schmauchend, „für die nächsten zwanzig Jahre ist die SED weg vom Fenster. Da könnt ihr euch regenerieren." Schabowski bemüht sich, gelassen zurückzugrinsen, und ist überrascht darüber, dass ausgerechnet der Kirchenmann Schorlemmer ihm zur Seite springt und ihn beschwört: „Wir brauchen euch! Ihr seid die Fachleute. Ihr habt die Kenntnisse, ohne die ja der Laden nicht weiterlaufen kann."[209] Der gute Friedrich Schorlemmer aus *unserer* Evangelischen Kirche war übrigens schon viele Jahre früher auf den Plan getreten mit seinem oppositionsabwürgenden Gebaren. Da denke ich nur allein an das Jahr 1984. Wenn das die Staatsführung nicht realisiert hat, ist allein das schon traurig.

Obwohl Schabowski registriert, dass ihn der Kirchenmann noch kurz vor dem entscheidenden Auftritt mit gutem Zuspruch begleitet hat, kommt er nicht auf den Gedanken, dass gerade die Kirchenleitungen ein großes Interesse am Fortgang des Aufbaus des Sozialismus haben. Was sagt der Meister zu seinen eigenen Erwartungen? „Ich war mir klar darüber, dass ich keinen leichten Stand auf der Kundgebung haben würde. Aber es gab keine Alternative. Die Zeit der verlogenen Ergebenheitsreden hatten wir doch selbst beendet. Die Pfiffe, die Buhrufe, die mir entgegenschlugen, das Meer von Transparenten mit frechen, witzigen Parolen, die die stolpernde SED-Macht verhöhnten – das war die Szenerie, die ich an jenem denkwürdigen 4. November 1989 auf dem Alex wahrnahm." Ehe Günter Schabowski auf das kanzelartige Holzgerüst steigt, das den Rednern als Tribüne dient, sieht er am Fuß der Treppe Pfarrer Schorlemmer stehen. Dieser klopft ihm aufmunternd auf die Schulter, während der SED-Chef verlegen brabbelt: „Ich steig ja nicht aufs Schafott."[210]

In der DDR übertönt der Ruf „Wir sind das Volk" alles andere und gibt die Anmaßung der einen Partei der Lächerlichkeit preis. Die Menschen haben sich ihrer Sache selber angenommen, in großer Selbstzucht, doch unüberhörbar. Sie bestehen auf dem Anspruch, endlich als Bürger ernst genommen und nicht mehr gegängelt zu werden.[211] Diese Einschätzung durch Willy Brandt trifft den Nagel auf den Kopf. Die DDR ist nicht bloß hässlich, graubraun und bedrückend. Wie zum Hohn gibt es auch immer noch die Losung, man würde alles für das Wohl des Volkes tun. Im Jahr 1989 haben Bürgerinnen und Bürger ihre wohlmeinende Staatsführung endlich darauf hingewiesen, dass sie das Volk sind, um das es in dieser leeren Worthülse eigentlich geht; und daraus wurde: Wir sind das Volk, nur damit der Ursprung dieser Losung nicht in Vergessenheit gerät, und denkbare Mutationen dieses Ausrufs sind weit und breit nicht zu hören.

Das Problem ist ungelöst

Weil sie das mit dem Wohl des Volkes nicht so recht hinbekommen, entschließen sich einige Verantwortliche letztendlich, den Leuten die Möglichkeit zu geben, dorthin zu gehen, wo es ihnen vielleicht besser gefällt. Ich halte ihnen auf jeden Fall die Ehrlichkeit zugute, dass sie schließlich einsehen, dass sie nicht auf dem besten Wege sind, eine bessere Gesellschaft auf die Beine zu stellen. Es ist von außen schwer zu beurteilen, ob die sowjetisch-amerikanischen Planungen direkten Einfluss auf eine der Entscheidungen in Ost-Berlin haben, oder ob sie nur für den friedlichen Verlauf der Öffnung der Mauer quer durch Berlin sorgen. Sehen wir uns also an, was weiter geschieht. Günter Schabowski, der bereits seit 1985 SED-Chef von Ost-Berlin ist und jetzt unter den Planern der neuen Ausreiseregelung, empfängt am 5. November den DDR-Anwalt Gregor Gysi in seinem Büro, um eine Begegnung mit dessen Mandantin, der Bürgerrechtlerin Frau Bärbel Bohley, zu vermitteln. Sie haben gerade eben das Gespräch begonnen, als der im Innenministerium verfasste Entwurf des Reisegesetzes zugestellt wird. Morgen soll er in der Zeitung erscheinen. Vier Wochen öffentliche Diskussion sind angesetzt. Im Dezember würde die Volkskammer dieses Gesetz beschließen, und zu Weihnachten sollen alle reisen können. Schabowski nutzt die Gelegenheit und gibt Gysi den Entwurf. Er möge ein juristisches Auge darauf werfen. Gysi reagiert sehr schnell. „Gebt den Leuten Pässe und nicht Visa." Der Staat solle sich von jedweder Ausreisegenehmigung fernhalten. Sache der Bürger sei es, sich Einreisevisa in andere Länder zu besorgen. Es werde auch nicht gesagt, wie eine private Westreise ohne Westgeld zu bestreiten wäre. Woher bekommt man die Reisepfennige in Valuta? Schabowski informiert Krenz telefonisch über Gysis Einwände, aber es bleibt ohne Wirkung. Der Entwurf erscheint mit den Schwachstellen.[212] Was bleibt Egon Krenz denn anderes übrig? Geld für einen normalen Reiseverkehr würde er nicht in zwei und nicht in drei Jahren haben, und schenken wird es ihm keiner.

Der stellvertretende Chefredakteur der Berliner Zeitung aus dem Osten der Stadt Karl-Heinz Arnold ist unglücklich mit diesem Reisegesetzentwurf, der am 6. November veröffentlicht wird, weil er ihm viel zu bürokratisch zu sein scheint. Er ist der Meinung, dass das obrigkeitliche Gewährungsverfahren durch alle Paragraphen durchschimmert. Er notiert darüber: „Was soll das, sagen die meisten, entweder gibt's Reisefreiheit, oder das Ding taugt nichts. Es taugt nichts."[213] Günter Schabowski sagt, die führenden Leute hätten sich davon eine Wende in der Stimmung der Leute im Verhältnis zur Führung von Partei und Staat versprochen. Vier Wochen lang soll der Entwurf öffentlich diskutiert werden, um ihn nach den Vorstellungen der Bürger perfekt zu machen. Im Dezember soll ihn die Volkskammer unter Berücksichtigung weitgehender Änderungsvorschläge als Gesetz sanktionieren. Zu Weihnachten sollen sich Verwandte unter bundesdeutschen Tannenbäumen treffen können und das soll die DDR aus dem Stimmungstief herausbefördern. Schabowski sagt, ihnen scheint es ein demokratisches Nonplusultra für die DDR. Den Text aber haben Mitarbeiter mehrerer Ministerien ausgearbeitet, die meinten, ein paar Sicherungen einbauen zu müssen, um „ein wenig Mauer" erhalten zu können. Die Kritik an dem Entwurf kommt postwendend, besonders am Abend auf der Montagsdemo. Die Kritik richtet sich eben gerade auf die Fortsetzung der Bevormundungspraxis in Form der staatlichen Ausreiseerlaubnis. In Demokratien kennt man nur Einreisegenehmigungen; für eine Ausreise ist kein Visum erforderlich. Es stören ebenso Gummiformulierungen, die festhalten, unter welchen Umständen so ein Visum oder eine Genehmigung für das Verlassen der DDR ausgestellt wird. Es könne jeder reisen, heißt es, sofern nicht zwingende Gründe entgegenstünden. Das zielt auf die Kategorie der so genannten Geheimnisträger. Nicht zuletzt ist man empört darüber, dass kein Wort verloren wird über die Devisen, die man für eine Fahrt in die Bundesrepublik benötigt. Statt der Entlastung, die sich die Führung versprochen hat, geht auch wieder eine kalte Dusche öffentlicher Ablehnung auf sie nieder.[214]

Nachdem sie die Aktuelle Kamera gesehen haben sowie die Tagesschau, ruft Krenz Schabowski an. Mit verstörter Stimme fragt Krenz: „Hast du die Berichte gesehen? Was sagst du dazu, wie unser Reisegesetz aufgenommen wurde?“ In diesem Telefonat werden sie sich einig, dass sie am besten mit einer Regierungsverordnung reagieren, welche nicht erst im Dezember die Volkskammer passieren muss wie ein Gesetzestext.[215]

Das Gespräch besiegelt ein schnelles Ende des Reisegesetzentwurfes. Es bleibt ungeklärt, wie die Leute eine Bahnfahrt in West-Deutschland oder ein Glas Wasser zu Mittag bezahlen sollen. Eine sicherlich peinliche aber die einzige legale Möglichkeit, um trotz dieses ernsten Hindernisses die Mauer für weitere Deutsche im Sinne des Grundgesetzes zu öffnen, besteht darin, ein weiteres Mal in Bonn zu betteln. Vor oder nach dem Gespräch wird am 6. November jedenfalls Alexander Schalck-Golodkowski als Unterhändler in die Spur geschickt. Er ist für diesen Auftrag perfekt prädestiniert, denn er kennt Bonn bereits recht gut. Er ist ja 1966 in das Geschäft eingestiegen. Da war ich so knapp zwei Jahre alt. Die Chancen für die Sondierungsmission stehen jedoch denkbar schlecht. Am Telefon hat Kanzler Kohl seinem Statthalter in Ost-Berlin schon am 26. Oktober die Bitte um einen Kredit in einer Höhe von 20 (zwanzig) Milliarden DM ausgeschlagen. Im Kanzleramt bittet Schalck die Gesprächspartner um langfristige Kredite bis zur Höhe von zehn Milliarden Verrechnungseinheiten, also D-Mark und um „Bereitstellung zusätzlicher Kreditlinien in freien Devisen, die – beginnend im Jahre 1991 – jährlich zwei bis drei Milliarden betragen könnten.“ Seiters und Schäuble verstehen: Anders als noch 1983 und 1984 können einmalige Milliardenkredite diese DDR nicht mehr retten. Schalck muss ohne Zusage heimreisen.[216] Halten wir fest, 20 Milliarden gehen nicht und 10 Milliarden gehen auch nicht, und wann soll dann die Reisefreiheit kommen? In diesem Leben nicht mehr?

Kanzleramtsminister Seiters informiert den Kanzler über das Gespräch mit dem Bittsteller Schalck. Das bringt Schwung in die Geschichte. Nun lässt Seiters sich mit Schalck verbinden. Mit diesem Telefonat wird eine neue Ära in der Bonner Ostpolitik eingeleitet. Man verlässt die Linie der Nichteinmischung in DDR-Angelegenheiten. Von Kanzler Helmut Kohl beauftragt, diktiert Seiters dem langjährigen Devisenbeschaffer *unserer*

DDR die Bedingungen, unter denen das Land fortan mit westdeutscher Kapitalhilfe rechnen darf: „Öffentlich“ müsse Krenz erklären, dass seine SED bereit sei, „die Zulassung von oppositionellen Gruppen und die Zusage zu freien Wahlen in zu erklärenden Zeiträumen zu gewährleisten“. Außerdem, setzt Seiters nach, sei unabdingbar, dass „die SED auf ihren absoluten Herrschaftsanspruch verzichtet“, wenn sie Geld sehen will. In Ost-Berlin informiert Schalck-Golodkowski kurz darauf Krenz über das Telefonat. „Das ist Erpressung“, empört sich der SED-Chef. Vor seinen Genossen verschweigt Krenz, dass Schalck in Bonn war und Kohl auf der Anerkennung des Neuen Forums besteht. Das Politbüro beschließt unter seiner weisen Führung, die bereits seit Wochen vorliegende Anmeldung des Neuen Forums „entgegenzunehmen“.[217] Mit diesem Schritt kommen die Chefs in Ost-Berlin gewiss der nächsten Unterstützungszahlung aus der BRD näher, aber ich würde gern wissen, wie das mit der sowjetisch-amerikanischen Planung zusammenhängt. Interessant ist nämlich, dass an diesem 6. November ein Team einer amerikanischen Fernsehstation in Berlin-Tegel landet und ab dem 7. November auf der westlichen Seite des Brandenburger Tores einen Übertragungswagen aufbaut.[218]

Eine Vereinigung ist historisch überholt

Im Wasserwerk zu Bonn, in dem nunmehr schon seit '86 der Bundestag vermeintlich provisorisch untergebracht ist, findet am 8. November eine Bundestagsdebatte statt, die unter anderem der medialen Vorbereitung des fünftägigen Staatsbesuchs einer Bonner Regierungsdelegation in der Republik Polen gewidmet ist. Der Partei- und Fraktionsvorsitzende der SPD Hans-Jochen Vogel warnt davor, jetzt „die Frage der Staatlichkeit" in den Vordergrund der Debatte zu stellen. Er bekennt sich einerseits zu dem Selbstbestimmungsrecht aller Deutschen und hebt hervor, dass es zunächst einmal Sache der Menschen in der DDR wäre – sobald sie dazu imstande seien –, darüber zu befinden, für welche Form des Zusammenlebens mit den Westdeutschen sie sich entscheiden wollen. Andererseits beruft er sich zur Begründung dieser Position jedoch auf das Bekenntnis zu einer eigenständigen DDR bei der dortigen Opposition, die er mit der Mehrheitsmeinung gleichsetzt. Antje Vollmer von den Grünen nennt die „Rede von der Wiedervereinigung historisch überholter denn je". Freude ist so schön: Sie sagt, zum ersten Male entstünde jetzt eine eigene DDR-Identität und: „Jetzt ausgerechnet in dieser Lage von Wiedervereinigung zu sprechen, heißt, das Scheitern der Reformbewegung vorauszusetzen." Weiß sie nicht, dass es bei dem Begriff von der *Wieder*vereinigung auch um Gebiete geht, die selbst ungefähr die Größe der DDR haben, jedoch östlich ihrer Grenze liegen, oder verkauft auch sie die Leute für dumm? Nein, als sie Wiedervereinigung sagte, lehnte sie die Vereinigung ab und kein Blitz schlägt im Bonner Wasserwerk ein und zerfetzt das Mikrofon. Die Fragen zu ihrer Rolle in Bonn beantworten sich wie von selbst, wenn man erfährt, dass Frau Dr. phil. eine studierte evangelische Pastorin ist. Ja, die Frau Vollmer: „Wenn aber die demokratische Reform in der DDR gelingt, dann kann die Mauer weg, und dann kann die DDR bleiben und ihren eigenen Weg zum europäischen Haus suchen."[219] Mir leuchtet nur nicht ein, warum Antje Vollmer die Gelegenheit nicht beim Schopf packt und in die DDR übersiedelt, um da Reformen zu unterstützen. Übrigens wird an diesem Tage das Neue Forum auf ausdrücklichen Wunsch eines einzelnen Herren doch noch als Vereinigung zugelassen. Aber wie hatte sich die SED-Führung auch die Demokratie vorgestellt, wenn sie neben sich nur ihre Blockflötenparteien dulden wollte? Alternativlos?

Nachahmungstäter betreiben Nebenaußenpolitik

Erneut regt sich in der CDU Widerstand gegen die dubiose Außenpolitik der Bonner Regierung. Der vorherige West-Berliner Bürgermeister und CDU-Vorsitzende Eberhard Diepgen sagt an diesem 8. November, es sei an der Zeit, das bisher Undenkbare zu denken und anzugehen. Alle Welt spekuliere auf die deutsche Einheit. Es wäre erforderlich, dass Bonn alle Beteiligten zur Lösung der deutschen Frage zusammenführt. Er fordert deshalb eine Gipfelkonferenz des Bundeskanzlers, um so die sowjetische Interessenlage präzise zu erkunden. Mehrere andere Politiker regen die Einberufung einer Vier-Mächte-Konferenz über Deutschland an. Solche Sperenzien lehnt Kanzler Kohl ohne Begründung ab. Das ist ein Hinweis darauf, dass sich Eberhard Diepgen für eine Vereinigung einsetzt wie zuvor auch andere West-Berliner Politiker wie Ernst Reuter, Willy Brandt oder auch Klaus Schütz, und auch hier laufen die Fronten schon immer quer durch die Parteien.[220] So nimmt es nicht wunder, dass die Berliner Morgenpost einschätzt, dass Helmut Kohl und Eberhard Diepgen „zwei Politstrategen“ sind, „die nicht immer ein einfaches Verhältnis zueinander hatten“. Als ob es der Bestätigung bedurft hätte, sagt Helmut Kohl, wenn auch viel später über Herrn Diepgen: „Wir haben vieles gemeinsam bewegen können, wir haben auch manchen Streit gehabt. Er hat die Interessen Berlins vertreten, ich die der Bundesrepublik. Das war nicht immer deckungsgleich. Aber er war der Bürgermeister und ich der Bundeskanzler.“[221]

So ist das mit diesen Berlinern. Der Politologe Arnulf Baring hat sich im Jahre 1982 im Spiegel-Bestseller *Die Ära Brandt-Scheel* über Probleme geäußert, die seinerzeit ja auch schon Heinrich Krone aus der Führungsspitze um Konrad Adenauer mit Willy Brandts Anhang aus dem Westen Berlins auszuräumen gehabt hat: „»Ich habe Ahlers, als er vorige Woche wieder bei mir war, gesagt, Wehner müsse alle wichtigen Schritte mit einigen wenigen aus der CDU abstimmen. Kein Alleingang. Mir war klar, dass die Union Schwierigkeiten machen würde; aber auch Brandt und sein Anhang, der im Grunde lieber mit der FDP die Koalition eingeht.« Da war es schon: das (berechtigte) Misstrauen gegen Brandts Absichten bei gleichzeitigem, geradezu kindlichem Vertrauen in Wehners Fairness und seine Fähigkeit, alle Fäden in der Hand zu halten. Diese Zuversicht Wehner gegenüber war in der Union, zumal am Beginn der Zusammenarbeit mit den Sozialdemokraten, übertrieben groß." Da verschwimmen Parteigrenzen. Sowohl Herbert Wehner als auch Willy Brandt und sein Anhang sind oder waren in der SPD – und sowohl Helmut Kohl als auch Eberhard Diepgen sind in der CDU. Mein Zitat von Arnulf Baring finden Sie in *Die Ära Brandt-Scheel* auf der Seite 45. Baring weiß, wovon er da spricht. Männer in der SPD-Führung wie zum Beispiel Herbert Wehner mussten die Linie der Zerlegung Deutschlands vorbei an den Wünschen nach der Einheit der Deutschen in einem Staat beibehalten und da war es notwendig, Politiker wie Willy Brandt einzuhegen und zu umspielen.

Kanzler Kohl lässt dabei ebenfalls wieder nichts anbrennen. Am Morgen des 9. November erklärt Kohl, dass er jede Art von Viermächtekontakten *über die Köpfe der Deutschen hinweg* ablehne. Das Bundeskabinett hat noch vor dem Abflug nach Warschau die Erklärung des Bundeskanzlers zustimmend zur Kenntnis genommen.[222] Helmut Kohl ist auch in bester Gesellschaft und die Ähnlichkeit der Argumentationen lässt aufhorchen. Bei Adenauer hat es Strauß den *Cauchemar von Potsdam* genannt, eine Angst, dass sich die Alliierten *über Bonn hinweg einigen* könnten. Dabei bezog er sich auf die Konferenz von Potsdam im Jahr 1945. Der Kanzler Helmut Schmidt hatte sich seinerzeit ebenso mit dieser *Blickverengung* der Berliner herumzuärgern. Bezogen auf die späten 1960er Jahre hatte Arnulf Baring festgehalten, dass Willy Brandt wie John F. Kennedy und Papst Johannes XXIII. die große, seltene Begabung besitze, anderen das erhebende Gefühl zu vermitteln, wenn sie ihm hülfen, dienten sie einem großen Ideal. Zwischen den Zeilen sitzt die Kritik: „Brandts hartnäckiges Beharren auf der Notwendigkeit einer neuen Ostpolitik im Jahre 1969 leuchtete Schmidt ein. Allerdings fand er Brandts außenpolitische Perspektive damals etwas beschränkt. Aber diese Blickverengung beobachtete er bei allen Berlinern. Es war lokal begreiflich. Wer dort lebte, war eben auf Ostpolitik fixiert, wurde von der DDR und der Sowjetunion so oder so offenbar behext. – Nur örtlich war man in Berlin nicht betäubt. Allgemein fand Schmidt an Brandt und den Berliner Genossen einiges auszusetzen, was sich aus der dortigen Sondersituation erklären ließ; es machte die Sache nicht besser."[223] Immer schön durch die Blume.

In Ost-Berlin brennt derweil die Luft. Aus Prag kommen Hinweise, dass sich die BRD-Botschaft wieder füllt und sich die ČSSR außerstande sehe, eine solche Entwicklung erneut hinzunehmen. In Prag wird erwogen, die Grenze zu schließen, wenn die DDR nicht ihre Grenze zur ČSSR schließt und der Flüchtlingsstrom nach Prag weiterhin anhält. Die Regierung in Prag sieht sich dadurch von der eigenen Opposition unter Druck gesetzt. In Ost-Berlin stehen sie unter doppeltem Druck. Ein Riesen-Flüchtlings-Biwak auf DDR-Boden an einer verriegelten Grenze zur ČSSR, befindet Günter Schabowski, ist das Letzte, was man gebrauchen kann. Man hat nach seinen Worten lediglich die banale Hoffnung, dass man mit einem Regierungspapier einen „Ausweg aus dem Schlamassel" findet.[224] Das ist aber auch eine vertrackte Situation: Die Regierung unter Willy Stoph ist gerade zurückgetreten, da geht am 8. November, zu Beginn der Tagung des Zentralkomitees, das ganze Politbüro des Zentralkomitees der SED. Bei der Neuwahl wird Hans Modrow und demzufolge der SED-Bezirksvorsitzende von Dresden, ein Anhänger des Moskauer Generalsekretärs, zum Regierungschef gewählt. Nichtsdestotrotz sind Stophs Minister bis zum Antritt der Regierung Modrow noch im Amt.

Bonn fliegt zum Staatsbesuch nach Warschau

Nach der morgendlichen Kabinettssitzung in Bonn am 9. November begibt sich der Bundeskanzler gemeinsam mit einer Regierungsdelegation zum Flughafen Köln-Bonn, von wo aus er um 10 Uhr Ortszeit zu einem sechstägigen Staatsbesuch fliegt. Das wird sicher eine historische Woche für die Republik Polen und Helmut Kohl. Was hat der Kanzler in Polen vor? Er hofft, „mit Polen ein entscheidendes Stück weiterzukommen, so wie uns das mit Frankreich und mit Israel gelungen war." Er vertritt die Überzeugung, dass Deutsche in dieser Hinsicht auch ein nationales Interesse haben. „Für die Reformbewegungen in Mittel- und Osteuropa – und auch in der DDR –" würde es einen schweren Rückschlag bedeuten, wenn das polnische Experiment scheitert. Auf einen solchen Fehlschlag hoffen sowohl die alten kommunistischen Kader in Polen als auch ihre unbelehrbaren Genossen in der DDR, da ist sich Kohl sicher. Indem die Regierung in Bonn der Regierung Mazowiecki hilft, unterstützt sie also auch indirekt jene in der DDR, die einen grundlegenden Wandel herbeiführen wollen. Hier kann auch eine Antje Vollmer Kohl nur zustimmen. Der Historiker Ferdinand Kroh erklärt zu dem Ziel, das Kohl mit DDR-Reformen wie in Polen verbindet, seine Regierung habe sich längst entschieden: Sie unterstütze in einer verdeckten Wendepolitik Reformen in Polen und Ungarn und will so die Reform des DDR-Regimes erzwingen. Die Reform soll zur Erhaltung der DDR führen, ist Kroh überzeugt. Man gehe davon aus, dass sich durch politische und ökonomische Reformen in der DDR der Drang der Ostdeutschen nach Westdeutschland spürbar abbauen wird. Kroh erinnert daran, dass das auch schon das Ziel der gescheiterten deutsch-deutschen Geheimverhandlungen vor dem schönen Staatsbesuch Erich Honeckers 1987 in Bonn gewesen war.[225]

Der Kanzler war aber auch immer bei diesen gefürchteten Heimattreffen der Deutschen aus den Ostprovinzen, und die Polen erwarten nach den vergangenen Jahrzehnten der Unsicherheit endlich Klarheit, wie es wohl für sie in dieser Hinsicht perspektivisch weitergeht. Viele Menschen, die da angesiedelt worden waren, leben schon jahrzehntelang praktisch auf gepackten Koffern, eben weil sie nicht wissen, ob sie die fremden Häuser vielleicht auch wieder verlassen müssen. Der Kanzler hingegen kann die ganze Unklarheit bei den Polen nicht verstehen: Für die Bundesrepublik gilt „der Warschauer Vertrag von 1970, und darin heißt es unzweideutig, dass wir keine Gebietsansprüche gegenüber Polen" haben.[226] Was für ein Unfug. Darin steht, dass man sich nichts mit Gewalt zurückholen werde, und das Bundesverfassungsgericht hatte dann am 7. Juli 1975 eindeutig geurteilt, dass die Gebiete östlich der Oder-Neiße-Linie nach wie vor zu *Deutschland* gehören. Doch obwohl Helmut Kohl die Unklarheit bei den Polen nicht begreift, kann er diese erklären: Es steht, meint der Kanzler, „aber ebenso eindeutig fest, dass die Bundesregierung und der Bundeskanzler nicht legitimiert" sind, „eine endgültige Anerkennung der polnischen Westgrenze auszusprechen, solange es keinen handlungsfähigen gesamtdeutschen Souverän" gibt.[227] Vollkommen richtig. Diesen gibt es tatsächlich nicht mehr, seit im September 1949 die „provisorische" BRD gegründet worden war. Und den kann es auch nicht geben, weil es einen gesamtdeutschen Souverän nur gibt nach der Anerkennung der heutigen Grenzen. An der Stelle beißt sich die Katze in den Schwanz und damit ist absolut eindeutig überhaupt nichts klar. Bloß in der Botschaft der BRD in Warschau ist jetzt eindeutig klar geworden, dass sich die DDR in ihre Einzelteile auflöst, weshalb die Leute in Polen durchaus erfahren wollen, wann sich in Karlsruhe einmal etwas bewegt. Aus Textpassagen wie der hier bei Helmut Kohl dürfen Sie getrost entnehmen, dass mit dem Wahlvolk seit Jahrzehnten intellektuelles Pingpong gespielt wird. Wie könnte auch etwas nicht stimmig sein, was ein führender Politiker in ein ehrenwertes Buch hineinschreibt? Wenn es *mir* so scheint, als postuliere diese Größe des politischen Lebens, es sei Sommer *und zugleich* es sei Winter, habe *ich* dann nicht verstanden, was gemeint ist, oder veralbert er mich?

Gewiss wäre es unklug, würde der Bundeskanzler vor dem Staatsbesuch selbst an die Rechtslage in der Bundesrepublik erinnern, also kümmert sich um diesen Aspekt der Vorbereitung des Staatsbesuches die Bonner „Opposition". Aus seinen empörten Äußerungen dazu spricht das nackte Entsetzen: Dr. Kohl hat „den Eindruck gehabt, dass einigen Sozialdemokraten an einem Erfolg" der Polen-Reise „nicht sonderlich gelegen war", und absolut verständnislos fügt er hinzu: „Anders kann ich es mir nicht erklären, weshalb sie ständig die Behauptung verbreiteten, ich stellte die Westgrenze Polens in Frage."[228]

Aber ich kann mir das anders erklären. Die SPD hat die komplementäre Theaterrolle innegehabt seit fünfundvierzig Jahren. Bis 1968 hatte diese Welt die großdeutschen Sprüche nämlich noch von Schumachers SPD zu hören gekriegt. Da hatten die Alliierten nach dem Krieg gedacht, dass sie den Österreicher unschädlich gemacht und die Demokratie in Österreich und in Deutschland installiert hätten. Gut, dass das im Osten nicht ganz perfekt gelungen war, hatten sie irgendwann verärgert geschluckt. Aber dass die Westdeutschen ihre Demokratie nun auch noch derart dreist zu einer zugegebenermaßen recht intelligenten Diktatur machen, damit hat doch nun bestimmt niemand gerechnet. Dabei waren sie Leid gewohnt. Sir Winston Churchill hatte seinerzeit schon gejammert, die Demokratie sei die schlechteste Staatsform, die es gebe, wenn man mal von den restlichen gesellschaftlichen Experimenten absieht, die auf dieser Welt noch so existieren. Winston Churchill äußerte sich übrigens nicht nur kritisch über die Demokratie, sondern auch über die Leute, die am meisten über dieses System klagen: „Das beste Argument gegen die Demokratie ist ein fünfminütiges Gespräch mit dem durchschnittlichen Wähler.“[229] Aber er hatte auch andere Ziele als die Engländer auf den Straßen. Er wollte den europäischen Kontinent zweimal in große Kriege tauchen und Englands Stellung in der Welt wiederherstellen. Hätten die Leute gewusst, welche Rolle die englischen Regierungen in den Jahren zwischen 1904 und 1945 in der Welt gespielt haben, hätten sie Churchill vermutlich hinweggefegt und nicht nur böse auf die wilden Regime auf dem Kontinent geschaut.

Lassen wir uns aus Polen berichten, wie Bronisław Geremek Kohls Spiel mit doppelten Karten erlebt hat. Seine jüdische Familie wurde im Krieg von Deutschen ermordet und 1989 zählt er zu den Beratern der Gewerkschaft *Solidarność*. Hier kommt Herr Geremek: „Der Kanzler versuchte, meine Ängste unter anderem in Bezug auf die deutsche Position in der Grenzfrage zu mindern. Ich habe den Eindruck, dass er es ehrlich meinte. Doch als ich ihn fragte, ob ich den Inhalt unseres Gespräches öffentlich machen könnte, antwortete er, dass er ihn augenblicklich abstreiten würde, wenn ich dies täte. Als Rechtfertigung für diese Haltung nannte er die Realitäten der deutschen Politik.“[230] Beendete seine Rätselstunde mit dem Herrn Geremek und ließ den Mann dumm sitzen.

Berlin, Hauptstadt der DDR

Vier Obristen (je zwei aus dem Innenministerium und vom Ministerium für Staatssicherheit) kommen am Morgen des 9. November zusammen, um den Ministerratsbeschluss zu entwerfen, der unter dem ultimativen Druck der reformunwilligen Führung in Prag die Abwanderung aus der DDR regulieren soll. Diese vier fragen sich, ob es nicht schizophren und innenpolitisch fatal sei, Leute, die das Land auf Dauer verlassen wollten, künftig sofort fahren zu lassen, jene jedoch, die nur eine kurze Besuchsreise in die Bundesrepublik planen, von der sie nach wenigen Tagen zurückkehren wollten, weiterhin strikt daran zu hindern. Im Interesse der Stabilisierung der DDR halten es die vier Männer für unverantwortlich, „alle Reisewilligen in den Status von Ausreisenden zu zwingen". Deshalb beschließen sie, in dem Ministerrats-Beschluss zusammen mit der Ausreise auch das Recht auf Privatreisen zu regeln. Dabei denken sie keineswegs an eine totale Freizügigkeit, wie ihre Durchführungsbestimmungen zeigen. Gegen Mittag des 9. November wird jener Obristen-Entwurf von den beteiligten Ministerien und dann vom Politbüro bestätigt; auch die sowjetische Botschaft gibt grünes Licht.[231] Zeitgleich tagt der kurzfristig einberufene Sonderparteitag der Staatspartei SED den zweiten Tag.

Ost-Berlin droht Johannes Rau mit der Grenzöffnung

Gegen 14.00 Uhr redet Johannes Rau aus der Bonner SPD-Führung auf unseren Genossen Egon Krenz ein. Anschließend äußert Johannes Rau vor der Presse, er glaube, dass Herr Krenz völlig auf die Wirkungen des geplanten Reisegesetzes vertraue, was Genosse Krenz und nicht bloß er spätestens seit dem 1. November offensichtlich auch tut. Damit ist auch klar, worum es in dem Gespräch ging. Krenz seinerseits sagt zu den anwesenden Journalisten in klarer und deutlicher Sprache: „Alles, was getan werden muss, wird von den zuständigen Stellen erörtert werden."[232]

Ich muss mir nur noch schnell die Hände waschen und dann geht's los. In seinem Auftrag wurde am Morgen der Gesetz-Entwurf fertiggestellt. Tauchte Johannes Rau am 9. November in Ost-Berlin auf, um sicherzustellen, dass keiner aus der Kommunistenbande in Ost-Berlin während der Abwesenheit des Bundeskanzlers und wichtiger Minister auf irgendwelche dummen Gedanken kommt? Nachdem schon einige hochrangige westdeutsche Politiker in das kleine, feine Geheimnis in Ost-Berlin eingeweiht worden sind, fehlt eigentlich bloß noch die westdeutsche Presse, die den Leuten verkauft, dass die Grenzöffnung ganz unerwartet kam.

Die Mauer muss weg

Fernsehstationen aus den Vereinigten Staaten wie NBC oder CNN haben auf der Westseite des Brandenburger Tores Übertragungswagen aufgebaut. Natürlich hätten die amerikanischen Journalisten auch schon seit 1968 oder 1978 oder 1988 dort ausharren können. Aber wenn sie gerade in den letzten Tagen vor Ort sind, spricht doch einiges dafür, dass diese Nummer nach Drehbuch verläuft. Manfred Uschner war von jenem geheimnisvollen Amerikaner letztes Jahr auf einen Termin für die Maueröffnung alles in allem ungefähr fünfzig Tage nach dem Staatsfeiertag unserer DDR am 7. Oktober orientiert worden. Weiß einer der Entscheider in Ost-Berlin von der Planung oder kommt ihnen zufällig zugute, dass es in Moskau keinen mehr schocken kann, wenn ihr deutsches Kartenhaus zusammenbricht?[233] Aber streng genommen ist es ja bloß für Historiker interessant, ob und wie hier Washington, Moskau und Ost-Berlin etwas miteinander abgesprochen haben. Günter Schabowski selbst sagt später jedenfalls, dass es sich um ein Frage-Antwort-Spiel mit den Journalisten handelt und er sich die größte Nachricht des letzten Vierteljahrhunderts über Fragen und Nachfragen bei einer Pressekonferenz von Journalisten bloß so beiläufig abringen lässt. Für diese Betrachtung hier ist lediglich interessant, welche Reaktionen er mit der Öffnung der Grenze zwischen DDR und BRD in der westdeutschen Hauptstadt Bonn auslöst.[234]

Günter Schabowski verkündet die Bewegungsfreiheit

Nachdem Egon Krenz den Pflichttermin mit Johannes Rau aus Bonn am Rhein absolviert hat, geht er zurück zu der ZK-Tagung und dort läuft die Diskussion im Plenum weiter. Der geschäftsführende Ministerpräsident Willi Stoph und Innenminister Friedrich Dickel übergeben den Entwurf der Reiseverordnung dem Chef der SED zur Begutachtung. Egon Krenz informiert das Plenum „in dürren Worten über die beabsichtigten neuen Reiseregelungen". Er begründet die Eile mit der tschechischen Drohung; Prag erwägt ja, die Grenze zur DDR selbst zu schließen, wenn der Strom der Flüchtlinge durch die ČSSR nicht abreißt. Ein Wort über Einwände der Bürger unterlässt er, weiß Günter Schabowski, obwohl er ebenso erklärt: „Ich war zu dieser Zeit nicht in der ZK-Sitzung." Wie es allerdings umgekehrt zu Einwänden von Bürgern gegen die neuen Reiseregelungen gekommen sein soll, wenn das Papier nur wenige Nasen aus der Staats- und Parteiführung gesehen haben, weiß er nicht. Er weiß hingegen, dass das Zentralkomitee unter dem Schock der Massendemonstrationen, des Honecker-Sturzes sowie verwirrender Dekrete vom Politbüro die Information ohne besondere Debatte hingenommen hat. Er selbst habe diese Sitzung ab und zu verlassen müssen, um mit Journalisten Gespräche zu führen. Als er nach 17 Uhr wieder in den Sitzungssaal zurückgekommen sei, habe er kurz neben Krenz im Präsidium Platz genommen. Da ist es, nach seinem Bekunden, aber schon Zeit, sich für die Pressekonferenz zu verabschieden. Krenz habe ihm den Regierungstext zugeschoben und er habe ihn überflogen. Die *essentials*, sagt er, habe er da gefunden, Reisefreiheit und das Recht auf ständige Ausreise. Nach kurzem Abwägen des Für, nämlich Entlastung von öffentlichem Druck, und Wider, des neuerlichen Eingeständnisses einer hastigen Pannenkorrektur, hätten sie sich darauf geeinigt, dass er die internationalen Pressevertreter auf dem anschließenden *briefing* von diesem Schritt unterrichten würde. Ich muss Ihnen sagen, das kaufe ich den beiden Verantwortlichen nicht ab. Grund genug sind die Widersprüche. Wenn Schabowski sagt, dass er erst nach 17 Uhr neben Krenz sitzt, und Krenz sagt, dass sich Schabowski „gegen 17.15 Uhr" für den Rest der Tagung abgemeldet habe, dann bleiben doch mindestens drei, vier Minuten, um anzuweisen, was genau zu sagen ist, zumal es sich da um die wichtigste Information für die Pressekonferenz handelt. Eine ordentliche Übergabe ist auf jeden Fall bedeutsam genug, um notfalls den Beginn der Pressekonferenz fünf, sechs Minuten zu verzögern. Außerdem gibt es mehrere unterschiedliche Wiedergaben, was Egon Krenz bei der Übergabe der Pressemitteilung gesagt haben soll.[235]

Und da ist noch ein Grund, warum ich glaube, dass an der Stelle gelogen wird, dass sich die Balken biegen. Krenz sagt, er habe noch während der Sitzung angewiesen, die Reiseregelung den Bezirks- und Kreisleitungen der SED sofort zu übergeben, und kurz nach 17.00 Uhr sei ihnen dieses Fernschreiben übermittelt worden. Schabowski sagt, gegen 19 Uhr setzt sich „die Maschinerie in Bewegung, durch die alle in Frage kommenden Dienststellen und Grenzposten über die neue Lage informiert" werden. Und die Offiziere an der Grenze sagen, dass sie erstens *nicht* informiert werden und dass sie zweitens auch niemanden ans Telefon bekommen. Dieser Umstand wird meines Wissens von keinem der Akteure geklärt. Diese Soldaten müssten Bescheid bekommen und keine Kreisleitungen. Abgesehen davon wird in dieser Nacht auch von West-Berlin aus keiner in Ost-Berlin telefonisch erreichbar sein.[236]

Während der Fahrt ins Pressezentrum, so Schabowski, überlegt er sich, wie er taktisch am klügsten vorgehen soll. Er entscheidet sich dann, erst unmittelbar vor dem Ende seiner einstündigen Information, also gegen 19 Uhr, auf die veränderte Reiseregelung zu sprechen zu kommen. Vorher und hauptsächlich will er über Entscheidungen auf der ZK-Tagung informieren, damit nur wenig Zeit für peinliche Fragen der Journalisten bleibt. Aber glaubt er denn im Ernst, dass die Journalisten darauf reinfallen? Seine Antwort lautet, ja. Ihm erscheinen die Entscheidungen des ZK durchaus relevant, etwa die Ankündigung freier Wahlen in der DDR oder die Entscheidung, weitere Politbüromitglieder auszuschließen und erste Korrekturen in der Wirtschaftspolitik vorzunehmen. Er ahnt nicht, dass seine eher beiläufige Mitteilung über die Grenzöffnung die Reformansätze der SED um- und abwerten würde. Er legt also „die Information an das Ende der Pressekonferenz über den Verlauf der ZK-Tagung, um Beiläufigkeit bemüht und um die Hastigkeit der erzwungenen Gesetzeskorrektur zu verdecken." Aber auch das ist nicht richtig, es sei denn, die Frage wurde einem italienischen Journalisten mundgerecht vorgekaut.

Böse Zungen behaupten, Günter Pötschke vom Allgemeinen Deutschen Nachrichtendienst (ADN) aus Ost-Berlin sei der Stichwortgeber. Klar ist nur, dass der ADN-Chef den Italiener im Vorfeld angerufen hat. Günter Schabowski selbst antwortet während der Konferenz bloß auf Fragen.[237]

Das heißt dann wiederum, dass Schabowski *gar nichts gelegt* hat. Wenn Pötschke aber den italienischen Journalisten angerufen hat, dann war es während der Arbeitszeit. Wenn Schabowski den Entwurf für eine Reiseregelung frühestens um 17 Uhr erhält, dann hat Egon Krenz mit Günter Pötschke von ADN die Verkündung vor um fünf auf 19 Uhr terminiert – und die Verlängerung der Tagung bis in die Abendstunden veranlasst.

Um 18.00 Uhr geht die Konferenz los und es geht um dies und das. Die Veranstaltung geht ihrem Ende entgegen, als Riccardo Ehrman von der italienischen Nachrichtenagentur Ansa um 18:53 Uhr sowie ein weiterer Journalist ihre Fragen stellen wollen. Nun geht es auf 19 Uhr und genau um diese Zeit wird Günter Schabowski diese Konferenz auch beenden – und Schabowski zieht Ehrman dessen Journalistenkollegen vor, der im Anschluss seine Frage auch nicht mehr stellen kann. Es ist nicht schwer, den richtigen Journalisten aufzurufen, egal, wie viele sich melden, denn Ehrman sitzt in keiner der Stuhlreihen, sondern vorne auf dem Podium seitlich hingehockt unter dem Pult mit den Sprechern. Riccardo Ehrman stellt seine Frage: *„Herr Schabowski, Sie haben vom Fehler gesprochen. Glauben Sie nicht, dass es war ein großer Fehler, dieser Reisegesetzentwurf, das Sie haben jetzt vorgestellt vor wenigen Tagen?“* Er antwortet ihm darauf: „Nein, das glaube ich nicht.“ Aus den nächsten zweieinhalb Minuten Rede darf man entnehmen, dass Schabowski sehr gut weiß, was er zu verlesen gedenkt. Aber die Grammatik lässt ihn im Stich: „Wir sind natürlich besorgt, dass also diese Möglichkeit dieses Reisegesetzes, es ist ja noch immer nicht in Kraft, es ist ja ein Entwurf – Allerdings ist heute, soviel ich weiß, eine Entscheidung getroffen worden – es ist eine Empfehlung des Politbüros aufgegriffen worden, dass man aus dem Entwurf des Reisegesetzes den Passus herausnimmt und in Kraft treten lässt, der *stän*, wie man so schön sagt oder so unschön sagt, die *stän*dige Ausreise regelt, also das Verlassen der Republik.“ Wenige Worte später schafft er es dann, anzukündigen: „Deshalb, eh, haben wir uns dazu entschlossen, heute, eh, eine Regelung zu treffen, die es jedem Bürger der DDR möglich macht, eh, über Grenzübergangspunkte der DDR, eh, auszureisen." Dann sind verschiedene Stimmen zu hören und schließlich hört man im Hintergrund: „Ab wann gilt das?" Gegenfrage: „Bitte?" Danach hört man noch einmal den Fragenden irritiert: „Ab sofort? Gi – Ab – " Dann nochmal Günter Schabowski: „Also Genossen [er spricht vor Journalisten aus aller Welt], mir ist mitgeteilt worden, dass eine solche Mitteilung heute schon verbreitet worden ist; sie müsste eigentlich schon in Ihrem Besitz sein." An dieser Stelle muss man nicht fragen, sondern darf mit Fug und Recht sagen, dass er lügt. Er stellt sich hier wie in der Feuerzangenbowle „einmal ganz dumm" und orakelt, eine diesbezügliche Mitteilung müsse „heute schon verbreitet" worden sein, sie müsse eigentlich schon im Besitz der Anwesenden sein. Warum sollte der Genosse Krenz dann zu ihm gesagt haben: „Gib das bekannt, das wird der Knüller?"[238]

Abgesehen vom Einsteiger über das Wörtchen „also" liest er den ersten Punkt wörtlich vor: „Also, Privatreisen nach dem Ausland können ohne Vorliegen von Voraussetzungen (Reiseanlässe und Verwandtschaftsverhältnisse) beantragt werden. Die Genehmigungen werden kurzfristig erteilt." Trotz aller Debatten haben die Herren, die an dem Papier herumgezirkelt haben, den Satz im Text belassen: „Versagungsgründe werden nur in besonderen Ausnahmefällen angewandt." Diese schrägen Hintertüren hatten die Leute ja gerade wütend gemacht, also lässt Schabowski den Satz kurzerhand weg. Es hört sich an, als wurden jene Streichungen im Vorfeld vorgenommen, denn beim zweiten Punkt lässt er ebenso weg, dass dort eigentlich steht: „Die Antragstellung auf ständige Ausreise ist wie bisher auch bei den Abteilungen Innere Angelegenheiten möglich." Es ist kein Wunder, dass viele Leute hören, was sie hören wollen, und zu der Grenzübergangsstelle ihres Vertrauens gehen, um einmal im Westen spazierenzugehen. Als er im dritten Punkt auf West-Berlin stößt, schießt ihm durch den Kopf, dass von der Entscheidung der Vier-Mächte-Status der Stadt Berlin berührt wird. Es spricht Bände, dass diese Frage durch Krenz und jene Obristen im Vorfeld dann nicht mit ihm abgesprochen wurde. Haben sie es nicht bedacht? Werden die sowjetischen Panzer in das Geschehen eingreifen? Weil der den dritten Punkt einfach weglässt und den vierten Punkt vorliest, kommt die Frage, ob das auch für West-Berlin gelte, was der Günter kurzerhand bejaht.[239] Augen zu und durch.

Aus dem Konferenzsaal kommt die vollkommen folgerichtige Frage: „Ab wann tritt das in Kraft?" Darauf er: „Das tritt, nach meiner Kenntnis ist das sofort." Er nickt und sagt: „Unverzüglich." Es kann sein, dass die unabhängige westdeutsche Presse daraus macht, es hätte erst in der Frühe um vier gelten sollen. Aber erstens spielt das inhaltlich überhaupt keine Rolle und zweitens ist früh um vier auch in der Planwirtschaft noch kein Volkspolizeikreisamt geöffnet, in dem sich der gelernte DDR-Bürger den Antrag auf Erteilung eines Antragformulars aushändigen lassen könnte, um es einmal mit dem West-Berliner Künstler Reinhard Mey zu singen. Die Frage nach Reisepässen, die erst noch gedruckt und verteilt werden müssten, kann er leider nicht beantworten. Fakt ist nur, dass man Pässe weder sofort noch um 4 Uhr oder übermorgen bei der Hand haben wird. Wenn sich später Krenz und Schabowski so äußern, dass einer nicht versteht, was der andere gemeint haben könnte, sagt mir das lediglich, dass es eine Übereinkunft zwischen den beiden gab, sich bei Rückfragen kurz blöd zu stellen und die Schuld hin und her zu schieben. Es ist jedenfalls nicht richtig, wenn Krenz sagt, dass „ganz eindeutig feststand, dass diese Verordnung am 10. (mit Extrabetonung) November inkrafttritt – es ging ja auch gar nicht anders", denn auf Schabowskis „Zettel" steht nirgendwo etwas vom 10. November, sondern dort heißt es ganz eindeutig unter 2. „Ab sofort" und unter 2 b) unverzüglich. Gut, wenn man oben auf der zweiten Seiten nachschaut, steht da: „Über die zeitweiligen Übergangsregelungen ist die beigefügte Pressemitteilung am 10. November 1989 zu veröffentlichen." Dort steht aber auch nix von früh um vier und es bleibt die Frage, ob Krenz dieses zweite Blatt überhaupt weitergegeben hat. Da steht nämlich noch die Wendung von zeitweiligen Übergangsregelungen aus der ersten Fassung, die er auf der ersten Seite dieses Entwurfes noch auf Anraten des Kulturministers gestrichen hatte, damit die Leute nicht denken, dass die Reisefreiheit bald wieder Geschichte ist. Hat Krenz die Seite wenigstens selbst gelesen? Warum hat er sie nicht korrigiert? Seine Erläuterung erstaunt: „Es mussten ja Vorbereitungen getroffen werden. Es mussten Befehle ausgegeben werden. Also es war ganz eindeutig: Der zehnte November ist der Tag, an dem die Verordnung in Kraft tritt." Auf dem Blatt steht aber, es gilt ab sofort, unverzüglich. Eine weitere Angabe ist auf dem ganzen Blatt nicht zu entdecken. Ja, und morgen kommt das dann in die Presse, steht auf der zweiten Seite.[240]

Schabowski redet sich in dieser Hinsicht um Kopf und Kragen: „Es war ja eine Regierungsentscheidung, und ich war nicht der Regierungssprecher. Das Politbüro wollte auch nicht mehr, wie es bisher seine Praxis war, sich die Exekutive anmaßen. Ich musste also eine Rolle spielen. Die desjenigen, der über den Sachverhalt in Kenntnis setzt und durch die Frage veranlasst ist, den ihm bekannten Tatbestand den Journalisten *en passant* mitzuteilen. Deshalb verwandte ich die Floskel, dass die Regierung eine entsprechende Entscheidung getroffen habe, die eigentlich in ihren Händen sein müsste. Ich war in der Tat auch der Meinung, dass die Regierung schon so im Laufe des Tages entschieden hätte. Wie hätte mir Krenz sonst das Papier in der ZK-Tagung für die Pressekonferenz zuschieben können."[241]

Nach dieser Pressekonferenz gibt Günter Schabowski Tom Brokaw sein Exklusiv-Interview. Anschließend fährt Brokaw zurück zu seinem Hochsitz neben dem Brandenburger Tor und harrt der Dinge, die da kommen sollen in dieser Nacht. Man muss es ihm lassen: Es beweist einen außerirdischen journalistischen Spürsinn, dass er nun ausgerechnet in dieser Nacht *auf der westlichen Seite* vom Brandenburger Tor von einem Kran herab berichten kann. Dass wir kürzlich einen Bischof Dr. Werner Leich, den Vorsitzenden der Konferenz der Evangelischen Kirchenleitungen in der DDR überhaupt kein bisschen falsch verstanden haben, erweist sich nur eine halbe Stunde später in der Aktuellen Kamera. Da zitiert ihn die Sprecherin Angelika Unterlauf in der Form, er erwarte von BRD-Kanzler Helmut Kohl ein klares Wort an die Bürger der DDR, sie möchten doch bitteschön in ihrem Land verbleiben. Es spricht ja auch Bände, dass der Kanzler hier der richtige Adressat ist. Werden sich später die Historiker oder die Staatsanwälte oder gleich beide auf die Kirchenfürsten in West- und Ost-Deutschland stürzen? Wie geht es mit den Manfred Stolpes und den Albrecht Schönherrs und den vielen anderen Herren aus dem innerdeutschen kirchlichen Klüngel nun weiter? Was wird beispielsweise aus Ludwig Geißel im Westen? Wir werden sicher mehr von ihm hören.[242]

Martin Eckermann ist Student im dritten Semester an der Technischen Fachhochschule Berlin und will mit Kommilitonen aus dem Wedding in West-Berlin in Richtung Kreuzberg zum Squash-Spielen fahren. Es soll um 18.00 Uhr losgehen. Sie fahren nicht mit Autos, sondern mit Motorrädern, weil irgendwer verbreitet hat, dass es am Brandenburger Tor zu Tumulten kommt und man mit dem Auto nicht durchkommt. Dort sind doch sonst nur Touristen? Sie haben einige *courts* gemietet, wie immer für zwei Spieleinheiten, also zweimal 45 Minuten. Danach duschen und fertig. Gegen acht verlassen sie das Gebäude in Kreuzberg. Auf dem Weg nach Hause schlägt einer aus der Gruppe vor, mal am Checkpoint Charlie vorbeizufahren, um zu sehen was dort los wäre. (Aber was soll da schon los sein, denken sicher alle.) Schon als sie um die Ecke in die Friedrichstraße einbiegen, ist dort ordentlich was los. Auf der Westseite sammelt sich typisch Kreuzberger Punker- und Krawallpublikum und jede Menge vor allem von Herren in ordentlicher Kleidung. Sein erster Blick fällt auf eine Punkerin, die auf der Mauer mit einer Vopo-Mütze auf dem Kopf....

Eine Punkerin sitzt mit einer Vopo Mütze auf der Mauer? Es dauert eine Weile, bis das Bild zum Verstand übermittelt ist und auch durchdringt. Durch diese Ereignisse neugierig geworden, erkundigen sie sich bei den Umstehenden und viele von ihnen sagen, dass sie gleich zum Brandenburger Tor gehen. Dort wäre noch mehr los und auch mehr zu erwarten. Wie kommen sie darauf? Also steigen sie wieder auf die Motorräder und fahren zum Brandenburger Tor. Viele Leute stehen vor der Mauer – und ein paar sind sogar oben drauf! Die da oben sind tropfnass. Wasser rinnt von der Mauer. Vom Osten aus wird versucht, sie mit Wasser von da zu verjagen – wie unfreundlich. Etwa fünfzig Meter entfernt von der Mauer in westlicher Richtung wird an einem Alugerüst gebaut. Eine Kamera ist schon oben drauf. Davor steht ein Journalist im Trenchcoat und spricht lustig in die Kamera, auf der der Aufkleber von CNN klebt!?

Die *Squash-Clique* teilt sich in zwei Gruppen. Ein großer Teil geht nach Hause, weil sie morgen früh Vorlesung haben. Aber Martin Eckermann und zwei seiner Freunde ergreifen den Mantel der Geschichte. Also rauf auf die Mauer. Oben ist noch alles nass und unter ihnen auf der Ostseite läuft ein Offizier der Grenztruppen herum und verscheucht die wenigen

Leute die immer wieder hinunterspringen. Nun wird es ganz schnell voll oben auf der Mauerkrone. Viele von „beiden Seiten“ klettern hinauf auf die Mauer. Aber einige verschwinden auch im Dunkeln auf der Ostseite hinter dem Brandenburger Tor. Etwa zweihundert Meter entfernt hinter dem Tor sind auf der Ostseite auch Menschen hinter Blumenkübeln zu erkennen. Viele machen mit Fotoapparaten und Blitzlichtern Fotos vom Geschehen. Oben auf der Mauerkrone kreisen die Sekt-, Schnaps- sowie Weinflaschen. Von überallher kriegen sie etwas zu trinken. Es herrscht ausgelassene Feierstimmung. Mehr aus Spaß und Klamauk skandieren die Leute: „Die Mauer muss weg!“ Natürlich will keiner die Souveränität der DDR hier ernstlich in Frage stellen. Oder doch? Wie auch immer, es juckt den sportlichen Martin, auch mal runter zu springen. Kaum unten, wird er von dem Herrn mit den lächerlichen Knobelbechern angebrüllt, er solle sofort den Boden der Deutschen Demokratischen Republik verlassen! Martin antwortet ihm lieber nicht. Als der Grenzer sieht, dass er nichts ausrichten kann, wendet er sich denen oben auf der Mauerkrone zu und versucht sie vom Sprung in die Unfreiheit zu bewahren.

Fakt ist, dass seine Kumpels nicht springen wollen und er sie auch nicht in dem Tumult verlieren will. Also fängt er an zu betteln, bis sie wie auch er herunterspringen und mit ihm durch dieses Tor gehen. Wahnsinn! Es muss Euphorie sein, was sonst könnte zu solch einer Wahnsinnstat veranlassen? Sie haben die Bilder aus Peking vom Juni ja noch vor Augen. Aber irgendwie ist das alles egal in dem Moment. Als sie aus dem Lichtkreis hinterm Brandenburger Tor im Osten ins Dunkle hineinschreiten, sehen sie links und rechts im Halbdunkel Männer stehen. Viele Männer und alle mit Helm und so einem komischen Ding zwischen den Beinen. Schnell haben sie realisiert, dass es sich dabei wohl um Grenzer handelt und das Ding war die Spitze der Kalaschnikow, die sie nach sowjetischer Sitte verkehrt herum auf dem Rücken tragen, also der Kolben nach oben und das Laufende eben unterhalb des Gesäßes, Mist! Erschossen werden wollen sie in dieser Nacht ja eigentlich nicht wirklich. Martins Kumpels verfluchen ihn auf Teufel komm raus, weil er sie überredet habe von der Mauer zu springen. Das Jammern hilft nix mehr, da müssen sie durch.

Strammen Schrittes laufen sie vorwärts. Zurück will trotzdem irgendwie keiner der drei. Dort drüben hinter den Blumenkästen ist Licht, da sind Leute, da sind Kameras. Da wird ihnen schon nix passieren, also weiter. Als sie in die Nähe der Blumenkästen kommen, hören sie, wie ihnen die Fragen in allen möglichen Sprachen entgegen gebrüllt werden. Vielfach kommt, ob sie wohl zum ersten Mal im Westen gewesen wären und dergleichen mehr. Ganz im Gegenteil – sie sind zum ersten Mal im Osten! Aber was nun. Da sind sie nun Unter den Linden und ohne Visum, ohne Ausweis. Also was tun. Als sie dort etwas verloren herumstehen und mit anderen Gestrandeten sprechen, hält plötzlich ein Auto der sowjetischen Marke Moskwitsch an mit einem netten Pärchen drin. Sie fragen, ob sie helfen könnten und wo man denn hinwolle. Sind die DDR-Bürger nicht großartig? Fahren an so einem Abend durch ihre Stadt und bringen gestrandete Westberliner wieder zurück. Bis zur Bornholmer Straße. Was für nette Herrschaften, die sie da durch Ost-Berlin fahren, denkt Martin. Ab da ist es nicht weit zu ihrer Wohnung im Wedding. Gegen halb neun hatten sie den Grenzübergang an der Brücke geöffnet. Inzwischen ist es um elf und sie können einfach durch die Grenzanlagen. Sie gehen rasch zum Leopoldplatz, holen Martins Volvo und wollen nun nach Ost-Berlin rein fahren. Über ihren Alkoholpegel denken sie wohl besser nicht nach.

Unterwegs ist ihr dritter Mann verloren gegangen, aber egal. Dort an der Bornholmer Brücke hatten die Grenzer ganz andere Sorgen. Sie wurden eben gerade *nicht* informiert und konnten auch von nirgendwo Auskunft erhalten, wie sie sich wohl verhalten sollten. Immerhin standen da Leute in einem großen Pulk vor ihnen und forderten, die Grenze zu öffnen. Der militärischen Führung wurde erst gegen 23 Uhr klar, was sich da an der Grenze abspielt. Die Angestellten im Haus des ZK konnten die Nachricht nicht mehr hereintragen, denn sie hatten 18 Uhr schon Feierabend, und die Sicherheitsleute konnten es im Prinzip auch nicht erfahren. Es bleibt die Frage offen, was Egon Krenz genau zu den Genossen gesagt hat über die neue Reiseregelung. Oder gehören selbst die dürren Worte der Information ins dunkle Reich der Legenden? Aber sei es, wie es sei. Was sich an der Bornholmer Brücke in den letzten Stunden abgespielt hat, bleibt unvergesslich. Der stellvertretende Chefredakteur der Berliner Zeitung, Karl-Heinz Arnold sagt, das sei einer der faszinierendsten Vorgänge der

Nachkriegszeit. „Niemand kann die Tragweite dieses Schritts verkennen. Jeder, der nicht dabei ist, darf im Fernsehen miterleben, welche Emotionen sich da Luft machen – nach 28 Jahren Mauer." Arnold steht in jeder Hinsicht unter Spannung: „Nichts ist ordentlich vorbereitet, nichts mit der anderen Seite rechtzeitig abgesprochen. Fast ein Wunder, dass dabei offenbar keine Menschen zu Schaden kommen, kein Grenzsoldat durchdreht, kein Polizist angepöbelt wird. Eher ist das Gegenteil der Fall: Hier und dort bekommen die Uniformierten einen Gruß, eine Blume." Wie ist das möglich? Da sagt Herr Arnold: „Das menschliche Zauberwort dieser demokratischen Revolution gegen den entarteten Sozialismus heißt von Anfang an »Keine Gewalt!« Auch in diesen Stunden lebt es." [243]

Der Abend des 9. November in Warschau

Kommen wir jetzt zur anderen Seite der Medaille. Wie erlebt an diesem Abend Bundeskanzler Helmut Kohl in Warschau die Öffnung der Brücke in die Freiheit? Kurz vor 19 Uhr prophezeit der Chef der unabhängigen Gewerkschaft Solidarność Lech Wałesa, dass „die Mauer in ein bis zwei Wochen nicht mehr stehen" werde. Der Kanzlerberater Horst Teltschik stellt fest, dass sich Wałesa bei dem Gespräch „fast prophetisch nahezu ausschließlich auf die Lage in der DDR konzentriert". Seine Furcht, unvorhersehbare Ereignisse in der DDR könnten die Lage in Polen in den Augen der Bundesregierung in den Hintergrund treten lassen, ist dabei deutlich spürbar. Er fragt den Kanzler direkt, was dieser tun will, sollte die DDR nun die Mauer öffnen, und ob er dann nicht selbst eine Mauer errichten müsste. Die SED sei doch nicht in der Lage, Reformen durchzuführen, weil ihr niemand mehr vertraue. Es gebe zur Zeit jedoch auch keine andere Gruppe, die einen Demokratisierungsprozess überzeugend einleiten und gestalten könne. Der einzige Weg, den er sehe, sei, jetzt die Grenzen zu öffnen, demokratische Parteien zuzulassen und freie Wahlen auszuschreiben. Lech Wałesa zeigt sich eher davon überrascht, dass die Mauer überhaupt noch stehe. In spätestens ein oder zwei Wochen werde sie beseitigt sein, und was dann? Die Lage in der DDR sei gefährlich und er sei voller Angst, dass ein revolutionäres Chaos entstehen könnte.[244]

Der polnische Ministerpräsident Tadeusz Mazowiecki hat zu Ehren der Gäste aus Bonn zu einem festlichen Bankett in den Palast des Ministerrates, das ehemalige Palais der Fürsten Radziwill, geladen. Unmittelbar vor der Abfahrt seiner Wagenkolonne von dem Gästehaus Parkowka in die Warschauer Innenstadt erreicht Helmut Kohl ein dringender Anruf aus Bonn. Der Kanzleramtsminister Rudolf Seiters muss ihn unbedingt während des Banketts sprechen. Nach den zwei Tischreden unterbricht der Chef des Presseamtes, „Johnny" Klein, Helmut Kohls Gespräch mit Ministerpräsident Mazowiecki. Johnny Klein tritt an Kohls Seite und erläutert ihm mit knappen Worten die neueste Entwicklung. Er berichtet von der Bundestagssitzung, wo in einem spontanen Bekenntnis zur Einheit der Nation das Deutschlandlied gesungen worden sei. Kohl will das immer noch nicht glauben, was ihm da gesagt wird und fragt nach. Kurz darauf – es wird etwa 21 Uhr sein – ruft er Eduard Ackermann in Bonn an; dieser hatte Kohl bereits während des Essens zu erreichen versucht und bei seinem Büroleiter Walter Neuer darauf bestanden, Helmut Kohl solle sofort ans Telefon kommen. Nun ist er am Apparat.[245]

Ackermann:	Herr Doktor Kohl, halten Sie sich fest. Die DDR-Leute machen die Mauer auf.
Kohl:	Sind Sie sicher, Ackermann?
Ackermann:	Es sind schon Leute aus dem Ost-Teil in den Westen gekommen.
Kohl:	Das gibt's doch nicht. Sind Sie wirklich sicher?
Ackermann:	Das Fernsehen überträgt live aus Berlin. Ich kann es mit eigenen Augen sehen.
Kohl:	Das ist ja unfassbar.[246]

Helmut Kohl fühlt sich erpresst

Der Bonner Historiker Heinrich Potthoff hält fest, dass der Kanzler auf die Reiseverordnung „zunächst skeptisch, ohne innere Freude" reagiert, eher geprägt durch „die Ungewissheit, wie es weitergehen soll". Berater Teltschik notiert im Büchli: „Die Stimmung in der Kanzlersuite wechselt zwischen Hoffnung und Bangen; Hoffen, dass dies der Anfang vom Ende des SED-Regimes ist, Bangen, dass eine Massenflucht in die Bundesrepublik ausgelöst werden könnte." Diese Angst hatte vor Kohl 1989 auch schon Adenauer bis in den August 1961. Mitarbeiter bedrängen Kohl, er möge sofort nach Deutschland zurückkehren. Der Kanzler will die Polen nicht brüskieren, doch er weiß: seinem Vorbild Konrad Adenauer wurde nach dem Mauerbau am 13. August 1961 immer wieder angelastet, dass er nicht sofort nach Berlin geeilt war, sondern seinen Wahlkampf fortgesetzt hat. Gisbert Kuhn, einer der Zeitungskorrespondenten, schlägt vor, seinen Besuch „nicht abzubrechen, sondern nur zu unterbrechen". Nach einem Gespräch mit Außenminister Hans-Dietrich Genscher entschließt sich der Kanzler, dem Rat des Reporters zu folgen.[247]

Helmut Kohl behält das aber völlig anders in Erinnerung: „Im Hotel sah ich die ersten Fernsehbilder aus Berlin. Für mich stand sofort fest, dass ich meinen Besuch trotz seiner Wichtigkeit unterbrechen musste, denn der Platz des Bundeskanzlers konnte in dieser historischen Stunde nur in der deutschen Hauptstadt sein, dem Brennpunkt der Ereignisse. Als wir das Hotel verließen, bestätigte ich auf entsprechende Fragen der uns belagernden Journalisten, mit meinen Gastgebern schon kurz über die Möglichkeit einer Unterbrechung des Besuches gesprochen zu haben."[248]

Ist Ihnen aufgefallen, wie Helmut der Große auf den Kopfsalat in Ihrem Kopf vertraut? Berlin ist seit 1949 keine deutsche Hauptstadt mehr. Als ich anfing, mich für diese Welt zu interessieren, war die Hauptstadt der BRD auf ausdrücklichen Wunsch eines einzelnen älteren Herrn in Bonn, einer mittelgroßen Stadt in der Nähe von Köln. Im Osten von Berlin gibt es, solange ich denken kann, die Hauptstadt der DDR; aber dort wollten die Bundeskanzler außer Willy Brandt immer nicht hin, weil der Status der Teilstadt umstritten war. Schon Kanzler Adenauer hätte es doch am liebsten mit der DDR zusammengelegt. Dr. Kohl will demzufolge in die selbstständige politische Einheit Berlin (West), die nicht zur BRD gehört und auch nicht von ihr regiert werden darf. Noch viel weniger darf unter Umständen die Bundesrepublik von West-Berlin aus regiert werden. Es würde gegen den Vier-Mächte-Status der Stadt verstoßen. In Wirklichkeit kräht kein Hahn nach Berlin. Aus dem westlichem Teil war über die Jahrzehnte die Industrie abgewandert und dieser Teil kann bloß mit den Subventionen aus Bonn überleben. Wenn ich mich nicht täusche, geht es da jährlich um knapp 50 Milliarden DM. Jedes Jahr.

Kommen wir von Kohls Märchenstunde zurück in die Realität. Sein Berater Teltschik berichtet, dass Kohl nach dem offiziellen Abendessen ins Mariott-Hotel fährt, in dem die Journalisten untergebracht sind. Da erklärt er in der Nacht zum Freitag zu den Reiseregelungen der DDR auf einer Pressekonferenz, es liege im Interesse der Bundesregierung, dass möglichst viele Menschen in *unserer* DDR blieben, anstatt wegzugehen. Allerdings sollten viele in die BRD kommen, um sich dort einmal umzusehen. Weiter sagt er laut FAZ, er nehme nicht an, dass Krenz Bonn erpressen wolle, wenn er Ausreisen zulasse, die die Aufnahmefähigkeit der Bundesrepublik überstiegen. Es wäre eine „ungewöhnliche intellektuelle Fehlleistung“. Er sagt, er wolle alles tun, um die Verantwortlichen in der DDR zu sofortigen Reformen zu bewegen, denn er wolle, dass möglichst viele Deutsche in der DDR blieben. Wörtlich führt er aus: „Die Vorgänge setzen ein neues Datum. Ich werde, wenn es sein muss, mit ungewöhnlichen Mitteln alles tun, um mit der Situation fertig zu werden.“ Da Kohl hier davon spricht, dass Krenz mit der Öffnung der Grenze etwas beabsichtigt habe, geht er wohl nicht von einem Versehen aus, sondern eher von einer sehr wohl absichtsvollen Handlung. Er spricht übrigens nicht von Herrn Schabowski, sondern vom Auslöser dieses Handstreichs.[249]

Was Herrn Kohl davon abhält, mit ungewöhnlichen Mitteln alles zu tun, um mit der Situation fertig zu werden, dürfte der Umstand sein, dass er in West-Berlin nicht aktiv werden kann, weil da die Alliierten das Sagen haben. Dann würden diejenigen, die in den Westen wollen, eben wie vor dem 13. August 1961 nach West-Berlin gehen und von da aus, wohin sie wollen. Sehe ich es falsch oder wird jetzt aus der Mär von der sehnlichst erhofften Wiedervereinigung die Falle? Britische Historiker wie Timothy Garton Ash staunen auf jeden Fall Bauklötze: An diesem Abend beendet auch Wolfgang Mischnick für die FDP seine Festrede im Bundestag mit dem flehentlichen Aufruf an die Ostdeutschen: „Bleibt daheim!" Ash ist von der Moral in Bonn schwer beeindruckt: „...das von einem Mann, der vierzig Jahre zuvor selbst aus der DDR geflohen war und im Westen erfolgreich Karriere machen konnte." Allgemein fällt ihm auf, obwohl den meisten Westdeutschen ihre Landsleute im Osten im Prinzip aufrichtig am Herzen liegen, wünschen sie sich nun genauso aufrichtig, dass diese genau dort bleiben sollen, selbstverständlich zu ihrem eigenen Besten.[250] Schade, dass sich Historiker normalerweise nur um die offiziellen Volksverwalter kümmern. Jenseits dieser selbsternannten Elite sind einfache Menschen in der Bundesrepublik ehrlich gerührt von dem lange erhofften Aufbruch aus der Betonierung der Zustände in Deutschland und ihre Tränen über die Öffnung von Mauer und Grenze sind echt.

Der Abend des 9. November in Ost-Berlin

Nicht ganz so nobel wie Dr. Helmut Kohl formuliert ein Soldat der DDR-Grenztruppen die Einschätzung von der ungewöhnlichen intellektuellen Fehlleistung. Als Dieter Teichmann vom Abendbrot an seinen Schreibtisch zurückkehrt, wird ein Anruf von Generalmajor Erich Wöllner, dem Kommandeur des Grenzkommandos Mitte in Berlin, durchgestellt. Der will sich kundig machen, weil er von überall her Anfragen erhält, was die Ankündigung Schabowskis bedeute. Aber auch sein Vorgesetzter Teichmann weiß von nichts. Trotzig denkt sich Wöllner: „Wenn die dir vorher nichts sagen, dann sollen sie auch sehen, wie sie zurechtkommen." Kurz und bündig beschließt er: „Du machst jetzt gar nichts" – und geht nach Hause. Gehen wir in eine andere Szene: Als die Grenzer die Baracken erreichen, will der Vorgesetzte, Vizechef einer Passkontrolleinheit, Oberstleutnant Harald Jäger, 46, gerade verzweifelt erfahren, wie er sich verhalten soll. Über die Schabowski-Mitteilung, die neue Reiseregelung – freie Fahrt in den Westen – gelte ab sofort, kann Jäger nur seinen Kopf schütteln: „Ab sofort? Das geht doch gar nicht." Zu seinen Mitarbeitern sagt Jäger: „Das ist doch absoluter geistiger Dünnschiss."[251]

Im Verlaufe des Abends soll Krenz versuchen, Gorbatschow anzurufen, soll jedoch keine Verbindung zu ihm bekommen. Das ist aber gar nicht nötig, wenn Alexander Jakowlew, der engste Berater von Gorbatschow, in der Nacht des Mauerfalls zwei Mal mit Krenz telefoniert. Botschafter Wjatscheslaw Iwanowitsch Kotschemassow in Ost-Berlin wird nicht angerufen. Das wäre aber auch nicht so ganz leicht, denn der ist mit einem Schlaftrunk ins Bett gegangen. Der Gesandte Igor Maximytschew weiß, dass sein Chef unter Betäubung steht. Weiß Wjatscheslaw Iwanowitsch Kotschemassow es auch selbst? Wird sich irgendwann herausstellen, ob und wenn ja, wer in Moskau über diese Aktion informiert war? Dass es eventuell im Vorfeld dieses 9. November Absprachen zwischen den USA und der Sowjetunion gegeben haben sollte, bezweifelt Herr Schabowski richtig energisch: „Da Gorbatschow verärgert über die plötzliche (nicht mit Moskau abgestimmte Entscheidung) der DDR-Führung war, deutet nichts auf ein Übereinkommen hin, das zwischen Moskau und Washington ausgetüftelt worden ist. Ein Zugeständnis Moskaus wäre mit materiellen Mitteln erkauft worden. Davon ist bis heute nichts zu hören. Im Gegenteil: Die DDR-Spitze ohne Honecker erhoffte sich ihrerseits materiellen Vorteil von der Bundesrepublik, letztlich durch eigenmächtiges Handeln ohne den Moskauer Vormund.“[252]

Wie müde sind jetzt eigentlich die Teilnehmer der Tagung des Zentralkomitees der SED, als sie diesen Diskussionsmarathon gegen halb neun beenden dürfen? Wie die auswärtigen Mitglieder des ZK zum Gästehaus der SED fahren und die NVA-Generäle in das Städtchen Strausberg östlich von Berlin, so begeben sich die meisten Mitglieder des neuen Politbüros nach der Sitzung um 20.45 Uhr auf den Heimweg. Vor knapp zwei Stunden hat ihr Freund und Genosse Günter Schabowski den Leuten im Fernsehen gesagt, dass sie ab sofort, unverzüglich, in den Westen gehen können und dass die Genehmigung kurzfristig erteilt werden würde. Da noch niemand in der Welt ein kabelloses Telefon hat, das man mit sich herumtragen könnte, haben auch sie noch keine Möglichkeit gehabt, die Neuigkeit zu erfahren. Nach einem kurzen Fußweg ist Günter Sieber in seiner Wohnung in der Nähe des Alexanderplatzes. Aus dem Fernseher erfährt er von Schabowskis Pressekonferenz und der Lage an den Grenzübergängen. Sieber, dem als langjährigem Leiter der Abteilung für Internationale Verbindungen des ZK der SED vor allem die außenpolitischen Dimensionen der Grenzöffnung klar sind, stürzt ans Telefon, um Krenz, der noch für die Endredaktion des SED-Aktionsprogrammes vor Ort ist, zu den Hintergründen zu befragen. Doch Krenz ist nicht auskunftsfähig. Er sagt, er verstünde selbst nicht, was da passiert sei. Auch ein Telefonat mit Jochen Willerding, der ebenfalls erst einen Tag im Politbüro ist und als Nachfolger Hermann Axens ZK-Sekretär für Außenpolitik ist, bringt ihm keine neuen Erkenntnisse. So bleibt Sieber daheim. Um jetzt nicht jeden einzelnen Entscheidungsträger auf seinem Weg ins Bett begleiten zu müssen, wollen wir es hier einmal abkürzen: Keiner hat die Absicht, die Mauer wieder zuzumachen. Spaß. Zugegebenermaßen wollen sie an der Grenze den Laden aber in der Nacht wieder schließen.[253]

Die Welt ist in heller Aufregung

Selbst die Wirkung des besten Schlaftrunks lässt irgendwann nach. Das gilt auch für den sowjetischen Botschafter in Ost-Berlin Wjatscheslaw I. Kotschemassow. Wird er um vier munter? Wann erfährt er, dass in der Nacht die Mauer aufgemacht wurde? Ruft er in der Frühe in Moskau an oder geht er zuerst die Liste wichtiger Kontaktleute in Berlin durch? Auf jeden Fall schickt er einen Angestellten der Botschaft früh um halb fünf ans Telefon, auf dass dieser Ibrahim Böhme anrufe. Böhme zählte am 7. Oktober zu den Gründungsmitgliedern der Sozialdemokratischen Partei in der DDR. Er unterhält gute Verbindungen zur Staatssicherheit; allerdings unterhält er daneben „erstaunlich gute Kontakte“ zur sowjetischen Führung. Deshalb ist er auch häufig in Moskau. Dann gehört er wohl zu den Hoffnungsträgern der Sowjets für den Neustart ohne Honecker. Zu jenen dürfen wir auch Wolfgang Schnur, Markus Wolf, Gregor Gysi und Hans Modrow rechnen. Ibrahim Böhme wird aufgefordert, „wenn möglich sofort“ bei Botschafter Kotschemassow zu erscheinen. In den darauf folgenden Stunden konferiert Böhme mit dem Botschafter, der von der Maueröffnung sichtlich überrascht ist. Ausgerechnet von Böhme will der Botschafter wissen: „Wer hat der DDR das Recht gegeben, die Grenzen zu öffnen?“ Und er sagt, Gorbatschow wünsche umgehend informiert zu werden. Ist das hilfloser Aktionismus oder hat er in aller Herrgottsfrühe wirklich einen Anruf aus Moskau bekommen? Günter Schabowski sagt: „Gorbatschow war also nicht informiert von der vom Dezember auf den November vorgezogenen Entscheidung und auch nicht von der Ausdehnung der Reisefreiheit auf Westberlin. Über diese Eigenmächtigkeit hat er sich am Morgen des 10. in einem Telefonat mit dem sowjetischen Botschafter Kotschemassow ungehalten geäußert." Wann war *das* Telefonat mit dem Botschafter? Als Krenz mit Gorbatschow über Reisefreiheit gesprochen hat, sollten sie womöglich nicht über West-Berlin gesprochen haben? Das ist schon sehr unwahrscheinlich. Es entsteht der Eindruck, dass Gorbatschow die Rolle Dr. Jekyll and Mr. Hyde aufführt. Es scheint so, als ob weder der sowjetische Botschafter in Bonn noch der in Berlin in den Ablaufplan eingeweiht wurden, sich dem Prozess aber auch nicht in den Weg stellen sollten. Dann hätten sie in Moskau die Idee geboren, Wjatscheslaw Iwanowitsch Kotschemassow einen Schlaftrunk zu geben. Offenbar hat Gorbatschow dann angeordnet, dass sich das Militär ruhig zu verhalten hat, denn der Botschafter lässt Armeegeneral Boris Wassiljewitsch Snetkow mit der Ermahnung abtreten, sich jeder Einmischung zu enthalten, und herrscht ihn an: „Gehen Sie in sich und erstarren Sie!" Vom Moskauer Regierungssprecher Gennadi I. Gerassimov ist zu hören, vielleicht werde das Grenzregime auch noch weiter verändert. Die Frage werde aber in Berlin entschieden. Wörtlich sagt er: „In diesem Sinne gab es für uns gestern keine Sensation."[254]

Im Auftrage von Egon Krenz entwirft in Ost-Berlin der Chef des Hauptstabes der Nationalen Volksarmee Fritz Streletz ein besänftigendes Telegramm an den Chef der KPdSU. Im Schreiben erklärt er unter anderem: „Im Zusammenhang mit der Entwicklung der Lage in der DDR war es in den Nachtstunden notwendig, zu entscheiden, die Ausreise von Bürgern der DDR auch nach Berlin (West) zu gestatten. Größere Ansammlungen von Menschen an den Grenzübergangsstellen zu Berlin (West) forderten von uns eine kurzfristige Entscheidung. Eine Nichtzulassung der Ausreise nach Berlin (West) hätte auch zu schwerwiegenden politischen Folgen geführt, deren Ausmaße nicht überschaubar gewesen wären." In diesem Telegramm formuliert Krenz auch: „Ich bitte Sie, lieber Genosse Michail Sergejewitsch Gorbatschow, den Botschafter der UdSSR in der DDR zu beauftragen, unverzüglich mit den Vertretern der Westmächte in Berlin

(West) Verbindung aufzunehmen, um zu gewährleisten, dass sie die normale Ordnung in der Stadt aufrechterhalten und Provokationen an der Staatsgrenze seitens Berlin (West) verhindern."[255] Offenbar hat er schon erfahren, dass übermütige Mauerspechte rasch die Gunst der Stunde genutzt und angefangen haben, mit Hämmern die Mauer anzunagen.

Es bestätigt nachträglich, dass Schabowski in der Nacht überhaupt nicht missverstanden wurde, wenn er einräumt, pikanterweise habe Krenz im Telegramm unterschlagen, „dass uns ein fragwürdiger Reisegesetzentwurf zu dem unfreiwilligen Geschwindschritt genötigt hatte". Doch nicht größere Ansammlungen von Menschen haben hier eine kurzfristige Entscheidung notwendig gemacht; vielmehr hatte die Verkündung der kurzfristigen Entscheidung diese größeren Ansammlungen von Menschen an der Grenze zu Berlin-West hervorgerufen. Das offizielle Moskau reagiert jedenfalls ganz besonnen. Für den „mutigen Schritt" der Maueröffnung übermittelt der Kreml-Chef dem Genossen Krenz seine Gratulation, und sein Vertrauter und Berater Alexander Jakowlew erhebt die Vereinigung von Bundesrepublik und DDR zur „Sache der Deutschen".[256]

Während der Unterbrechung des offiziellen Staatsbesuches ist die Delegation aus der Bundesrepublik in Warschau geblieben. So kommt es an diesem Novembermorgen zu einer Begegnung von Kanzlerberater Horst Teltschik und dem Mann mit der weisen Voraussicht Lech Wałesa, der mit Außenminister Genscher um Viertel nach sieben zum Frühstück verabredet ist. Auf dem Weg in das Gästehaus des Bundeskanzlers kommt Wałesa sofort auf Teltschik zu, fasst ihn am Arm und sagt, nun sei alles noch viel rascher geschehen, als er das am Vortag prophezeit habe. Zwar freue auch er sich über den Fall der Mauer, er fürchte jedoch, dass Polen „den Preis dafür zahlen" werde.[257]

Vor dem Schöneberger Rathaus in West-Berlin

Nach der Empfehlung Gisbert Kuhns eilt Dr. Helmut Kohl postwendend nach West-Berlin, weil man aus der Geschichte lernen muss. Es ist auch gar nicht einfach, diese Reise von Warschau nach Berlin zu organisieren. Die Bundeswehrmaschine, mit der sie gekommen waren, darf nicht von Warschau direkt nach Berlin fliegen, da nach der gültigen Rechtslage für Militärmaschinen aus der Bundesrepublik eine Landung in West-Berlin nicht zulässig ist. So entscheiden sie sich, von Warschau nach Hamburg zu fliegen, und das Bundeskanzleramt bittet die US-Amerikaner um eine Maschine von Hamburg nach West-Berlin. Am 10. November um 14 Uhr fliegen sie nach Hamburg ab, steigen in eine amerikanische Regierungsmaschine um und landen etwa 16 Uhr in Berlin. Am Abend sind sie nun vor dem Schöneberger Rathaus, dort, wo am 16. August 1963 schon der US-Präsident John F. Kennedy sowie der Regierende Bürgermeister von Berlin (West) Brandt standen – nach dem 2. Jahrestag des Mauerbaues. Für die CDU spricht ihr Vorsitzender Helmut Kohl, für die FDP steht da der Außenamtschef Hans-Dietrich Genscher, für die SPD ist wie im Jahr 1963 wieder Willy Brandt zur Stelle, der nach seinem Rauswurf aus dem Posten des Bundeskanzlers 1974 nun als Ehrenvorsitzender fungiert und es ist auch Walter Momper zur Stelle, der vor kurzem zum Regierenden Bürgermeister gewählt worden ist. Während der gesamten Kundgebung treffen immer neue Meldungen über jetzt geöffnete Grenzübergänge ein, die abwechselnd von Momper und Genscher verlesen werden. Jedesmal wird den beiden zugejubelt.[258]

In persönlichen Botschaften bittet Michail Gorbatschow sowohl Kanzler Helmut Kohl als auch Willy Brandt dringend, „jeglichen unerwünschten oder dramatischen Wendungen in der Entwicklung der Ereignisse vorzubeugen“. Seine Sorge ist, dass – an der Schnittlinie der Blöcke – Entwicklungen eintreten, mit denen Moskau womöglich nicht fertig werden könnte. Die Bitten sind über den sowjetischen Botschafter in Bonn Juli Kwizinski übermittelt worden und erreichen die Herren vor dem Beginn des Auftritts in Schöneberg kurz vor 18 Uhr.[259] Gorbatschow spricht die Situation in Berlin an und bittet darum, beruhigend auf die Leute einzuwirken. Er erklärt auch, die Führung der DDR hat die Entscheidung getroffen, den Bürgern der DDR eine freie Ausreise in die Bundesrepublik und nach West-Berlin zu ermöglichen. Diese Entscheidung sei der DDR nicht leicht gefallen. Er warnt davor, in dieser Situation die Emotionen und die Leidenschaften anzuheizen: Wer die Existenz zweier souveräner deutscher Staaten ignoriere, verfolge bloß das Ziel, die Lage in der DDR zu destabilisieren. Er, Gorbatschow, habe Informationen erhalten, dass sowohl in West- als auch in Ost-Berlin Kundgebungen geplant seien. Es müsse alles getan werden, um ein Chaos zu verhindern, sonst wären die Folgen unabsehbar. Er will außerdem wissen, ob Berichte zuträfen, wonach die Dinge in Berlin völlig aus dem Ruder liefen. Ja, ob es wahr sei, dass eine empörte Menschenmenge dabei sei, Einrichtungen der Sowjetarmee zu stürmen. Wegen der knappen Zeit und der zugespitzten Situation habe er es für notwendig gehalten, Kohl persönlich anzusprechen – liest der Kanzler. Wer hat Gorbatschow da gezielt falsch informiert?[260]

Der voluminöse Helmut Kohl fühlt sich eingezwängt auf dem Balkon des Schöneberger Rathauses und sieht keine Möglichkeit, Gorbatschow persönlich anzurufen, zumal das so aussehen würde, als würde er „vor dem Pöbel zurückweichen“, wenn er die Balustrade verlassen würde. StaatsbürgerInnen, die Männer wie er oder Strauß mit ihren Medienauftritten in die linke Ecke erziehen, nennt er Pöbel und festigt seinen Ruf. Er lässt also Gorbatschow ausrichten, er habe sein Wort, dass die Befürchtungen nicht zuträfen. Die Stimmung in Berlin sei wie bei einem Familienfest – niemand dächte daran, den Aufstand gegen die Sowjetunion zu proben. Denn so viel ist Kohl klar: Wenn die Sowjets mit Panzern vorfahren, ist die letzte Bereitschaft der Bevölkerung in der DDR zu Reformen dahin. Wie Michail Gorbatschow Kohl später sagen kann, hat er daraufhin den Machthabern in Ost-Berlin absolut unmissverständlich signalisiert, dass die Sowjetunion nicht wie am 17. Juni 1953 mit Panzern eingreifen wird. Wörtlich wird Helmut Kohl später darüber sagen: „Ich bin Gorbatschow noch heute sehr dankbar dafür, dass er nicht den Scharfmachern Gehör geschenkt hat, sondern vernünftigen Argumenten zugänglich war. Es ist ihm nicht hoch genug anzurechnen, dass er – vor die Entscheidung gestellt, die Panzer in der Kaserne zu lassen oder sie rollen zu lassen, sich für die friedliche Lösung entschied.“[261]

Dem Tankwart in Süddeutschland bin ich schon seit 1975 dankbar – der gute Mann hatte den in Deutschland unbekannten Russen Gorbatschow gefragt, wann die Vereinigung Deutschlands käme. Gorbatschow bin ich wegen *glasnost* und *perestrojka* schon seit 1985 dankbar. Und Kohl bin ich dankbar, dass er es in der Nacht vom 9. zum 10. November 1989 sein ließ, „wenn es sein muss, mit ungewöhnlichen Mitteln alles tun, um mit der Situation fertig zu werden", und sich auch für eine friedliche Lösung entschied.[262] In dieser Endnote finden Sie dann auch die Geschichte mit dem Tankwart.

Während die Berlinerinnen und Berliner im Westen der Stadt den Überraschungsbesuch „von drüben" auf den Straßen mit Kaffee und mit Sekt begrüßen, ist mancher Volksvertreter nicht so amüsiert. Der Regierende Bürgermeister, Walter Momper (SPD), der vor wenigen Monaten dieses Amt von Eberhard Diepgen (CDU) übernahm, erläutert, das Geschehen nach der Öffnung der Grenzen durch die DDR betrachte er nicht als Tag der Wiedervereinigung, sondern als Tag des Wiedersehens.[263] Der noble Herr Bundespräsident Richard von Weizsäcker betont, es gilt nun, „mit Verantwortungsbewusstsein und Augenmaß Schritt für Schritt einen Zustand zu erreichen, in dem die Menschen hüben und drüben in Freiheit und Würde miteinander leben können." Kein einziges Mal, klagt Helmut Kohl, habe von Weizsäcker nach der Öffnung der Grenzen öffentlich den Begriff Wiedervereinigung benutzt. Er warne bloß vor dem „Zusammenwuchern" der beiden Teile Deutschlands. Solche Äußerungen sind nach den Worten Kohls „alles andere als hilfreich". Äußerungen dieser Preislage kommen jedoch auch nicht nur vom Ex-Präsidenten des Deutschen Evangelischen Kirchentags und jetzigen Bundespräsidenten Richard von Weizsäcker. In einer am Freitag in Köln veröffentlichten Erklärung des Kölner Erzbischofs Kardinal Joachim Meißner wird die Bevölkerung in *unserer* wunderbaren DDR aufgerufen, „nun zu Hause zu bleiben, Hand anzulegen und das eigene Haus neu zu bestellen." Im anderen deutschen Staat gehe es um einen Neubeginn. Viele Umsiedler würden dann auch wieder heimkehren. Damit bleibt der führende Vertreter der Amtskirche stur auf der Linie der Jahre seit dem Ende des Weltkriegs, egal, was das Grundgesetz vorgibt. Wegen der Begeisterung der vielen Menschen habe es ihn doch sehr befremdet, so Helmut Kohl, „wie wenig weite Teile der deutschen Sozialdemokratie selbst in dieser Stunde“ mit dem Gedanken an die Einheit Deutschlands noch etwas anzufangen wissen. Vorm Rathaus Schöneberg fällt ihm zuerst natürlich Walter Momper ein, der hier sogar vom Volk der DDR spricht. [264] Wenn Sie 200 kg Helmut Kohl mal wütend machen wollen, dann reden Sie wie Walter aus der SPD oder wie von Weizsäcker aus der CDU!

Momper aus der SPD meint also, es gehe um ein Wiedersehen und nicht um eine Wiedervereinigung. Hans-Jochen Vogel aus der Führung dieser SPD „erneuerte seinen Appell an Übersiedlungswillige, ihren Entschluss erneut zu überprüfen“. Und Helmut Kohl an der Spitze der CDU erklärt, „im Interesse der Bundesregierung liege, dass möglichst viele Menschen in der DDR bleiben, anstatt wegzugehen. Allerdings sollten viele in die BRD kommen, um sich einmal umzusehen.“ Beim bestem Willen ist da kein Unterschied zu hören zwischen den Worten Kohls und der Bösen.[265]

Walter Momper kann zumindest erklären, warum die Leute im Osten zu Hause bleiben sollten. Er meint, dass soziale Spannungen heraufziehen, wenn die Leute im Westen hören, dass es Abstriche am Lebensstandard geben müsse. Die gängige Reaktion im Westen zum Thema Ost-Hilfe sei die Frage: „Wer gibt mir denn was?“ Gut, das sagt er erst später. Aber ist nicht die soziale Gerechtigkeit das große Thema der Sozialdemokraten? Helmut Kohl wird seine lieben Landsleute im Westen wenigstens daran erinnern, dass die Leute in Mitteldeutschland 727 Milliarden D-Mark als Zeche für den Zweiten Weltkrieg gezahlt haben. Hätte die Staatsführung in West-Deutschland einen Friedensvertrag wie im Jahr 1919 nicht verhindert, wäre es nix geworden mit einem Wirtschaftswunder. Das letzte, was es in der Wirtschaft gibt, ist ein Wunder. Auf welche Summen belief sich eigentlich die Marshallplan-Hilfe, die die Kriegsverlierer im Westen Deutschlands nach demselben Krieg umgekehrt für einen Wiederaufbau ihrer Städte und Dörfer bekamen? Ja, als das geklappt hatte, wurden sie dann Zahlmeister in Westeuropa. Ganz anders als westdeutsche Volksverwalter reagiert der US-Botschafter Vernon A. Walters. Er hält sich in dieser Freitagnacht auf der Glienicker Brücke auf – dem legendären Ort zwischen Berlin und Potsdam, wo man immer die Agenten und so weiter aus Ost und West ausgetauscht hatte. Vier Kriege, erzählt Walters, hat er als Soldat miterlebt, aber so viele Männer wie in dieser Nacht hat er nie vorher weinen sehen. Da weiß er, dass dies mehr sei als ein Wiedersehen oder eine Wiederbegegnung von Freunden; eine Familie habe wieder zusammengefunden. Deshalb, so betont er mit Emphase, glaube er an die Vereinigung. „Wer sich gegen sie ausspricht, wird politisch hinweggefegt werden." Diese Einschätzung teilt der Botschafter dem Präsidenten mit. Der weiß noch, wie er im Mai ein Wort zur Vereinigung sagen wollte. Da hatte Gerhard Stoltenberg aus der CDU bloß eine Grimasse geschnitten und der US-Präsident strich den geplanten Redepassus.[266]

Der Magdeburger Bischof Christoph Demke weiß, dass sie „in Bonn zum Glück im Herbst 1989 ausgerechnet die Einheit völlig vergessen" haben, obwohl sie wissen, dass sich vielleicht eine Möglichkeit ergibt. Signale in die Richtung gibt es ja schon seit Monaten und Jahren. Viel zu spät wird Egon Bahr brummen: „Nicht nur im Herbst! Sie haben völlig recht!" Im Moment spielt Bahr jedoch noch seine Rolle, die er seit Ende der 1970er Jahre in Bonn spielt. Bischof Demke wird auch sagen, wenngleich hinter vorgehaltener Hand: „Natürlich hat keiner aus Bonn der DDR-Führung die Vorlage für ihre Selbstauflösung gegeben."[267] Wieso ist das eigentlich *natürlich*, dass das keiner in Bonn getan hat? Erzählt Kohl Märchen?

Den schärfsten Beitrag vor dem Schöneberger Rathaus liefert natürlich, wie könnte es anders sein, Willy Brandt, der Eisbär auf seiner Scholle im Eismeer, der nicht begreifen kann, dass die Führer seiner Partei damals nach dem Krieg nur eine Theaterrolle gespielt haben, als sie die Wiedervereinigung des Deutschen Reiches in seinen Grenzen von Dezember '37 als ihr ernsthaftes Ziel verkauft haben. Dr. Kurt Schumacher wollte noch die erste Schlacht an der Elbe und die zweite an der Weichsel schlagen. Brandt will nur die Einheit. Brandt, dieses Fossil aus einer Zeit vor dem farbigen Fernsehen, spricht auf dem seit 1963 nach John F. Kennedy benannten Platz vor diesem Rathaus, und diesmal sind viele Tausende von drüben dabei. Der Träumer trifft genau den Ton: „Die Zusammengehörigkeit der Berliner und der Deutschen überhaupt manifestiert sich auf eine bewegende, auf eine uns aufwühlende Weise. Und sie tut es am bewegendsten dort, wo getrennte Familien endlich wieder ganz unverhofft und tränenvoll zusammenfinden." Er will nicht einsehen, dass er auf den neumodischen Quatsch *mit ohne Nation* aufspringen soll. Er weiß, dass die Leute, die *without a nation* auskommen wollen, keine Mehrheit darstellen in Europa, am wenigsten wahrscheinlich noch in England.[268]

Es wird nicht überraschen, dass er längst vorgedachte Gedanken zu Gehör bringt. Er bittet die Mitbürger und Landsleute, den Prozess der Veränderungen gut zu verstehen und sich richtig in ihn einzuordnen. Wörtlich erklärt er dem Publikum: „Ich bin sicher, dass unsere Nachbarn im europäischen Osten verstehen, was uns bewegt, und dass es sich einfügt in das neue Denken und in die Neugestaltung politischen Handelns, das sie, die Zentral- und Osteuropäer, selbst erfüllt und in Anspruch nimmt. Außerdem führt er dazu aus: „Die Sicherheit, die wir unseren Nachbarn und auch den großen Mächten dieser Welt bieten können, ist die, dass wir keine Lösung unserer Probleme anstreben, die sich nicht einfügt in unsere Pflichten gegenüber dem Frieden und gegenüber Europa." Bonn und die Zeiten seiner eigenen Kanzlerschaft lassen grüßen, wenn er sagt, dass die Leitschnur die Überzeugung sei, dass die Europäische Gemeinschaft weiterentwickelt und die Zerstückelung des Kontinentes definitiv überwunden werden müsse. Er vertritt die Meinung, dass sich die Lage grundlegend dadurch verändert hat, dass die Deutschen in der DDR ihr Geschick in die eigenen Hände genommen haben. Dort würden sie nicht zuletzt das Recht auf wahrhaftige Information, auf freie Bewegung, den freien Zusammenschluss sowie angemessenen wirtschaftlichen Nutzen fordern. Man kann förmlich fühlen, dass sein Herz bebt, als er die Worte ausspricht: „Und jetzt erleben wir, und das ist etwas Großes, und ich bin dem Herrgott dankbar dafür, dass ich dies miterleben darf, wir erleben, dass die Teile Europas wieder zusammenwachsen." Das hat er in dieser Stadt an diesem Tag schon mehrfach variiert, am Brandenburger Tor, in einem Gespräch mit dem Deutschlandfunk und gegenüber der Berliner Morgenpost am Rand der Kundgebung auf dem John-F.-Kennedy-Platz. Eine Variation davon lautet: „Jetzt wächst zusammen, was zusammengehört." Das gelte für Europa im Ganzen. Der Ehrenvorsitzende der SPD greift so auf und erweitert zugleich, was er ein Vierteljahrhundert zuvor, am 12. August 1964, als Regierender Bürgermeister zum dritten Jahrestag des Mauerbaues erklärt hatte: „Deutschland muss vereinigt werden, damit zusammengefügt wird, was zusammengehört."[269]

Willy Brandt macht uns Mut: „Es ist sicher, dass nichts im anderen Teil Deutschlands wieder so werden wird, wie es war. Die Winde der Veränderung, die seit einiger Zeit über Europa ziehen, haben an Deutschland nicht vorbeiziehen können.“ Er wiederholt Worte, die er im Sommer bereits aufgeschrieben hat: „Berlin wird leben und die Mauer wird fallen!“ Am Ende der Rede versichert Brandt: „Nichts wird wieder so, wie es einmal war. Dazu gehört, dass auch wir im Westen nicht an mehr oder weniger schönen Parolen von gestern gemessen werden, sondern an dem, was wir heute und morgen zu tun, zu leisten bereit und in der Lage sind, geistig und materiell. Ich hoffe, die Schubladen sind nicht leer, was das Geistige angeht. Ich hoffe, die Kassen geben einiges her. Und ich hoffe, die Terminkalender lassen Raum für das, was jetzt sein muss.“ Der Ex-Kanzler ermahnt das Publikum allerdings auch: „Die Bereitschaft, nicht zu erhobenem Zeigefinger, sondern zur Solidarität, zum Ausgleich, zum neuen Beginn, wird auf die Probe gestellt. Es gilt jetzt, neu zusammenzurücken, den Kopf klar zu behalten und so gut wie möglich das zu tun, was unseren deutschen Interessen ebenso entspricht wie unserer Pflicht gegenüber Europa.“[270]

Zurück in die weite Welt

Relativ nervös sind die Reaktionen in Paris. Der Vorsitzende des außenpolitischen Ausschusses in der Nationalversammlung und Ex-Präsident Giscard d'Estaing argumentiert: „Die deutsch-französische Zusammenarbeit ist auf die Parität zwischen den beiden Nachbarstaaten ausgerichtet gewesen. Durch eine Wiedervereinigung würde diese Parität tiefgreifend verändert." Premierminister Rocard betont zu Spekulationen über eine Wiedervereinigung, Deutschland stelle heute real zwei Staaten mit zwei Gesellschaftssystemen dar. Mit der Londoner Premierministerin ist gleich für den Freitagabend ein Telefonat mit Helmut Kohl vorgesehen. Lassen wir uns durch Horst Teltschik einen Eindruck davon verschaffen. Vom Flughafen im Eiltempo ins Kanzleramt. Für 22 Uhr ist bereits das Telefonat mit Margaret Thatcher angekündigt. Sie hatte heute in einem Pressegespräch vor der Tür von *10 Downing Street* erklärt: „Dies ist ein großer Tag für die Freiheit. Jetzt muss auch die Berliner Mauer fallen." Am Telefon bittet der Kanzler die britische Premierministerin zuerst um Unterstützung für Polen, ehe er auf die Ereignisse in Berlin zu sprechen kommt. Margaret Thatcher lässt sich von Helmut Kohl erläutern, welche Schritte er als nächstes unternehmen will. Sie möchte auch erfahren, ob der Bundeskanzler plant, mit Gorbatschow zu sprechen.[271]

Dr. Kohl vergisst zwar wieder, dass Margaret Thatcher sagt: „Dies ist ein großer Tag für die Freiheit. Jetzt muss auch die Berliner Mauer fallen." Dafür weist Kohl auf die schlimme Rolle hin, die Thatcher dabei spielen soll. Um 22 Uhr steht die Leitung in die *Downing Street.* Kohl versucht, Margaret Thatcher einen Eindruck von der sooo fröhlichen Stimmung in Berlin zu vermitteln. Sie hat schon einiges selbst im Fernsehen verfolgt. Während des gesamten Gesprächs spürt Kohl sehr deutlich, dass sie der Situation mit Unbehagen gegenübersteht. *And guess what:* Er kann sich das gar nicht erklären. Sie bringt ein Sondertreffen der zwölf Staats- und Regierungschefs ins Gespräch, noch vor der nächsten Sitzung des Europäischen Rates, da nun enger Kontakt und direkter Gedankenaustausch unerlässlich seien. Ihr ist es wichtig, dass sie in engem Kontakt mit dem Bundeskanzler bleibt. Habe ich schon gesagt, dass es 1985 London war, wo KGB und CIA Gespräche unter dem Namen *Gawrilow* begannen?[272]

Ja, und im Anschluss hat sich Kohl nett mit dem US-Präsidenten George Bush zu unterhalten. Ein begeisterter Kanzler ruft erfreut in den Hörer: „Die Grenzen sind absolut offen“, sowie: „ohne die USA wäre dieser Tag nicht möglich gewesen“, womit er ganz bestimmt nicht Unrecht hat. Der Präsident revanchiert sich, er sei stolz darauf, wie geschickt der Kanzler „dieses außerordentlich schwierige Problem“ behandelt habe. Doch wie schon Frau Thatcher hat Bush kein Ohr für Nebenschauplätze; auch der amerikanische Präsident interessiert sich wenig für Kohls Wunsch nach Hilfe für Polen. Er möchte vor allem die Einschätzung des Kanzlers zur Entwicklung in Berlin erfahren. Helmut Kohl betont, wie besonnen sich die Menschen in der DDR verhalten und meint, entscheidend werde nun sein, ob die neue DDR-Führung zu grundlegenden Reformen bereit sei. Abschließend kommt er auf das bevorstehende Treffen mit Gorbatschow zu sprechen, das jetzt „sehr wichtig“ sein werde. So ist es, wenn zwei bei demselben Thema nicht dasselbe meinen. Briten und Amerikaner sehen jetzt ihre Chance gekommen, um sich Mittel- und Osteuropa unter ihren Nagel zu reißen, wenigstens bis zur sowjetischen Grenze, und Kohl will dieses Gespräch eigentlich lieber auf Polen und grundlegende Reformen zur Stabilisierung der DDR lenken. Zum Gespräch mit dem Präsidenten von Frankreich kommt es erst am nächsten Morgen.[273]

Mit gesenkten Hörnern

Ein freudig strahlender Bundeskanzler ruft am 11. November den Mann mit der ungewöhnlichen intellektuellen Fehlleistung an. Es ist 10.13 Uhr und Kohl lässt sich mit Egon Krenz verbinden. Kohl eröffnet diese Partie mit den Worten, dass er sehr, sehr begrüße diese wichtige Entscheidung der Öffnung. Darauf sagt Egon Krenz erleichtert: „Das freut mich sehr." Da hätte ich ja bei beiden Sprechern liebend gern die richtigen Stimmen gehört. Kanzler Helmut Kohl macht ihm das Interesse der Bundesregierung deutlich, dass die Ordnung an der Grenze aufrechterhalten werde. Man ist immer wieder erstaunt, was für Sorgen ein Kandesbunzler hat. Kohl sagt, dass es darum gehe, nun die materiellen Lebensbedingungen für die Menschen in der DDR umfassend zu verbessern, damit sie sich in ihrer angestammten Heimat wohlfühlen und sie nicht verlassen wollten. Kohl betont, alle Hilfsmaßnahmen für die DDR könnten bloß erfolgreich sein, wenn das System einer staatlichen Planwirtschaft durch eine sozial verpflichtete marktwirtschaftliche Ordnung abgelöst werde. Nur so lasse sich die Wirtschaftskraft der DDR stärken. Die Sowjetunion, Polen und Ungarn hätten es bereits erkannt und schickten Wirtschaftsmanager zur Ausbildung in die Bundesrepublik. Kohl ist sich mit ihm einig, dass man vor einem wichtigen Zeitabschnitt stehe, in dem in besonderem Maß Besonnenheit und Augenmaß auf allen Seiten gefordert seien. Er erwartet einen wirtschaftlichen Aufschwung in der DDR. Am meisten beruhigt es, dass der Kanzler Egon Krenz beruhigen kann: Die Wiedervereinigung ist „jetzt nicht das Thema, das uns im Augenblick am meisten beschäftigt." Krenz bedankt sich bei Kohl für das freundliche Gespräch. Zwei Stunden nach dem Gespräch mit Krenz telefoniert Kohl mit Gorbatschow.[274]

In seinem netten Gespräch mit dem französischen Präsidenten François Mitterrand schlägt Helmut Kohl vor, wirtschaftliche Hilfen für die DDR zu einem zentralen Thema des Straßburger EG-Gipfels im Dezember zu machen und sein Außenminister Hans-Dietrich Genscher dankt dessen sowjetischem Amtskollegen Eduard Schewardnadse für die verständnisvolle Haltung der Sowjetunion angesichts jener jüngsten Entwicklungen zwischen den beiden deutschen Staaten. In einem Telefonat bekräftigt er nach Angaben des Auswärtigen Amtes in Bonn die strikte Vertragstreue der Bundesrepublik. Sie steht zu allen ihren Verpflichtungen, die sie eingegangen sei. Das gelte für die Verträge mit Moskau, mit Warschau, mit der ČSSR ebenso wie für den Grundlagenvertrag mit der DDR und den KSZE-Prozess.[275]

Es ist schön, wenn man gute Freunde hat. Die Serie von Telefonaten am Samstag endet mit einer *conversación* unter *amigos*. Überschwänglich gratuliert Spaniens Ministerpräsident Felipe González allen Deutschen. Er versichert Helmut Kohl, er könne jederzeit mit seiner Hilfe rechnen, vor allem auch dann, wenn es notwendig wird, eine gesamteuropäische Haltung zu erarbeiten. Kohl bedankt sich brav bei ihm und sagt, er wisse die Geste der Freundschaft doch sehr zu schätzen. Das passe, so Helmut, zu seinem Bild von Spanien und seinem Freund Felipe. Ist Kohls Freude denn nicht förmlich mit den Händen zu greifen? Warten wir einfach ab, ob der Helmut seinen Freund Felipe irgendwann um Hilfe bittet. Es ist auch wissenswert, dass inzwischen auch in der führenden Partei der Ruf „Wir sind das Volk“ angekommen ist. Diejenigen Genossen, die sich die Führung durch die Führung ihrer Partei nicht mehr widerspruchslos gefallen lassen wollen haben ihn umgemünzt zu: „Wir sind die Partei“. Für sie spricht der ehemalige Geheimdienstchef Markus Wolf im Fernsehen der DDR am Abend.[276]

Unter der Rubrik *„Was sonst noch passierte“* erweitert Neues Deutschland am 11. November in Ost-Berlin sein Interesse für echte Probleme in der Bundesrepublik: „Eine Kuh muss in Bremen einen Wink bekommen haben, dass es ihr an den Kragen gehen soll. Als der Schlachter ihr Aug in Aug gegenüberstand, nahm sie Reißaus. Anscheinend wollte sie einen spektakulären Abgang. Mit gesenkten Hörnern stieß sie alles nieder, was sich ihr in den Weg stellte. Erst nach längerer Jagd gelang es schließlich, das Rind zur Strecke zu bringen.“[277]

Den Polen ist die Sorge in die Feder geflossen

Das Bundeskabinett berät in Bonn über die Lage. Am Nachmittag fliegt die Delegation aus Bonn zurück nach Warschau, um ihren Staatsbesuch fortzusetzen. Wie sich Genscher in der deutschen Frage äußert, führt zu einem kleinen Sturm der Entrüstung in der Berliner Morgenpost. Doch da osteuropäische Nachrichtenagenturen eher zu exakt zitieren, gehe ich nicht davon aus, dass man seine Worte vielleicht falsch wiedergegeben haben könnte: „Als die polnische Presseagentur PAP meldete, Bundesaußenminister Hans-Dietrich Genscher habe seinem Warschauer Amtskollegen versichert, dass die Bundesrepublik »nicht mit einer Initiative hervortreten werde, erneut einen nationalen Staat ins Leben zu rufen«, war ihr Wunschdenken und die Sorge vor der Wiedervereinigung in die Feder geflossen. Dass die Agentur damit Genscher eine Verfassungsverletzung vorwarf, war wohl niemandem so schnell bewusst geworden." In der Morgenpost gibt es nur eine Erklärung: „Aber typisch für eine innerhalb von 24 Stunden vielfach vergrößerte Urangst der Polen vor einem neuen, deutschen »Riesen« war die ärgerliche Falschmeldung schon."[278]

Wenn heute jeder schreiben kann, dass der Gründungskanzler der BRD Konrad Adenauer eine Vereinigung Deutschlands nicht gewünscht habe, dann wirft man ihm damit freilich auch eine Grundgesetzverletzung vor. Darf das dem Außenminister nicht vorgeworfen werden, nur weil er zum Zeitpunkt der Wiedergabe der Worte in Amt und Würden ist? Aber hier darf ja auch jeder ungestraft von einer Verfassung und Verfassungsverletzung schwätzen, wissend, dass es keine Verfassung gibt. Darin müsste nämlich klar festgelegt werden, wo das Staatsgebiet endet. Unterdessen verschärft sich die Lage für Ost-Berlin: „Eine gespannte Situation ergab sich wieder am Brandenburger Tor, wo eine Gruppe junger Männer ein Loch in die Mauer schlug. Die DDR-Grenzposten setzten mehrfach Wasserwerfer ein, nachdem sie mit Steinen und Flaschen beworfen worden waren. 200 DDR-Soldaten bestiegen schließlich die Mauer, um weitere Versuche, darauf zu klettern, zu verhindern. Auf westlicher Seite zog in Abstimmung mit den Alliierten West-Berliner Polizei auf. Der Regierende Bürgermeister mahnte zur Besonnenheit und appellierte an die Menschen, nicht auf die Mauer zu klettern oder Stücke herauszuschlagen."[279]

The Bundestag – dutiful, almost embarrassed

Über die Sitzung des Bonner Bundestages am 13. November konstatiert das Magazin *Newsweek*: „Dutiful, almost embarrassed references in the Bundestag to the constitutional goal of national unity, that was all. And almost every speaker hastened to add that this goal must not be pursued in isolation from West Germany's friends and allies and that unity could be attained only under a European roof. The Germans have become realists."[280] Ich gebe die (verfrühte) Freude in *America* einmal auf Deutsch wieder: „Pflichtschuldigste, fast peinlich berührte Verweise im Bundestag auf das Verfassungsziel der nationalen Einheit – das war alles. Und fast jeder Sprecher beeilte sich hinzuzufügen, dass dieses Ziel nicht isoliert von den Freunden und Alliierten Westdeutschlands verfolgt werden dürfte und dass die Einheit nur unter einem europäischen Dach erreicht werden könne. Die Deutschen sind Realisten geworden." Es ist so schön, wenn sich Menschen freuen. Die Freunde in Amerika müssten sich aber intensiver wundern, wo aus heiterem Himmel diese ganze Vernunft herkommt. Und warum sie so schnell wieder verfliegt. Noch wichtiger ist es, keine vorschnellen Urteile zu fällen, sondern seine Agenten besser in der Fläche des Landes zu verteilen und nicht immer nur aktive Politiker bei ihren Reden zu belauschen. Man müsste herausfinden, wie sehr das neu entstandene *postnationale* Denken inzwischen verbreitet ist und wie oft man noch hört, dass jemand allen Ernstes heute noch zurückgehen mag hinter die Oder oder auch bloß bis Riesa. Es sollte einkalkuliert werden, dass die Profipolitiker und die Berufsvertriebenen eine Show aufführen.

Nach dem Fall der Mauer fordert Oskar Lafontaine, der Kanzlerkandidat der SPD für die Wahlen im Jahr '91, „die DDR-Staatsbürgerschaft anzuerkennen und den Flüchtlingen und Übersiedlern keine Sozialleistungen und Renten zu zahlen". Wie lässt es sich denn nun erklären, dass man in Bonn unter Berufung auf das Grundgesetz meint, man könnte durchaus die Außengrenzen unseres Landes nicht anerkennen, solange es kein gesamtdeutsches Parlament gibt, andererseits kann man aber 1972 *unsere* DDR so halb anerkennen, woran sich auch Helmuts Kohls Truppenteile halten, und dann vielleicht auch noch eine separate DDR-Staatsbürgerschaft? Sonst geht es aber allen ganz gut mit der Logik?[281]

Aber auch das Parlament in Erichs Lampenladen erlebt seine *highlights*. Na ja, sie wissen schon – die Volkskammer tagt im Palast der Republik. So stammelt am 13. November 1989 der Ex-Stasi-Minister Erich Mielke, der trotz allem immer noch als ein Volksvertreter in diesem hohen Haus verkehrt, während der Volkskammertagung am 13. November 1989: Ich liebe, ich liebe doch alle. Ich liebe doch, ich setze mich doch dafür ein ... und was ein alter Mann eben noch so alles brabbelt. Das ist jedoch nicht mehr platt lustig, wenn man weiß, dass er in der heißen Phase nur einen Monat vorher den Genossen Honecker (leider erst beim Kündigungsgespräch) darauf hingewiesen hatte, er habe immer gewarnt, „aber du hast ja nie reagiert“, und dann herausplatzte: „Wir haben vieles mitgemacht. Wir können doch nicht anfangen, mit Panzern zu schießen.“[282] Wie groß auf der anderen Seite das Vertrauen der Genossen untereinander gewesen ist, lässt sich, wenn es wirklich so war, nicht nur daran ablesen, dass Erich Mielke dem Erich nicht verraten hatte, dass er immer mehr Spitzel rekrutierte, um ihm immer mehr Berichte vor die Nase legen zu können, sondern andere Genossen nicht über den ständigen Zank mit Honecker in Kenntnis setzte, worauf dieses gegenseitige hysterische Anschreien in der letzten Tagung des Politbüros am 17. Oktober bestimmt hinweist. Es ist bedauerlich, dass Herr Mielke immer nach Moskau flog und winselte, man möge seinen Chef bitte von der Verantwortung entbinden. Schade, dass es die Parteidisziplin verbot, ihn wegen seines parteischädigenden Auftretens endlich aus der Partei auszuschließen.[283]

Die Bonner schließen ihren Staatsbesuch in Polen ab

Am 14. November geht der Staatsbesuch einer Regierungsdelegation aus Bonn dem Ende entgegen. BRD-Bundeskanzler Helmut Kohl sowie der Ministerpräsident Polens Tadeusz Mazowiecki unterschreiben zum Abschluss des offiziellen Besuches eine gemeinsame Erklärung. Darin wird gesagt, dass die Unverletzlichkeit der Grenzen, die Achtung der territorialen Integrität und der Souveränität aller Staaten in Europa in den gegenwärtigen Grenzen die grundlegende Bedingung für den Frieden sei, zu der sich beide Staaten bekennen.[284] Da sind sie ja schon wieder – die Unverletzlichkeit der Grenzen sowie die Achtung der territorialen Integrität. So klang das bereits in den Verträgen der frühen siebziger Jahre. Bleibt ruhig, wir kommen nicht. Nur keine endgültige Anerkennung.

Zum Abschluss seines Besuches kommt der Bundeskanzler dann zurück zu den Wurzeln. Er möchte einen Abstecher nach Schlesien machen, ins Städtchen Breslau und von dort nach Kreisau, wo einst Helmuth James Graf von Moltke sein Schlösschen hatte und hin und wieder Gesprächsrunden über die Zeit nach Hitler ermöglichte. Kritisch wird es, weil der Flug von Warschau nach Breslau, wegen schlechten Wetters, gestrichen werden soll. An dieser Stelle versteht der Kanzler keinen Spaß und geht in den Widerstand. Für Kreisau ist ein gemeinsamer deutsch-polnischer Gottesdienst geplant und Tausende Schlesier sind auf dem Weg dorthin. In der Bonner Delegation hegt man Zweifel, ob der Nebel tatsächlich der Grund für die Absage des Fluges ist. Es wird beschlossen, sich auf jeden Fall nach Kreisau zu begeben. Weil Kohl befürchtet, dass es anders nicht klappt, verhandelt er selbst mit dem polnischen Protokollchef und sorgt dafür, dass ein Bus bereitgestellt wird. Es ist drei Uhr nachts, als es endlich losgeht. Für den Kanzler ist „dies einer der ganz wichtigen Punkte auf dem Besuchsprogramm. Kreisau ist ein herausragendes Symbol für das andere, für das bessere Deutschland auch im dunkelsten Abschnitt unserer Geschichte. Im Kreisauer Kreis fanden sich großartige Männer und Frauen aus unserem Volk zusammen, um darüber nachzudenken, wie der Nationalsozialismus überwunden und ein gerechter Frieden in Europa gestaltet werden könne.“ Für Helmut Kohl, geboren 1930, ist das hoch emotional. Zum Kreisauer Kreis gehörte zum Beispiel der Jesuitenpater Alfred Delp, der nach dem 20. Juli hingerichtet wurde und dessen Familie Kohl entfernt kennt. Zu dem Kreis gehörte ebenfalls sein Freund Eugen Gerstenmaier. Der war seinerzeit eine der ganz großen Gestalten der Christlich Demokratischen Union Deutschlands und ein Stratege bei außenpolitischen Angelegenheiten neben Adenauer. Da liegt der Unterschied zwischen Biografie und Geschichte. Was für Helmut Kohl Teil der Biografie ist, das ist für junge Hüpfer bloß Geschichte. Der alte Kohl, der die Doktorarbeit in den 1950er Jahren über „Die politische Entwicklung in der Pfalz und das Wiedererstehen der Parteien nach 1945“ verfasste, weiß bestimmt, wovon er spricht: „Es ist sicherlich kein Zufall, dass von den wenigen Überlebenden des Kreisauer Kreises – die meisten endeten ja auf dem Schafott Hitlers – sehr viele ihren Weg zur Christlich Demokratischen Union gefunden haben.“[285]

Hören Sie: „Von den zweiundfünfzig Unterzeichnern des Berliner Gründungsaufrufs waren fast alle, an ihrer Spitze Andreas Hermes, Verfolgte des Nazi-Regimes. So ist denn auch die Berliner Gründungsurkunde der CDU – neben dem Kölner Dokument eines der beiden Gründungsdokumente meiner Partei – sehr stark von Gedankengut aus dem Kreisauer Kreis mitgeprägt worden. Für mich ist daher Kreisau nicht nur ein wichtiger Ort deutscher Geschichte, sondern auch eine Stätte des Ursprungs christlich-demokratischer Überzeugungen. Die Mitglieder des Kreisauer Kreises wollten ein versöhntes Europa, das sich auf die abendländischen Grundlagen besinnt.“[286]

Dumm sein, ist ärgerlich, aber dumm spielen, kann zum Ziel führen. Ein jeder, der über die Propagandakeule *Birne* gegen Helmut Kohl lacht, soll sich einmal mit ihm befassen: „Das Gut des Grafen Moltke – so wünschte ich es mir – sollte eine deutsch-polnische Begegnungsstätte werden, getragen vom Geist der Versöhnung. Ministerpräsident Mazowiecki und ich beabsichtigten, durch unseren gemeinsamen Besuch eines deutsch-polnischen Gottesdienstes den Anfang dafür zu machen.“ Spätestens seit seiner Beschäftigung mit der Neugründung der Parteien nach dem Krieg weiß Kohl genauer als wir alle, dass es da einen verschworenen inneren Zirkel gibt, der sich in linke und rechte Flügel auffächert und den Leuten auf der Straße die Illusion von Demokratie vorführt. So läuft das in allen

Parteien und so ist es überhaupt möglich geworden, die gesamtdeutsche Regierung so viele Jahre zu verhindern. Ich bin gespannt, wie lange sich der Helmut weiterhin gegen die Großmächte behaupten kann.[287]

Der Besuch in Polen war eigentlich für die Geschichtsbücher bestimmt. Nur, wenn man sieht, dass Dr. Helmut Kohl schon Jahrzehnte zuvor den persönlichen Wunsch geäußert hat, der Aussöhnung mit Frankreich die Aussöhnung mit Polen folgen zu lassen, kann man vielleicht ermessen, wie enttäuscht er sein muss, dass dieser entscheidende Staatsbesuch in allen den positiven und den negativen Emotionen nach der Öffnung der Mauer unterging. Und nur dann kann man sich auch vorstellen, was es für ihn und das Lebenswerk bedeutet, dass er seiner Theaterrolle zuliebe weiterhin rabiat auf den Gefühlen der Polen herumtrampeln „muss", um mit einer ernsthaft verschärften Zirkelei um die Grenzen von Polen doch noch genug Zeit herauszuschinden bis zur Bundestagswahl, die 1991 ansteht. Deutsche Politik ist etwas für Hartgesottene.

Wenn ich Marion Gräfin Dönhoff richtig verstehe, hatte der Doktor der Geschichte Kohl nämlich ursprünglich erst einmal den Annaberg als Ort für den Versöhnungsgottesdienst in die Diskussion gebracht, für Schlagzeilen gesorgt, und sich dann zu Kreisau *überreden* lassen. Dieser Annaberg gilt in Polen als Symbol des langen und blutigen Streites um Oberschlesien. Ganz ehrlich – ich kaufe ihm solche Aktionen genauso wenig ab wie schon seine heißen Nummern um KZs in der DDR, das Unwissen um SS-Gräber in Bitburg und den Gorbatschow-Goebbels-Vergleich.[288]

Wirtschaftliche Hilfe aus dem Westen

CDU-Schatzmeister Walther Leisler Kiep, ein Neffe des 1944 hingerichteten ehemaligen deutschen Generalkonsuls in Amerika Otto Carl Kiep, Horst Teltschik als außenpolitischer Berater von Kanzler Kohl sowie der stellvertretende Chef der Bundesbank reisen am 15. November ins aufständische und kopflose Ost-Berlin. Es sollte positiv angemerkt werden, dass sie nicht angereist sind, um den Genossen Krenz zu erschießen. Bei diesem Treffen wird stattdessen ein Vertrag über die wirtschaftliche Unangreifbarkeit *unserer* DDR angeboten und der Verzicht auf Embargo- und Boykottmaßnahmen. Hoffentlich ist es auch mit den Freunden und Alliierten in *America* abgesprochen?! Wohl eher nicht. Warum wird das Treffen sonst geheimgehalten? Darüber hinaus werden Gemeinschaftsunternehmen und Sonderwirtschaftszonen auf dem Boden der DDR vorgeschlagen. Teltschik sagt, Kohl sehe jetzt vorrangig Chancen durch Zusammenarbeit mit der DDR und lässt durch Kiep der Regierung *unserer* DDR bei dem Geheimtreffen im Ost-Berliner Palasthotel ausrichten, die deutsche Einheit stehe nicht auf der Tagesordnung.[289]

An diesem 15. November hält Michail Gorbatschow vor Studenten einer Moskauer Universität eine Rede, in der er ausdrücklich vom Vereinigen Deutschlands spricht, was zwar „heute keine Frage der aktuellen Politik“ sei, aber auch nicht erst in der fernen Zukunft zu suchen ist. Der Chef in Moskau bezeichnet die Frage der Einheit Deutschlands ausdrücklich als „innere Angelegenheit“ beider deutscher Staaten und nicht nur der DDR und sagt folgerichtig: „Wie die Geschichte weiter verfügen wird? Kommt Zeit, kommt Rat.“ Das wird sich auch Kanzler Kohl denken, sobald er es hört. Eine Wiedervereinigung der beiden deutschen Staaten hält Leisler Kiep für unrealistisch. Sie wird nach seiner Auffassung von der Mehrheit der BRD-Bürger nicht gewünscht, und schon gar nicht in der DDR. Vier Stunden dauert das Gespräch im Palasthotel. Im vertraulichen Plausch sondieren Kiep und Gunter Rettner neue Formen ökonomischer Kooperation; ein revolutionärer Wandel der innerdeutschen Zusammenarbeit. Denn bisher hat sich Ost-Berlin strikt gewehrt, profitgierige Kapitalisten in das Land zu lassen, da man allerorten auf dem wilden Wahn hängengeblieben ist, Bonn wünsche sich eine Einverleibung der DDR.[290]

Man kann jetzt trefflich darüber streiten, ob es in dieser Situation nicht sinnvoll wäre, die Ost-Berliner Chefs in das kleine Geheimnis Bonns einzuweihen, und einfach zu sagen, dass es schon im fünften Jahrzehnt um die Zerlegung Deutschlands geht. Weil das offenbar nicht deutlich genug zu erkennen ist, fühlen sie sich in Ost-Berlin von der Hilfe bedroht. Die SED befürchtet, dass die DDR anderenfalls von der westdeutschen Wirtschaft verschlungen wird – und das Ende der Zweistaatlichkeit wäre abzusehen. Doch anstatt den angeschlagenen Laden kollabieren zu lassen, lockt Walther Leisler Kiep mit Vorschlägen, wie das moribunde System zu stabilisieren sei. Die Analyse in Ost-Berlin lautet jedoch fälschlicherweise, dass Dr. Kohl „den politischen Rahmen für die Unternehmen und Institutionen der BRD absichern und ihnen die Sorge für ein politisches Risiko abnehmen" wolle.[291] Wie bringen sie es in Ost-Berlin zusammen, dass Adenauer das Reich teilen wollte und Kohl vielleicht nicht?

Bloß einen Tag später, am 16. November, ist Professor Albert Jugel, 40, aus Dresden mit dem Hoesch-Manager Detlef Karsten Rohwedder verabredet, eigentlich um 16 Uhr, aber es wird schließlich halb sechs – und Rohwedder hat nur zehn Minuten Zeit. Kurz und bündig fragt er, worum es denn gehe. Jugel erwidert, unter diesen Umständen brauche er nicht erst anzufangen. So kurz mal zwischen Tür und Angel lasse sich das Problem nicht erörtern. Da grinst Rohwedder und wirft seinen Plan für den Abend über den Haufen. Er bittet Professor Jugel an einen runden Tisch in seinem Büro. Vier Stunden wird das Gespräch dauern, in dem er sich vom *insider* aus der DDR über die ökonomische Lage dieses Landes auf den aktuellen Stand bringen lässt.[292]

Das *update* kann Detlef Karsten Rohwedder nicht wirklich schocken. Er kennt die Wirtschaft und die Finanzen der DDR wie seine Westentasche, war er doch wie auch die niedersächsische Ministerin für Wirtschaft und Verkehr Birgit Breuel bereits 1983 als WirtschaftsprüferInnen nach Ost-Berlin gekommen, als *unserer* DDR durch Bayerns Ministerpräsidenten Franz Josef Strauß der erste Milliardenkredit zugeschachert worden ist. Sie wohnten nicht schlecht; sie logierten als hofierte Regierungsgäste im Schloss Niederschönhausen, genau dort, wo unser Genosse Honecker im Oktober noch den Dissidenten Michail Gorbatschow empfangen hat.[293]

Der große, wenn nicht sogar der größte Alexander Schalck-Golodkowski kann sich gut daran erinnern, dass er diesen Herrn Rohwedder noch aus den siebziger Jahren kennt. Damals entstanden wichtige Kontakte, zum Beispiel mit Franz Josef Strauß und Walther Leisler Kiep, mit Dieter von Würzen oder eben auch mit Detlev Karsten Rohwedder. Gewundert hat es Schalck-Golodkowski seinerzeit schon, dass die Herren, wie er meint, bestens informiert wirkten über seine Funktion in der DDR-Wirtschaft, obwohl er bloß im Hintergrund agierte. Walther Leisler Kiep ist, wie Sie sehen, am 15. November 1989 auch wieder mit in jener geheimen Runde gewesen. Franz Josef Strauß war dann nicht in dieser Runde, weil er ja schon tot ist, der Herr habe ihn selig. Man überlegt sich ja immer, wie es eigentlich in einer offenen Gesellschaft möglich sei, eine knallharte Verschwörung durchzuziehen. Wenn man natürlich immer alles über seine eingeweihten paar Hanseln abwickelt, ist das nicht besonders schwierig. Mich wundert nur, warum Schalck staunte, dass man im Westen bestens über ihn informiert war, hatte man ihn doch im Jahre 1966 von dort aus angesprochen, ob er nicht freundlicherweise ein bisschen Unterhändler werden könnte; und hinter seinem „Kanal König" standen Politiker wie Konrad Adenauer, Kurt Georg Kiesinger und Herbert Wehner.[294] Hat es Schalck nicht zu denken gegeben, dass zweimal die Kanzler die Akteure im Hintergrund waren und unter Kanzler Brandt nicht mehr?

Detlev Karsten Rohwedder kann sich nur zu gut an die schwierige Lage von Wirtschaft und Finanzen *unserer* DDR vor sechs Jahren erinnern – aber egal. Einmal will er es noch reißen. In dem langen Gespräch am 16. November werden Möglichkeiten der Lohnarbeit von Betrieben aus der DDR für Hoesch erörtert und der Kapitalbeteiligung der westdeutschen Firma in der DDR. Das ist wunderschön. Rohwedder sagt jede erdenkliche Unterstützung zu, wenn der demokratische Prozess in der DDR in Richtung einer pluralistischen, demokratischen Gesellschaft läuft. Dann bietet Hoesch die Produktion von 100.000 Tonnen Stahlrohrmaterial im Jahr auf dem Boden der DDR an als Ausgangsprodukt zur Herstellung von Blattfedern und Schraubenfedern für die Autoindustrie im Westen. Die Verlagerung der Zulieferer in die DDR ist einfacher und billiger als der Aufbau von Kapazitäten in Portugal, das versteht Professor Jugel.[295]

Kwizinski fühlt, dass die DDR nicht mehr real existiert.

Moskaus Botschafter in Bonn Juli Kwizinski spürt in diesen stürmischen Tagen fast körperlich, dass die DDR im Grunde nicht mehr bestehe und dass es keinen Weg zurück geben werde. So schreibt er ein vertrauliches Telegramm an den Außenminister Schewardnadse und sagt darin, dass die Frage der Existenz der DDR nach der Öffnung der Grenze bloß noch eine Frage der Zeit sei. Schon einmal, bis zum Bau der Mauer, seien die Grenzen offen gewesen, und das habe monatlich ungefähr 30.000 DDR-Bürger veranlasst, ihrer Republik den Rücken zu kehren. Der nun eingetretene Massenexodus müsse zum Ausbluten der DDR führen; keine Reform, „weder Demokratie noch Glasnost", werde jemanden veranlassen, im SED-Staat auszuharren. Wer jetzt nicht in den Westen gehe, gibt der Botschafter zu bedenken, müsse „den Sozialismus schon sehr lieben und an ihn glauben". Mithin sei die Vereinigung der zwei deutschen Staaten nicht aufzuhalten und es mache gar keinen Sinn mehr, sich der Entwicklung entgegenzustemmen. Kwizinski schlägt vor, die DDR möge zu dem schon einmal aufgeworfenen Vorschlag einer *deutschen Konföderation* zurückkehren. Danach fliegen in Moskau vermutlich die Fetzen und der Botschafter muss sich vorhalten lassen, er dramatisiere ohne Grund die Situation. Die Sowjetunion werde das „Verschwinden" ihres Garnisonsstaates vom deutschen Boden „nicht zulassen" – in Moskau gibt es noch andere Genossen als Schewardnadse und Gorbatschow. Aber schon bald werden Sie Kwizinskis Vorschlag aus Moskau hören.[296]

Auch Willy Brandt spürt bereits, dass diese DDR im Grunde nicht mehr besteht, und daraus resultiert der für meine Begriffe peinlichste Auftritt, den der juristisch unbeleckte Gutmensch je in seinem politischen Leben abgeliefert hat. Im Bundestag erklärt Brandt: „Bei allem Respekt vor den Statusmächten, auch nach Jahrzehnten, die vergangen sind: Das ist ja wohl nicht denkbar, dass wir noch einmal wie Ende der fünfziger Jahre eine Situation bekommen, wo die Vier etwas verhandeln und irgendwelche Deutschen an Katzentischen Platz nehmen; das ja wohl nicht." Sein Frauchen Brigitte freut sich, denn ihr Willy wird sarkastisch und spricht von den „verehrten vier Mächten" oder „Statusdiplomaten", vom „Anachronismus" der Vier-Mächte-Verantwortung. Die jahrzehntelangen Bekundungen zugunsten der deutschen Einheit seien doch wohl nicht etwa in der Erwartung abgegeben worden, „niemandem werde die Probe aufs Exempel abverlangt". Er sagt der interessierten Weltöffentlichkeit, dass „die tatsächliche oder sogenannte deutsche Frage nicht durch das Ausklammern Deutschlands zu beantworten" sei.[297]

Dieser Theaterauftritt ist weder hilfreich noch nötig, haben die „Statusdiplomaten der vier Mächte" doch auch ihrem Mann seit dem Ende des Krieges immer wieder gesagt, es ginge um die Grenzen. Noch zuletzt in Moskau hatte ihr Mann den dortigen Wink mit übel ignoranten Worten weggefegt: „Gewiss, die deutsch-polnische Nachkriegsgrenze wollte man festgeschrieben wissen. Und sonst?" Wird er vor dem Ende des Lebens noch begreifen, dass er Anfang der siebziger Jahre nur Gewaltverzichtsverträge unterschrieben hatte und warum die vier Mächte danach weiter ihre Bastionen in Deutschland gehalten haben?

Am 17. November 1989 ruft Helmut Kohls Berater Teltschik in Paris bei Kollegen im Elysée an. Jacques Attali ist sichtlich erfreut, als er ihm berichtet, wie groß in der Bundestagsdebatte am Vortag doch die Übereinstimmung zwischen dem Kanzler und Willy Brandt darüber gewesen sei, dass die europäische Integration entschiedener denn je zu fördern wäre. Da liegt des Pudels Kern für die Franzosen: Es ist die Sorge, die Bundesrepublik könnte im Engagement für Europa nachlassen – ein Eindruck, den die französische Presse auffallend häufig vermittelt. Aber versetzen Sie sich in jemandem aus einem großen, alten und normalen Volk. Ganz natürlich gehen alle vom herzlichen Wunsch der Deutschen nach ihrem Nationalstaat aus. Sie vermuten eher, dass die Deutschen das Bismarck-Reich zurückhaben wollen. Natürlich haben alle Angst, dass sich dieses ganze Bonner Reden von einer europäischen Integration über Nacht als null und nichtig erweist und dann der Schnee von gestern ist.[298]

Ost-Berlin bietet Bonn eine Vertragsgemeinschaft an

Neben den Unmutsbekundungen der Menschen auf den Straßen haben auch neueste Äußerungen aus Moskau Ost-Berlin unter Strom gehalten. Wie schon 1987 und 1988 wird erneut eine Lösung der deutschen Frage in Aussicht gestellt. Nach Horst Teltschik hatte Gorbatschows Deutschlandexperte Nikolai Portugalov gerade im Interview mit Novosti gesagt, dass er sich vorstellen könne, dass Moskau mittelfristig einer wie immer gearteten *deutschen Konföderation* grünes Licht geben könne.[299] Rasant hat Moskau Kwizinskis Empfehlung zum offiziellen Kurs gemacht. Den Nikolai Portugalow dürfen Sie mir um Himmels willen nicht vergessen. Der fliegt in ein paar Tagen nach Bonn. Und dann wird die Staats- und Parteiführung am Rhein von den vermeintlich neuen Tönen aus Moskau ungeheuer überrascht sein, zumindest wird das von den Konsensmedien so verbreitet werden, aber das wird Sie ja inzwischen schon längst nicht mehr schocken.

Moskaus Außenminister Schewardnadse schließt am 17. November zwar einseitige Änderungen im Status quo aus, doch das versteht sich eigentlich von selbst. Gemeinsame friedliche Veränderungen könnten aber im gesamteuropäischen Konsens erfolgen. Günter Schabowski weiß um die Unsicherheit, die durch Äußerungen sowjetischer Diplomaten über Aussichten einer Lösung der deutschen Frage und den nicht ewigen Bestand der Berliner Mauer hervorgerufen worden sind. Wenn Moskau aber mit der Existenz der DDR zu spielen beginnt, scheint es Ost-Berlin nützlich, „dickere Fühler" zur Bundesrepublik auszustrecken. Vielleicht könnte es die DDR noch retten, und sei es über den Weg weitergehender deutsch-deutscher Übereinkommen, so Schabowski.[300] Das fällt der Führung der Arbeiter und Bauern im einundvierzigsten Jahr der wirtschaftlichen Zusammenarbeit westdeutscher Firmen mit Betrieben in der DDR auf. Wie haben sie sich das vorher in Ost-Berlin erklärt, dass die Amerikaner ein Embargo nach dem anderen über Osteuropa verhängen und sie erhalten das, was sie trotzdem brauchen, vom Klassenfeind unter der Hand? Das kann doch nun wirklich nicht extrem schwer sein, die Interessenlage der Bundesrepublik und die anderer Staaten in der Welt anhand der unterschiedlichen praktischen Vorgehensweisen differenziert zu analysieren.

Ganz in diesem Sinne geht der neu gekürte Ministerpräsident der DDR, Hans Modrow, am 17. November zur Offensive über. Er unterbreitet der Bundesregierung das Angebot einer Vertragsgemeinschaft zweier souveräner Staaten, „die weit über den Grundlagenvertrag und die bislang geschlossenen Verträge und Abkommen zwischen beiden Staaten hinausgeht."[301] Nach Schabowski geschieht das in der sicheren Annahme, dass im Grunde von westdeutscher Seite alles begrüßt werden würde, was die Kooperation mit der DDR befördern kann. Bis dahin hat er vollkommen recht, nur das Ziel der Übung will ihm nicht einleuchten. Er betont, dass die Einheit Deutschlands für Ost-Berlin damit noch lange nicht auf der Tagesordnung steht. Die Einheit würde dem europäischen Prozess nicht dienlich sein. Deutschland wäre dann zu mächtig. Da passten schon die Engländer und Franzosen auf und auch kleine Verbündete in der Nato, hofft Schabowski. Die Vorbehalte von Verbündeten Bonns scheinen den Führern der Arbeiterklasse etwas wie eine Bestandsgarantie für die DDR zu sein.[302] Weshalb schenken diese Spezialisten denn bloß ihren eigenen Historikern keinen Glauben? Wie soll es denn zusammenpassen, dass es Bonn war, das Deutschland teilen wollte – und dass die Bundeswehr mit klingendem Spiel angeblich durchs Brandenburger Tor ziehen will? Wer wird sich aber noch über das Unvermögen, logisch zu denken, wundern, wenn diese Männer nicht ins Grübeln kamen, warum ausgerechnet der Teilungskanzler Konrad Adenauer einen wie Schalck-Golodkowski zum Unterhändler auserküren ließ? Weiß Schabowski davon, dass Bonn eben gerade einen Vertrag über die wirtschaftliche Unangreifbarkeit *unserer* DDR angeboten hatte wie auch den Verzicht auf Embargo- und Boykottmaßnahmen?

Während man sich im Osten Sorgen macht, dass sie es in Bonn mit dem Vereinigen sehr eilig haben, nimmt Helmut Kohl den Ball mit einer Vertragsgemeinschaft auf und befördert ihn mit kühnem Schwung ins Aus. Die Vertragsgemeinschaft mutiert zum zeitlich nicht spezifizierten Dreischritt, der irgendwann, eventuell später mal, in eine Art Konföderation oder gar eine Föderation münden könnte. Noch an diesem Tage kündigt Kohl dem US-Präsidenten George Bush ein „detailliertes Memorandum" zu seinen eigenen deutschlandpolitischen Positionen an. Na, da können wir ja mal richtig gespannt sein.

Thatchers Sondergipfel der Europäischen Gemeinschaft

Diese Ausländer bereiten Bonn nur Sorgen. Am 18. November treffen im schönen Paris auf Einladung von Präsident Mitterrand alle zwölf Staats- und Regierungschefs zu einem Gipfel-Abendessen zusammen. Paris, das gegenwärtig die EG-Präsidentschaft innehat, lud ohne Abstimmung mit Bonn oder anderen EG-Partnern zu der Begegnung ein, meint Teltschik. Als Sachwalter europäischer Interessen ergreift François Mitterrand die Initiative, um die deutsche Frage und die Entwicklungen in den Staaten des Warschauer Pakts in einen europäischen Zusammenhang zu stellen. Im Verständnis von Mitterrand muss gerade Frankreich in dem von ihm propagierten Prozess der „Überwindung von Jalta" eine herausragende Rolle spielen. Es erschließt sich nicht leicht, was Horst Teltschik hier für die geschichtliche Wahrheit tun wollte. Es wäre zumindest besser nachvollziehbar, hätte er seinem Publikum nicht über den 10. November verkauft, Frau Thatcher habe sich von Herrn Kohl erläutern lassen, welche Schritte er als nächstes unternehmen wolle und ein halbtägiges Sondertreffen der zwölf EG Staats- und Regierungschefs noch vor der nächsten Sitzung des Europäischen Rates angeregt, da enger Kontakt und direkter Gedankenaustausch jetzt unerlässlich seien.[303] Das ist wohl im Gewühle völlig untergegangen. Passiert.

Außenamtschef Genscher ist heilfroh, denn François Mitterrand möchte zwei Entwicklungen fördern, die Reformbewegungen in Polen sowie bei den Ungarn, wo sie am weitesten fortgeschritten sind; die Reformländer sollten Mitglieder des Europarates und des GATT werden können. Zum anderen aber soll jetzt eine Bank zur Unterstützung der Entwicklung in den Reformstaaten geschaffen werden. So kommt die Europäische Bank für Wiederaufbau und Entwicklung in die Welt. Mitterrand geht es auch um die Fortsetzung des europäischen Einigungsprozesses, um jenes Ziel der Europäischen Union. Es sei wieder auf die Vermengung der Begriffe hingewiesen. Bei jeder Nennung von Europäischer Union geht es schon seit Adenauers Zeiten stets um die Union der westeuropäischen Staaten, während Briten, Franzosen und die Amerikaner damit immer die Union aller europäischen Länder meinten, mit Fragezeichen beim sowjetischen Russland. Aber wir waren ja bei dem Gipfeltreffen der westeuropäischen

Chefs in Paris. Gerade Franzosen und Briten wissen um ihre historische Verantwortung für Europa und dürfen in dieser Situation keinen Fehler machen. Die Literatur über die Fehleinschätzungen oder Fehlleistungen der Briten und Franzosen, ob 1919 in Versailles oder 1938 in München, füllen Regale in den Bibliotheken Europas. Die Namen Londoner sowie Pariser Politiker, die 1938 mit Reichskanzler Adolf Hitler verhandelten, wurden beim Sekttrinken unsterblich. Auch durch ihre Verhandlungen in der bayerischen Hauptstadt trugen sie letztlich eine Mitschuld daran, dass ein zweites Mal ein Weltkrieg ausgebrochen war. Wer nunmehr im November 1989 in Paris mit Sekt anstößt, steht jetzt im Rampenlicht der europäischen Geschichte. Nichts, aber auch gar nichts darf schiefgehen, und die Nerven der Anwesenden liegen blank.

Alle warten jetzt gespannt, wie sich der westdeutsche Bundeskanzler in der hochdramatischen Situation nach der Öffnung des innerdeutschen Zaunes dort im Elysée-Palast positionieren würde. Und der Helmut aus der Pfalz wird sich positionieren. Der ist zur persönlichen Bestform aufgelaufen. Gewiss noch ein Glas Jägermeister hinter die Binde, die teure Krawatte abgelegt und ab geht er in den Ring. Inzwischen ist diese feine Runde beim Dessert angelangt, als eine Formulierung des geschichtsbewussten Helmut Kohl die englische Premierministerin aus der Fassung bringt. Er zitiert eine Deklaration aus dem Jahre 1970, mit der sich ein Nato-Gipfel für die Einheit ausgesprochen hat."[304]

In unserer Muttersprache spricht man in so einem Zusammenhang vom Elefanten im Porzellanladen. In einem Anflug von Selbstironie räumt er ein, dass er zu derartigen Vergleichen schon durch sein Äußeres einlädt. Diese Äußerung hätte in dieser Situation allerdings bei einem zierlichen Menschen genauso gewirkt. Das war der Fußtritt vors Schienbein. Frau Thatcher, die adrett gekleidete Frau mit der strengen Frisur wankt, aber sie sitzt noch. Mit seiner Bemerkung hat der Liebhaber des Saumagens auch die wildesten Phantasien, was dort in Paris eventuell vielleicht und unter Umständen schiefgehen könnte, bei weitem übertroffen. Nichts ist geklärt. Es hat kein Zeichen von den Spitzen der Vertriebenenverbände gegeben, oder aus der bayerischen CSU oder aus Kohls CDU, was denn wohl aus den Ostgebieten werden wird. Margaret Thatcher kriegt einen

Wutanfall. Da wundert sich der Helmut und kann sich so eine seltsame Reaktion nun gar nicht erklären. Was sie nur hat? Aber so sind Frauen! Thatcher ist platt und ihr entfährt: „Aber diese Deklaration datiert aus einer Zeit, als wir glaubten, sie würde niemals stattfinden!“[305] Da hat sie jetzt aber das Falsche gesagt. Was sollte das denn heißen? Meinten sie es in London womöglich mit dem Harmel-Bericht von 1967 und mit dieser Nato-Deklaration von 1970 gar nicht besonders ernst? Wie fatal!

Weil der Helmut auch gar nicht weiß, worauf sie da anspielt, setzt er ihr gleich noch einen Kinnhaken von der rechten Seite: „Aber wir haben die Deklaration damals beschlossen, und sie gilt noch immer.“ Was ist unser Helmut für ein strahlender, für Deutschland kämpfender Volksheld, der der bösen Fee von einer Insel im Atlantik die entscheidenden Worte ins Gesicht sagt: „Sie können das deutsche Volk nicht daran hindern, seine Bestimmung zu finden.“ Das hatte gesessen. Das Zentralorgan des westdeutschen Propagandaministeriums findet ein ganz reizendes Verb, um die entsetzte Reaktion jener Maggy Thatcher einzuleiten. Im Hamburger Spiegel wird man schreiben: „Da zetert die Lady: Seht ihr! Seht ihr!“ Das Sprachrohr der Bonner Demokraten wird selbstredend nicht schreiben, warum die Lady zetert.[306]

Dazu will ich sagen: „Aber wir haben die Deklaration damals“ nicht beschlossen. Brandt hatte beschlossen. Er hatte vor, Schritt für Schritt die Einheit unseres Landes über die Anerkennung der neuen Außengrenzen wiederherzustellen und erinnert sich an seine erste Regierungserklärung von 1969 mit seiner Formulierung, nun habe Hitler den Krieg endgültig verloren, er würde sich als Kanzler nicht eines besiegten, sondern eines befreiten Deutschland betrachten. Die Welt bekomme es mit einer nicht immer bequemen, aber loyalen Regierung zu tun. Er hatte nicht das Gefühl, den Mund zu voll und sich zu viel vorzunehmen.[307] So reden sie alle bei der Hochzeit. Bei der Scheidung klingt das dann immer ganz anders. Erinnern wir uns hier aber noch einmal an 1970. „Wir“ waren zu der Zeit auf ausdrücklichen Wunsch des Publikums damals für viele Jahre in der Opposition und „wir“ haben Willy Brandt mit allen vorstellbaren Tricks und mit allen Fußangeln bekämpft. Werden Sie die Oder-Neiße-Grenze jetzt anerkennen? Nein, Margaret! Es hat ja einen bittersüßen Charme, wie der Chefanalyst des Kalten Krieges Erich Honecker in seinem sicher letzten veröffentlichten schriftlichen Zeugnis meint: „Der Anspruch der BRD auf Deutschland in den Grenzen von 1937 nährte über Jahrzehnte den Revanchismus und trug so laufend zur Konfrontation bei.“[308]

Ja, natürlich hatte er Recht. Aber irgendwann in den Jahrzehnten hätte er sich ja auch einmal wie der *Gröfaz, der Größte Feldherr aller Zeiten,* vor die Europakarte stellen können und sich klarmachen, dass das friedliebende Gehege DDR *zwischen* der schlimmen BRD und den angeblich beanspruchten Gebieten liegt. Einmal in fünfundvierzig Jahren hätte er probieren können, den Gedanken umzudrehen – vielleicht verlassen sie sich im Westen einfach darauf, dass es kein Deutschland in den Grenzen von 1937 geben würde ohne Krieg, den gewiss niemand wollen kann. Die reine Möglichkeit, bei der Gelegenheit Atomwaffen einzusetzen, schließt es doch aus, oder vielleicht nicht? Sollen deutsche Städte noch viel übler unbewohnbar werden als 1945? Was wird dieser Mann vermutet haben, warum die Amerikaner immer Wirtschaftsembargos durchziehen und er bekommt die Embargoware dann durch Schlitze in der Mauer? Irgendwann hätte er einmal a und b zusammenrechnen müssen und verstehen, dass er genau der richtige Mann am richtigen Platze war. Strauß (CSU) und Wehner (SPD) hatten es ihm auch direkt gesagt. So Gott will, haben Sie die Bände über die Jahre von 1943 bis ’88 aus meiner Feder noch in diesem Leben in ihren Händen. Aber zurück zum Dessert in Paris.

Natürlich ist er auf eine reservierte Stimmung gefasst, bekundet Kohl in seinem Standardwerk, für alle, die wissen wollen, was 1989 wirklich geschehen ist. Auch in Den Haag, in Rom und vor allem in London sei gar nicht zu übersehen, dass das Misstrauen gegen uns Deutsche wieder da sei. Der Geist von Rapallo wird überall warnend beschworen und damit suggeriert, Deutschland orientiere sich wieder einmal in Richtung Russland. In diesem Zusammenhang ziehe man auch die alte Binsenweisheit heran, dass die Sonne im Osten aufgeht – was astronomisch zwar richtig sei, aber politisch nicht stimme. Niemand weiß besser als Kohl, dass sich die besorgten Fragen mehren: Wie schnell wird der Weg zur Freiheit im östlichen Teil Deutschlands in den Weg zur Wiederherstellung der Einheit Deutschlands münden? Zur Wiederherstellung Deutschlands in den laut Karlsruher Urteil rechtskräftigen Grenzen von 1937, oder vielleicht doch lieber von 1914? Das Treffen in Paris verläuft zum Bedauern Hans-Dietrich Genschers, vor allem wegen des Zögerns der CDU/CSU, bei der Frage der Ostgrenze Deutschlands Zweifel auszuräumen, in gespannter Atmosphäre. Nach der Sitzung verbreiten andere Delegationen, über das Thema deutsche Einheit sei überhaupt nicht gesprochen worden. Das ist unter solchen Bedingungen noch die diplomatischste Reaktion. Als die Staats- und Regierungschefs sowie die Außenminister zu später Stunde nochmal zusammenkommen, spürt Außenamtschef Genscher im großen Kreis ein frostiges, gereiztes Klima. Außenministerkollegen, die sich nur kurz mit ihren Regierungschefs beraten haben, sprechen von Problemen in der Runde der Staats- und Regierungschefs. In einer Pressekonferenz will ein Journalist wissen, ob der Bundeskanzler sich eher als Deutscher oder als Europäer gezeigt habe. Darauf erwidert François Mitterrand, er sehe zwischen beiden „keinen Gegensatz“. Der Bundeskanzler sei beides zugleich und weiter gibt er ganz diplomatisch von sich: „Es wäre schade, wenn er kein deutscher Patriot wäre, wie man auch bei einem Franzosen bedauern würde, wenn er kein Patriot wäre.“ Daran ist gut zu erkennen, dass auch Präsidenten nicht unfehlbar sind.[309]

Arbeiter und Bauern im Gespräch mit der Weltmacht

Über ein weiteres Krisengespräch mit Vertretern der Weltmacht in Bonn sagt Egon Krenz, dass er einem Besuch von Rudolf Seiters, des Bundesministers für besondere Aufgaben und Chefs des Bundeskanzleramts am 20. November nicht ein solches politisches Gewicht geben würde, wenn er das dem Kanzler nicht hoch und heilig in die Hand versprochen hätte. Die Position der Stärke, aus der er das sagt, ist schon einigermaßen unverständlich. Hören Sie sich das doch bloß an: „Modrow und ich, Außenminister Fischer und Staatssekretär Schalck sowie weitere Mitarbeiter – das ist für meine Begriffe zu viel der Ehre für einen Bundesminister. Wir sind jedoch in einer schwierigen Situation." Zumindest sieht er ein, dass sie die Lage in der DDR nur beruhigen können, wenn sie das Niveau der wirtschaftlichen Kooperation mit der westdeutschen Republik erhöhen. „Doch das interessiert Bonn schon nicht mehr. Seiters kommt mit einem Forderungskatalog" – so die Wahrnehmung des Meisters mit den leeren Taschen. Das interessiert Bonn sehr wohl. Es ist sogar das, was sie in der Bundeshauptstadt am meisten interessiert. Aber wenn man Hilfe sucht, zumal von vermeintlichen Feinden, muss man auch zu einem Entgegenkommen durchaus bereit sein, oder vielleicht nicht? Krenz klagt, dass es Rudolf Seiters nicht nur um Reiseverkehr von Ost nach West geht, der ja in Bonn begrüßt werde. Der Regierung in Bonn gehe es auch um Reiseverkehr von West nach Ost, die Abschaffung des Mindestumtauschs und um den Postverkehr. Ist das denn vielleicht zu viel verlangt? Aber hören wir weiter Egon Krenz zu: „Dann nennt Seiters die eigentlichen Probleme seines Kommens: Der Bundeskanzler wolle aus erster Hand wissen, wie verbindlich der Reformprozess in der DDR sei, wann freie Wahlen stattfinden, wann neue Parteien zugelassen werden, wie die Wirtschaftsreform aussehen wird und wie und wann die Verfassung der DDR geändert wird. Am liebsten würde ich undiplomatisch antworten: »Das geht euch gar nichts an. Das ist Sache der DDR.« Doch unsere politische und ökonomische Lage lässt mir nur die Wahl, sachlich die Fragen des Bundeskanzlers zu beantworten. Schließlich sind auch wir an seinem Besuch in der DDR interessiert."[310] Das ist ein Fall fürs Fremdschämen.

Die Worte im Mund umgedreht

Es gibt mehrere Parolen, die in den letzten Monaten wichtig waren. Man denke nur an „Keine Gewalt!“ In Verbindung mit den Friedensgebeten, die in den Kirchen zelebriert werden, ist das ein wichtiges Wort, das gewiss sein Scherflein dazu beiträgt, dass in diesem Herbst kein Blut fließt und niemand an der nächsten Laterne aufgehängt wird. Wenn Sie mich fragen, wer allen Grund dazu hätte, sich Täter zu greifen und zu würgen, fällt mir zuerst mein Vater ein. Er wurde in zwei „Krankenhäusern“ der DDR schwer misshandelt und es war meine Mutter, die ihn danach zum Leben zurückgeholt hat. Und da fallen mir die vielen Menschen ein, die für nichts und wieder nichts in den Stasi- und Militärknästen sitzen und nicht behandelt werden wie Menschen. Wann werden die nun eigentlich einmal freigelassen? Ein anderer Geniestreich dieser Volkserhebung ist das Wort: „Wir sind das Volk!“ So machen wir *unsere* Staatsführung auf den Umstand aufmerksam, dass wir diejenigen sind, die angesprochen sind mit dem Wort: „Alles zum Wohle des Volkes!“ Es wäre gar nicht so schlecht, wenn sich die Führer einmal mit uns unterhielten und fragten, wie wir uns das Leben eigentlich vorstellen.

Doch in diesem Herbst werden in Deutschland mehrere Schlachten ausgefochten. Leute, die für den sowjetischen Geheimdienst KGB arbeiten, sammeln seit Monaten Leute, die sich zutrauen, einen Umsturz im Staat zwischen Harz und Oder zu organisieren. Wenn es nach einer gewissen Fraktion in Moskau geht, mündet das Ganze am besten möglichst rasch in die Vereinigung Deutschlands, damit die Sowjetunion wirtschaftliche Unterstützung aus dem Westen erhält und nicht bald baden geht. Neben den Sowjets sind auch die Bonner Politikaktivisten nicht absolut untätig. Am 20. November werden in Leipzig Aufkleber mit der Parole „Wir sind ein Volk! CDU“ verteilt. Ein ausgetauschtes Wort stellt die ursprüngliche Formulierung auf den Kopf. Welcher scharfsinnige Denker hat sich das ausgedacht und wo wurden diese Sticker gedruckt? Welche Druckerei in *unserer schönen* DDR soll das in den letzten Tagen gedruckt haben? Die Stasiknäste warten auf Neuzugänge. Man muss doch die Dinge wirklich einmal vollkommen deutlich auf den Punkt bringen. „Wir sind ein Volk“ wurde auf Stickern vom Westen aus hereingeschleppt.[311]

Es würde mich nicht übermäßig erstaunen, wenn auch dies auf die gute Idee zurückgeht, das Ausland mithilfe von nationalistischen Parolen in Angst und Schrecken versetzen zu wollen. Diese Wirkung tritt ein, wenn das von hunderttausend Menschen gejohlt wird und im Nebel bleibt, wo die Grenzen des *einen Volkes* letztendlich sein werden. In der DDR sind auch Franzosen unterwegs, um sich ihre Meinung zu bilden. Es wundert mich nicht, dass sie die Welt auch nicht anders sehen als ich. In Paris ist der Chefdemokrat François Mitterrand davon überzeugt, dass einige der Demonstrationen in Ost-Deutschland für eine Vereinigung durch westdeutsche Agenten initiiert werden, die Banner und anderes Zeug ausgeteilt haben, das zur Vereinigung aufruft, obwohl Mitterrand nicht sicher ist, dass sie unbedingt von der Bonner Regierung geschickt gewesen sein müssen. Gewiss. Nicht unbedingt. Wer das auch immer initiiert hat – es ist außenpolitisch in dieser Situation genauso hilfreich wie der aktuelle Montagsbeitrag, der nun ausgerechnet von Rudolf Augstein kommt, der seinerzeit Brandts Deutschland-Politik auch „schon vor der Guillaume-Affäre nicht mehr folgen konnte, ihm sogar geschadet hatte."[312]

Ich lasse mir doch kein X für ein U vormachen, warum dies geschrieben wurde: „Es mag von Bonner Seite aus taktisch klug sein zu erklären, die Deutschen wollten gar keine Wieder- oder Neuvereinigung . . . Aber die Wahrheit ist es nicht." Es möge zwar sein, „dass der Schlüssel im Kreml liegt", aber das könne sich auch ändern. „Dann wird niemand die Deutschen in Ost und West hindern, ihre Interessen wahrzunehmen." Genau so und nicht anders – Mit den Ellbogen von der Maas bis an die Memel. Nach nachbarschaftlicher Kooperation mit den Freunden und Alliierten klingt das jedenfalls nicht. Mich wundert es kein bisschen, dass sich der außenpolitische Berater Teltschik besonders darüber freut, dass sich da ausgerechnet Herr Augstein „überraschend deutlich" für ein vereinigtes Deutschland aussprach. Das tat er vor dem großen Rollentausch auch in den 1950er Jahren schon, als er noch zwei ehemalige SS-Leute in seiner Spiegel-Redaktion beschäftigte, um den bedrohlichen Ruf seines Blattes bedrohlich zu halten.[313]

Der Kanzlerberater Teltschik ist elektrisiert

Der Michail Gorbatschow ist schon ein Schlingel. Dem Moskauer ZK gelobt er: „Wir werden die DDR nicht im Stich lassen." Sein Deutschland-Experte Portugalow tönt herum, die DDR stehe „nicht zur Disposition", reist aber nach Bonn mit einem Fahrplan für die Vereinigung.[314] Das ist doch zum Mäusemelken; nicht einmal auf den russischen Bären ist noch Verlass. Wird es Kohl gelingen, binnen einer Woche diesen Vorstoß aus Moskau mit lauten Geräuschen an der Wand zerschellen zu lassen?

Wann wird Der Spiegel dies abdrucken? „In der politischen Klasse Ost- wie Westdeutschlands hat bis in den Spätherbst 1989 kaum jemand eine baldige Wiedervereinigung für möglich gehalten und gewollt. Trotz aller Sonntagsreden – den Deutschen, resümiert der Publizist Peter Bender, war es »seit 1955 nicht mehr um die Einheit, sondern nur noch um die Milderung der Teilung« gegangen. Dieses gilt auch für die Union, unter deren Erzkanzler Konrad Adenauer sich die Bundesdeutschen bald nach dem Krieg im westlichen Bündnis eingerichtet hatten."[315]

Und zwar exakt zwischen 1945 und 1955, weshalb unnachvollziehbar ist, warum der große Bender ausgerechnet diese entscheidenden Jahre aus seiner äußerst wissenschaftlichen Geschichtsbetrachtung herausnimmt. Vielleicht klingt es in Prof. Peter Benders Ohren nicht so schlimm nach einer Verschwörung, wenn er die ersten Jahre des westdeutschen Staats einfach abzieht. Mutiger ist da ein Mann wie Sebastian Haffner, der zumindest für das halbe Jahrzehnt bis 1955 einräumt, da sei es sicher nicht um die Einheit gegangen. Publizisten sind stets ehrlich: „So jung sie ist, die Bundesrepublik erinnert sich schon heute – dank Adenauers erfolgreicher Tarnungspolitik – ihrer eigenen kurzen Geschichte nicht mehr. Sie weiß nicht und will nicht wissen, was sie in ihrer formativen Periode, in der Adenauerschen Glanz- und Erfolgszeit der Jahre 1949 bis 1955, wirklich gewollt, getan und bewirkt hat." Es ist natürlich schön, dass sie zumindest in den Medien Bescheid wissen. Haffner ist ein fantastischer Historiker: „Den »Westabmarsch«, den sie selbst damals – mit halbem Erfolg, aber mit vollem Einsatz – vollzog, hat sie verdrängt. In Wirklichkeit ist sie seither ein auf halbem Wege stehengebliebenes Fragment des vergeblich erstrebten »Abendlandes«, und für dieses Streben hat sie in Wirklichkeit die Existenz des Deutschen Reiches beendet und die nationale Einheit aufgeopfert. In ihrem Bewusstsein aber ist sie immer noch das weiter existierende, verstümmelte, widerrechtlich seiner östlichen Teile beraubte Deutsche Reich – »das Deutsche Reich in den Grenzen von 1937«. Das ist die Lebenslüge der Bundesrepublik."[316]

Wir werden es erleben, dass der Hamburger Spiegel druckt: „Die politische Konstellation Ende 1989 hätte absurder nicht sein können: In Geheimgesprächen mussten Abgesandte der Supermächte ihre deutschen Verbündeten in Bonn und Ost-Berlin ermutigen, den Widerstand gegen eine aktive Wiedervereinigungspolitik aufzugeben." Absurd. Ermutigen kann man jemanden zu etwas, das derjenige ohnehin will, was er in Angriff zu nehmen sich jedoch nicht selbst wagt. Wenn es hier aber Widerstand gibt, muss er überwunden beziehungsweise gebrochen werden. Es verfällt doch hoffentlich später keiner auf die Idee, Helmut Kohls Widerstand gegen eine Vereinigung unter den Teppich zu kehren.[317]

Was Nikolai Portugalow an diesem 21. November anschleppt, ist freilich alles andere als eine riesige Überraschung: Die Vereinigung ist möglich, wenn die Bundesregierung die bestehenden Grenzen anerkennt und den deutsch-sowjetischen Vertrag von 1970 bestätigt. Es ist kein Wunder, dass Horst Teltschik sehr gespannt lauscht: Der erste Teil des Planes hat amtlichen Charakter und ist laut Portugalow mit Falin und Tschernjajew, dem außenpolitischen Berater von Präsident Gorbatschow, abgestimmt, von dem die Initiative zu dem Papier ausgegangen sei. Weiterführende Überlegungen im zweiten Teil habe er jedoch bloß mit Falin besprochen. Der amtliche Teil enthält die Einschätzung der Entwicklung in der DDR. Gorbatschow geht davon aus, dass man in Bonn keine Zweifel hat, dass die Entwicklung in der DDR ohne die Sowjetunion und erst recht gegen sie undenkbar gewesen wäre. In Moskau habe man schon sehr früh gewusst, „im Grunde seit Morgendämmerung der Perestroika", dass diese Entwicklung so kommen werde. Das bezeichnet Teltschik als eine kleine Sensation; dies bedeute, dass sich die Sowjetunion mit der Entwicklung in der DDR identifiziert und mit dem Hinweis auf die Perestroika sogar die Verantwortung dafür übernimmt. Offen wird jedoch die Sorge angesprochen, dass die Entwicklung in den deutsch-deutschen Beziehungen eine unerwünschte und gefährliche Richtung nehmen könnte, die sich in einer Reihe von Fragen an den Bundeskanzler ausdrückt – Wie beurteilt er persönlich Tragweite und Perspektiven der Wende in der DDR? Was sind die Prioritäten? Gilt weiterhin die deutsch-sowjetische Deklaration vom 12. Juni dieses Jahres? Behält der Aufbau der gesamteuropäischen Friedensordnung Priorität vor der Lösung der deutschen Frage? Gelten die Ostverträge und der Grundlagenvertrag mit der DDR weiter, bis eine gesamteuropäische Friedensordnung geschaffen ist? Kann Modrows Angebot einer Vertragsgemeinschaft auf der Basis des Grundlagenvertrages ein *modus vivendi* sein, bis endgültige Lösungen gefunden sind?"[318]

Doch nun kommt die böse Überraschung. Der Inhalt des nichtamtlichen Papiers lautet völlig anders und Horst Teltschik spitzt seine Löffel. Rein theoretisch: Wenn die Bundesregierung beabsichtigen würde, die Frage der Wiedervereinigung oder besser gesagt Neuvereinigung einzuführen in die praktische Politik, dann wäre es vernünftig, einmal öffentlich über die Vorstellungen der zukünftigen Allianzzugehörigkeit, also Nato bzw. Warschauer Vertrag, und ebenso die Mitgliedschaft in der Europäischen Gemeinschaft nachzudenken. Habe ich Ihnen zu viel versprochen? Diese Signale „elektrisieren" den Horst. Die Vereinigung hier wird in Moskau konkret diskutiert und offensichtlich erwartet! Es ist kein Wunder, dass ihn das elektrisiert, wenn bis in den Spätherbst 1989 kaum ein Politiker in Bonn und Ost-Berlin eine Vereinigung wünscht. Vielleicht wurde der außenpolitische Berater ja auch vom Außenamtschef Genscher nicht von dessen Gespräch mit dem sowjetischen Außenminister am 18. Januar in Kenntnis gesetzt. Das waren auch schon neue, ja revolutionäre Signale! Wobei das Ausrufezeichen hier von Genscher stammt und nicht von mir. Na, ich sage das mal so: Neue, ja revolutionäre Signale waren das, als sie 1984 zum ersten Male seit Jahren in Moskau geäußert wurden. Und seit damals hat sich Honecker auch so sehr vor dem Gorbatschow gegruselt. Sie erinnern sich ja sicherlich: Sieben Monate vor Gorbatschows Machtantritt, im August 1984 konnte Der Spiegel die Information aus Moskau veröffentlichen, dort wolle eine Politbüro-Fraktion mit dem noch immer wenigen bekannten Gorbatschow die Wiedervereinigung ermöglichen.[319]

Den Spiegel konnten damals aber leider bloß einzelne Leute in der DDR lesen. Wenn es da stand, war es gut aufgehoben. Aber Honecker konnte es dort lesen und seine Schlüsse daraus ableiten und in Moskau konnten sich Truppenteile sammeln, die diesen Naseweis aus dem Rennen holen, bevor die Frage der Nachfolge des großen Chefs anstand. Dass Krenz so gut auf Moskau und Gorbatschow zu sprechen war, ist ja dann auch der Grund gewesen, warum Honecker nicht bereit war, seine Amtsgeschäfte vor seinem Tod an Egon Krenz abzugeben.

Und Nikolai Portugalow ist nun auch schon Jahre zuvor einschlägig aufgefallen. Honis reicher Onkel in Bayern, der Franz Strauß, erinnerte sich gut: Nach den Bundestagswahlen des Jahres 1987 hat der Deutschland-Experte Nikolai Portugalow einen Artikel in Moskovskie Novosti unters Volk gebracht, in dem stand, dass es lediglich *eine* deutsche Nation gibt, wenn auch in zwei Staaten. Michail Gorbatschow hat Strauß gegenüber wenig später bei dessen Besuch in Moskau diese Auffassung bestätigt.[320]

Aber auch das unterscheidet sich nicht von den Überlieferungen aus der Breshnjew-Ära; und auch damals schon sahen das die einzelnen Akteure in Moskau unterschiedlich. Nur, dass die Gorbatschow-Fraktion seit '85 das Sagen hatte. Die Moskauer Haltung war noch am 10. November von Alexander Jakowlew bestätigt worden, als er die Vereinigung zur „Sache der Deutschen" erklärte. Teltschik beginnt zu verstehen, dass es höchste Zeit ist, dass Bonn nicht mehr länger im stillen Kämmerlein vor sich hin grübelt, sondern in die Offensive gehen muss.[321] Wenn es die Zielsetzung der Offensive wäre, die Bundesrepublik und *unsere* DDR zu vereinigen, dann würde sich Kohl tatsächlich über die Zugehörigkeit zur Nato oder, weniger wahrscheinlich, zum Warschauer Vertrag äußern. Wenn es aber darum geht, die juristische Hängepartie aus Adenauers Zeiten über den Zeitraum bis zur Wahl Oskar Lafontaines zum Bundeskanzler zu ziehen, dann schweigt man sich dazu aus. Mögen sich die Ausländer doch ihren eigenen Reim darauf machen, was das vielleicht zu bedeuten hat.

Teltschik hat Gorbatschows Worte aus der Vorlesung vom 15. November in Moskau im Kopf, als er liest, was Nikolai Portugalow zu Vereinigung, EG-Beitritt der DDR, Zugehörigkeit zu den Militärbündnissen sowie zur

Möglichkeit eines Friedensvertrags aufgeschrieben hat. „Wie Sie sehen", sagt der Russe, „denken wir in der deutschen Frage alternativ über alles Mögliche, sogar quasi Undenkbares nach." Schöner hätte er es gar nicht mehr sagen können: Es ist undenkbar, dass die Russen jetzt wieder mit einem Friedensvertrag ankommen. Die Erinnerungen von Strauß stehen ja schon im Buchladen und dort steht es schwarz auf weiß: „Da wir aber nicht bereit und nicht in der Lage sind, Reparationen zu zahlen, wollen wir auch keinen Friedensvertrag. Die höhere und die niedere Mathematik der Politik trafen hier zusammen – das Offenhalten der deutschen Frage und das Vermeiden gigantischer Reparationszahlungen."[322] Mein Gott, wie oft denn noch? Liest eigentlich überhaupt einer solche Bücher?

Doch nicht nur Herr Kohl muss jetzt aus dem Kämmerlein heraus. Auch sein Mann fürs Äußerste muss in den Kampf ziehen. Fast gleichzeitig ist Außenamtschef Hans-Dietrich Genscher im Weißen Haus. US-Präsident George Bush sagt, dass in den USA seit dem Mauerfall viele Vorbehalte gegen eine Vereinigung geschwunden seien. Aber „friedlich" müsste der Prozess des Zusammenwachsens schon vonstatten gehen. Ich würde nur zu gerne wissen, ob *Genschman* darauf tatsächlich erwidert, die Einheit werde nicht als „brüllende Löwin" auferstehen, sondern als eine „Taube des Friedens".[323] Genau so ein Täubchen wie Genscher selbst.

Nächtlicher *Subbotnik* in Bonn am Rhein

Unterdessen ist in Bonn die reinste Panik ausgebrochen. Der durch den Sendboten Portugalow elektrisierte Teltschik schließt aus jenem Besuch, nun müsse Herr Bundeskanzler die Initiative ergreifen und die Führung übernehmen, wenn er nicht in den Hintergrund gedrängt werden wolle. Wer hatte denn vor Kohl die Führung inne? Besonders problematisch ist an dieser Erklärung hier, dass sie aus der Luft gegriffen ist. Es ist zweitrangig, ob ein Modrow in Ost-Berlin redet oder Portugalow in Bonn; der *President of the United States of America George Bush* hat Dr. Helmut den Großen darum gebeten, Bonns deutschlandpolitische Positionen vor dem Gipfeltreffen mit Michail Sergejewitsch Gorbatschow zu benennen. Er trifft den Kreml-Chef bereits am 2. Dezember auf einem Kriegsschiff vor *Malta*. Schon der Ort des Zusammentreffens erinnert daran, dass es auch London ist, das an dieser Geschichte interessiert ist. Aktuell stehen Besuche von Hans-Dietrich Genscher in Paris, London und Moskau an, der Nato-Gipfel in Brüssel am 4. Dezember, der Besuch Mitterrands in Kiew am 6. Dezember und in Ost-Berlin vom 20. bis 22. Dezember plus der Europäische Rat am 8. und 9. Dezember. Von der Stimmung bei den Gesprächen hängt schon eine Menge ab und von den Konsultationen mit den Alliierten selbstverständlich auch.[324]

In den Tagen nach dem Fall der Mauer ist im Bundeskanzleramt immer deutlicher geworden, dass man auch dort angesichts der offenkundigen Revolution der außenpolitischen Rahmenbedingungen und begonnenen internationalen wie auch innenpolitischen Diskussionen über Deutschlands Zukunft kein strategisches Konzept zur Bewältigung der Situation hat, befindet *der Historiker* Werner Weidenfeld. Na ja, man denkt doch immer, es seien Historiker, die sich mit den Abläufen befassen. Aber der Werner Josef Weidenfeld ist eben kein Historiker. Der ist Politikwissenschaftler und Hochschullehrer und Politikberater. Wie kriegt er es denn hin mit wissenschaftlich und neutral wertend, wenn er überall dabei ist und die handelnden Politiker berät? Glauben Sie, dass der hinterher an der Politik herummäkelt, die er selbst empfohlen hatte? Lassen wir uns aber von solchen Zwischenrufen nicht von der Geschichte ablenken. Die *orientierungslose Öffentlichkeit* macht nach Weidenfeld eine neue Zielbestimmung der Politik notwendig. Während nach außen zunächst eine von Helmut Kohl verordnete Zurückhaltung gewahrt wird, machen sich der Kanzler und seine engsten Mitarbeiter schon Gedanken darüber, wie diese Zielsetzung erfolgen sollte. Sehen Sie, immer wieder liegen Beobachter falsch. Man denkt landläufig, das stünde im Grundgesetz, was die Politiker da zu tun und zu lassen haben. Es ist doch eigentlich völlig klar wie Kloßbrühe, dass Kohl die Einheit Deutschlands als Ziel zu haben hat und nun endlich einen Fahrplan braucht. Falsch gedacht. Lassen wir uns belehren. Nachdem Kohl am 17. November gegenüber George Bush, der nach dem Konzept für das weitere Vorgehen nach dem Mauerfall gefragt hatte, ein „detailliertes Memorandum" zu seinen deutschlandpolitischen Positionen angekündigt hatte, (Ja, Papa, ich fang gleich an ...) erteilt Dr. Kohl am Abend des 23. November in einer Besprechung im Kanzlerbungalow seinen Mitarbeitern den Auftrag, so ein Papier auszuarbeiten. Die Bundesregierung ist unter öffentlichen Druck geraten, weil auch sie kein Konzept für den Umgang mit dieser neuen politischen Situation hat. Mit seinem eigenen deutschlandpolitischen Vorstoß muss Helmut Kohl dem entgegensteuern.[325] Sagt der Kohl-Berater Weidenfeld.

Die Bedeutung der christlichen Kirchen für die Außenpolitik in Bonn ist gut erkennbar, wenn Kohl in seinem weißen Bungalow in Ludwigshafen-Oggersheim zwei alte Freunde versammelt hat, denen er mehr traut als allen Koalitionspartnern in Bonn und den meisten Bündnispartnern der Regierungen der Nato-Staaten. Diese zwei alten Freunde müssen ja gut Ahnung haben von der richtig großen Weltpolitik. Jetzt feilt der Kanzler mit den katholischen Theologen an einem Papier weltpolitischen Rangs, einem „Zehn-Punkte-Plan" zur Wiedervereinigung Deutschlands. Nach Teltschik feilt er übrigens an keinem Zehn-Punkte-Plan. Dass es letzten Endes zehn Punkte geworden sind, sei dann eher zufällig gewesen. Nach Weidenfeld wird da ausdrücklich „kein Masterplan zur Herstellung der deutschen Einheit gezeichnet". Nach Kohl ist es bloß ein Programm und nach Genscher ist es gar nur eine Erklärung.[326] Die wird allerdings nötig sein, wenn der Schuss erst nach hinten losgeht. Aber auch an diesem Ort und an diesem Tage fallen wieder Kirchenleute auf, welche jenseits eines demokratisch gewählten Gremiums ihre Rolle in der Politik spielen. Das war in den letzten Jahrzehnten auch oft die Rolle des Kassenwartes oder des Geldboten für die DDR – gegenüber der Öffentlichkeit nicht rechenschaftspflichtig, nicht kontrollierbar, nicht absetzbar. Haben Sie einmal gehört, dass ein Archiv einer Kirche überprüft werden durfte?

In dem Fall handelt es sich um die Gebrüder Ramstetter, einen pensionierten Studiendirektor und Monsignore Ramstetter, den Stadtdekan in Ludwigshafen und auch Familienbeichtvater von Familie Kohl. Die zwei haben dem Dr. Kohl schon früher bei wichtigen Reden, wie zum Beispiel bei Neujahrsansprachen, wertvolle Ratschläge gegeben. Außerdem telefoniert Kohl einige Male mit dem CDU-Bundestagsabgeordneten Rupert Scholz, einem hervorragenden Professor des Staatsrechts. Dass Helmut Kohl kein Steuergeld für Schreibkräfte verschleudert, wenn es nicht unbedingt sein muss, zeigt sich auch darin, dass seine liebe Frau das gleich in die Maschine tippt.[327] Als Willy Brandt damals noch was in der Politik zu sagen hatte, wollte ihn ja auch immer ein Pfaffe beraten. Aber „für die Fortsetzung von Kirchentagen mit anderen Mitteln“ hatte er, wie er sagt, keinen Sinn.[328] Er flog folgerichtig auch mit Pauken und Trompeten auf den Domvorplatz hinunter und zerschellte auf dem politischen Pflaster. Glauben Sie bloß nicht den Politologen, die ihnen erzählen, Brandt wäre über den DDR-Agenten Günter Guillaume gestürzt. Er ist über den BND gestürzt, der den Volksschüler ausgewählt hatte. Dazu folgt ein Buch.

Helmut Kohl verlässt sich aber nicht nur auf sein Küchenkabinett. Seine Mitarbeiter in Bonn müssen auch ran und ihre eigenen Ideen zu Papier bringen. Dafür sucht sich Horst Teltschik ein paar kluge Leute, nicht nur aus seiner Abteilung, sondern auch aus der Deutschland-Arbeitsgruppe und aus einer anderen Abteilung. Es ist schade, dass er nicht spezifiziert, welche andere Abteilung das ist. Diese Mannschaft von fünf oder sechs Leuten (langsam werden es mehr Kluge) denkt laut nach. Was muss der Bundeskanzler in der Situation sagen? Was kann die Strategie sein?[329]

Als wäre in dieser Situation die enge Abstimmung mit den vier Alliierten nicht am wichtigsten – aber die Konsultation mit den Alliierten hat Herr Kanzler ja auch schon vor der Abreise nach Warschau abgelehnt –, trifft man sich jetzt in einer nächtlichen Runde im Bonner Kanzlerbungalow. Das sind dann noch mehr Überstunden, um den 1943er Parteiauftrag zu erfüllen. Offenherzig erklärt Teltschik: Um den Überraschungseffekt zu sichern, sollen nicht einmal dubiose Mitglieder der Bundesregierung ein Sterbenswörtchen über den politischen *coup* erfahren. Wenn sich aber jeder kleine Junge denken kann, dass auch schon ein lächerlicher Bankeinbruch mit den Komplizen sorgfältig geplant sein will, dann lasse ich mir bestimmt nicht einreden, Helmut Kohl würde Ende November 1989 einen Erfolg in meinem Sinne planen. Warum soll es denn schaden, den Außenamtschef ein bisschen einzubeziehen, wenn man Außenpolitik betreibt? Weil Genscher in einer anderen Partei ist? Aber das hat doch die Erfüllung seiner Aufgaben noch nie erschwert? Egon Bahr stand früher mal im Weg, aber der hat es sich ja glücklicherweise inzwischen anders überlegt. Bloß Brandt steht noch im Weg und im Weg und im Weg.[330]

Nur ein unmissverständliches, öffentliches Bekenntnis zur Einheit sowie die Skizzierung eines möglichen Weges dahin können jetzt noch die zerfaserte Diskussion bündeln, heißt es. Aber die Diskussion ist ja gar nicht so zerfasert. Sie dreht sich darum, dass die Ossis weiter in ihrem Gehege in Ruhe ausharren sollen und darum, dass die Ossis doch ganz bestimmt keine Vereinigung von Sozialismus und Kapitalismus wollen, denn beide sind nach ihrer Auffassung so unvereinbar wie Feuer und Wasser. Hatte der Erich Honecker in der Bild-Zeitung gesagt. Der Erich weiß Bescheid; der ist ein Wessi und kommt aus dem Saarland. Bei Weidenfeld heißt es, vor einigen wichtigen internationalen Gesprächen hat Kohl durch seinen Vorstoß sowohl die Gelegenheit, befürchteten Vorschlägen von anderen zuvorzukommen, als auch, der Diskussion zu Deutschlands Zukunft die Richtung vorzugeben. Aber warum möchte er denn eine Richtung vorgeben, wenn inzwischen sowohl die Führung in Washington als auch die in Moskau bereits Interesse an einer Vereinigung deutlich gemacht haben? Um all das zu erreichen, setzt Kohl einen Vorbereitungsmechanismus in Gang, der typische Punkte seines Arbeits- und Politikstils aufweist. Kohl wählt seine Mitarbeiter nicht auf Grund von Positionen in der offiziellen Hierarchie aus, sondern vor allem wegen der ihnen von ihm zugeschriebenen Kompetenz und Loyalität. Entsprechend breit sind letztlich auch die formalen Ränge gestreut, die von Mitarbeitern der Redenschreibergruppe über Abteilungsleiter sowie externe Berater ohne ein öffentliches Amt bis zu Bundesministern reichen. Zusammengefasst ist sein Vorbereitungsmechanismus undemokratisch. Wir wollen sicherlich nicht von einer Verschwörung ausgehen, aber warum ist denn da die Loyalität der eingeweihten Leute so wesentlich? Sind die Leute denn nicht alle auf das Grundgesetz vereidigt und als Beamte dem Staat und damit dem Willen der Bevölkerung verpflichtet? Oder wie verstehen Sie Demokratie?[331]

Diese Fragen stelle ich mir sowieso, wenn der Politikberater sagt, diskutierte Eckpunkte werden, wenn sie Helmut Kohls Einverständnis finden, von den zuständigen Fachreferaten inhaltlich ausgearbeitet und mit den Redenschreibern zu einer ersten Vorlage zusammengefügt. Am Beispiel der Rolle des Leiters Arbeitsstab Deutschlandpolitik wird deutlich, dass hierbei nicht unbedingt das zuständige Referat die Federführung haben muss, sagt der Politikberater. Er hat aber geschrieben: Die diskutierten Eckpunkte werden von den zuständigen Fachreferaten inhaltlich ausgearbeitet und mit den Redenschreibern zur ersten Vorlage zusammengefügt, oder habe ich da etwas falsch verstanden? Ach so, ja klar, wenn sie Helmut Kohls Einverständnis finden. Dann ist *das* also demokratisch.

Am Morgen des 25. November sitzen dann Teltschik, Hartmann, Duisberg, Prill, Kass, Mertes und Hanz noch einmal zusammen. Erneut wird heftig um das Gesamtkonzept sowie einzelne Formulierungen gerungen. Obwohl ausdrücklich kein „Masterplan" zur Herstellung der deutschen Einheit gezeichnet werden soll und mit schwammigen Begriffen wie zum Beispiel „konföderativen Strukturen" anstelle von „Konföderation" oder so wie schon seit 1949 der transitorische Charakter der Gedankenskizze deutlich gemacht werden soll, gehen Duisberg sogar diese Aussagen viel zu weit. Adenauers gesamtes Konzept basierte auf seiner provisorischen Übergangslösung BRD, die nach dem Tod der Enkel mal zur Wiederherstellung unseres Landes führen sollte. So bekamen sie zwölf Jahre ohne Mauer über die Bühne und achtundzwanzig Jahre mit Mauer. Am Ende stand Honecker auf der Tribüne und feierte 40 Jahre DDR.

Die Technik hat der Experte Prof. Dr. H. A. Winkler doch hervorragend beschrieben: „Schon um Mehrheiten zu gewinnen, musste Adenauer die Politik der Westintegration als den einzig erfolgversprechenden Weg zur »Einheit in Freiheit« darstellen. Aber ein strategisches Nahziel war die

Wiedervereinigung für ihn nicht.“ Bundespräsident Walter Scheel hat in späteren Jahren, als ein großer Teil der Deutschen zumindest im Westen die Teilung in gut und böse dann bereits einigermaßen geschluckt hatte, nachgeholfen: „Wenn auch die Verwirklichung des Selbstbestimmungsrechtes in historischen Dimensionen gedacht werden muss, so brauchen wir dafür doch ein auf Dauer angelegtes Instrument.“ Darauf folgte das glasklare Bekenntnis: „Dies ist unser Staat, die Bundesrepublik Deutschland.“ Gleich kommt wieder die Berliner Morgenpost an und erklärt das zu einer Zeitungsente. Dass das eine *Verfassungs*verletzung darstellt, ist dem Bundespräsidenten so schnell nicht bewusst geworden. So ähnlich waren doch die Worte bezogen auf Außenminister Genscher.[332]

Teltschik lässt die Anwesenden schließlich abstimmen – und erhält eine deutliche Mehrheit für das erarbeitete Konzept. Diese Zustimmung fällt nicht zuletzt deshalb leicht, weil keines der vorgesehenen Elemente zur internationalen Politik wirklich neu ist. Stattdessen wurde auf Aussagen aus alten Verträgen wie dem Deutschlandvertrag oder von Verbündeten in EG und Nato unterzeichneten Kommuniqués zurückgegriffen – sich also so dreist wie schon Kohl in Paris darauf berufen. Die Ergebnisse der Überlegungen dieser Arbeitsgruppe werden zusammengefügt und durch einen Kurier in das Privathaus der Familie Kohl gebracht. Am Wochenende will es der Kanzler durcharbeiten. Dieses Vorgehen hat den Effekt, dass die Diskussionskreise nichts Konkretes voneinander wissen und am Ende nur Kohl selbst den gesamten Diskussionsverlauf kennt, meint der sachkundige *insider* Werner Weidenfeld.

Schon in der Besprechung am 23. November wurde der Überraschungseffekt als zentrales Element in der Gesamtstrategie zur Rückgewinnung der deutschlandpolitischen Meinungsführerschaft angesehen, erläutert der Experte. Nichts wissen dürfen die Parteigremien der Union, Medien und die Vertreter der Vier Mächte. Gut, letztere müssen doch informiert werden, aber so, dass der Überraschungseffekt erhalten bleibt. Da haben wir die falsche Verschwörungstheorie wieder. Das ist schön. Man muss sich mit den Partnern nicht abstimmen; man muss jeden über den Tisch ziehen, weil sie alle die Einheit verhindern wollen. Sie können gern eine Gegenthese aufstellen, warum das unbedingt geheim bleiben muss.

Haben Sie Ihre Gegenthese schon aufgestellt? Das war die Mühe freilich nicht wert. Lesen Sie, was Teltschik bereits am 21. November in seinem Tagebuch festhielt: „Baker bekräftigt: Wiedervereinigung sei und bleibe amerikanische Politik." Aus Moskau ging an demselben Tag das gleiche Angebot ein und am 23. November hat er sich notiert: „In einer landesweit ausgestrahlten Fernsehrede zum amerikanischen Erntedankfest hat George Bush heute nacht – zehn Tage vor Malta, noch einmal öffentlich bekräftigt, dass es »keinen größeren Anwalt von Perestroika als den Präsidenten der Vereinigten Staaten« gebe." Außer Gorbatschow wird lediglich der Bundeskanzler von Präsident Bush namentlich als guter Freund angesprochen. Auch das Europäische Parlament hatte an dem Tage ein außerordentlich freundschaftliches Zeichen gesetzt und bei zwei Gegenstimmen eine Resolution verabschiedet, in welcher der Bevölkerung der DDR das Recht zugesprochen wird, „Teil eines vereinigten Deutschlands und eines einigen Europas zu sein." Wozu war die Heimlichtuerei dann also angetan? Und Egon Krenz fiel am 24. November aus allen Wolken, als ihm der Gorbatschow-Berater Falin „unter fast konspirativen Bedingungen" bedeutete, wenn Bonn bereit sei, Wiedergutmachung zu leisten, „könnte man über eine Neuvereinigung nachdenken". Krenz schwant an diesem Tag: „Um die DDR wird gefeilscht." Den Traum von der Wiedergutmachung für die Kriegsschäden gibt es in Moskau aber nicht lange.[333]

Dass es sich bei der Information der Alliierten des Weltkrieges vor Verkündung des Planes um kein Versehen, sondern vielmehr um eine ganz gezielte Provokation handelt, wird klar, wenn man die Darstellung liest, die Hans-Dietrich Genscher hier zu bieten hat: „Dass die Zehn-Punkte-Erklärung nicht mit dem Koalitionspartner abgestimmt wurde, war eine Angelegenheit der Koalition. Sie war aber auch nicht mit unseren wichtigsten Alliierten besprochen worden, deren Unterstützung wir in den nächsten Wochen dringend brauchen würden. Dafür riefen Beamte des Kanzleramts in verschiedenen Botschaften an und empfahlen, die Regierungserklärung des Kanzlers im Bundestag aufmerksam zu verfolgen, da sie sehr wichtige Aussagen beinhalte."[334]

Da drängt sich ein Vergleich geradezu auf. Na ja, in der Bundesrepublik lernen die Leute ja von klein auf, mit den zwölf Jahren unter Hitler kann man nichts vergleichen. In der DDR lernen schon die Schüler, man kann alles vergleichen. Es gibt dafür zwei Kategorien – Gemeinsamkeiten und Unterschiede. Das fängt ja schon bei Äpfeln und Birnen an. Beide zählen zweifelsfrei zum Obst, nicht wahr? Man soll sie nicht zusammenzählen, aber man darf sie sehr wohl vergleichen. Können Sie sich an den Auftritt von Kanzler Adolf Hitler am 28. April 1939 im Krolloper-Reichstag noch erinnern? Bei dieser Gelegenheit kündigte Hitler den Flottenvertrag mit London auf und weil die Engländer die Garantie für Polen übernommen hatten, war für ihn auch der Nichtangriffspakt mit Warschau nicht mehr bestehend. Der US-Präsident wurde in der Rede einfach überhaupt nicht erwähnt, obwohl dieser um eine Stellungnahme gebeten hatte. Kurz und bündig wurde diese Rede dann bei der Botschaft der Vereinigten Staaten abgegeben, versehen mit einem Schreiben, aus dem hervorging, dass die Rede die Antwort für den Präsidenten enthalte. Wie groß wäre denn der Unterschied in der Behandlung führender ausländischer Politiker?[335]

Wenn der Herr Bundeskanzler Kohl andererseits „seine Äußerungen als persönliche Auffassung verstanden wissen“ will, dann ist es gleich überhaupt nicht einzusehen, warum denn die Botschafter das unbedingt verfolgen müssen. Die gehen letztlich auch einer Arbeit nach. Genau durch diese Information erhalten Kohls Äußerungen den regierungsamtlichen Charakter und lösen berechtigte Reaktionen aus. Ganz abgesehen davon und nur zur Erinnerung hatte ursprünglich gerade der US-Präsident ein detailliertes Memorandum zu Dr. Helmut Kohls deutschlandpolitischen Positionen erbeten. Wenn das die Antwort ist, dann vielen Dank.

Kohl und Genscher, diese beiden.

Es ist freilich gemein, immer auf Kanzler und Kollegen herumzuhacken, die Rolle hingegen nicht auszuleuchten, die sein Außenamtschef in dem Theaterauftritt spielt. Genscher erzählt freimütig, dass es „in den Tagen zuvor" Gerüchte gab, „der Kanzler wolle die Debatte nutzen, um eigene Vorstellungen zur deutschen Frage darzulegen". Dann war es doch wohl die Aufgabe des Außenministers, zu solch einem Egomanen hinzugehen und ihn auf diese Gerüchte anzusprechen. Der Auftrag laut Grundgesetz, Deutschland, sobald das möglich ist, zu vereinigen, ist kein privates Vergnügen für einen einzelnen Schwergewichtler in der Kanzlersuite. Dann gehört in Hans-Dietrich Genschers Erinnerungen eine Szene hinein, in der er nach einem entsprechenden Gespräch wild fluchend das Arbeitszimmer des Kanzlers verlassen und beim lauten Schließen einer Tür die Klinke in der Hand gehabt hat, wie einst Bismarck bei Kaiser Wilhelm – zumal auch von einer Reaktion auf sein Auftreten in Prag die Rede sein soll. Und ich dachte, ganz Bonn sei stolz gewesen auf seinen nächtlichen Auftritt. Auch nicht. Auch gut. Jedes Detail macht es noch hässlicher.[336]

Dass neben Herrn Bundeskanzler Helmut Kohl auch der Außenamtschef Hans-Dietrich Genscher lügt wie gedruckt, wird schnell klar: Er hat sich bereits am 6. September den Büroleiter der Bild-Zeitung in der Bundeshauptstadt Bonn am Rhein als Gast in seinen Garten eingeladen, um es in Ost und West laut zu machen, dass die Ungarn versuchen, die Grenze für DDR-Bürger in Richtung Westen zu öffnen. Zu dem Zeitpunkt hatte man noch hoffen können, dass es der DDR-Führung irgendwie gelingen könnte, das zu verhindern. Auch jetzt Ende November geht der Kanzler wieder über den Kanal Wolfgang Kenntemich. Dieser Zehn-Punkte-Plan wird über ihn durchgestochen, bevor Kohl ihn im Bundestag präsentiert. So ist Genscher rechtzeitig im Bild und weiß, worauf er zu reagieren hat. Was kann ein Experte hier beitragen? „Kenntemich war als Abgesandter von Bild in Bonn wichtig für Kohls und Genschers Bundesregierung: ein natürlicher Verbündeter im Angesicht tendenziell SPD-freundlicher Medien wie dem öffentlich-rechtlichen Fernsehen, dem Spiegel, dem Stern, der Süddeutschen Zeitung oder der Frankfurter Rundschau, die die öffentlichen Debatten prägten."[337] Also haben die Leitmedien schon immer die Zweistaatlichkeit propagiert. Bis 1969 war der Konsensjournalismus nämlich tendenziell CDU-freundlich. Nur, weil es so bekloppt klingt, soll Gunnar Hinck auch noch *den* Psalm aufsagen: „Im Herbst 1989 war die Stunde der Journalisten des Axel-Springer-Verlages gekommen, die von den Kollegen immer belächelt worden waren, weil sie sich mit missionarischem Ernst um deutsch-deutsche Themen kümmerten."[338] Muss man den Auftrag des Grundgesetzes, sich um die Einheit Deutschlands zu bemühen also nicht allzu ernst nehmen? Warum ist es denn nun amüsant, wenn sich jemand um deutsch-deutsche Themen kümmert? Wurde das Grundgesetz geschrieben, um die Wähler hinters Licht zu führen? Es ist schon verräterisch ausgedrückt: weil sie sich mit missionarischem Ernst um deutsch-deutsche Themen kümmerten.

Und um diese zugleich zu diskreditieren, kümmern sie sich parallel dazu auch um Klatsch und Tratsch. Vielleicht doch noch ein bisschen aus der Feder von Gunnar Hinck? „In den achtziger Jahren war in der Bundesrepublik Innerdeutsches in die Defensive gedrängt, galt doch die Mauer in weiten Teilen der Bevölkerung inzwischen als Normalität und eigentlich ganz nützlich: Sie kapselte die Bundesrepublik von der lästigen und tristen ostdeutschen Realität ab. Sie schuf Biotope." Verstehen Sie, dass Ihr Weltbild manipuliert wurde? „In Zeiten vermeintlich ewig andauernder Blockkonfrontation und verlässlichen Wohlstands nahmen Themen wie Atomausstieg, Waldsterben, multikulturelle Gesellschaft und Dritte Welt in der Gesellschaft breiten Raum ein; Themen, die wohl nur unter den saturierten Bedingungen der achtziger Jahre der Bundesrepublik so gedeihen konnten." Hinck weist aber zutreffend darauf hin, dass sie bei Springer startklar sind: „Bis kurz vor der Wende erschien das Akronym DDR in den Zeitungen des Konzerns nur in Anführungszeichen." Völlig richtig, denn als der Rohbau der neuen Ständigen Vertretung der B.R.D. in der D.D.R. stand und die Arbeiter sich dem Innenausbau zuwandten, ließ ja dann selbst dieser „marginalisierte" Axel-Springer-Konzern noch die Anführungsstriche bei *unserer* DDR weg.[339]

So können wir an dieser Stelle festhalten, dass Hans-Dietrich Genscher ganz bewusst lügt. Wie hat es der gute alte Johann Wolfgang von Goethe seinerzeit so vortrefflich ausgedrückt? „Wahrheit sag ich euch, Wahrheit und immer Wahrheit, versteht sich: Meine Wahrheit; denn sonst ist mir auch keine bekannt.“ Der Bonner Außenminister Genscher weiß also vor dem Beginn der Rede des Kanzlers von dem giftigen Zehn-Punkte-Plan. Es erscheint dann auch mehr als nur unwahrscheinlich, dass er „unsere Haltung“ erst in der Mittagspause des 28. November 1989 mit Otto Graf Lambsdorff abgestimmt und schließlich formuliert habe. Da er Bescheid weiß, ist es schade, dass er den Kanzler nicht an seinem so reichhaltigen Erfahrungsschatz des kleinen, gelben Koalitionspartners teilhaben lässt, denn er hat richtig gute Gedanken zu bieten, die Kohls Initiative nicht zu einem Rohrkrepierer werden lassen müssten. Ihm ist vollkommen „klar, dass die außenpolitischen Reaktionen darauf Probleme in West und Ost aufwerfen würden, die man hätte vermeiden können“.[340]

Kohls Plan soll das Huhn wieder auf Trab bringen

Am 28. November '89 findet die zweite Beratung des Haushaltsgesetzes 1990 statt. Mit dem Geschäftsbereich des Bundeskanzlers und Bundeskanzleramtes, des Bundesministers für Innerdeutsche Beziehungen und des Auswärtigen Amtes geht es los. Helmut Kohl ist besser präpariert als jemals zuvor in seinem Leben. Schon in den ersten Morgenstunden ging eine verschlüsselte Telex-Botschaft über den Heißen Draht, der das Amt des Bundeskanzlers und das Weiße Haus in Washington verbindet. Das war für den Adressaten am späten Abend. Hat er es noch gelesen? Kohl übermittelte dem „lieben George" Bush als einzigem Verbündeten vorab seinen Zehn-Punkte-Plan zur „Wiedergewinnung der staatlichen Einheit Deutschlands". Was will Kohl Bush sagen? „Haben Sie herzlichen Dank für Ihre telefonische Bitte, Ihnen für Ihre bevorstehende Begegnung mit Generalsekretär Gorbatschow bei Malta auch unsere deutschen Anliegen mitzugeben." Würde er Bush etwas von der Weltverschwörung erzählen, dass die Angelsachsen im Grunde ihrer Seele Deutschland geteilt halten wollten, würde Bush ihm die Hosen strammziehen: „Sie geben damit ein unübersehbares Zeichen deutsch-amerikanischer Freundschaft."[341]

Den Briten und Franzosen lässt Kohl den Redetext fast zeitgleich mit der Vorstellung des Planes im Bundestag am Vormittag zustellen. Man muss schon wissen, wie man seine Kombattanten gehörig in Stimmung bringt. „Ganz bewusst" hat Kohl in den Formulierungen „jegliche zeitliche Festlegung vermieden". Warum denn das? „Wir wollten uns einerseits nicht den eigenen Handlungsspielraum verbauen, andererseits die mancherorts ohnehin aufgeregten Gemüter nicht unnötig reizen." Aus demselben Grund hat Dr. Kohl die Frage nach der Bündniszugehörigkeit eines vereinigten Deutschlands ausgeklammert, obwohl für ihn ganz außer Frage steht, dass ein Austritt aus der Nato niemals der Preis für die Wiedervereinigung sein darf.[342] Behalten Sie Ihr gutes Gedächtnis bis zum Januar. Sie werden sehen, inwiefern das für ihn außer Frage steht.

Jetzt geht's los: *Zehn-Punkte-Programm zur Überwindung der Teilung Deutschlands und Europas*, vorgelegt von Bundeskanzler Helmut Kohl im Deutschen Bundestag am 28. November, aber leider nicht freiwillig, sondern nach einer Aufforderung durch seinen Vorgesetzten, den Herrn Präsidenten der Vereinigten Staaten von *America*. Was sagt Kohl? „Der Weg zur deutschen Einheit, dass wissen wir alle, ist nicht vom grünen Tisch oder mit einem Terminkalender in der Hand zu planen. Abstrakte Modelle kann man vielleicht polemisch verwenden, aber sie helfen nicht weiter. Aber wir können, wenn wir nur wollen, schon heute jene Etappen vorbereiten, die zu diesem Ziel hinführen."[343] Dabei weiß er, das machen sie in Bonn schon seit Jahrzehnten so und das werden sie genau so auch noch sehr lange fortsetzen.

Auf einige Details in dieser großartigen Dunstwolke darf ich speziell hinweisen. Wenn Helmut Kohl einleitend erklärt, abstrakte Modelle könne man vielleicht polemisch verwenden, sie werden aber nicht weiterhelfen, dann wird hier bereits angekündigt, dass er kein Konzept darlegen wird. Dann wird von Etappen gesprochen, die man vorbereiten wolle. Was ist von seinen Etappen zu halten? Kohl sagt nicht, wie lange denn vielleicht die Vorbereitungen auf den Beginn der ersten Etappe dauern sollen und wie viele Jahre jede seiner Etappen dauern wird. In das Etappenmodell von Bundesfinanzminister Fritz Schäffer aus dem Jahr 1955 ließ sich ja auch schon das Leben einer Landschildkröte locker einfügen. Inhaltlich im vollkommenen Gleichklang mit Fritz Schäffer 1955 meint der Kanzler Dr. Kohl auch noch '89: „Staatliche Organisation in Deutschland hieß in unserer Geschichte fast immer auch Konföderation und Föderation. Wir können doch auf diese historischen Erfahrungen zurückgreifen. Wie ein wiedervereinigtes Deutschland schließlich aussehen wird, das weiß heute niemand. Dass aber die Einheit kommen wird, wenn die Menschen in Deutschland sie wollen, dessen bin ich sicher." Ich wüsste ja nicht, dass Adenauer, Erhard, Kiesinger oder Schmidt einmal irgendetwas anderes in der Angelegenheit gesagt hätten. Jahrzehntelang. Immer war das umfangreiche Ausland schuld, dass es wieder nicht möglich war.[344]

An dieser Stelle will ich eine Gedenkminute für das verworfene Züricher Modell für die Milliardenkredite vom Anfang der 1980er Jahre einlegen. Damals hat sich Herbert Häber (SED) mit dem ausgegrabenen Konzept der deutsch-deutschen Konföderation an Strauß die Zähne ausgebissen. Franz Josef Strauß gelang es damals sogar, die Senkung des Reisealters für BürgerInnen der DDR aus ihrem Freigehege hinaus in die Schönheit der Welt um mickrige fünf Jährchen mit Erfolg abzubiegen. Dieses Mal ist Kohl schon zur Installierung einer Konföderation bereit. Immerhin.

Konföderation und Föderation bleiben nun die Notanker, um unter den veränderten Bedingungen nach dem Fall der Mauer auch weiterhin „die ungeschickte Übergröße des Bismarck-Reiches“ abzuwenden. Das waren die Worte von Sebastian Haffner. Welchen Sinn könnte denn ansonsten auch Konrad Adenauers strategische Planung gehabt haben sollen, wenn sie nur für die Legislaturperiode von 1949 bis ’53 gut gewesen wäre? Da muss man dann schon mit Herrn Dr. Kohl in historischen Dimensionen denken. Natürlich kann man auf historische Erfahrungen mit Konföderation und Föderation zurückgreifen. Über Jahrhunderte gab es bei uns einen Kaiser, der nie im Land war, und ein imaginäres Reich, in dem ein jeder Teilstaat eigene Zölle, eine Währung und ein eigenes Rechtssystem hatte. Noch im Ersten Weltkrieg hatte jedes Land sogar noch eine eigene Armee. Wunderbar. Und jeder Fürst hat in seiner Parzelle schalten und walten können, wie er das gerne wollte.

Hans Modrow wollte mit seinem Vorschlag einer Vertragsgemeinschaft freilich erreichen, dass die Menschen in „unserer“ DDR auch in ein paar Wochen und Monaten noch etwas zu essen haben und Strom für Nachttischlampen. Herr Kohl aber will in einem Dreischritt von der Vertragsgemeinschaft über eine Konföderation bis hin zum Ziel Föderation. Hier gibt es im dritten Schritt noch nicht die Einheit wie in anderen Ländern. Er will Zeit schinden – im Wissen darum, dass die rettende Bundestagswahl schon 1991 ins Haus steht. Nachdem sich seit Menschengedenken in der deutschen Frage nichts getan hatte, ist das wirklich kein unüberbrückbarer Zeitraum. Da muss man sich nur noch ein paar Male richtig dumm anstellen, dann geht das schon. Die asiatischen Kampfsportarten hatte Dr. Helmut Kohl ja schon lange trainiert. Wahl ist auch immer ein bisschen wie Lotto und wenn die SPD endlich „Unsere DDR“ anerkennt, ist Schluss. Sie haben die Auswertung des Gespräches von Helmut Kohl und Egon Krenz am 11. November sicherlich noch im Ohr: Der Bundeskanzler rechnete zu diesem Zeitpunkt mit der deutschen Einheit erst in fünf oder zehn Jahren, wenn überhaupt. In seinem Werk aus dem Jahr

1996 wird er die Erwartungshaltung nach unten korrigieren: „Ich selbst war damals noch davon überzeugt, dass es zur deutschen Einheit erst in drei, vier Jahren kommen werde – auf jeden Fall erst nach Vollendung des Europäischen Binnenmarktes.“[345] Ein Jahr hätte ausgereicht. Nach Vollendung des Europäischen Binnenmarktes wäre das Vergrößern der BRD kein Thema für die USA und die Sowjetunion mehr gewesen. Dann hätte jedes Mitgliedsland der Europäischen Union gegen den Beitritt der DDR Einspruch erheben können. Da hätte eine leiseste Andeutung über die Rohstofflager in Schlesien genügt, um ein Veto von allen gleichzeitig zu bekommen. Strauß hatte völlig Recht: Ein Politiker muss über Jahre und Jahrzehnte vorausdenken.

Wenn es in Dr. Kohls Etappenplan weiter heißt, letztlich müsse die DDR selbst ihre Reisenden mit den nötigen Devisen ausstatten, dann habe ich weder den Auftrag des Grundgesetzes richtig verstanden noch das Urteil des Bundesverfassungsgerichts zum Grundlagenvertrag von 1975. Ewig bedauerte man im Westen die armen Menschen in der mitteldeutschen sogenannten Zonen-„D.D.R.“, die durch den Ausgang des Krieges unter die Gewalt des russischen Bären und seine schräge Wirtschaftsführung geraten waren, und als sich endlich abzeichnet, dass da Bewegung in die Geschichte kommt, behandelt der christlich-demokratische und national orientierte Kandesbunzler das nebulöse Staatsgebilde östlich des Harzes auf einmal als eigenständigen Staat. Noch immer wird die Staatsbürgerschaft dieses Staatsgebildes nicht anerkannt, und auch das hat dazu beigetragen, dass immer mehr Menschen zweifelten, ob das alles so richtig ist, zumal bis zum Ende der Ära Walter Ulbricht an der Vision einer Vereinigung mit der Bundesrepublik festgehalten wurde. Der Mann, der die Richtung veränderte, war auch der Mann, der nicht wirtschaften konnte und niemanden in seine Entscheidungsfindung einbezog, der ihm nicht nach dem Munde redete. Den hat Bonn jedoch herzlicher unterstützt als Walter Ulbricht. Und 1989 besinnt sich der Führer der Demokraten von Bonn darauf, dass die Leute im Osten schön auf die vermeintliche DDR-Staatsbürgerschaft schauen und sich irgendwie selbst finanzieren sollen. Ist schon klar. Wer fremde Leute für den Weltkrieg entschädigen kann, der kann auch selber überlegen, wie er den Trick mit der separaten Einführung der D-Mark im Westen des Deutschen Reichs aushebelt. Haben

Sie ihn noch im Ohr, wie er gesäuselt hat: „Mit mir wird es eine Abkehr von der einheitlichen deutschen Staatsbürgerschaft nicht geben.“ Schon Adenauer erklärte: Was schert mich mein Geschwätz von gestern?

Was sich im ersten Moment ganz logisch anhört, ist eine unverschämte Verdrehung früherer Argumentationen. Von Anfang an spekulierte man angeblich auf einen Zusammenbruch der DDR. Auf den wirtschaftlichen Zusammenbruch. Sonst hätte der Alte aus Rhöndorf, wie man Adenauer nannte, seine Schäfchen von damals schwerlich überreden können, mit ihm einen separaten Staat zu gründen. Durch das West-Fernsehen war jahrzehntelang in fast allen Gegenden der DDR zu hören, die Marktwirtschaft sei der Planwirtschaft überlegen und so weiter und so fort. In der DDR merkte man, dass diese Argumentation richtig war. Vielleicht hatte man im Westen gehofft, dass die Staatsführung sich die Sendungen anhört, daraus Schlüsse ableitet und anders und besser wirtschaftet. Doch wie naiv konnte man denn sein, das tatsächlich zu hoffen, wenn man bei den entscheidenden Akteuren wusste, wie sie gestrickt waren? Weshalb sollte es hier auch zwei marktwirtschaftlich organisierte Staaten geben?

Wenn es in dem Plan heißt, das Ziel bliebe ein möglichst ungehinderter Reiseverkehr in beide Richtungen, dann ist auch dies ein über die Jahrzehnte unvariiert gebliebenes Motiv. Das wurde ja immer wieder gesagt. Wenn sich die Leute besuchen können, ist die Zwei- oder meinetwegen die Dreistaatlichkeit in Deutschland nicht die Crux. Und Erich Honecker wollte auch Auslandsreisen ermöglichen. Das ist aber daran gescheitert, dass jeder, der auch nur in der Nähe einer bundesdeutschen Vertretung in Borneo herumlief, einen westdeutschen Reisepass zugeworfen bekam. Ich ertrage es nicht, wenn Sie jetzt argumentieren, so stand das eben im Grundgesetz. Wir haben dieses Grundgesetz offenbar wesentlich ernster genommen als viele Leute im Westen. Na ja, viele sagen da immer, dass sie sich für Politik nicht so interessieren. Aber wer sich nicht für Politik interessiert, wird von Leuten regiert, die sich für Politik interessieren.

Was sonst noch in diesem ominösen Plan steht, dient der kurz-, mittel- und langfristigen Stärkung der Deutschen Demokratischen Republik. Im ersten Punkt beginnt das mit Sofortmaßnahmen, die sich aus den Ereignissen der letzten Wochen ergeben, insbesondere durch die Fluchtbewegung und die neue Dimension des Reiseverkehrs. Die Bundesregierung sei zu sofortiger konkreter Hilfe dort bereit, wo diese Hilfe jetzt benötigt wird. Man will im humanitären Bereich und auch bei der medizinischen Versorgung helfen, soweit dies gewünscht wird und auch nützlich ist.

Wenn Kohl im zweiten Punkt fordert, der Umweltschutz müsse jetzt angepackt werden, dann hätte man auch fordern können, dass schlagartig die Überführung von Müll, Sondermüll und extremem Müll auf das Gebiet der DDR aufhört. Gewünscht wird möglichst bald ein umfassender Ausbau der Fernsprechverbindungen zwischen BRD und DDR sowie des Telefonnetzes der DDR. Darüber hinaus geht es um Verkehrsprojekte in unserem Musterländle. Das kann im Ausland einige böse Assoziationen wecken. Mit dem Bau von Autobahnen hat schon mal einer Grundlagen für Unglück geschaffen. Im dritten Punkt wird für den frühestmöglichen Zeitpunkt eine Entwicklung gefordert, wie sie in der Sowjetunion, Polen und in Ungarn längst eingeleitet wurde. Dann steht da, dass es ohne die Änderung der Verfassung der DDR und ein neues Wahlgesetz nix wird. Die Einführung rechtsstaatlicher Verhältnisse bedeute vor allem die Abschaffung des politischen Strafrechts und die sofortige Freilassung aller politischen Gefangenen. Dass die noch immer im Knast schmoren, sagt genug über die Wende. Logischerweise sind grundlegende Reformen in der Wirtschaft nötig. Kohl sagt, man wolle keine unhaltbar gewordenen Zustände stabilisieren. Eigentlich müsste er sagen: nicht mehr, denn mit den Milliardenkrediten hat die BRD genau dies getan. Er sagt, dass man wisse: Wirtschaftlichen Aufschwung kann es nur dann geben, wenn sich die DDR für Investitionen aus dem Westen öffnet, marktwirtschaftliche Bedingungen schafft und privatwirtschaftliche Betätigungen ermöglicht. Er sagt hingegen nicht, warum es dann noch einer DDR bedarf, wenn sie nicht mehr ihre sozialistischen Experimente in Szene setzen soll.

Im vierten Punkt spricht er jene Vertragsgemeinschaft an, die Ministerpräsident Modrow ins Gespräch gebracht hat. Man sei bereit, diesen Gedanken aufzugreifen, da „die Nähe und der besondere Charakter der Beziehungen zwischen den beiden Staaten in Deutschland“ doch ein dichteres Netz von Vereinbarungen in allen Bereichen und auf allen Ebenen erfordern. Bestehende Kommissionen könnten neue Aufgaben erhalten, weitere könnten gebildet werden. Er denkt an Wirtschaft, Verkehr, Umweltschutz, Wissenschaft und Technik, Gesundheit und Kultur. Hier soll Berlin einbezogen bleiben. Als wäre das nicht deutlich genug geworden, schiebt er hier nach: „Das war, ist und bleibt unsere Politik." Was vierzig Jahre funktioniert hat, das geht auch noch vierzig Jahre so weiter.

Unter dem fünften Punkt kommt die Planung von der Konföderation in den nächsten Tausend Jahren. Es wisse heute niemand, wie ein wiedervereinigtes Deutschland schließlich aussehen werde. Doch dass die Einheit kommen werde, wenn die Menschen in Deutschland diese wollten, dessen sei er sicher. Diese Rechnung hat er jedoch ohne die drängelnden Amis und Sowjets gemacht. Auch der Journalist Ferdinand Kroh schätzt ein, dass zu hoffen bleibt, dass Moskau und Ost-Berlin das Zeug mit der Konföderation ablehnen, da ansonsten völkerrechtliche Strukturen aufgebaut werden, die irreversibel sind und eine wirkliche Vereinigung vermutlich unmöglich machen. Es könnte bestenfalls zu einer staatenbundähnlichen Konföderation kommen, bei der in der DDR Persönlichkeiten aus den reformierten Machthierarchien des alten Systems das Sagen bekommen. Ein Wohnortwechsel nach Westen wäre ohne zwingende Asylgründe nicht mehr möglich. Im sechsten Punkt erklärt er, dass sich jede künftige Architektur Deutschlands in die künftige Architektur Europas einfügen muss. Im siebenten Punkt befürwortet seine Bundesregierung den baldigen Abschluss von Handels- und Kooperationsabkommen mit der DDR, was den Zugang der DDR zum Gemeinsamen Markt erweitert, *auch was die Perspektive 1992* betrifft. Muss man dazu mehr sagen?[346]

Den achten Punkt hätte Genosse Erich Honecker auch nicht anders ausgedrückt: Herzstück der europäischen Architektur ist der KSZE-Prozess, also die Sache mit der Konferenz für Sicherheit und Zusammenarbeit in Europa. Ihn will man vorantreiben über das nächste KSZE-Folgetreffen in Helsinki, die Menschenrechtskonferenzen in Kopenhagen 1990 sowie in Moskau 1991 nutzen, die Konferenz über wirtschaftliche Zusammenarbeit in Bonn 1990 wie auch das Symposion über das kulturelle Erbe in Krakau 1991. Im neunten Punkt erklärt er denen, die es wirklich bis jetzt nicht verstanden haben, dass weitreichende und zügige Schritte bei der

Abrüstung und Rüstungskontrolle entscheidend sind. Das ist diese jahrzehntealte Übung, bei der immer die Kanzler die eine Meinung vertreten und ihre Minister fürs Äußerste eine andere. Wenn Demokratie irgendwo verstanden wurde, dann war es in Bonn. Im zehnten Punkt wiederholt Kohl die Formulierung aus den *Briefen zur Einheit* vom Anfang der 1970er Jahre, seit denen es *entspannt* noch zwei Jahrzehnte der Teilung gibt. Ausländische Politiker, die in Kohls Plan einen Schritt in Richtung Wiedervereinigung sehen, haben wohl so viel Angst vor unkontrollierten Bonner Alleingängen, dass sie in dem Text sehen, was sie sehen wollen – falls sie nicht womöglich bloß in ihren Nachrichten davon gehört haben. Genau darauf dürfte Dr. Helmut Kohl spekuliert haben, als er den Überraschungseffekt als zentrales Element in der Gesamtstrategie zur Rückgewinnung der deutschlandpolitischen Meinungsführerschaft ansah.

Der Bundestag erhebt sich

Als Kohl seine Rede beendet hat, erheben sich alle Mitglieder der CDU-CSU-Fraktion, um ihm Beifall zu spenden. Hans-Dietrich Genscher lobt die *Erklärung*. Vom Großteil der SPD kommt Applaus.[347] Von einem wie Willy Brandt selbstredend nicht. Er bringt das Problem in einem stern-Interview recht unschön auf den Punkt: „Ich frage mich: Was hat eigentlich an dieser bescheidenen Skizzierung von Punkten überrascht? Es sei denn, Sie wären überhaupt gegen jede Form eines engeren Zusammenrückens der beiden deutschen Staaten."[348]

Also eines steht so fest wie der Fichtelberg: Richtig begrüßen wird das in der DDR nur ein felsenfest überzeugter Kommunist, dem eine allseitige und umfassende Stärkung *des ersten und letzten* Arbeiter- und Bauernstaates auf deutschem Boden ein Herzensanliegen geworden ist. Karsten Voigt bietet dem Kanzler die Zusammenarbeit der Sozialdemokraten bei der Verwirklichung des Konzepts an. Genscher aus der FDP versteht wie jeder andere in dem Hohen Haus, dass Voigt das so leicht fällt, weil sich der Fraktionsvorsitzende der SPD Dr. Hans-Jochen Vogel *vorher* bereits ausführlich zu konföderalen Elementen der Zusammenarbeit äußerte. In der Debatte *über das Haushaltsgesetz*. Das klingt kein bisschen wie eine verabredete Nummer. Genscher befindet jedenfalls, dass die Frage einer Konföderation für die Sozialdemokraten im Prinzip ein Leben lang eine wichtige Rolle spielte. Er hingegen hegt gegen dieses Modell Vorbehalte, weil ihm eine deutsch-deutsche Konföderation weder lebensfähig noch zukunftsträchtig erscheint. Wenn er äußert, die Frage der Konföderation habe für die Sozialdemokraten nach seinen Erinnerungen immer schon eine wichtige Rolle gespielt, und ich meine Erinnerung addiere, dass die Frage einer DDR-Staatsbürgerschaft für die Sozialdemokraten stets eine wichtige Rolle spielte, dann kann es mich nicht erstaunen, wenn sich ein Abgeordneter der SPD vorbehaltlos hinter diese schräge Erklärung eines CDU-Kanzlers stellt. Wo gibt es Betäubungsmittel, mit denen man diese Gedanken an der Stelle nicht kriegt?[349]

Konföderale Elemente hatten bereits die Vorstellungen Dr. Adenauers – des ersten Kanzlers des westdeutschen Staates von 1949. So gelangte der *innerdeutsche* Handel seinerzeit in die EG-Verträge. Daran ist schon zu sehen, dass es seit dem Kriegsende um ein Staatenkonstrukt ging, durch den ein gesamtdeutscher Staat mit zentraler Regierung vermieden wird. Darüber hinaus ging es bei Dr. Vogel und Herrn Voigt nur um konföderale Elemente der Zusammenarbeit und längst um keine Konföderation. Die Begriffe sind also bei Kohl, Vogel, Voigt oder gar bei Frau Oesterle-Schwerin von den Grünen weit weg von der Einheit. Aber hören wir hier weiter den *Patrioten* Genscher aus Halle an der Saale. Er stellt sich eine Frage: Wie könnten die Partner konföderaler Strukturen verschiedenen Bündnissystemen angehören? Das würde *uns* auf den gefährlichen Weg eines Sonderstatus führen. Die Spaltung Deutschlands sei das Ergebnis ideologischer Konfrontation, das heißt des West-Ost-Konflikts, erläutert er, und Probleme dieser Art ließen sich durch staatsrechtliche Konstruktionen nicht überwinden. Die ihnen zugrundeliegende Politik bedarf der Veränderung. Nur das werde die Probleme lösbar machen. Schade, dass ihm diese Erkenntnis erst ein halbes Jahrzehnt später kommt, als er die *Erinnerungen* in einem dicken Buch für das Wahlvolk bündeln will.[350]

Während seiner aktiven Amtszeit kommen ihm solche klugen Gedanken auf jeden Fall nicht. In den 1970er Jahren fand er die US-amerikanische Analyse zu defensiv, auch zu oberflächlich, wie er meint, darum plädiert er immer für eine realistische Entspannungspolitik. Realistisch heißt für ihn, dass sich die Nato stets des fortbestehenden Gegensatzes zwischen West und Ost in Wertvorstellungen, Zielen und den Interessen bewusst bleiben muss. Wenn er das nicht gesagt hätte, dann hätten die anderen im Westen das womöglich vergessen. Entspannungspolitik musste nach seiner bescheidenen Auffassung auf ausreichender Verteidigungsfähigkeit aufbauen. In den siebziger Jahren hatte die BRD ihre Rüstungsausgaben Jahr für Jahr um real drei Prozent gesteigert und die Bundeswehr zu einer der bestausgerüsteten und bestausgebildeten Armeen der Welt gemacht. Manches Mal, sagt Genscher, hätte er sich „gewünscht, andere Bündnispartner hätten ähnlich gehandelt und die Entspannungsdekade der siebziger Jahre sicherheitspolitisch angemessener genutzt. Das nämlich konnte man keineswegs von allen Bündnispartnern sagen, nicht einmal von der Führungsmacht USA. Auch in Großbritannien war die Situation nicht besser.“ Weil in den USA die Verteidigungsausgaben ständig zurückgeschraubt wurden, ging er zu Beginn der achtziger Jahre davon aus, dass der Bundesrepublik eine Periode großer Anstrengungen bevorstand, um die Doppelstrategie des Harmel-Berichts durchzuhalten. Am Beginn der achtziger Jahre war aus dieser ausreichenden Verteidigungsfähigkeit schon längst der fürchterliche Krieg in Afghanistan geworden. Seitdem sind die Militärs aus fremden Ländern nicht wieder aus diesem Land abgezogen. Warten Sie mein Buch ab, in dem ich schildern werde, wie Helmut Schmidt ab Herbst 1974 intrigiert hat, bis er 1979 den Nato-Doppelbeschluss zur verstärkten Raketenrüstung durchgepeitscht hat.[351]

Die amerikanische Außenpolitikerin Condoleeza Rice erlebt Genscher in diesen Monaten auf jeden Fall anders als er sich selbst: „Genscher hatte, glaube ich, eine andere Sicht der Dinge. Meine Befürchtung war, dass er womöglich an der Ostpolitik festhalten wolle. Und nun, da die Ostpolitik überwunden war, weil sie einfach nicht mehr zeitgemäß war und es darum ging, eine Wiedervereinigung Deutschlands nach den Vorstellungen des Westens einzuleiten und die Sowjetunion dazu zu bringen, dass sie dies akzeptiert, befürchtete ich, dass er den sowjetischen Interessen vielleicht ein wenig zu sehr entgegenkam.“ Hatte Condoleeza Rice eigentlich von Gorbatschows Angebot vom 21. November etwas erfahren?[352]

Ehrlich gesagt, habe ich *Genschman* auch anders in Erinnerung. Er hat doch die ganzen Jahre immer „für das zeitweise Nebeneinander der getrennten Teile Deutschlands“ plädiert, wofür er seine Regelungen finden wollte. Was das ewige Bedürfnis zur Anerkennung meiner schönen DDR angeht, muss man ja auch nicht immer bloß auf der 1970 umgewendeten SPD herumtrampeln. Das war bei diesem gelben Butterblümchen F.D.P. ja nicht anders: „Wer sich durch die Aufwertungsfurcht, wer sich durch gesamtdeutschen Kleinmut die Hände bindet, beschränkt seine Handlungsmöglichkeiten, er lässt die Zeit für die Kommunisten arbeiten.“[353] Wenn Genscher kein Argument mehr einfällt, geht er in Pension.

Doch zurück zu Hans-Dietrich Genschers aktueller Reaktion. Nachdem ihn Wolfgang Kenntemich von der Bild-Zeitung in Kenntnis gesetzt hat, weiß er am entscheidenden Tag von gar nichts: „Nach der Mittagspause ergriff ich das Wort. Ich hatte die Pause dazu genutzt, unsere Haltung zu formulieren und mit Graf Lambsdorff abzustimmen. Auch er zeigte sich befremdet, dass eine Erklärung von dieser Tragweite weder in der Koalition noch im Kabinett besprochen worden war.“ Man kriegt direkt Angst wegen des Blutdruckes vor lauter Aufregung. Während es Hans-Dietrich „im Interesse der Sache“ vermeidet, die Schwächen der Erklärung zu benennen, erledigt diesen Theaterpart sein Freund und Genosse Otto Graf Lambsdorff. Historiker wie Alexander von Plato sind schockiert, weil die FDP-Führung mit zwei Zungen spricht. Genscher hält sich nobel zurück, dafür kritisiert Lambsdorff die zehn Punkte, „und zwar in dem einen genannten wesentlichen Punkt, weil sie in der deutsch-polnischen Grenzfrage die Interessen und Befürchtungen der polnischen Regierung nicht berücksichtigten.“ Der Graf bringt die Grenzfrage ins Gespräch, die Kohl ausgespart hatte. Was der vielleicht von den Grenzen hält und was nicht, darüber kann jeder nach Herzenslust herumspekulieren.

Im Bundestag ist es sehr dramatisch. Die Reaktion der Grünen wird von Helmut Kohl als beschämend bezeichnet. Die Fraktionssprecherin Jutta Oesterle-Schwerin wirft ihm „Heim-ins-Reich-Politik“ vor. Helmut Kohl habe gar keine Skrupel, das deutsche Staatsgebiet um ein Drittel zu vergrößern und sich *sechzehn Millionen neuer Untertanen zu verschaffen*. Sagt sie *Untertanen*, weil sie verärgert ist, dass bloß wenige Bürgerinnen und Bürger die Grünen wählen?[354] Aus dem Waldsterben wird eben nix. Monarchen haben Untertanen, und diese BRD ist keine Monarchie. Was also soll die Polemik? Welche Absicht ist bei der Nazi-Formulierung von einer Heim-ins-Reich-Politik zu sehen? Der Begriff bezog sich Ende der 1930er Jahren auf Deutsche, die nach den Bestimmungen von Versailles in Ländern außerhalb des Deutschen Reichs wohnten, und bereitete eine Annexion von Gebieten gegen den Willen der Mehrheit der Bevölkerung in diesen Staaten vor. Nach dem Urteil des Bundesverfassungsgerichtes über den Grundlagenvertrag aus dem Jahr 1975 trifft Oesterle-Schwerin natürlich auch mit ihren Worten von einer „Vergrößerung des deutschen Staatsgebietes um ein Drittel" nicht wirklich ins Schwarze. Sie berechnet ausgehend vom aktuellen Staatsgebiet der BRD. Nach diesem Urteil ist die BRD jedoch nicht Rechtsnachfolger des Deutschen Reiches, sondern als Staat identisch mit dem Staat Deutsches Reich, und in Bezug auf die räumliche Ausdehnung *teilidentisch.* In der Begründung dieses Grundsatzurteils heißt es, der Vertrag gebe eine Fortexistenz Deutschlands als Rechtssubjekt nicht auf; er vermeide eine Qualifizierung der Deutschen Demokratischen Republik als Ausland; er halte auch fest an der Einheit der deutschen Nation und an der deutschen Staatsangehörigkeit; er enthalte die völkerrechtliche Anerkennung der Deutschen Demokratischen Republik ausdrücklich nicht.

Es war nicht die perfekte Idee, dass die West-Deutschen das Begriffsfeld rund um deutsch, Deutschland etc. einfach für sich in Beschlag nahmen und seitdem den Leuten im Osten sowohl eine Identität als DDR-Bürger als auch als Deutsche vorenthalten. Jutta Oesterle-Schwerin reihte sich mit ihrem Wort von einer Vergrößerung des deutschen Staatsgebiets um ein Drittel in den Kreis derer ein, bei denen ich fürchte, dass ihre immer bloß auf West-Deutsche zugeschnittene Propaganda im Osten vielleicht sogar ganz schnell zu rechtsradikalen Tendenzen führen könnte. Waren am 20. November 1989 wirklich Akteure aus dem Westen in Leipzig auf der Walz und haben Aufkleber mit dem Slogan „Wir sind ein Volk" unter die Demonstranten gebracht? Will der Verfassungsschutz vielleicht einst Wessis in ostdeutsche Parlamente bringen, um Nazi-Parolen zu streuen? Ich wüsste nicht, dass Mitschüler oder spätere Kommilitonen auch bloß rechtsradikale Gedanken hatten, geschweige denn in der Richtung aktiv wurden. Verletzend ist die Vereinnahmung jener Begriffe natürlich auch für die Kommunisten. Sie waren es, die bis zur Verfassungsänderung am Ende der 1960er Jahre die gesamtdeutsche antifaschistische Perspektive für unser Land vor Augen hatten. Es bedurfte übrigens auch nicht einer übermächtigen Staatsmacht, um uns vom Nazi-Denken abzuhalten, nur falls Sie das aus der Bild haben. Nur um keine Unklarheiten in die Welt zu setzen: Es gibt unter Millionen Menschen in der DDR so viele krasse Denkweisen wie in anderen Biotopen auch, und darunter sind wohl auch ein paar Nazis; die Masse der Leute ist aber nicht auf *Nazi-thinking* geeicht. Doch zurück zum Thema. Wieso darf eine Frau Oesterle-Schwerin im Bundestag sitzen, wenn sie ein Karlsruher Urteil nicht anerkennt? Ist sie dann nicht eher eine Kandidatin für den Radikalen-Erlass? Sie muss vom Staatsgebiet von Weihnachten 1937 ausgehen und einräumen, dass in der Folge des Zweiten Weltkrieges der Geltungsbereich des Grundgesetzes nur auf das Gebiet der DDR zu erweitern ist. Würde die Frau doch wenigstens in der Logik ihrer privaten Geschichtsschreibung bleiben, so müsste sie von der Vergrößerung des Staatsgebietes der Bundesrepublik um ein Drittel sprechen.

Es ist nicht schön, dass die Vertreterin der Grünen in der Öffentlichkeit nicht grundgesetzkonforme Sachen sagen darf, ohne dafür nach Alaska verbannt zu werden. Doch das ist ja bereits zwei Jahrzehnte so gelaufen. Alaska müsste mit BürgerInnen aus der BRD übervölkert sein. Eine Erfassungsstelle für Parlamentskriminalität in der Bundesrepublik mit Sitz in Güstrow hätte alle Hände voll gut zu tun. Dort haben Helmut Schmidt und Erich Honecker 1981 unter Ausschluss der Öffentlichkeit ihre Zweistaatlichkeit in Deutschland gefeiert. Doch wer soll die Erfassungsstelle in Güstrow leiten? Vielleicht ein sehr kirchenkritischer Pfarrer, der nicht vor dem Herrn Oberkonsistorialrat Manfred Stolpe kuscht.

Dass Kohls Rede in dieselbe Richtung weist wie die Äußerung von Jutta Oesterle-Schwerin wird neben meinen Ausführungen natürlich auch an der Zustimmung aus der SPD deutlich. Die hatte ja nun schon seit fünfzehn Jahren gegen das Grundgesetz und für die Anerkennung der DDR gekämpft. Ich wüsste nicht, warum von denen ansonsten Beifall kommt. Die Reaktion in den Medien am folgenden Tag ist überwältigend, findet der Bundeskanzler: „Wiedervereinigung – der Anfang ist gemacht!“ Das steht auf der Titelseite der Bild-Zeitung. So tragen die Medien zu der erschrockenen Reaktion im Ausland gut bei und das Nazi-Schlagwort vom „Heim-ins-Reich“ unterstützt die Wirkung der Bild-Zeitung.

Am 1. Dezember, dem letzten Tag der Haushaltsdebatte, wird über jenes Zehn-Punkte-Programm abgestimmt. Die Koalition votiert mit „Ja“. Die SPD enthält sich der Stimme. Oskar Lafontaine verurteilt Kohls Vorstoß auf einmal aufs Schärfste und spricht von einem großen diplomatischen Fehlschlag. Eine rechte Überraschung ist es für Kohl, dass die F.D.P., die im Bundestag den Zehn Punkten zugestimmt hat, jetzt auf Distanz geht. Denen fehlt darin die endgültige Anerkennung der Oder-Neiße-Linie als polnische Westgrenze. Das war Kohls Arbeitsgruppen vielleicht nicht so schnell aufgefallen.[355] Genscher möchte Kohl nicht kritisieren: „In diesem historisch bedeutsamen Entwicklungsstadium durften wir nicht das Schauspiel einer in Verfahrensfragen und – soweit es die konföderalen Strukturen anging, auch in der Sache – zerstrittenen Regierung bieten. Deshalb vermied ich es auch, Schwächen der Erklärung, in der zum Beispiel nicht zur deutschen Ostgrenze Stellung genommen wurde, zu benennen.“[356] Das Schweigen des Außenministers in dieser Frage kann im Ausland doch nur als Gleichklang zwischen Kanzler und Außenminister gewertet werden. Wie war das doch gleich? *Qui tacet consentire videtur.* Wer schweigt, scheint zuzustimmen. Abgesehen davon hatte Lambsdorff das Schauspiel doch nachgeliefert. Wobei das das Schweigen des Außenministers nicht ungeschehen macht. Und Genschers Rüpelauftritte beim Besuch europäischer Hauptstädte in den nächsten Tagen werden diesen Eindruck auch ganz sicher nicht zum Schöneren wenden. Was andererseits Kohls Konföderation angeht, die Genscher „nicht lebensfähig oder nicht zukunftsträchtig erscheint“, sage ich Ihnen, dass er Dr. Kohl nicht in die Parade fährt, weil er hofft, dass sie in Ost-Berlin auf den Zug aufspringen und auf diese Art ihre Machtstrukturen zu halten versuchen.

Kohl sitzt aus und harrt der Dinge, die da kommen.

Die absolut komischste politische Reaktion auf den Plan kommt von den Amerikanern. Während sich Kohl wie Otto von Bismarck 1870 nach der Überstellung der „Emser Depesche" zurückzieht und die einschlagenden Blitze aus allen Himmelsrichtungen abwartet, ist die erste Reaktion, die in Bonn eingeht, eine positive. Obwohl man in Washington, D.C., nicht unterrichtet wurde und bevor jemand dort den Inhalt des Planes kennt, begrüßt die Administration den Vorstoß des Kanzlers. Der Sicherheitsberater Scowcroft schickt den Präsidentensprecher mit der Weisung vor die *White House Press*, jenen unbekannten Plan zu unterstützen. Robert Blackwill benennt das Motiv: „Wir wollten auf keinen Fall den Eindruck erwecken, nicht informiert zu sein. Wir standen ja schließlich hinter der Wiedervereinigung." Schade, dass ihm beim Deutschlernen niemand erklärt hat, was vielleicht der Unterschied wäre zwischen Vereinigung und Wiedervereinigung. Die polnische Westgrenze steht für Washington auf keinen Fall zur Disposition, schon wegen der geplanten Ausbreitung der Nato. Da werden gute Beziehungen zu Polen dringend benötigt.[357]

Für den Frieden in Europa ist es seit 1945 natürlich gut, dass man in den USA nicht versteht, welches Schauspiel ihnen die Demokraten zu Bonn aufführen. Sonst hätten sie Russland und seine Ressourcen längst eingemeindet. Auf der anderen Seite hätten die Deutschen in der D.D.R. nicht den Zirkus mit kommunistischer Wirtschaftsdiktatur und Stasi, wenn es am *Potomac River* verstanden worden wäre. Auch in diesem Fall hat die Geschichte ihre gute und ihre schlechte Seite. Am Anfang gaben die zwei Schauspieler Adenauer und Schumacher die Kontrahenten und jetzt ist es jenes Duo Genscher und Kohl. Wie schätzt beispielsweise Condoleeza Rice die Geschichte ein? „Genscher war der geeignete Partner, in dieser Frage mit der Sowjetunion zu verhandeln. Ich denke, dass Kohl eher die Kommunikation mit dem Westen lag, besonders mit uns, mit den USA." Und wie kommt sie darauf? „Vielleicht, weil Kohl auch eher an der westlichen Variante des Weges der Wiedervereinigung gelegen war." Das ist schön gesagt. Vielleicht. Wie gut Kohl mit dem Westen kommunizieren kann, ist spätestens am 28. November klargeworden, als er in der Frage der Fragen mit Paris und London gar nicht kommunizierte und mit den

Amerikanern zwei Minuten vor dem Beginn der Rede aller Reden. Wenn der Kanzler so gut mit den USA kann, müsste der Kontakt zwischen dem Bundeskanzleramt und dem Weißen Haus hervorragend sein. Robert D. Zoellick, ein Berater von Außenminister James Baker befindet hingegen, dass in diesen wichtigen Monaten die beiden Außenministerien einfach besser zusammengearbeitet hätten als das Weiße Haus und das Bundeskanzleramt. Den Außenminister aber hat *Condi* Rice ausgiebig kritisiert. Dann ist die Kooperation zwischen Bonn und Washington genauso mies wie auch zwischen Bonn und Moskau. Wie soll aber auch jemand in der großen weiten Welt erraten, dass sie in Bonn von einer ganz großen Vereinigung schwätzen, weil sie *gar* keine Vereinigung wollen?[358]

Die zweitkomischste erste Reaktion kommt an diesem Tage aus Moskau. Der Bundeskanzler ist erstaunt, als er im Laufe des Tages mit dem stellvertretenden Moskauer Ministerpräsidenten Iwan S. Silajew zusammentrifft, denn *der krumme Hund* geht mit keinem Wort auf den Auftritt im Bundestag ein. Kohl vermutet, er hatte noch nicht seine Sprachregelung aus Moskau erhalten. Vielleicht hat Silajew auch ganz banal noch nichts von der Rede gehört. Mut macht Kohl, dass das Gespräch „trotz meines Vorstoßes in einer ausnehmend freundschaftlichen Atmosphäre" stattfindet.[359] Mir bleibt unklar warum, drehte es sich doch vor allem um die Zusammenarbeit zwischen der Bundesrepublik und der Sowjetunion auf dem Gebiet der Wirtschaft. Wie kann andererseits Silajews freundliches Lächeln Mut machen, wenn erst noch das Donnerwetter aus Moskau abgewartet werden muss?

Aber schließlich geht im Bundeskanzleramt doch noch die offizielle erste Äußerung von sowjetischer Seite ein, die zu bestätigen scheint, dass man in Bonn mit einer kalten Dusche rechnen kann. Sie kommt vom Außenminister Schewardnadse, der sich mit Gorbatschow zu einem Besuch in Rom aufhält. Er warnt vor einem deutschen Revanchismus und erklärt, die Bundesregierung sollte nicht die Realitäten außer Acht lassen. Dazu zählten unterschiedliche Bündnisse, Unantastbarkeit der Grenzen sowie das Bestehen zweier deutscher Staaten. Sonst würde ja die gegenwärtige Stabilität Europas umgestoßen.[360] Hat ihm noch keiner diese Punkte ins Georgische übersetzt? Oder meinetwegen ins Russische? Einen Satz will ich noch ein bisschen genauer anschauen: „Inzwischen liegt im Bundeskanzleramt endlich auch eine erste Äußerung von sowjetischer Seite vor, die dies zu bestätigen scheint.“[361] Was könnte das Wort *endlich* anderes bedeuten, als dass er genau auf diese Reaktion gehofft hat? Ein weiterer *lapsus linguae*. Wenn hier bloß konstatiert werden sollte, dass sich Ost-Berlin und Moskau negativ geäußert haben, konnten die Autoren ja auch schreiben: Nun liegt im Kanzleramt die erste Äußerung von sowjetischer Seite vor, die dies zu bestätigen scheint. Der Satz hätte sogar nach einem großen Bedauern geklungen. Nach dem Satz bei Kiessler und Elbe hätte dann auch ein völlig anderer Gedanke folgen müssen. Aber wie der Text bei den beiden Autoren weitergeht, wird vorausgesetzt, dass das dumme Publikum davon ausgeht, diese leidige Grenzfrage sei in der Ära Brandt längst geregelt worden.

Auch Partner im Westen weisen auf Defizite des „Zehn-Punkte-Planes“ hin. Zum einen fehle eine Aussage zur polnischen Westgrenze; es werde aber auch die Bündnisfrage ausgespart.[362] Nikolai Portugalow hat diese entscheidenden Themen am 21. November extra angesprochen. Für den Kanzler in Bonn, der sich für Politik und Geschichte nicht so besonders interessiert, stellt sich heraus, dass seine zehn Pünktchen wie ein Schock wirken, „nicht nur in Italien, auch im übrigen Europa“. Er ist auch selbst geschockt, denn durch die Medien geistert jetzt das Gespenst von einem heraufziehenden Vierten Reich, und erschaffen worden ist das Monster von der Londoner Times. Bereits Ende Oktober musste man dort lesen, dass der Niedergang der Sowjetunion sowie die drohende deutsche Wiedervereinigung „wahrscheinlich zu einer deutschen Hegemonie führen werden, die von den Aran-Inseln jenseits der Westküste Irlands bis nach Wladiwostok reicht. Die Briten, die Franzosen und die Europäer haben Recht, wenn sie angesichts solcher Perspektiven ein Unwohlsein empfinden.“[363] Die Weltverschwörung. Erschaffen wurde dieses Monster von einer Londoner Zeitung. Die haben da Erfahrung; im Sommerloch dreht sich in den britischen Gazetten alles um Nessi. Man glaubt ja immer, das Böse käme seit Jahrhunderten aus London. Doch im Herbst 1989 neige ich eher dazu, Margaret Thatcher in den Arm zu nehmen und sie vor der neunmalklugen Elite der West-Deutschen zu beschützen.

Stänkern in London

Ist es nun als die Beruhigungspille für die wutschnaubende Eiserne Lady in London oder als ein Tritt für die traditionell engeren Beziehungen mit Frankreich zu verstehen, dass Herr Genscher seine *tour diplomatique* in London beginnt? Aber letzten Endes kann *man* in Paris so froh sein wie *frau* in London, dass Hans-Dietrich nicht zuerst nach Moskau fliegt. Am 29. November trifft er Premierministerin Margaret Thatcher sowie ihren Außenminister Douglas Hurd. Frau Thatcher erinnert an das EG-Gipfeltreffen am 18. November 1989 in Paris. Sie habe geglaubt, dass man dort Einigung erzielt und jetzt ein Konzept habe. Nun stelle sie fest, dass alles in Bewegung geraten sei. Genscher geht davon aus, dass sie vielleicht auf den Zehn-Punkte-Plan anspielt. Den habe er daraufhin in der Sache erläutert, ohne auf die Umstände des Zustandekommens und seine Vorbehalte einzugehen. Findet er sich richtig *cool*, wenn er das schreibt? Sein Schweigen können die Gesprächspartner nur als Übereinstimmung mit Kanzler Kohl auffassen. Davon abgesehen wird mir nicht klar, warum er unter Freunden und Bündnispartnern nicht ganz einfach nachfragt, ob sich Margaret etwa auf den Zehn-Punkte-Plan bezogen hat. Damit kann man doch da schon im Vorfeld Missverständnisse aus dem Weg räumen. Dann beschreibt Genscher den Briten die Rahmenbedingungen für eine weitere Entwicklung. Nötig sei die konsequente Fortsetzung der gemeinsamen Abrüstungs- und Rüstungskontrollpolitik. Er unterstreicht auch die unerschütterliche Liebe und Treue zur Sowjetunion, ach nein, das ist der falsche Zettel, die feste Position der Bundesrepublik Deutschland in der Nato und in der Europäischen Gemeinschaft. Als Minister Hurd an dieser Stelle einwirft, dass der Bundeskanzler gar keinen Zeitplan für die Wiedervereinigung genannt habe, erläutert Genscher die Einbettung der Bonner Politik in die europäische, und sagt ihm, die Zusammenführung Europas dürfe sich nicht um Deutschland herum vollziehen.[364]

Das ist nun wohl bestimmt nicht die Antwort auf den Einwurf von Hurd, dafür aber die nächste Ohrfeige. Genscher meint, er hätte den Eindruck, dass Frau Thatcher Vorbehalte gegen die Vereinigung Deutschlands hat. Auch ihre wiederholten Warnungen vor Veränderungen des Status quo legten nahe, dass sie sich mit den Entwicklungen bloß zögernd abfinden könnte, erläutert der Patriot aus Sachsen-Anhalt. Immerhin, erklärt der außenpolitische Arm von Kanzler Kohl, verlasse er London in der Überzeugung: Wenn Washington und Paris mitziehen, werden sie sich hier in London schon arrangieren. Auf Douglas Hurd könne er jedoch in jedem Fall rechnen. Es sagt aber nicht, dass keiner das Verschieben der Grenze im Osten erlauben wird. Der Zirkus hinterlässt sichtbare Spuren, sodass ein Historiker wie Timothy Garton Ash über die Zeit nach der Visite von Genscher in London festhält, dass das bislang durchaus ein System war, „unter dem wir 40 Jahre lang recht glücklich gelebt haben".[365] Da es nun einmal gesagt wurde, lässt es sich für die Verschwörungstheorie nutzen.

Wann kommt der erste Ausländer auf den Dreh, dass sie in Deutschland einen Kalten Krieg zwischen den großen Ländern inszeniert haben? Was Genschers Überzeugung bezüglich Washington und Paris angeht, so war seit Jahrzehnten klar, dass London mitziehen würde, wenn bloß die Regierung in Bonn nun endlich die Voraussetzungen für die ersehnte Veränderung des festgefahrenen Status quo schafft. Als Herr Genscher von Warnungen vor Veränderungen des Status quo sprach, klang das, als ob es um die Existenz zweier Staaten in Deutschland ginge. Doch Margaret Thatcher hat gleich in den ersten Stunden nach der Öffnung der Grenze vor Journalisten geäußert: „Dies ist ein großer Tag für die Freiheit. Jetzt muss auch die Berliner Mauer fallen." Sie hatte sich beim Status quo auf die Grenzen Deutschlands bezogen. Es kommt nicht von ungefähr, dass Douglas Hurd im Dezember '89 so reagiert. Als Hans-Dietrich der Gute aus London weggeht, weiß er, dass eigentlich alles einfach ist und er hat keine Zweifel: „Durch Klarheit in unserer Haltung zur Nato, zur Europäischen Gemeinschaft und zur Oder-Neiße-Grenze würden wir die Entwicklung erleichtern können."[366] Jetzt kommt es nur noch darauf an, ob Genscher und seine Spießgesellen die Entwicklung erleichtern wollen.

Saubermänner und Terroristen

In dieser heißen Phase der großen Politik im kleinen Bonn geschieht am Vormittag des 30. November ein Mord. Der Sprecher des Vorstands der Deutschen Bank Alfred Herrhausen, verlässt sein Haus im Ellerhöhweg in Bad Homburg, um mit seinem Dienstwagen zur Arbeit zu fahren. Ungefähr drei Minuten danach detoniert auf Höhe des Seedammweges vor einem Parkhaus eine Bombe, die sich auf einem speziell dafür präparierten Fahrrad am Straßenrand befand. Alfred Herrhausen kommt bei dem Attentat ums Leben und sein Chauffeur wird leicht verletzt. Der Journalist Ferdinand Kroh bringt diesen Mord in *Wendemanöver* in einen „Zusammenhang mit dem Wendegeschehen". Grob überschlagen könnte er sich also für oder zum Beispiel gegen die Vereinigung engagiert haben – wo läge sonst der Zusammenhang mit dem Wendegeschehen? Es wird ja auch über die Beteiligung der RAF spekuliert, was jedoch nicht belegbar sei. Für Ferdinand Kroh ist die angenommene Instrumentalisierung der Terroristenorganisation RAF ein besonders brisanter Aspekt. Davon abgesehen gibt es offenbar keine „dritte Generation der RAF", sondern sie ist entweder ein Geheimdienstphantom oder wird von Geheimdiensten intrumentalisiert. Auch das Bekennerschreiben weist keine Spuren auf, die eine Täterschaft der RAF beweisen könnten.[367]

Wenn ein so exponierter Mann von einer Bank umgebracht wird, zumal mit einer Bombe, kann man schon davon ausgehen, dass mehr dahinter ist als ein Nachbarschaftsstreit um die Äpfel am Baum und dass es etwas mit Geld zu tun hat. Es gibt verschiedene Überlegungen, was denn wohl hinter der Sache steckt. Also wunderbar, was machen die Ermittlungen? Die Bundesanwaltschaft kann keine alleinige Täterschaft einer RAF darlegen, ermittelt aber angeblich auch nicht in andere Richtungen. Aus der Bundesanwaltschaft verlautet, dass die – offiziell unbekannten – Akten, welche Unterlagen über andere mögliche Täter für den Fall Herrhausen beinhalteten, verschwunden sind.[368] Was soll ich dazu sagen? So geht es mir zu Hause mit meinem Kram zuweilen auch.

Nun haben wir erfahren, dass die Bundesanwaltschaft nicht unwichtige Akten verbummelt hat. Behauptet wird ohne Beleg, dass es die RAF war, die nicht mehr aktiv ist. Jetzt nehme ich bloß noch drei Details dazu und komme auf die Idee, dass der Mord von einem Bonner Dienst ausgeführt worden sein kann. Ich beginne mit dem ersten Punkt: Nach dem Attentat werden zahlreiche Fahndungspannen sowie Fehler des Sicherheitskonzepts für Herrhausen aufgedeckt. Augenzeugen beobachteten Täter, die in den Wochen und Tagen vor dem Attentat – als Jogger getarnt, so auffällig in Bewegung waren, dass das mobile Einsatzkommando hätte aufmerksam werden müssen. Der Sicherheitsapparat des Verfassungsschutzes kontrollierte regelmäßig zu jenen Zeiten, in denen Herrhausen diesen Streckenabschnitt zu passieren hatte, vorher das Umfeld, so auch kurz vor dem Attentat, als sich da vermutlich mehrere Täter in der Nähe befunden haben. Ungereimtheiten gab es auch beim Vorausfahrzeug der drei Wagen umfassenden Herrhausen-Kolonne. Der hintere Wagen hielt den vorgeschriebenen kurzen Abstand zur Limousine Herrhausens ein. Das war auch gut und richtig so. Das Vorausfahrzeug jedoch, das gerade zum Schutz vor möglichen Lichtschrankenbomben einen extrem kurzen Abstand zu dem gefährdeten Auto herstellen sollte, war zu weit entfernt. Im Übrigen entsprach der Wagen Alfred Herrhausens nicht der bereits möglichen Panzerung zum Schutz vor der ordentlichen Explosionskraft einer solchen Bombe.[369]

Dieses war der erste Streich und der zweite folgt sogleich. Der Sprecher des Vorstandes der Deutschen Bank spielte eine wichtige Rolle in Bezug auf das Bonner Wirtschaftskonzept für Osteuropa. Das erstaunt keinen, konnte er doch mitentscheiden, wer wann wieviel Geld bekommt. Damit komme ich zum dritten Punkt. Der durchaus bekannte Gorbatschow hat der Spitze der Deutschen Bank 1987 und 1988 signalisiert, dass über die Vereinigung zu sprechen sei, und so baten sie ihn, mit Washington über einen Wiedervereinigungsprozess zu verhandeln. Es wurde von Moskau das Angebot unterbreitet, eine solche Politik könnte mit Warenkrediten Deutschlands an Russland von 50 Milliarden D-Mark pro Jahr honoriert werden, ein Jahrzehnt lang – ein Rettungsring für die Sowjetwirtschaft. Damals soll sich Valentin Falin widersetzt haben.[370]

Lassen wir Valentin Falin berichten, wie es zu diesem Angebot aus dem Herzen Russlands kam. Mitte der 1980er Jahre machte ein sehr bekannter Politiker aus der Bundesrepublik den Sowjets ein Angebot: Wenn sie die DDR aus ihrem Warschauer Pakt entlassen und ihr einen Status wie Österreich gewähren, so würde die Sowjetunion 100 Milliarden D-Mark als nicht rückzahlbaren Kredit erhalten. Falin lässt sich aber den Namen der Person nicht entlocken, die dieses Angebot im Namen von potenten westdeutschen Kreisen unterbreitet hat. Er sagt nur, es sei eine wichtige konservative Persönlichkeit aus der Bundesrepublik gewesen. Und nun? Kurz vor Ostern 1987 fand im Kreml-Kongresszentrum ein Empfang für die deutsche Wirtschaft statt. Der Anlass war die Eröffnung eines neuen Firmensitzes der Deutschen Bank in Moskau. Gorbatschow zog in einem günstigen Augenblick den Chef der Deutschen Bank Friedrich Wilhelm Christians beiseite und äußerte, er habe für Bundeskanzler Helmut Kohl eine Botschaft, die er überbringen möge: Moskau sei bereit, die DDR aus dem Warschauer Pakt zu entlassen, wenn die Deutschen dies so wollten. Ein enger Vertrauter Herrhausens aus dem Umfeld der Deutschen Bank sowie ein Mitarbeiter des Vorstands haben es Ferdinand Kroh bestätigt, dass es die Botschaft gab, dass sie jedoch nicht von Christians, sondern von Herrhausen an den Bundeskanzler weitergereicht wurde. In der Bild hatte man einen Minister zitiert, dass eine Wiedervereinigungsinitiative unmittelbar erwartet werde: „Wir erwarten das schon seit einem halben Jahr." Auch ein Staatssekretär, der besser anonym bleiben wollte, sagte zu dieser Angelegenheit: „Wenn er eine solche Offerte auf den Tisch legt, wird er uns ganz schön aufmischen." Der ehemalige Wirtschaftsminister Graf Lambsdorff sagte: „Da kommt etwas auf uns zu." Der Bundestagsabgeordnete Bernhard Friedmann bestätigte das und kritisierte, dass die CDU auf einen derartigen Vorschlag nicht vorbereitet sei, obschon eine solche Offerte im Duktus der sowjetischen Abrüstungsvorschläge läge.[371]

Wenn Gorbatschow um strengste Diskretion gebeten hatte, dann war es ja mächtig hilfreich, wenn Kohl auch das auf direktem Wege an die Bild-Zeitung weitergereicht hat. Christians oder Herrhausen werden es nicht gewesen sein. Wer schrieb das? „Die Deutschlandfrage spielt, auch wenn sie als solche nicht angesprochen wird, in der Sicherheits-, Abrüstungs- und Raketendiskussion eine wichtige Rolle. Der Gefahr und des Risikos, die entstehen würden, wenn die Sowjets ein politisches Angebot in Richtung Wiedervereinigung machten, bin ich mir voll bewusst. Dann könnten uns die Felle wegschwimmen." So steht es in den *Erinnerungen* von Franz Josef Strauß. Hat er diese Sätze vor oder nach dem Vorschlag von Gorbatschow geschrieben?[372]

Im Oktober '88 besuchte Helmut Kohl den Kremlchef. Der erhoffte sich wirtschaftliche und finanzielle Unterstützung für die Reformen in seiner Sowjetunion, sodass der Kanzler nicht wirklich verhindern konnte, dass Alfred Herrhausen als Chef der Deutschen Bank in der Reisegesellschaft mitflog. In guter Stimmung zogen sich die beiden Staatslenker zu einem Vier-Augen-Gespräch zurück, an dem nur der für West-Deutschland zuständige Dolmetscher Iwan Kurpakow teilnahm. So ist Kurpakow Zeuge einer Szene geworden, in der Kohl und Gorbatschow regelrecht aneinander geraten waren, als Gorbatschow dem deutschen Kanzler die Wiedervereinigung angeboten habe, sagte der Dolmetscher. Der Bankchef hatte Gorbatschow zuvor um Gespräche mit den USA über das Vereinigen der zwei Staaten in Deutschland ersucht und in Moskau zugesagt, dass eine solche Politik mit deutschen Warenkrediten an Russland von jährlich 50 Milliarden Mark honoriert werden könnte, für zehn Jahre, also diesmal sogar 500 Milliarden D-Mark. Das hat er nach dem Mauerfall doch wohl nicht etwa wiederholt? Mit größeren Erfolgsaussichten als 1988.[373]

Stänkern in Paris

Wie es nicht anders zu erwarten war, hüpft Bonns Außenminister Hans-Dietrich Genscher auch in Paris schwungvoll in die Mitte des Fettnapfes hinein. Er trifft den Außenminister Roland Dumas, den früheren Staatspräsidenten Giscard d'Estaing sowie Senatspräsidenten Poher. Der böse Dumas zeigt sich betroffen darüber, dass beim EG-Gipfeltreffen in Paris kein Wort über das gefallen sei, was in den zehn Punkten stehe. Über die Art der Unterrichtung durch Teltschik, was Kohls Zehn-Punkte-Plan angeht, sei man auch verstimmt. Es ist natürlich gut zu erfahren, dass der Kanzler seine Äußerungen vom 28. November, die er nur als persönliche Auffassung verstanden wissen wollte, vom außenpolitischen Berater ankündigen ließ. Verstehen Sie jetzt, weshalb Helmut Kohls Zehn-Punkte-Programm im Ausland als die offizielle Linie aufgefasst wurde? Wo hatte Kohl jedoch gesagt, wann vereinigt werden sollte? „Wie ein wiedervereinigtes Deutschland schließlich aussehen wird, das weiß heute niemand. Dass aber die Einheit kommen wird, wenn die Menschen in Deutschland sie wollen, dessen bin ich sicher."[374] Das sagt alles und nichts.

Die Kette der Unverschämtheiten erklimmt einen neuen Gipfel, als sich Bonn über die Reaktionen aus den europäischen Nachbarstaaten höchst indigniert zeigt. Kohl und die engsten Berater sind über die Reaktion der Franzmänner bass erstaunt: „Wir glaubten, Mitterrand über den Zehn-Punkte-Plan des Kanzlers nicht konsultieren zu müssen, weil wir davon ausgingen, er sei ohne Einschränkungen für die Einheit." Das sagen aber nicht wirklich dieselben Kandidaten, die unbedingt den Überraschungseffekt erzielen wollten? Der große Teltschik meint dazu, der französische Staatschef habe auf Bitten Kohls beim deutsch-französischen Gipfel nur wenige Tage vor dem Zehn-Punkte-Plan in positiver Weise Frankreichs Haltung zur deutschen Frage erläutert.[375] Es war stets klar, dass man in Paris nie ohne jede Einschränkung für die Einheit war. Die Frankfurter Rundschau wird zu spät dazu sagen: „Kohls vage Äußerungen zur Oder-Neiße-Grenze gossen Öl ins Feuer und sollten noch zu schweren Auseinandersetzungen führen."[376] Es dürfte wenige Politiker in der Welt geben, die so virtuos auf verschiedenen Ebenen denken können wie Herr Kohl. Auf ihn trifft zu, was auch schon von Bismarck gesagt wurde: Kohl kann mit mehreren Kugeln jonglieren. Und an wen erinnert Sie diese wunderschöne Einschätzung? Er war kein gefühlsbetonter Mensch und ließ sich kaum je enttäuschen. Menschliche Schwächen unterstellte er – und verstand sie zu nutzen. Er sprach noch weniger kompliziert, als er dachte. Es haftete ihm eine außergewöhnliche Fähigkeit zur Vereinfachung an. Wenn es Wirkung versprach, kam eine Portion Rücksichtslosigkeit dazu. Schläue mischte sich mit Starrsinn, der Zweck heiligte manches Mittel, und die patriarchalische Verschlagenheit konnte entwaffnen. Nein, das war nicht auf Herrn Kohl gemünzt; das war eine gekürzte Einschätzung des Urkanzlers Konrad Adenauer durch Willy Brandt. In diesem Sinn ist Kohl ein würdiger Wiedergänger Adenauers.

Am Nachmittag wird Genscher vom Präsidenten Frankreichs Mitterrand empfangen. Er bittet Genscher, als erster das Wort zu ergreifen, und so erklärt der Junge von der Saale, dass wir in einer bewegenden Zeit leben und die Ereignisse in der DDR unsere Nation geradezu aufwühlen. Dies treffe auf ihn persönlich auf Grund der Herkunft und Verantwortung in besonderer Weise zu. Er sagt auch, er wolle den Stolz darüber nicht verhehlen, dass seine Landsleute in der DDR sich friedlich für Freiheit und Demokratie erhoben hätten. Absurd wäre es, die Wirkungen auf die zwei deutschen Staaten ausschließen zu wollen, die vom Annäherungsprozess von West und Ost in Europa ausgingen. Da trifft Genscher natürlich, wie zuvor schon in London, den wunden Punkt in der Mitte. Genau vor *dem* Spannungsbogen hatten alle Außenpolitiker der Alliierten immer schon Angst gehabt. Es sind verdammt viele mittel- und ostdeutsche Politiker im Bonner Bundestag vertreten. Ob nun aus Sachsen-Anhalt oder auch aus Schlesien. Genscher doziert, es gelte nun, eine gemeinsame Position zu bestimmen, und zu diesem Zweck müsse der Gipfel von Straßburg genutzt werden. Damit nähert er sich der Frage der Rahmenbedingungen, die zu klären sind, wenn man die deutsche Einheit erreichen wolle. Von Straßburg solle ein doppeltes Signal ausgehen: Einerseits der feste Wille zur weiteren Integration in der Europäischen Gemeinschaft, die Bereitschaft zur Zusammenarbeit mit dem Osten andererseits. Er meint, man träte in Europa jetzt gleichsam in einen Wettbewerb zweier dynamischer Prozesse ein. Diese seien die Westintegration der Europäischen Gemeinschaft und die Reformentwicklungen im Osten plus die Annäherung von

West und Ost. Eine andere Bedingung der europäischen Stabilität sei die unzweideutige Haltung der Bundesrepublik zur polnischen Westgrenze. Darauf musste einfach auch einmal richtig hingewiesen werden.[377]

Präsident Mitterrand meint, die Ereignisse haben sich mit großer Wucht entwickelt. Er findet, wenn man in den West-Ost-Beziehungen ohne ein Risiko voranschreiten wolle, dann bedürfe es paralleler Fortschritte bei der europäischen Integration. Wenn allerdings die Westintegration auf der Stelle trete, bleibe sie zurück. Dann würden sich die Verhältnisse in Europa grundlegend ändern und es werden neue privilegierte Bündnisse entstehen. Ja, es sei nicht ausgeschlossen, dass man in die Vorstellungswelt von 1913 zurückfalle. Falls sich die deutsche Vereinigung in einem Europa vollziehen sollte, das letztlich nicht weitergekommen wäre, dann würden die europäischen Partner, die sich in Zukunft achtzig Millionen Deutschen gegenübersähen, sicher nach einem Gegengewicht suchen.[378] Auf diese Vorstellungswelt nationaler Egoismen von 1913 ging dann ein Jahr später der erste Weltkrieg zurück. Im Vorfeld waren England, das Russland des Zaren und Frankreich in der *Triple-Entente* vereint gegen Deutschland, Österreich und Italien.

Wenn Ihnen bisher noch nicht genug *action* in der Geschichte war, dann werde ich dem jetzt schlagartig abhelfen. Helmut Kohl ist es mit seinem Megaüberraschungseffekt gelungen, dass die Erzfeinde der Deutschen – die Franzmänner, die allerdings inzwischen mit Kohl im selben Bündnis vereint sind, der Bundesrepublik Deutschland einen Krieg androhen für den Fall, dass Kanzler Kohl seinen außenpolitischen Kurs jetzt nicht auf der Stelle ändert. Das muss man nach Jahrzehnten der mühseligen Aussöhnung erstmal hinbekommen. Genosse Honecker verliert seine ersten Zähne, wenn für ihn überraschend auf einmal russische gemeinsam mit französischen und britischen Soldaten ausrücken, um die Landeshauptstädte und Bonn zu besetzen und einen Hohen Kommissar mit der Verwaltung ihrer provisorischen „B.R.D." beauftragen. Zum Außenminister der Bonner Administration sagt der Präsident der Republik Frankreich François Mitterrand: „Entweder wird die deutsche Vereinigung nach der europäischen Vereinigung hergestellt, oder sie haben ein Dreierbündnis gegen sich und das Ganze endet als Krieg."[379]

Vielleicht erinnern Sie sich, dass die britische Premierministerin bereits vor einigen Wochen im Gespräch mit dem Chef der Polen Armeegeneral Jaruzelski in dem Zusammenhang von Krieg sprach. Doch kommen wir noch einmal auf den „höchst vorsichtig formulierten" Zehn-Punkte-Plan des Kanzlers zu sprechen, der nur mit Überraschungseffekt gute Dienste tun kann. Wenn sich Franzosen aufregen, klingt das ja immer ein wenig wie eine Sequenz aus einer Komödie und die Berliner Morgenpost kann sich über die Nummer ein Jahrzehnt später wegwerfen vor Lachen. Das „Deutschland der 80 Millionen", das Frankreich seit Bismarcks Reichsgründung von 1871 ängstigt, erfüllt Mitterrand mit Sorge. Als „Mon cher Helmut" nun den wehenden Mantel der Geschichte ergreift, bricht sein überraschter Freund in wütende Beschuldigungen aus: „Aber Kohl hat mir nichts gesagt! Nichts gesagt! Das werde ich ihm niemals vergessen! Gorbatschow wird wütend sein. Er wird das nicht hinnehmen, unmöglich! Ich brauche mich gar nicht zu widersetzen, das werden die Sowjets für mich tun, sie werden niemals dieses große Deutschland auf der anderen Seite hinnehmen!" Bei der laut Berliner Morgenschmus gleichgesinnten britischen Premierministerin Margaret Thatcher beklagt er sich: „Der will die ganze Welt vergewaltigen!"[380]

Von Stund an wird die deutsche Einheitspresse unermüdlich die Legendenbildung vorantreiben: „Die »europäische Vereinigung« – das war für Mitterrand die feste Einbindung des größeren Deutschland in die europäische Integration. Das war insbesondere die Währungsunion." Solche und ähnliche Formulierungen werden fortan suggerieren, Paris würde in der Folge eine europäische Währung in Szene setzen. Das ist freilich ein Stück neben der ganzen Wahrheit. Es war ursprünglich Bonn, das unter der Führung von Helmut Schmidt in den 1970er Jahren den Europäern im Westen das gemeinsame Währungssystem schmackhaft gemacht hat. Es war ursprünglich Kanzler Adenauer. Es war der Kreisauer Kreis 1943. Doch als Adenauers Alptraum von der erneuten Zusammenballung von deutschen MitbürgerInnen in greifbare Nähe rückt, kommen „aus Bonn immer neue Vorbehalte gegen die Wirtschafts- und Währungsunion".[381]

Mir nicht, aber Genscher können Sie glauben. Paris kann sich kaum des Eindrucks erwehren, „dass die Bundesrepublik, die bisher immer Motor des europäischen Einigungsprozesses gewesen sei, es damit heute nicht mehr eilig habe; sie sei zur Bremse geworden".[382] Als sich Mitglieder der CDU 1988 über die Lage in der DDR besorgt zeigten, hat derselbe Mann, Kanzler Kohl, „in den Führungsgremien der CDU davor gewarnt, durch »zu lautes Reden über die aktuelle Lage in Deutschland« den Eindruck zu erwecken, als sei für die Bundesrepublik die europäische Integration zweitrangig geworden: »Ich forderte die Mitglieder des Bundesvorstandes auf, in Gesprächen mit einflussreichen Persönlichkeiten aus den befreundeten Ländern dem Eindruck entgegenzuwirken, die Bundesrepublik sei dabei, vom Westen abzudriften.«"[383] Im Vorjahr war es auch bei gewiss identischer Absicht darum gegangen, seine Parteifreunde davon abzuhalten, gar zu viel über die Lage in „unserer" DDR nachzudenken.

Bush beruhigt Gorbatschow auf einem Schiff vor Malta

Dieses Jahr lief doch nun für die beiden Supermänner wirklich voll nach Plan und sie könnten sich das Ergebnis mehrjähriger Vorbereitungen in den Fragen der europäischen Landkarte anschauen und besprechen, wie es jetzt weitergehen soll. Deshalb treffen sie sich am 2. Dezember '89 auf einem Kriegsschiff vor der britischen Insel Malta im Mittelmeer. George Bush wollte amerikanisch lässig „die Füße auf den Tisch legen" und entspannt mit seinem sowjetischen Gegenüber reden. Doch sie haben nicht mit einem Querschläger aus Ludwigshafen-Oggersheim gerechnet. Jetzt liegt statt der Füße der Zehn-Punkte-Plan auf dem Tisch und über Nacht klingt alles wieder wie früher. Gorbatschow wertet auf einmal jedes unvermittelte Abrücken von der Zweistaatlichkeit Deutschlands als Risiko für die politische Stabilität in Europa: „Es gibt zwei deutsche Staaten – so hat es die Geschichte gefügt." Bush macht sich Kohls Argumentation zu eigen und erwidert, er erwarte die Einigung Deutschlands als Ergebnis eines Prozesses; der dürfe allerdings nicht „von außen" beschleunigt werden. [Er darf nur auch nicht von innen verzögert werden.] Wo Bushs Planung sich um die kommenden Monate dreht, träumt Kohl noch von ein paar Jahren und bis dahin hat die SPD die Macht ergriffen und es ist vorbei. George Bush verspricht dem anderen Herren über einen großen Militärapparat, dass er keine Verrücktheiten plant, die unter Umständen gefährliche Konsequenzen zur Folge haben könnten: „Ich habe nicht die Absicht, vor der Mauer zu demonstrieren, weil hier viel zu viel auf dem Spiel steht." Gorbatschow lacht, wohl ein wenig gequält: „Vor Mauern zu demonstrieren gehört sich nicht für einen Präsidenten."[384] Es war Bushs Vorläufer, the President of the United States of America Ronald Reagan, der 1987 auf der Westseite des Brandenburger Tores stand und ihm auf große Entfernung zugerufen hatte: „Mister Gorbatschow, tear down this wall!" oder auf gut Deutsch – Herr Gorbatschow, reißen Sie diese Mauer nieder!

Gorbatschow wünscht die Anerkennung der bestehenden Grenzen sowie eine vorbehaltlose Anerkennung des deutsch-sowjetischen Grundlagenvertrages. Daneben würde er es aber auch „vernünftig" finden, wenn sie sich in Bonn öffentlich über die Vorstellungen der zukünftigen Allianzzugehörigkeit der beiden deutschen Staaten und über die Mitgliedschaft in der europäischen Gemeinschaft äußern würden.[385] Bush bekräftigt die traditionelle Nato-Position, die Verpflichtung auf die deutsche Einheit. Zugleich ist er der Politik der Unverletzlichkeit der Grenzen verpflichtet, wobei er von einem Konzept „permanenter Grenzen" spricht.[386]

Bush hat Kohl ja offenkundig ganz übel missverstanden, als der aktuelle Bundeskanzler in Bonn bei Köln „die Einigung Deutschlands als Ergebnis eines Prozesses" erwartet. Das erwarteten alle seit Adenauer als das Ergebnis eines Prozesses; und Strauß meinte, das könnten eventuell die Enkel der Politikergeneration der achtziger Jahre einmal erleben. Bush, der aus amerikanischem Eigeninteresse heraus Kohl ein bisschen helfen will, ignoriert die Bitte, den Prozess nicht „von außen" zu beschleunigen. Er beschwichtigt Gorbi auf dem Kriegsschiff und versichert ihm, dass er Kohl gut *kenne*. Daher *wisse* er, dass der Oggersheimer „die Sache nicht überstürzen" werde. Damit ist der Blubb aus Helmut Kohls Auftritt vom November schon halb verpufft. Bei der Ankunft auf dem Schiff hat Gorbi wenigstens beim Thema Deutschland „recht angespannt" gewirkt und zu erkennen gegeben, dass es Kanzler Kohl „zu eilig" habe. Bush meint, der Russe kommt „einfach nicht mit dem ungeheuren Tempo zu Rande", mit dem sich Osteuropa umwälzt.

Der Amerikaner, dem manch einer in Deutschland bis heute anlastet, er habe nach dem Zweiten Weltkrieg die Absicht der Teilung Deutschlands gehegt, setzt in seiner aktuellen Gestalt als George Bush seine Nonstop-Diplomatie, die mit dem Amtsantritt ein Jahr zuvor begonnen hatte, mit der Unterrichtung seines transatlantischen Freundes Helmut Kohl über die Ergebnisse der Unterredung mit Gorbatschow fort. Das passiert auf dem Chateau Styvenberg. Kohl will gar nicht den Eindruck korrigieren, den Bush von ihm hat; Kohl ist die Ruhe in Person. Aber die Leute! Der Mann aus Oggersheim bittet den Amerikaner, nicht zu verkennen, dass sich die deutsche Frage jedoch zur Zeit „wie eine Grundwelle im Ozean" entwickle. Zu dieser Optik haben ja wohl die Leute gut beigetragen, die vor zwei Wochen in Leipzig die Sticker mit „Wir sind ein Volk!" verteilt haben. Zugleich aber beteuert Kohl, „Gorbatschow natürlich nicht in die Ecke drängen" zu wollen; er sagt, er strebe ein baldiges Treffen mit dem Moskauer an. Bush bestärkt ihn: Ein solches Gespräch sei sicher „nützlich"; es biete Gelegenheit, „einige falsche Eindrücke zurechtzurücken". Am Ende verspricht der US-Präsident, die deutsche Position anderntags in Brüssel bei dem Treffen der Staats- und Regierungschefs der Nato zu unterstützen, wo Kohl scharfen Widerstand erwartet oder besser gesagt erhofft. Aber Dr. Kohl hatte dort ursprünglich kaum Widerstand zu erwarten. Vor dem Vorstoß nach hinten hatte das Europäische Parlament bei bloß zwei Gegenstimmen eine Resolution verabschiedet, in welcher der Bevölkerung der DDR das Recht zugesprochen wird, „Teil eines vereinigten Deutschlands und eines einigen Europas zu sein".[387]

George Bush ebnet Deutschland in der Nato den Weg

Letztendlich sind weder beim Bush-Gorbatschow-Gipfel noch beim EG-Sondergipfel in Paris Hürden auf dem Weg zur deutschen Einheit aufgerichtet worden. Dumm gelaufen. Und besonders schlimm: George Bush ebnet in Brüssel mit seinem starken Auftritt beim Nato-Gipfel noch ein weiteres Stück des Weges zur deutschen Einheit. Und dabei hatte Kohl den Amerikaner so herzlich gebeten, doch bloß nicht von außen Einfluss zu nehmen auf den Gang der Dinge.[388] Der Ami ist jedoch beileibe nicht das letzte Problem der Bonner Verhandlungsführer. Der außenpolitische Kanzlerberater Horst Teltschik lässt seinem Gefühl gegenüber unserem alten Erbfeind freien Lauf: „Sechzehn Staats- und Regierungschefs sind im großen Sitzungssaal des Nato-Hauptquartiers versammelt, nur Präsident Mitterrand fehlt und lässt alle Kollegen eine halbe Stunde warten. Das ist nicht das erste Mal."[389] Das ist ja offenkundig eine diplomatische Retourkutsche der Franzosen für die *Überraschung*. Apropos nicht das erste Mal: Der US-Präsident verweist in Paris darauf, dass Washington über vier Jahrzehnte lang mit der Nato die Einheit Deutschlands unterstützt habe.[390] Und wenn auch das vergrößerte Land in der Nato und in der EG bleibt, wenn alles friedlich abläuft und Deutschland die Grenzen des Spaßes anerkennt, spricht nach Bushs Worten auch nichts gegen das Recht auf Selbstbestimmung der Deutschen. Von der Zielstrebigkeit des Amerikaners lässt sich der Schwergewichtler aus Oggersheim nicht aus der Ruhe bringen und bekräftigt noch einmal, dass sein Stufenplan zur *Wiedervereinigung* nicht mit einem Zeitplan verknüpft sei. Die ganzen zeitlichen Vorstellungen würden doch wohl viel öfter im Ausland als in Deutschland selbst diskutiert. Einschränkend muss man sagen, dass der gute Mann Deutschland mit dem Regierungsviertel in Bonn verwechselt. Ach, der Helmut.[391] Anders sieht das beispielsweise auch Hans Modrow. Der DDR-Ministerpräsident schließt in dem aktuellen Spiegel-Interview ein Deutschland in den Grenzen von 1989 nicht länger aus: „Wenn eine Konföderation solche Wege zeigt und in die Entwicklung in Europa eingebunden ist, kann man darüber nachdenken."[392] Aber davon wird Hans Modrow auch nur wenige Tage träumen bis zu Kohls Stippvisite in dem langjährigen Knuddelzoo für die Brüderchen und Schwesterchen aus der BeÄrDe am 19. Dezember in Dresden.

Stänkern in Moskau

Um 20 Uhr schwebt der Außenminister des Bonner Provisoriums in der Nähe der sowjetischen Hauptstadt ein. Auf dem Weg vom Flughafen zur Innenstadt von Moskau begegnet den Bonner Abgesandten die Wagenkolonne von Genossen Krenz, der Moskau gerade verlässt. Ist es bereits der letzte Abschied? Es kommt jedoch nicht zu intensiveren Gesprächen, da die Wagenkolonnen recht schnell aneinander vorbeifahren. In seinen Moskauer Stunden bekommt Hans-Dietrich Genscher die Breitseite ab. Im Gespräch unter vier Augen, nur im Beisein der Dolmetscher, spürt er die Verärgerung der sowjetischen Führung über den Zehn-Punkte-Plan. In der deutsch-sowjetischen Erklärung, die nach mühevollen Verhandlungen im Frühsommer zustande gekommen war, hätten sie vereinbart, sich gegenseitig in wichtigen Fragen zu konsultieren, sagt sein Pendant Eduard Schewardnadse.[393]

Auch in der sowjetischen Hauptstadt bereitet ihn ein Außenminister vor, sagt ihm, wie sehr sein Chef Gorbatschow von dem, was in dieser Zehn-Punkte-Erklärung stehe, betroffen sei. Das Gespräch mit ihm werde von daher kaum angenehm sein. Haben sie nur bis „Verkehrswege“ gelesen? Mit Autobahnen begann ja auch Hitlers Weg in alle Himmelsrichtungen. Dass das Genscher „wahrlich nicht ins Konzept passte, versteht sich von selbst, zumal die Stunde konstruktive Gespräche gebot: über die nächste Zukunft, vor allem über die gesamteuropäischen Perspektiven, über die Lage in der DDR und über die Voraussetzungen für eine Vereinigung der beiden deutschen Staaten.“ Es soll seine unerfreulichste Begegnung mit dem Generalsekretär werden, in dem er als erster einen Mann erkannte, der mit seiner Politik die Welt verändern würde. Befindet Genscher. Ich hätte eher gesagt, dass Margaret Thatcher ihm hier um eine Nasenlänge voraus war. Und George Bush. Genscher bedauert die sehr angespannte Atmosphäre in dem Gespräch „besonders deshalb, weil die Chance, mit Gorbatschow über die wirklich wichtigen Themen zu sprechen, für den Moment vertan“ ist. Da ist Hans-Dietrich natürlich traurig. Doch er hat ja bereits Erfahrungen mit solchen Situationen gesammelt: „Ich dachte an die unerfreuliche Begegnung mit Schewardnadse in Wien nach dem Newsweek-Interview zurück. Auch jetzt durfte es keinen Eklat zwischen

Bonn und Moskau geben, denn Moskau musste für die deutsche Einheit gewonnen werden; hier lag der Schlüssel.“[394] Aber was heißt denn, auch jetzt durfte es keinen Eklat zwischen Bonn und Moskau geben? Das war 1986 ein Super-Eklat, der die offiziellen Beziehungen zwischen Moskau und Bonn für Jahre einfrostete. Gorbatschow kam innenpolitisch unter Druck; er bekam Zuschriften aus dem ganzen Land, sich diese Frechheit von Hitlers Wiedergänger auf keinen Fall gefallen zu lassen. So lange ist der Überfall der Fritzen auf die Sowjetunion ja nun noch nicht her. Wer 1989 89 ist, war damals 41. Für junge Leute heißt das: Wer heute 50 ist, hatte keine schöne Kindheit. Und welches wäre der Präzedenzfall in den vergangenen vier Jahrzehnten gewesen, als Bonn schon einmal versucht hätte, Moskau für die Einheit Deutschlands zu gewinnen? Ja, zwischen 1966 und 1974 hatte Willy Brandt einiges probiert. Und Genscher sorgte damals an vorderster Front für die Ablösung von Kanzler Willy Brandt.

Im Prinzip hat Genscher die Problematik voll und ganz verstanden, weiß natürlich, dass Bonn Moskau Konsultationen bei wichtigen Fragen zugesagt hat. Messerscharf schlussfolgert unser Männerversteher, dass sich Gorbatschow als Getriebener einer Entwicklung fühlt, die er nicht mehr steuern kann, „was für ihn ja auch in seiner inneren Lage nicht einfach“ ist. Darin erkennt Genscher den Grund der Verärgerung, die er abkriegt. Er rundet seine Darstellung so ab: „Niemals zuvor und danach habe ich Gorbatschow so erregt und so bitter erlebt.“ Das kann keinen erstaunen, versteht es *Genschman* doch erneut, Gorbi zu zeigen, was eine deutsche Harke ist: „Die Kritik Gorbatschows durfte so nicht stehenbleiben.“ Nun verteidigt der Außenminister den „ungeschickten“ Kanzler. Der Generalsekretär hält ihm entgegen, er übernehme vergeblich die Rolle eines Anwalts für den Bundeskanzler. Dessen Ausführungen seien geeignet, alles zu zerstören, was durch eine gemeinsame Politik aufgebaut worden sei. Es kommt darüber zu einem heftigen Wortwechsel, in dem Genscher die Kritik am Bundeskanzler zurückweist. Gorbatschow sagt, er respektiere ihn persönlich, aber hier werde explosiver Stoff ins Feuer geworfen.[395]

Ein Erfolg sind die Gespräche in Moskau am 5. Dezember nicht. Weder der Generalsekretär der Kommunistischen Partei Gorbatschow noch der Außenminister Schewardnadse geben mit nur einem Wort zu verstehen, dass man sich vielleicht der Einheit Deutschlands widersetzen werde.[396] Der Spezialist Horst Teltschik schreibt sich unter diesem 5. Dezember in sein Tagebuch ein: „Es sickert durch, dass Schewardnadse und Gorbatschow gegenüber Genscher den Zehn-Punkte-Plan des Bundeskanzlers als »Diktat« zurückgewiesen haben. Angesichts der Berichte von Bush und Baker überrascht diese Härte. Die Hürden in Moskau bleiben also bestehen, wenn sie nicht sogar erhöht worden sind.“[397] Kohl hofft somit weiterhin, dass seine Guerilla-Technik noch Früchte trägt. Menschliche Erwägungen spielen ja in der großen Politik bekanntermaßen eine recht untergeordnete Rolle. Nichtsdestotrotz möchte ich mir einen Gedanken hier nicht verkneifen: Jeden Tag, jede Woche, jeden Monat, jedes Jahr, die die Volksverwalter in Bonn ihre Zirkelei fortgesetzt haben und fortsetzen, bedeuten Lebenszeit, die Menschen aus politischen Gründen in den entsprechenden Haftanstalten zubringen müssen. Weiter so! Wenn ich einen Wunsch frei hätte, würden die Verantwortlichen neben einen Möchtegern wie Erich Honecker auf die Anklagebank kommen.

Das sterbende Huhn zuckt noch

Nachdem schon am 3. Dezember '89 das Politbüro des ZK der SED einschließlich Egon Krenz nach massiven Protesten auch aus der Basis der Partei geschlossen zurückgetreten ist, gibt der Genosse Egon Krenz nach siebenwöchiger Amtszeit am 6. Dezember den Vorsitz des Staatsrates an den LDPD-Politiker Manfred Gerlach ab. Egon Krenz, der den Genossen Erich Honecker in seiner eigentlich sehr wichtigen Funktion für wenige Wochen ersetzen durfte, sagt in einem Interview nach dem Zusammenbruch des zu langen real-sozialistischen Experimentes: „Ich bereue vor allem, dass ich nicht selbst Einfluss genommen habe, grundlegende Fragen der Sicherheit des Landes und Fragen des Verhältnisses zu Andersdenkenden zum Gegenstand von Aussprachen im Politbüro zu machen. Ich habe im Unterschied zu dem, was manchmal in der Presse steht, zu keinem Zeitpunkt gesagt, dass ich nicht viel gewusst habe. Ich habe viel gewusst. – Aber ich habe lange nicht alles gewusst und vor allem nicht das, was ich in solchen Zusammenhängen hätte wissen müssen.“[398]

Und auch das ist *unser* Egon Krenz: „Ich trage an meiner Mitverantwortung für den Niedergang unserer Republik im Osten Deutschlands sehr schwer. Ich habe geduldet, dass sozialistische Ideale entstellt wurden, dass persönliche Freiheiten in die Abhängigkeit der ökonomischen und – das hängt zusammen – politischen Beschränkungen gebracht wurden. Ich habe die sozialen Menschenrechte für existenzwichtiger gehalten als die politischen. Die Bundesrepublik handhabt es heute entgegengesetzt und das heißt: nicht weniger falsch.“ Es ist befreiend, wenn einer einmal seine Lehren zieht: „Falsches Denken und falsche Disziplinvorstellungen haben mich andererseits daran gehindert, aus verhängnisvollen Fehlentwicklungen in den sozialistischen Ländern – vom Personenkult und seinen Folgen über den Verlust unserer Kritikfähigkeit bis hin zu direkten Interventionen wie bei der Zurückdrängung des Prager Reformmodells – meine Lehren früher zu ziehen.“ Wie geht es jetzt weiter? „Dieser gravierende Mangel ist wohl nicht justitiabel, aber er lastet auf mir, weil er mich davon abgehalten hat, meinen politischen Gestaltungswillen in den Dienst einer moderneren, konsequent demokratischen Sozialismus-Entwicklung in unserem Land zu stellen.“[399]

Äußerst lesenswert ist in dem Zusammenhang *Vaterland – Tochterland* von Wilfried Maier und Jana Göbel. Der Vater ist bis zum bitteren Ende im Ministerium für Finanzen der DDR verantwortlich für die Preise im Lande und macht sich größte Vorwürfe nicht schon ausgestiegen zu sein, als er sah, dass die von ihm gemachten Vorschläge für eine vernünftige Finanzpolitik kein Gehör fanden. Bei ihm fand ich solche Gedanken wie diesen: „Löhne und Gehälter sind niedrig, dafür erhalten die Beschäftigten unabhängig von der Leistung anonyme Zuweisungen in Gestalt der Preissubventionen. Wer die meisten subventionierten Güter verbraucht, kommt am besten weg. Zum Spiegelbild der stabilen Preise gehören die 250 Mark für 1 Paar Exquisit-Schuhe, 4000 Mark für den Fernseher und 14.000 Mark für den Trabant.[400] Ein Personenwagen zum durchschnittlich *vierzehnfachen* eines Monatsgehaltes bei einer Wartezeit von *achtzehn* Jahren. In Mitteleuropa. Und weiter Wilfried Maier: „Vorschläge, dies zu verändern, wurden von der politischen Führung noch vor wenigen Monaten, im Mai 1989, zurückgewiesen." Traurig. Und wie hat sich Genosse Honecker geäußert? Er notierte: „Ich habe in diesem Material vom Preisamt über Preisveränderungen alles durchgestrichen." Er hatte nämlich die Volksschule bis zur achten Klasse absolviert. In der Antwort an den Minister und Leiter des Preisamtes Walter Halbritter kommentierte Honecker seine Entscheidung mit den Worten: „Ich lasse mir doch nicht von dir meine gute Politik kaputtmachen."[401] So wurde *unser* Erich vom Gutmenschen zum Zerstörer seines Traumschlosses.

Doch Maier sagt im gleichen Atemzug, er lasse sich von niemandem einreden, er sei wegen seiner Konflikte mit dem Boss unter Umständen ein Widerstandskämpfer: „Der Preisminister hat solche Vorschläge für Reformen gemacht, ich war an der Ausarbeitung beteiligt. Aber was habe ich denn getan, als sie abgelehnt wurden? Bin ich aufgetreten und habe erklärt, dass ich meinen Posten abgebe? Nein. Lamentiert habe ich, um danach wieder durch die Lande zu reisen und den Leuten die Richtigkeit der beschlossenen Preispolitik zu erläutern. Wie bei den Preisen war es auf vielen Gebieten, deshalb war der Ruin programmiert." Maier ist aber weder der erste noch der letzte, der sich von dem Volksschulabsolventen an der Spitze eines ganzen Staates behandeln ließ wie ein kleines Kind.

Honecker gab eines Tages Hans Modrow (SED) eine Liste mit Preisvergleichen DDR/BRD, auf dass er diese in Zeitungen drucken lassen möge. Es soll bewiesen werden, wie gut und billig es sich in *unserer* DDR lebt. Modrow liest sich das durch, nimmt einen Stift und streicht ungarische Salami und Kalbshaxe durch. Am Tag darauf fährt ihn der Obermacker an und fragt, warum er in der Liste herumgestrichen habe. Modrow sagt ihm: „Ich habe gestrichen, was es nicht zu kaufen gibt." Erich Honecker faucht zurück: „Du bist doch nicht Dubček!" So gesehen, ist dieser Name noch nicht einmal inhaltlich falsch. Alexander Dubček hatte in der ČSSR 1968 den Frühling einführen wollen und dort ging es auch um Realitätssinn in der Politik. Da rollten sowjetische Panzer ein und brachten rasch den Winter in dieses Land zurück.[402]

Auch Schabowskis Nachdenken weiß ich zu würdigen: „Am meisten bedrückt mich, dass ich ein verantwortlicher Vertreter eines Systems war, unter dem Menschen gelitten haben, dass Repressionen gegen einzelne Menschen gerichtet waren, die wegen ihrer oppositionellen Haltung verfolgt wurden. Ihre Einstellung war die richtige. Meine Einstellung war die falsche. Wir waren nicht demokratiefähig, sondern haben versucht, mangels besserer Argumente uns der anderen Meinung mittels direkter Gewalt zu entledigen."[403] Schabowski macht ganz klar: „Der Sozialismus ist nicht die Lösung. Der Sozialismus hat versagt." Oder, die Ineffizienz dieses Systems müsse immer wieder zu Diktatur und Bespitzelung des Volkes führen. Er weist auch darauf hin, dass die soziale Sicherheit eine Illusion war. „Der Staat ist daran bankrottgegangen."[404]

Früher oder später wird auch die jetzige Bürgerrechtlerin Bärbel Bohley dem Ost-Berliner SED-Funktionär Günter Schabowski die Anerkennung aussprechen: „Er ist der Einzige, der nach seiner Verurteilung nicht von Siegerjustiz sprach und ernsthaft nachgedacht hat." Nachgedacht haben muss ebenso die ehemalige Bildungsministerin Margot Honecker: „Der Fehler bei uns bestand vielleicht darin, dass man nicht genügend differenzierte, was waren die Kräfte der Opposition, die eine Änderung des ganzen Systems wollten, und was waren diejenigen, die es besser machen wollten, die mehr Mitspracherecht, mehr Zugehen auf die Probleme wollten. Dieses undifferenzierte Vorgehen hat natürlich viele dazu verführt, Hass zu haben, weil ihnen Unrecht geschehen ist und sie enttäuscht wurden. Die Enttäuschung spielt ja eine größere Rolle meiner Auffassung nach als das Problem, wie man den Sozialismus demokratischer und humaner gestalten kann. Das ist eine innere Frage. Wie versteht es die führende Partei, die Macht der Arbeiter und aller Werktätigen mit allen zusammen zu machen?“[405]

Einer von denen, die durchaus nicht zu Einsichten kommen, ist der Ehemann von Margot Honecker. Ertragen wir zwei letzte weltfremde *statements* des Meisters, der ursprünglich aus dem Saarland stammte: „Und besonders bedauerlich ist es, das muss ich sagen, dass die meisten von den Politbüromitgliedern später im Gefängnis landeten. Ich war immer gegen eine Kriminalisierung unserer Politik, denn das schadete nur der DDR im Inneren und international.“ Und jetzt mit Otto Waalkes: Einen hab ich noch: „Heute sehen wir die Folgen der verfehlten Politik, die die SED seit dem 10. Plenum des Zentralkomitees und dem nachfolgenden sogenannten Sonderparteitag eingenommen hat.“ Wie aus den Gesichtszügen eines Menschen so lassen sich ganz gewiss auch allein aus seiner Sprache Schlüsse auf sein Denken ziehen. Was der Genosse Honecker in einem Interview mit der Wochenpost nicht anspricht, sind Folgen seiner eigenen verfehlten Politik ab dem achten Parteitag im Jahr 1971, als das andere deutsche Wirtschaftswunder von und mit Walter Ulbricht unter Honeckers Führung den Bach hinunterging; und er sagt auch nicht, wie viel Geld, freundlichen Zuspruch im kleinen Kreis und anderweitige Unterstützung er aus der faulenden, parasitären und sterbenden B.R.D. als Zuschuss für den weiteren Aufbau des Sozialismus auf deutschem Boden bekam. Bei Timothy Garton Ash findet man folgende Angaben über das finanzielle Ausmaß an Zuwendungen: Die tatsächlich gezahlte Gesamtsumme während der zwei Jahrzehnte bis 1989 beläuft sich auf ungefähr 8,3 Milliarden DM. Es kommen Investitionen in die Straßen-, Schienen- und Wasserverbindungen zwischen der BRD und West-Berlin dazu und kleinere Zahlungen für die Abnahme von West-Berliner Abwasser oder Abfall aus der Bundesrepublik. Diese Zahlungen beliefen sich insgesamt auf mehr als 2,4 Milliarden DM. Dabei muss man einkalkulieren, dass diese Summen einen höheren Wert hatten als zum Beispiel in der BRD, weil unsere Wirtschaft ansonsten auf Mark der DDR basierte.[406]

Daneben ist es überaus erwähnenswert, dass für viele DM Lebensmittel sowie Kleidungsstücke von Verwandten und Freunden aus der Bundesrepublik in hübschen Paketen mit den Worten „Geschenksendung, keine Handelsware" mit der Post bei Bürgerinnen und Bürgern der DDR ausgeliefert werden, die weder im Lande hergestellt noch importiert werden müssen. Diese duftenden Wunderpakete sind ein Teil der Begründung, warum auf den Straßen der DDR auch in den 1980er Jahren trügerische Ruhe vorherrschte. Bei Verbrauchsprodukten wie Südfrüchten oder bei Kaffee sind diese Sendungen ökonomisch durchaus erheblich. Und man will ja schon auch mal was anderes zwischen die Kiemen bekommen als Brot und den Ost-Kaffee, der aus geheimnisvollen Gründen immer noch ungemahlene feste Stücken enthält. Für Waren in dieser Art hätte unser grauhaariger Ost-Berliner Staats- und Parteiführer sonst entweder mehr Westgeld auf den Tisch legen müssen, oder er wäre deutlich früher dorthin geschickt worden, wo der Pfeffer wächst – ins schöne Cayenne oder gleich nach Chile. Der frühere ostdeutsche Ökonom Werner Obst war in den frühen siebziger Jahren in der BRD geblieben oder abgehauen und hat dann von dort aus das Buch *DDR-Wirtschaft* geschrieben. Es wurde dann bereits 1973 veröffentlicht und darin hätte der Genosse Honecker gute Anregungen für seine wirtschaftlichen Ambitionen finden können, angefangenen damit, wo sich aufwändige Großinvestitionen lohnen und wo nicht, um nicht die knappen Mittel sinnlos zu verpulvern. Daneben finden sich auch Einblicke wie diese hier: „Während westdeutsche Statistiker noch verkünden, dass der Pro-Kopf-Verbrauch an Lebensmitteln in Ost und West fast gleich sei und sich die Ausstattung der Haushalte mit Fernsehgeräten, Waschmaschinen und Kühlschränken immer ähnlicher wird, weil drüben noch viele PKW und Fernsehgeräte aus den fünfziger Jahren in Betrieb sind, und, während die SED-Führung so tut, als sei es für Mitteleuropa in den siebziger Jahren eine außergewöhnliche Leistung, die Menschen solide zu kleiden und zu ernähren – was drüben zweifellos der Fall ist –, da gelten hier längst andere Maßstäbe. – Heute geht es um Vermögensbildung, um Hauseigentum und Auslandsurlaub. Dafür engagiert sich die Bevölkerungsmehrheit."[407]

Eine *Entente cordiale* gegen die Bundesrepublik

Bei einem für den 6. Dezember 1989 anberaumten Treffen in Kiew sucht Ost-Berlins Großer Bruder Michail Gorbatschow diesmal den Schutz des französischen Präsidenten. Bei diesem Gipfel im ukrainischen Kiew beschwört Gorbatschow Mitterrand: „Helfen Sie mit, die deutsche Wiedervereinigung zu vermeiden, sonst werde ich durch einen Militär ersetzt. – Tun Sie es nicht, tragen Sie die Verantwortung für einen Krieg."[408] Fällt Ihnen auf, dass alle drei europäischen Alliierten des Weltkrieges gleichzeitig von Krieg sprechen? Na, dann kann es ja losgehen. Aber wenn die Großmacht am Rhein, die vor viereinhalb Jahrzehnten den Kalten Krieg ins Leben rief und ihn seitdem am Köcheln hält, wieder provoziert, dass die Panzer aus ihren Kasernen rollen, dann diskutiert in hundert Jahren noch kein Mensch mit den Deutschen über irgendwas. Schauen Sie sich einmal das Auf und Ab in den Beziehungen zwischen Washington und Bonn in den letzten Jahrzehnten an. Wenn die Amis auf Kalten Krieg gesetzt haben, herrschte eitel Sonnenschein, und wenn sie sich immer mal etwas von einer Entspannung mit den Russen versprochen haben, hing der Haussegen zwischen Bonn und Washington schief. Kommen Sie mir nicht mit Brandt. Die Leute hatten den hochgejubelt. Niemanden muss es erstaunen, dass auch Gorbatschow innenpolitisch unter Druck steht. Er wird mit der Forderung konfrontiert, eine Million Sowjetarmisten in Marsch zu setzen, um die Mauer wieder zu schließen. Gorbatschow kann und will kein Risiko mehr eingehen. Warum sollte er das auch tun, wenn von den Deutschen nicht endlich ein Signal kommt? Mitterrand gegenüber sagt er denn auch, am Tag einer deutschen Wiedervereinigung wird ein Sowjetmarschall auf seinem Sessel Platz nehmen.[409]

Am 8. Dezember '89 fängt im französischen Strasbourg eine zweitägige Tagung des Europäischen Rates an. Mit unterkühlten Gesichtern treffen sich da auch die Eiserne Lady aus London und der Stählerne Bonaparte aus Paris. Während Gorbatschow auf die Hilfe von den Franzosen hofft, verlässt sich Mitterrand seinerseits auf die Russen. Frau Thatcher kann er versichern, dass Gorbatschows Haltung in Kiew „sehr hart" gewesen sei. Darauf entgegnet die britische Premierministerin, dass die Bundesrepublik immer dominanter in Europa werde und die zwei Länder daher ein Gegengewicht bilden müssen. Präsident Mitterrand stimmt mit der Formulierung zu, dass „wir uns nicht in der Situation von München befinden dürfen".[410] In einer finsteren Ecke des Saales hockt still und leise Adolf Hitler, der Gesprächspartner des Jahres 1938. Ist Spaß. Aber ernst gemeint. Ohne diplomatische Umschweife verweist Mitterrand mit dem Stichwort München auf diese Verhandlungen der Briten und Franzosen mit Hitler 1938. Über das Arbeitsfrühstück vom 9. Dezember notiert der Berater Horst Teltschik: „Gorbatschow, so berichtete Mitterrand weiter, habe erklärt, wesentlich seien für ihn die Grenzen. Auch diese Aussage bleibt unklar." Horst Teltschik nennt an der Stelle eine ganze Reihe von Grenzen, die dieser alberne Vogel in seinem roten Kreml gemeint haben könnte. Er vergisst bei seiner Aufzählung im Prinzip nur die Grenze des guten Geschmacks. Aber wenn man da so bei Tische sitzt und Brötchen schmiert, bleibt einfach keine Zeit, um da noch einmal nachzufragen.

Genscher analysiert diese Problematik differenziert: „Straßburg verdeutlichte jedoch auch, welch grundverschiedene Haltung Mitterrand und Frau Thatcher zur deutschen Vereinigung einnahmen. Die Premierministerin hatte, wie es schien, politische und emotionale Bedenken, Mitterrand hingegen wollte mit der Europäisierung der deutschen Vereinigung eine Wiederholung der alten Fehden auf beiden Seiten des Rhein verhindern. Ähnlich betrachtete er die Frage der deutschen Ostgrenze. Mit der Forderung nach Anerkennung der Oder-Neiße-Grenze wollte er kein Hindernis vor der deutschen Vereinigung auftürmen, sondern dieser eine befriedende europäische Wirkung verleihen." Bonn ist nicht so klar im Köpfchen: „Klarer als mancher deutsche Politiker und Publizist erkannte Mitterrand die historischen Rahmenbedingungen, unter denen sich die deutsche Vereinigung allein vollziehen konnte. Die bei uns oft nicht sonderlich differenziert vorgetragenen prinzipiellen Bedenken gegen die Wirtschafts- und Währungsunion oder gegen die Anerkennung der Oder-Neiße-Grenze gefährdeten eine historische Chance."[411] Es ist ja sehr bedauerlich, dass Genscher hier nicht spezifiziert, ob die deutschen Politiker und Publizisten, die in diesem Land zu Wort kommen, nicht in der Lage sind sonderlich differenziert vorzutragen, oder ob ihnen in der demokratischen Grundausbildung bereits eingetrichtert wurde, wie man nicht sonderlich differenziert. Willy Brandt hat fein beobachtet, dass im Kalten Krieg der Holzhammer mehr gefragt gewesen sei als die Lupe.

Der meiner Meinung nach beste Kommentar zu den Mechanismen der westdeutschen Massenmedien, noch aus der Zeit bevor ein Politiker wie Egon Bahr begriffen hat, wo es hier langgeht, stammt von Günter Gaus, der von 1969 bis 1973 sogar den Chefredakteur des Spiegel geben durfte: „Es geht hämisch zu im Land, schadenfroh und sparsam in den geistigen Aufwendungen. Selbst die Infamie, mit der in manchen Kommentaren der Mehrheitspresse den Abweichlern die schiere Böswilligkeit unterstellt wird, ist in ihrer Eintönigkeit langweilig. Unter Freunden spielen wir gelegentlich das Vorhersagen: wie dieser Vortrag oder jenes Interview eines Abgestempelten, etwa eines Politikers wie Egon Bahr, in den folgenden Tagen von Leitartiklern aus dem Frankfurter Societäts-Haus und den Bonner Redaktionsstuben der »Welt« um alle Nuancierungen, jeden Diskussionsstoff vermindert und auf den Punkt der brauchbaren Verketzerung gebracht wird, was sich dann in Provinzblättern fortsetzt und so die – angesichts der Komplexität der westdeutschen Lage geradezu widernatürliche – Einfältigkeit der bundesrepublikanischen Mehrheitsgesinnung bewirkt. Das Spiel gewinnt seinen Reiz natürlich nicht aus der bloßen Vorhersage dieses Ablaufs; der versteht sich von selbst. Amüsant bei aller Trostlosigkeit wird es dadurch, dass sich Mal für Mal die jeweilige Argumentationskette der einschlägigen Autoren mit ihrer Wortwahl und ihren Bildern, ihrem Umschlagen aus scheinbarer Sachlichkeit ins Eifernde, bei einigen auch ins dunkel Drohende und historisch Beschwörende im Einzelnen vorher aufreihen lässt. Wenn Brandt oder Bahr heute etwas sagen, dann notiert sogleich, was der Balte in der »Welt« oder Me. in der »FAZ« dazu wohl schreiben werden, und messt übermorgen an ihren Kommentaren eure Treffgenauigkeit. Bei liberalen Kommentatoren des Systems gibt es doch gelegentlich Schwankungen, gelind überraschende Nuancen in Details: nichts davon bei den Verkündern der zweifelsfreien, fraglosen Mehrheit.“[412] Ganz ehrlich – ich will es einfach nicht glauben, dass der französische Präsident irgendwas klarer sieht als deutsche Politiker und Publizisten. Die westdeutsche Presse hat die Leute mit ihrem Schwarz-Weiß-Sülz absichtlich verdummt, und war erfolgreicher als der Einheitsbrei im Osten, weil sie mit ihren linken und rechten Flügeln gewedelt hat, was zur Parteinahme verleitete, statt zum Denken anzuregen. Ihr Erfolg ist durchschlagend: Ob sich die Leute für links halten oder ob sie eben konservativ sind, sie haben gleichermaßen das wohlige Gefühl, es immer besser zu wissen als die jeweils anderen.

Am 11. Dezember treffen sich auf Wunsch Moskaus die Botschafter der vier Besatzungsmächte in Berlin im Gebäude des Alliierten Kontrollrats. Damit ist Helmut Kohl auf der Ziellinie. Genscher der Große ist empört. Die Botschafter halten es für richtig, sich dabei zum gemeinsamen Foto aufzustellen. Was soll die Demonstration, fragt er sich. Soll es vielleicht eine Mahnung an die Deutschen sein?[413] Und wie sich bereits Adenauer einst mit Händen und Füßen gegen Zusammenrottungen der Alliierten gewehrt hat, schlägt auch der Hans-Dietrich aus Halle an der Saale mit der Faust auf den Tisch. So weit kommt es noch, dass sich die Alliierten über Bonn und Ost-Berlin hinwegsetzen, die beiden Staaten einfach zusammenlegen und in zwei Briefen klarstellen, wo die Grenzen sind.

In Brüssel hat er hierzu am 13. Dezember beim Nato-Treffen Gelegenheit. Da kommt es auch zu einem Treffen aller Außenminister. Genscher erklärt ihnen dort ganz klipp und klar, wo es nach seinen Vorstellungen lang gehen soll: „Sie müssen sich entscheiden zwischen der Zusammenarbeit mit uns in der Nato und in der Europäischen Gemeinschaft oder mit der Sowjetunion im Kontrollrat."[414] Boa, eh! Erinnern Sie sich noch, dass *Condi* Rice kritisierte, wie „geradlinig" *Genschman* die Ansicht vertrat, dass die Sowjetunion nicht übergangen werden dürfe, aber auf eine Art und Weise, die *Condi* als ungeeignet ansieht? Genscher kommentiert das mit klaren Worten: „Ich sagte das auf Englisch und in scharfem Ton, wie es sonst nicht meine Art war." Da hat er es denen ja einmal mächtig gegeben: „Eine Wiederbelebung des Vier-Mächte-Mechanismus war für uns nicht akzeptabel. Die drei spürten wohl, dass es hier nicht um eine momentane Verärgerung ging, sondern um eine prinzipielle Frage unseres gegenseitigen Verhältnisses und dass es angesichts der dramatischen Entwicklungen in Deutschland nun zu klären galt, wie in vergleichbaren Situationen künftig zu verfahren sei." Und jetzt stellen Sie sich bitte die folgende Szene leibhaftig vor: Der Außenminister der USA James Baker nimmt Genschers Hand: „Hans-Dietrich, wir haben dich verstanden."[415]

Ja, mein Kind, wir haben dich verstanden. Es ist schon sehr schade, dass keiner der Anwesenden unter Verweis auf die unerträgliche Zirkelei der Führer in Bonn kontert: Worüber sind Sie eigentlich so künstlich erregt, Herr Minister?

Auf den ersten Blick wird vielleicht nicht so rasch klar, was *Genschman* meint, wenn er sagt, er hoffe, dass sich vergleichbare Situationen in Zukunft nicht wiederholen dürften. Daran wird unverschämt deutlich, dass man sich in Bonn nicht auf Verhandlungen eingestellt hat, die rasant zur Vereinigung führen, sondern auf noch viele weitere gute Gelegenheiten, bei denen man noch viele Winkelzüge anstellen kann, um juristisch das zu vollenden, was schon so weit gediehen ist. Für die vielen anstehenden Verhandlungen will er klarmachen, wer hier die Linie vorgibt: Er. Damit die Ausländer ihm nicht in ferner Zukunft doch noch einmal die Teilung vergurken können. In der Bonner Vertretung in Ost-Berlin fehlt ja bloß noch die Innenausstattung. Das dauert nicht mehr besonders lange und die Wahlen zum Bundestag kommen jeden Tag ein Stück näher. Danach kann Genschers FDP in einer neuen Koalition mit Lafontaines SPD das große Werk vollenden und die Staatsbürgerschaft der DDR anerkennen.

Ich hoffe ja, dass ich in meiner Geschichtsklitterung nicht allzu oft diese deutschen Ostgebiete erwähnt habe, aber am 12. Dezember 1989 kommt der amerikanische Außenminister Baker nach West-Berlin, um bei dem Jahresessen der Berliner Presse im Hotel Steigenberger seine zukunftsweisende Rede über die neue Architektur Europas zu halten. Dabei weist er einmal darauf hin, welche Bedeutung eigentlich allmählich einer endgültigen Klärung der Frage der Ostgebiete zukommt.[416] Er sagt das Wort von der Bedeutung der Regelung dieser Angelegenheit *neunzehn Jahre* nach dem Abschluss der hohlen Verträge von Moskau und Warschau – und in meinem Kopf bleibt die Frage, wie viele Leute, die im Osten von Deutschland hinter der Oder geboren sind, hier und jetzt noch in einen Krieg für die Wiedergewinnung ihrer alten Heimat ziehen würden, einen atomaren Krieg, der uns alle links und rechts auslöschen wird. Gehe ich recht in der Annahme, dass die selbsternannte Elite in diesem Land die Angst vor solchen Ambitionen schamlos ausnutzt?

An diesem 12. Dezember treffen sich auf Initiative der Bonner Regierung der Kanzlerberater Horst Teltschik sowie Professor Jürgen Nitz aus Ost-Berlin im Kanzleramt. Arrangiert wurde das durch den Konfidenten des Kanzleramtes Holger Bahl und den Fraktionsgeschäftsführer der SPD *in den Jahren 1967 bis 1974* Karl Wienand. Damals kam langsam farbiges Fernsehen in Mode. Ja, richtig, mit seiner Wienand-Steiner-Affäre ist er '72 bekannt geworden. Herbert Wehner nannte ihn damals schon einen *Mann für heikle Fälle*, also alles jenseits demokratischer Spielregeln. In den frühen 1980er Jahren hat er dann den ersten Milliarden-Kredit für die DDR unter dem SPD-Kanzler Helmut Schmidt eingefädelt. Weil die Politikdarsteller in Bonn damals *Bäumchen wechsel dich* spielten, kam dann Strauß als Hauptdarsteller des *coups* in die Medien und in Verruf. Jetzt begleitet Wienand Professor Nitz ins Kanzleramt und stellt ihn mit freundschaftlichen Gesten gegenüber Teltschik dem Kanzlerberater vor. Wer gewinnt den Wettlauf mit der Zeit – Kohl mit seiner Konföderation oder erreichen Amerikaner und Sowjets vorher die Vereinigung bei uns? Teltschik begegnet dem DDR-Emissär offen und höchst interessiert. Der Professor bekommt den Eindruck, dass sich die Interessenlagen der zwei deutschen Staaten decken. Das beweist, dass Jürgen Nitz als Schüler der Darstellung des Geschichtslehrers zum Ursprung der deutschen Teilung keinen Glauben schenkte oder anderes wichtiger war als Geschichte. Die acht Jahre lang geführten geheimen Gespräche über das Modell Länderspiel, die unter einer SPD-F.D.P.-geführten Regierung in Gang gebracht worden sind, tragen nun endlich Früchte. Das Vier-Augen-Gespräch soll zur Bildung einer kleinen, effektiven Arbeitsgruppe führen, die jetzt den Weg zur Konföderation vorbereiten soll. Teltschik drückt Prof. Nitz eine Botschaft des Kanzlers an Ministerpräsident Modrow in die Hand. Herr Modrow solle frei heraus sagen, was er vorhat, wie er die Lage beurteile und wo die DDR ihre Interessen in der von Modrow initiierten Vertragsgemeinschaft der beiden Staaten sehe. Das Gespräch zwischen Teltschik und dem Emissär zieht sich so heftig in die Länge, dass das Kanzleramt die Rückflugmaschine für Professor Nitz auf dem Flughafen Köln-Bonn aufhalten lassen muss.[417]

Während sich Der Spiegel in schillernden Farben und mit viel Werbung darbietet (westlich), wird sein Pendant Neues Deutschland immer bloß schwarz-weiß oder sagen wir besser schwarz aufgelegt (östlich). Dieses Zentralorgan der SED berichtet am 18. Dezember über einen erfolglosen amerikanischen Versuch vom Vortag, die Entente cordiale nun karibisch aufzuwärmen in dem folgenden wunderschönen Artikel: „Saint Martin (ADN). Der amerikanische Präsident George Bush und der französische Staatspräsident François Mitterrand konnten bei ihren Gesprächen auf der Karibikinsel Saint Martin keine Übereinstimmung zum Problem der Vereinigung beider deutscher Staaten erzielen, berichtete die amerikanische Nachrichtenagentur AP am Sonntag. Mitterrand erklärte, bei allem, was getan werde, müssten Verträge und Grundsätze der Schlussakte von Helsinki beachtet werden. Dies gelte auch hinsichtlich einer Vereinigung beider deutscher Staaten. Der französische Staatspräsident ergänzte, er teile die Visionen von Bundeskanzler Helmut Kohl nicht."[418] Offensichtlich haben sie in Paris wie in Moskau oder in London Kohls Plan nur bis „Verkehrswege" gelesen und damit „Autobahn" assoziiert. In Kohls Plan finden Sie auch mit der Lupe kein Sterbenswörtchen von Visionen oder denkbaren Wünschen nach Veränderung des *status quo* in Europa.

Nun steht Kohls Plan wie ein Monolith in der Gegend herum; Genscher ist durch die Botanik gefahren und hat seinen Chef verteidigt, so dass es nicht verwundert, dass die europäische *Entente cordiale* noch herzlicher wird. Es weihnachtet schon sehr, als die roten Sowjets wieder etwas von sich hören lassen. Es ist die reinste Provokation: UdSSR-Außenminister Eduard Schewardnadse macht unmissverständlich klar, dass die Sowjetunion Stabilität und Sicherheit der Staaten Europas als ihre vorrangige Aufgabe ansieht. Er bezeichnet es als erforderlich, von den Nachkriegsrealitäten – der Existenz zweier souveräner deutscher Staaten, die Mitglieder der UNO sind – auszugehen. Und die Russen stellen Fragen!
1. Wo sind die politischen, gesetzlichen und materiellen Garantien, dass die deutsche Einheit nicht in Zukunft eine Bedrohung für die nationale Sicherheit anderer Staaten und für den Frieden in Europa schafft?
Auf diese Frage gibt es keine Antwort.
2. Wird solch ein hypothetisches Deutschland, wenn es mit der Zeit Formen annimmt, bereit sein, die bestehenden Grenzen in Europa anzuerkennen und auf jedwede Gebietsansprüche zu verzichten?

Wie bekannt, weicht die Regierung der BRD einer Beantwortung dieser Frage aus.
3. Welchen Platz würde dieses nationale deutsche Gebilde in den militärpolitischen Strukturen, die in Europa existieren, einnehmen? Schließlich kann man nicht ernsthaft erwarten, dass sich der Status der DDR radikal ändert, während der Status der BRD derselbe bleibt.
Viertens bis sechstens können Sie natürlich im Neuen Deutschland vom 20. Dezember 1989 auch durchlesen. Die interessieren mich jetzt nicht.
7. Werden die deutschen Staaten, wenn sie sich in dieser oder jener Form für den Beginn eines Prozesses zur Einheit der Deutschen aussprechen, bereit sein, die Interessen der anderen europäischen Staaten zu berücksichtigen und auf kollektiver Grundlage nach gegenseitig annehmbaren Lösungen für alle Fragen und Probleme zu suchen, die in diesem Zusammenhang auftreten können, darunter einem europäischen Friedensabkommen?[419] – Nein, du Gustav. Hast du es jetzt verstanden? Aber im Ausland sind sie derart in ihre eigenen Ängste und Wünsche in Bezug auf Deutschland versunken, dass sie keines der Signale aus Bonn schmunzelnd auch einmal unkonventionell interpetieren könnten.

Unter dem Datum des 18. Dezember '89 vermerkte Horst Teltschik, der Kanzler habe noch einen Dreh gefunden, wie man die Zeit bis zur Wahl Oskar Lafontaines zum Bundeskanzler überbrücken kann. Kohl greift in seiner Not auf eine Idee mit sooo einem langen Bart zurück. Schon 1960 wollte Kanzler Adenauer Chrustschow ein Moratorium in der deutschen Frage anbieten; zehn Jahre lang sollte das Thema Vereinigung nicht angesprochen werden. Das ist ja dann noch weniger als der Vorschlag von einer Konföderation! Gähn. In zehn Jahren ist die Sowjetunion ja gewiss schon lange zusammengebrochen. Die Kommunisten brauchen dann die Hilfe bestimmt nicht mehr. Wenn Hans-Dietrich Genscher erst Zeit zum Schreiben seiner Memoiren findet, wird er das erschröckliche Ansinnen des Kanzlers der ersten Jahre scharf kritisieren: „Ein solches förmliches Moratorium war meiner Ansicht nach gefährlich: Wie leicht hätte es die Vorstufe zu einem Definitivum werden können!“[420] Nun laufen Sie nicht gleich zum Fremdwörterbuch – Definitivum nennt man eine endgültige Regelung eines Rechtsverhältnisses. So viel ist also zu sagen zu Dichtung und Wahrheit über die historische Mission von Dr. Helmut Kohl.

Ein kleiner Bummel über den Weihnachtsmarkt

Das schönste Weihnachtsgeschenk bekommen in diesem Jahr politische Gefangene in der DDR. Die Leute, die wegen Republikflucht Jahre ihres Lebens im Knast saßen oder lagen oder standen, sind schon im Oktober begnadigt worden – aber am 12. Dezember 1989 wurden alle politischen Häftlinge wieder rausgelassen an die Sonne. Stimmt es wirklich, dass es speziell die Montagsdemonstrationen der Leute in Bautzen waren, die es noch vor Weihnachten möglich gemacht haben? Wir sind jeden Montag immer wieder aus dem historischen Zentrum durch die Stadt gezogen – und immer wieder bis zum Stasiknast Bautzen II. Spätestens seit diesen Protestzügen war klar, was die Mehrheit der Leute in der Stadt von dem Stasiknast hielt. Hoffentlich kommen zu spät geborene Historiker nicht auf den Einfall, vorher habe es da Zustimmung gegeben, weil man nicht übermütig war und sich mit drei Hanseln alleine dorthin gestellt hat. Da kann man dann auch anprangern, dass keiner die Mauer abgerissen hat, obwohl alle von ihr wussten. Bei Historikern weiß man ja nie, worauf die später am Schreibtisch in postfaktischer Irrationalität alles kommen.

Und was wird jetzt aus Alexander dem Großen? Seine Machenschaften, die an sich schon zeigen, dass Sozialismus und Planwirtschaft nicht das ökonomische Ergebnis zeitigen, das qualifizierte Bedürfnisse in der Gesellschaft befriedigt, fliegen der Reihe nach auf – und werden tagtäglich in den Medien ausgewertet. So stellt sich unter anderem heraus, dass es nicht bloß die Kapitalisten in der Welt waren und sind, die mit Waffenverkäufen an Freund und Feind ihr Geld verdienen. Die DDR handhabt es genau so und vertickt noch nicht einmal unbedingt eigene Fabrikate, sondern handelt mit den Waffen ausländischer Firmen. Die geäußerten kritischen Bemerkungen kommen längst nicht nur aus der Bevölkerung in der Breite; auch in der Staatspartei SED lösen die Enthüllungen große Empörung aus. Alexander Schalck-Golodkowski versteht, dass für ihn in der DDR die Luft dünner wird, spätestestens als Kulturminister Dietmar Keller auf Distanz zu dem Devisenbeschaffer geht. Keller erklärt der aufgebrachten Öffentlichkeit, dass die Kunst- und Antiquitäten-GmbH, die jahrzehntelang Privatsammler und Museen ausgeplündert sowie Kunstgüter ins Ausland verscherbelt hat, ihre Tätigkeit schon eingestellt habe.

In einer West-Berliner Anwaltskanzlei trifft der bekannte *insider* Anwalt Dr. Wolfgang Vogel seinen Kollegen Danckert. Vogel lässt sich dort von der West-Berliner Staatsanwaltschaft in Sachen Schalck vernehmen. Die Frage von Staatsanwalt Wolfgang Pietsch, ob der arme Schalck bei dem aufgebrachten Völkchen in der DDR ein rechtsstaatliches Verfahren zu erwarten hätte, verneint Vogel. Daraufhin entscheidet der Ankläger aus West-Berlin dem Auslieferungsbegehren nicht zu entsprechen.[421]

Es ist eine ziemlich chaotische Zeit und es kristallisieren sich zwei große Gruppen in der Bevölkerung heraus, diejenigen die ihre DDR und ihren Sozialismus reformieren wollen und jene, die keine Experimente mit der lebenden Kreatur mehr wünschen, wie es schon Adenauer postuliert hat. Die Modrow-Regierung erhält auf jeden Fall auch Rückendeckung durch die Führungen der Blockparteien. Auch aus SDP und dem Neuen Forum kommen solche Stimmen. Kulturschaffende wie auch einige prominente Kirchenleute veröffentlichen den Appell „Für unser Land“, in dem dazu aufgerufen wird, alles für eine Weiterentwicklung unserer *entwickelten sozialistischen Gesellschaft* zu tun, um zu verhindern, dass „ein Ausverkauf unserer materiellen und moralischen Werte beginnt und über kurz oder lang die Deutsche Demokratische Republik durch die Bundesrepublik Deutschland vereinnahmt wird.“ Es steht mit Sicherheit völlig außer Zweifel, dass unter den Erstunterzeichnern viele Leute mit redlichen Absichten sind. Aber einige wecken doch mein Misstrauen. In der DDR ist der Autor Stefan Heym einer der Protagonisten. Er war im Januar 1989 der Bote von Außenminister Hans-Dietrich Genscher, der den verehrten Staatsratsvorsitzenden Honecker vor Instabilität und Aufruhr in seinem Käfig gewarnt hat, falls das Regime weiter Reformen verweigerte. Unser Erich war für derartige gut gemeinte Tipps aber stets taub geblieben. In der Liste der Unterstützer finden sich auch Namen wie Christoph Demke und Friedrich Schorlemmer. Die beiden haben sich kirchlicherseits seit Jahren so für *unsere* DDR engagiert. Parallel dazu findet der Appell sein BRD-Gegenstück. Politiker wie Heinrich Albertz sowie Intellektuelle wie Dorothee Sölle, Gerhard Zwerenz, Robert Jungk und manche andere bekennen sich in der Erklärung „Für eine offene Zweistaatlichkeit“ leidenschaftlich zu einer reformierten, sozialistischen DDR. „Mit allen Kräften wehren wir uns dagegen, dass die (Reform-)Bewegung fremdbestimmt und der Wiedererrichtung eines erloschenen Deutschen Reiches nutzbar gemacht werden soll“, heißt es in dem Aufruf. Nehmen Sie es bloß nicht übel, wenn ich vorsichtig darauf hinweise, dass diese Geistesgrößen hier genau jenen Teufel an die Wand malen, den sie im Ausland fürchten.

Kirchenleute versuchen zu retten, was zu retten ist.

Am 16. Dezember treffen BRD-Außenamtschef Hans-Dietrich Genscher sowie der gute Bischof Dr. Werner Leich, der Vorsitzende der Konferenz der Evangelischen Kirchenleitungen in der DDR, in der schönen Grenzstadt Eisenach zu einem Gespräch zusammen. Bei der Unterredung sind die Bundestagsabgeordneten Gerhart Baum und Burkhart Hirsch dabei, gebürtige Dresdner und Magdeburger. Weil ich schon einige Jahre nicht mehr an den Weihnachtsmann glaube, erlaube ich mir hier anzumerken, dass ich Herrn Genscher bezüglich der Gesprächsinhalte bloß die ersten beiden Punkte abkaufe. Es wird schon stimmen, dass er sich mit Bischof Leich über die Lage in der DDR sowie über die Stimmung in der evangelischen Kirche unterhalten hat. Später gibt er an, man habe da auch über die Möglichkeiten der Zusammenführung der beiden deutschen Staaten gesprochen. Papier ist ja verdammt geduldig und wer will ihm denn das Gegenteil beweisen? Diejenigen, die in Eisenach dabei waren, sicherlich eher nicht. Wenn Bonner Politiker seit vier Jahrzehnten die Hilfen in die DDR über die Kirchen abgewickelt haben, um die Zweistaatlichkeit nicht zum Rohrkrepierer werden zu lassen, dann werden sie jetzt gewiss nicht plötzlich auf ein neues Pferd umsatteln. So sympathisch wirkt Genscher nun auch wieder nicht, dass ich mir von ihm alles erzählen lasse.[422]

Das eingetretene Durcheinander in Ost-Berlin nutzen die Eingeweihten in den Kirchen, um nun ihrerseits die Spuren ihrer Aktivitäten während der letzten vier Jahrzehnte zu verwischen. Konsistorialpräsident Stolpe muss ja auch immer gedacht haben, ihm sei es egal, wer unter ihm zum Staatsratsvorsitzenden gekürt wurde. Franz Josef Strauß hatte das Wort geprägt und hier passt es wunderbar: Hauptsache irgendeiner setzt sich den Hut auf in der DDR. Nehmen wir einen von den Altbekannten. Der Vizepräsident des Diakonischen Werkes der Evangelischen Kirchen im westlichen Teil Deutschlands Ludwig Geißel zum Beispiel wird seit Jahr und Tag auf geheimen Stasi-Listen auch wegen seines Wissens um verheimlichte Warenverkäufe als „verlässlich“ für die DDR auch im Kriegs- und Spannungsfall eingestuft. Die Amerikaner wären geplatzt, wenn sie erfahren hätten, dass die BRD auch nach der ersten Aufdeckung im Jahr 1966 weiterhin ihre Embargos unterläuft und strategische Waren zu uns geschickt hat. Oder greifen wir uns noch ein weiteres Beispiel: Schalcks Stellvertreter Manfred Seidel wird nach der Flucht des Chefs in die BRD im Dezember 1989 verhaftet und die Finanzministerin in Ost-Berlin Uta Nickel möchte ganz gern mal einen Blick in die Geschäftsunterlagen der sagenumwobenen halbseidenen Firmen von Schalcks „Bereich Kommerzielle Koordinierung“ werfen. Es ist schade, dass ihr das nicht zugebilligt wird. Aber wissen Sie, wer es darf? Darauf kommen Sie im Leben nicht. Es ist Ludwig Geißel, der erstens nicht einmal Staatsbürger der DDR ist und zweitens schon Pensionär. Hast du Töne? Ihm wird Einsicht in die vertraulichen Geschäftsunterlagen von „KoKo“-Firmen gewährt, um den Vorwurf finanzieller Unregelmäßigkeiten zu prüfen. Ach Gott, da gibt es beileibe nicht bloß finanzielle Unregelmäßigkeiten. Und wissen Sie, wen Geißel anschließend mit der Verteidigung des Schalck-Stellvertreters im Dienstrang eines Obersten des MfS beauftragt? Den Richter und Mielke-Freund Wetzenstein-Ollenschläger. Das gibt ein gutes Gefühl, zu wissen, dass ein Mann der West-Kirche einen Spezi von Mielke kennt, der einen Spezi von Schalck retten kann. Schalck selbst retten schon die Wessis.[423]

Abgründe tun sich auf, wenn man den Lebenslauf von Ludwig Geißel in Augenschein nimmt. Er liefert meiner Auffassung neues Futter, dass das größte Unheil in der Welt durch jene Menschen angerichtet wird, die zur Überzeugung gelangen, das Richtige zu tun. Wer einst ein guter Katholik war, konnte zusehen, wie ein Mensch, der für eine Hexe gehalten wurde, an einem Balken festgebunden und unter viehischen Qualen abgefackelt wurde. Wer im Reich der Guten ein linientreuer Kommunist war, hat die Leute verhungern lassen, wenn es so sein sollte, gefoltert und ermordet, wenn es die Partei für richtig erklärt hat. Seien Sie nicht so pikiert, seien Sie ehrlich. Und jetzt schauen wir uns den guten evangelischen Christen Ludwig Geißel an. 1916 geboren, tritt er nach dem Abitur in die Reichswehr ein. Sein erster Stationierungsort war Jüterbog. Da diente er in der geheimen Heeresnachrichtenschule. Die Bösen hatten dies in Versailles verboten und er tat nun das Richtige für Deutschland. Die jungen Kerle hörten, dass sie die zukünftigen Führungskader der Reichswehr waren, die gerade wieder aufgebaut wurde. Von 1938 bis 1945 diente Geißel in der Nachrichtenstaffel für das Führerhauptquartier. Er hat somit immer alles richtig gemacht. Er hat das gemacht, was in seiner Wahrnehmung im Moment eben so angesagt war. Die Kinder und die Historiker haben es *hinterher* immer vorher gewusst. Zwischenfrage – Erkennen Sie sich wieder oder sind Sie jemand, der seine eigenen Wertmaßstäbe aufgebaut hat? Es ist nicht immer das perfekt, was im Moment den größten Zulauf hat. 1945 wurde er aus der Wehrmacht entlassen. Das hing ein bisschen damit zusammen, dass der Weltkrieg verloren war. Er plante, an der Uni in Hamburg zu studieren, wurde aber Leiter eines Flüchtlingslagers. So ist das im richtigen Leben: Vom Führerhauptquartier zum Sozialarbeiter und zum richtigen Christen. Rasch war er Mitarbeiter der Sozialbehörde des Hamburger Senats und trat im Jahr 1947 ins Hilfswerk der Evangelischen Kirche in Deutschland ein. 1949 war er bereits an der Gründung des Patenschaftswerks West-Ost beteiligt. Vor der Bundestagswahl 1949 machte er Wahlkampf für die neu gegründete CDU, der er natürlich angehören wollte. Man muss immer das Richtige tun.[424]

Damals lernte er einen Mann namens Herbert Wehner kennen, der von sich ebenso sagen konnte, dass er aufgrund seiner Biografie alles richtig gemacht hatte. Fünf Jahre nach dem Ende des Ersten Weltkrieges ging er in die Sozialistische Arbeiterjugend Deutschlands, anschließend auch zu den jungen Anarchosyndikalisten der SAJD, um letzten Endes in die Kommunistische Partei Deutschlands zu gehen und nach Exil und Krieg *in die Sozialdemokratische Partei Deutschlands SPD*. Woran sieht man, dass auch er alles richtig gemacht hat im Leben? Er hat alle Erdbeben in den Jahren zwischen 1920 und 1950 überlebt, selbst unter dem Massenmörder Stalin. Brutal gefoltert und umgebracht wurden doch immer die anderen Leute. Dank der Bekanntschaft mit Wehner wird Ludwig Geißel der Leiter der Außenstelle Hamburg des Hilfswerks, dessen Aktivitäten in der Katastrophenhilfe 1953 begannen. 1955 übernahm er als Hauptgeschäftsführer im Zentralbüro in Stuttgart den Bereich Nothilfe. Vom 9. Juni 1958 an war Ludwig Geißel Bevollmächtigter der westdeutschen

Landeskirchen bei der Regierung der DDR. Sozusagen der Gesandte des Führerhauptquartiers. Nun war er am wirtschaftlichen Transfer zur Unterstützung der Landeskirchen im Osten beteiligt. Und er macht wieder das Richtige, weil nicht mehr das Großdeutsche Reich angesagt ist, nein, auf einmal ist eine kleindeutsche Lösung modern. Später haben sie dann immer enthüllt, dass ehemalige Nazis in den Jahren unter dem Kanzler Adenauer in wichtigen Positionen waren, haben aber nicht dazugesagt, welche Rolle sie tatsächlich gespielt haben. Nun ja. Rund 40 Prozent des Haushaltes der evangelischen Kirchen in der DDR wurde von den westdeutschen Landeskirchen übernommen und Geißel spielte eine Rolle bei diesem Transfer. Wobei dies recht zurückhaltend formuliert ist. Hätten die Kirchen ihre Krankenhäuser und vieles mehr *nicht* unterhalten, wäre die Führung in Ost-Berlin gezwungen gewesen, alle diese Dienste selbst zu bewerkstelligen und auch recht und schlecht zu finanzieren. Als ich in den 1980er Jahren in Jena an der Saale studiert habe – ich war auf dem Wege zum Lehrer für Russisch und Englisch, besuchten wir einmal eine Einrichtung für komplex behinderte Menschen in Bad Blankenburg, und dort war alles tipptopp bis hin zu den stabilen Stühlen, und ich erinnere mich dunkel, dass das alles komplett finanziert wurde von evangelischen Kirchen in West-Deutschland.[425] So viel zum Sozialstaat DDR. Um alles das kümmert sich in anderen Ländern die dortige Gesellschaft selbst; sie finanziert es auch selbst. Aber während die SED den Kirchen das Leben schwer macht, unterstützen die West-Kirchen *unseren* Sozialstaat.

Kohl versucht es in Dresden noch einmal im Guten

In Vorbereitung eines ersten Treffens mit DDR-Ministerpräsident Hans Modrow richtet der Kanzler ein ausführliches Schreiben an den Generalsekretär Gorbatschow, womit er vor den Gesprächen erneut die deutschland- und europapolitischen Ziele der Bundesregierung erläutern sowie die konkreten Zielsetzungen, die er mit dieser Begegnung mit Ministerpräsident Modrow verfolgt, umreißen will. Kohl hat völlig recht, wenn er meint, die Hauptquelle der Destabilisierung in der DDR sei mangelnder Reformwillen in der DDR, obwohl sich Probleme auftürmen. Es dürften allerdings Ursache und Wirkung nicht verwechselt werden. Die Ursache für die Probleme läge in dieser DDR selbst. Kohl versucht Gorbatschow zu überreden, die neuen Chefs in der DDR zu Reformen zu bewegen, vor allem zu Reformen nach dem Vorbild der eigenen Partner im Ostblock. Kohl fügt dem noch hinzu, dass man die positive Rolle der Sowjetunion allgemein sowie Gorbatschows eigene Rolle zu schätzen wisse.[426]

Unbeirrbar macht sich Kohl an die Umsetzung seines 10-Punkte-Planes. Modrow holt ihn ab, und schon im Auto, auf der Fahrt zum Hotel, ergibt sich, dass Gast und Gastgeber schnell den Draht zueinander finden. Sie können miteinander reden. Die direkte Art, mit der Hans Modrow jetzt anstehende Fragen skizziert, sagt Kohl zu, freut sich der ostdeutsche Beobachter, der Journalist Karl-Heinz Arnold. Und der Kanzler, der dann im Salon „Ludwig Richter“ Modrow auf dem Sofa gegenüber sitzt, ist bei dieser Gelegenheit ein überlegter, sachlicher Bundeskanzler. Man muss wissen: Den Kontrast zwischen dem offiziellen Bonner Kanzler Kohl und dem anderen Dr. Kohl hatte schon Honecker bemerkt. Dass diese beiden Identitäten gegensätzliche Ziele verfolgen, verband Kohl ja bis 1988 mit seinem Medien-Feind Strauß. Dann war der Meister aus Bayern von uns gegangen.[427]

Verständlicherweise sieht der Ostdeutsche die Gründe für die Differenz zwischen Kohl I und Kohl II bei einem so überaus honorigen Manne wie diesem Kanzler nicht im Spiel mit doppelten Karten: „Der weltpolitische Einfluss hat seine Wirkung nicht verfehlt. Briten und Franzosen, Italien und Polen, nicht zuletzt die USA und vor allem die Sowjetunion hatten deutlich erklärt, dass – bei aller Achtung des Selbstbestimmungsrechts der Deutschen – die Vereinigung der beiden Staaten keine Weihnachtsgans sein werde, die 1989 auf den Tisch kommen könnte." Dass diesem voreiligen Dr. Kohl aber auch alles erst erklärt werden muss. Von wegen das macht der weltpolitische Einfluss.[428]

In der Logik des „Zehn-Punkte-Planes" vereinbart Kohl mit Modrow am 19. Dezember 1989 in Dresden eine Absichtserklärung, in der steht, dass man eine Vertragsgemeinschaft in den Beziehungen zwischen der Bundesrepublik Deutschland und der Deutschen Demokratischen Republik ins Auge fasst sowie einen gemeinsamen Vertrag über Zusammenarbeit und gute Nachbarschaft. Im Frühjahr 1990 wollen die Regierungschefs diesen Vertrag über die künftige Zusammenarbeit der beiden deutschen Nachbar-Staaten unterzeichnen. Nach dem Gespräch wird eine Gemeinsame Mitteilung der Regierungschefs veröffentlicht. Aus ihr geht hervor, dass sich beide einig sind, „dass diese Beziehungen untrennbar mit den West-Ost-Beziehungen verknüpft und in den gesamteuropäischen Prozess eingebettet sind". Es heißt auch: „Die Deutschen in beiden Staaten haben eine besondere Verantwortung, mit Behutsamkeit und Geduld auf eine organische Entwicklung hinzuwirken, die diesem Ziel dient und zugleich den Interessen aller anderen Beteiligten Rechnung trägt." Wissen Sie was? So vernünftig sind nicht alle Leute, zumal die Supermächte mit Bonn seit Monaten über die Vereinigung Deutschlands verhandeln.[429]

Vor der Presse wird überdeutlich, dass Kohl unverdrossen Zeit schindet. In bestimmten Punkten habe man sich angenähert, bei anderen sei man sich nach wie vor nicht einig. Helmut Kohl sieht „schwierige, langfristige Entscheidungen" vor sich und meint, „die stabile Entwicklung in Mitteleuropa ist die Voraussetzung für die Stabilität in Europa". Ja, wenn man die eigenen Interessen bedenke, müsse man schon auch die Sicherheitsinteressen der anderen bedenken. Er erinnert die Menschen da draußen an die sozial-politische und die wirtschaftliche Wirklichkeit in DDR und BRD. Er erklärt, das Erreichte und seine Fortsetzung würden aufs Spiel gesetzt, wenn jetzt Ungeduld oder Radikalität eintreten würden. Er will jetzt noch mehr Zusammenarbeit auf den Gebieten von Wirtschaft und Kultur in die Wege leiten, und ist durchaus bereit, die Post- und Transitpauschalen geringfügig zu erhöhen. Er bietet *unserer* DDR zinsgünstige Kredite für kleine und mittlere Betriebe in einer Höhe von *6 Milliarden* DM an. Es wird beschlossen, eine gemeinsame Kommission für die enge wirtschaftliche Zusammenarbeit zu bilden. Sie soll sich mindestens einmal in jedem Jahr treffen. In Dresden wird freilich noch nicht festgelegt, wie viele Jahre lang sich diese Kommission einmal pro Jahr treffen soll. Mit jedem Jahr werden die Unterschiede zwischen West und Ost größer. Was wird das für eine Freude, wenn die Menschen und nicht zuletzt die Wirtschaft der zwei Teile eines Tages doch noch zusammenkommen.[430]

Für den Abend ist ein Auftritt von Bundeskanzler Helmut Kohl vor den Trümmern der Frauenkirche geplant. Das ist mutig, denn *jeder* Kanzler würde hier jubelnd begrüßt unabhängig von der Parteizugehörigkeit. An den SPD-Kanzler Willy Brandt 1970 in Erfurt erinnert man sich gut. Es wäre mehr als eine riesige Überraschung, wenn sich Helmut Kohl nicht der Öffentlichkeit in Dresden zeigen, sondern sich wie Helmut Schmidt nur mit dem Ost-Chef zum *tête-à-tête* treffen würde. Da würde vielleicht sogar ein Mensch in West-Deutschland anfangen, sich einmal für Politik zu interessieren. Nein, das ist zu optimistisch. Da würden sich die Leute sagen, Kohl hatte vor lauter Geschäftigkeit keine Zeit gehabt. Nun ist die Veranstaltung angekündigt worden, also sammelt sich eine große Menge Leute, die vermutlich mehrheitlich verstanden hat, dass Reformen keine Verbesserungen der Umstände zu ihren Lebzeiten zeitigen werden, dass es mit Reformen sogar für die nächste Ewigkeit noch schlimmer werden wird, Mieten rauf, Subventionen weg, wie soll es denn weitergehen? Wie viel Geduld sollen die Menschen noch aufbieten?

Hörenswert ist eine subjektive Wahrnehmung der Veranstaltung vor der Dresdener Frauenkirche. Wie geht es Kohl in dem Moment? „Ich war in meinem ganzen Leben nie bei einer Rede so unsicher, was ich sagen soll, weil ich auf der Seite diese Batterien von Dutzenden von Fernsehkameras aus der ganzen Welt sah. Ein riesiges Journalistenkorps von ein paar hundert Leuten. Und hundertausend Leute.“ Er macht sich Sorgen: „Ich wusste überhaupt nicht: Wird das jetzt überschlagen?“ Und er hat genug Respekt davor, dass es richtig hart für ihn kommt: „Wir haben überlegt: Was passiert, wenn die Menge plötzlich das Deutschland-Lied anstimmt vor der Weltöffentlichkeit?“ Dann hat jemand eine ausgezeichnete Idee. Sie haben sich schnell „einen Kantor beschafft“ und Kohl sagt zu diesem guten Mann: „Wenn mir das aus der Hand läuft, dann kommen Sie und stimmen den alten Choral an: Nun danket alle Gott.“[431]

Die Kirche blieb zur Erinnerung an die Ausradierung der Stadt Dresden stehen. Briten und Amerikaner hatten sich ausgehend von der Nordseeküste in immer größer werdenden Radien durch Deutschland hindurchgebombt und Städte in Ruinenlandschaften verwandelt. Was die dortige Propaganda den einfachen Engländern als *moral bombing* schöngeredet hat, konnte den Psychopathen Adolf I. natürlich nicht von seinem Krieg abhalten. Und keiner hatte der Bevölkerung in Großbritannien verraten, dass die andere Hälfte der Bomben, die, die nicht auf Deutschland abgeworfen wurde, Länder von Norwegen über Frankreich bis hinüber zum Balkan verwüstet hat. Am Ende wurde im Jahr 1945 auch noch der Stadt Dresden der Garaus gemacht. Lenin nannte es seinerzeit Imperialismus und er sagte voraus, dass die großen Staaten in Kriege von ungeahntem Ausmaß verwickelt werden würden. Mit diesem Adolf I. hatten sich die Angelsachsen das richtige Früchtchen heranfinanziert. Aber zurück auf den Platz vor der Frauenkirche. In den Abendstunden des 19. Dezember tritt Kohl vor die Hunderttausend an der Frauenkirchen-Ruine und ruft in die begleißte Nacht: „Mein Ziel bleibt, wenn die geschichtliche Stunde es zulässt, die Einheit unserer Nation!“ Das Publikum täte übrigens gut daran, wenn es genau zuhören würde. Herr Bundeskanzler Kohl sagt in dieser festlichen Atmosphäre präzise verschwommen wie schon immer, wenn die geschichtliche Stunde es zulässt – und nicht Hals über Kopf.[432]

Niemand wird bezweifeln können, dass Kohl in höchster Anspannung ist und alle Mühe hat, seine Rede zu beenden. Was würde dann geschehen? Doch 80 Prozent aller Probleme lösen sich von selbst. Kohl ist froh: „Bei aller Begeisterung sind die Menschen besonnen geblieben. Keiner machte jedoch Anstalten, den Platz zu verlassen. Da ereignete sich ein Vorfall, der wie das Signal zum Heimgehen wirkte. Eine ältere Frau stieg zu mir auf das Podium, umarmte mich, fing an zu weinen und sagte mit leiser Stimme: Wir alle danken Ihnen! Die Mikrofone waren noch eingeschaltet, und jeder konnte es mithören. Nun strömten die Menschen auseinander."[433] Wer nach dieser Szene nicht einknickt und den Kurs abändert, muss sich schon wirklich verdammt sicher sein, dass er das Richtige tut. Das hat dann schon etwas von religiösem Fanatismus.

Während aller Welt mit dem 10-Punkte-Programm die Eile von Dr. Kohl vorgegaukelt wird, bereitet er die endgültige Existenz von zwei Nachbarstaaten vor. Neues Deutschland, das Zentralorgan des Guten, frohlockt nach dem kleinen Gipfel: „Darauf zielte auch der Hinweis Kohls, das im Prozess der Reformen Erreichte nicht durch Ungeduld und Radikalität [...] gegenüber der DDR aufs Spiel zu setzen." Grinsend vermerkt man in dem Blatt: „Das sollte auch jenen zu denken geben, die auf der Kundgebung vor der Frauenkirche wortgewaltig nach der Einheit Deutschlands riefen." Das mangelnde Interesse Kohls an einer raschen Einleitung internationaler Verhandlungen über die deutsche Frage hätte aber eigentlich umgekehrt den Redakteuren des Zentralorgans der SED zu denken geben müssen, statt sie zu freuen. Sie waren es doch, die jahrzehntelang dem Publikum unter die Nase gerieben haben, dass die Teilung unseres Landes nicht von der Sowjetunion ausging, sondern „vom Westen". Bloß um abzustecken, was Dr. Helmut Kohl *nicht* bewogen hat, nach Dresden zu kommen, soll nachgereicht werden, dass sich eine Gruppe von Leuten wie der Physiker Hans-Jürgen Fischbeck aus Ost-Berlin am Morgen des 20. Dezember in den Zug nach Dresden setzten. Fischbeck gehört zu den Aktiven der Bürgerbewegung „Demokratie Jetzt". Er kümmert sich auch um die KoKo-Affäre und Schalck-Golodkowski. Ihm geht es um den Erfolg der ersten Begegnung des Bundeskanzlers mit der DDR-Opposition. Seine Erwartung ist, dass sie beraten würden, wie man zur Einigung von Deutschland kommt und wie sie einbezogen werden. Wichtig ist es auch, Kanzler Kohl die Befürchtung mitzuteilen, dass er durch seine Verhandlungen mit der DDR-Führung zur Stabilisierung der nicht frei gewählten Führung beitrage. Um 10 Uhr begann das Treffen. Später resümiert der Physiker: „Kohl hielt einen Monolog. Wir wurden wie kleine Würstchen behandelt."[434] Keine andere Wirkung hatten die Gespräche von Helmut Schmidt mit Erich Honecker 1981 oder auch die Gespräche eines Neville Chamberlain 1938 mit Adolf Hitler. In beiden Fällen wurden Diktaturen für mehrere unglückselige Jahre von außen künstlich verlängert. Sparen Sie sich den Psalm, was ich vielleicht vergleichen dürfte und was nicht.

Willy Brandt ist von seinem Trichter nicht abzubringen

In West-Berlin findet Ende Dezember 1989 ein Sonderparteitag der SPD statt. Brigitte, die dritte Ehefrau von Brandt, beobachtet die Szenerie. In der gleichen weltfremden Manier wie ihr Willy erklärt sie, die Volksseele drohe in der zweiten Dezemberhälfte, als die SPD ihren Parteitag abhält, überzukochen. Wie auch er ignoriert sie, dass Begrifflichkeiten wie Volk oder ganz und gar Volksseele von einer Medienwalze längst auf den Müll geschrieben worden sind und von den bearbeiteten jungen Leuten abgelehnt werden. Fallen diese Begriffe, bekommen die Gehirngewaschenen die Pickel am ganzen Körper. Bei Ludwig Geißel war uns das Phänomen auch schon begegnet: Es ist großer Mist, wenn sich die Probanden daran ausrichten, was gerade offiziell propagiert wird, statt sich einen eigenen Wertekanon im Kopf aufzubauen. Anders haben die Nazis ja auch nicht eine halbe Generation mit ihren Sprüchen abfüllen können. Ich schwöre Ihnen, dass die unterschiedlichen Inhalte keine Rolle spielen. Man wird die Jugend immer einfangen mit Worten von der „neuen Zeit". Sicher ist es vollkommen richtig, was sie da beobachtet: In der DDR sackt die Produktion ab, die D-Mark wird Zweitwährung und die staatliche Ordnung löst sich auf. Täglich siedeln 2000 Leute in Richtung Westen über. Den Sonderparteitag, erklärt sie, hat die SPD einberufen, um sich ein frisches Programm zu geben.[435] Kommen wir also zu Willy Brandt.

Er feiert den 76. Geburtstag und wolle sich, so sagt sie, zu Beginn seiner Rede einen Hinweis an die Jüngeren, die ihm alt und erstaunlicherweise unbeweglich vorkommen, nicht versagen. Hören wir also, wie Brandt in das Rad greifen will: „Als Pablo Casals, der große Cellist, 90 wurde, hat ihn jemand gefragt, ob es stimme, dass er noch jeden Morgen zwischen vier und fünf Stunden übe. Er hat gesagt: Ja, weil ich herausfinden und versuchen will, ob ich nicht hier und da noch ein bisschen besser werden kann. Also, lasst mich versuchen." Er spricht bestimmt, entschieden, zupackend, so Brigitte, alle Elemente zusammenfügend, die sechs Wochen nach dem Mauerfall ein klares Bild ergeben. Und sie würdigt, dass Willy ganz sicher ist, dass wir „der deutschen Einheit näher sind, als dies noch bis vor kurzem erwartet werden durfte. Die Einheit wächst, und sie wird weiter wachsen." Irrationale Ausschläge, die gegen die Entwicklung verwendet werden, beeindrucken ihn wenig: „Wo demokratische Energien freigesetzt werden, bleibt Abfall zurück." Früher schon habe er gewarnt, „auf angebräunte Spatzen mit Kanonen zu schießen". Ich erlaube mir an der Stelle einzuwerfen, dass die Gefahr größer wäre, wenn man auf den Gedanken verfiele, die Deutschen hier vielleicht als Leute zweiter Klasse zu behandeln. Der Schuss ginge dann nach hinten los. Die breite Abwehr der SPD gegen den Weg, der zur Einheit führt, übergeht er. Er tut, als sei sie nicht vorhanden, beschwört die „freiheitliche Sozialdemokratie" und auch deren lange, stolze Geschichte: „Ich wünsche mir meine Partei ein weiteres Mal als einigende Kraft in unserem Lande und als demokratische Gewährsmacht für Europa in Deutschland." Dann steht dem Wahlsieg für die Sozialdemokraten in der DDR ja nichts mehr im Wege...[436]

Nach Brandt kommen auch andere Größen zu Wort, so zum Beispiel der gewendete Egon Bahr und als Gast der Schriftsteller Günter Grass. Bahr beruft sich wie so oft in den Wochen zuvor auf die Identität, die sich die DDR-Bürger nicht nehmen lassen würden. Auch und gerade Brandt will das Selbstwertgefühl der Menschen wahren, aber er löst die Tüchtigkeit der vielen Menschen ab von dem Staat, in dem sie leben und der nun vor aller Augen zerfällt. Wohin hatte sie denn die schönste Tüchtigkeit unter den vorgestanzten und starren Bedingungen in diesem Staate gebracht? Egon Bahr rühmt ebenso unbeirrbar „die vorbildliche enge Zusammenarbeit beider Staaten" und fordert Abrüstung; die Einheit könne nur das Ergebnis eines europäischen Sicherheitssystems sein. Aber von wem will er das fordern? Nehmen Sie es mir echt nicht übel, aber ein Sicherheitssystem in Europa fordern die Russen schon seit 1954. Nein, Bahr ist nun schon anderthalb Jahrzehnte auf Linie gebracht. Er sondert die gleichen Worthülsen ab wie Genscher, Abrüstung, aber nicht zu viel davon, damit die Sicherheit gewährleistet bleibt. Ich erinnere mich nur zu gut an den Evangelischen Kirchentag 1987 in Erfurt. Bahr war einer der Sprecher in einer Podiumsdiskussion in einer der Kirchen der Stadt und ich saß am Mittelgang. Neben mir hockte ein Kameramann vom ZDF. Das Einzige, was mir von der ganzen schönen Beredsamkeit in Erinnerung blieb, ist ein Kommentar des Kameramannes: „Ach ja, Egons Sprüche." Da habe ich mir an den Fingern einer Hand ausgerechnet, wie ernst man diesen Redebrei nehmen muss.[437]

Neben Egon Bahr weiß auch Günter Grass besser als jene Menschen auf der falschen Seite des Zaunes, was sie im Leben zu wollen haben. Brandt treiben die Einlassungen von Günter Grass mehrfach die Schamröte ins Gesicht. Dieser Hochmut stößt Brandt am meisten ab; auch Grass ist ein Grund zum Fremdschämen. Brandt macht den Gesichtsspagat und lässt sich nichts anmerken, als Oskar Lafontaine, bereits als Kanzlerkandidat gehandelt, am Tage darauf den Hochmut auf die Spitze treibt und einen Auftritt hinlegt, in dessen Wirrnis bloß eine Botschaft erkennbar bleibt, wozu Einheit? Wir müssen „soziale Gerechtigkeit in der DDR und in der Bundesrepublik organisieren". Glauben Sie nicht, dass Lafontaine auch ein schlechtes Gewissen bei der nationalen Gerechtigkeit hat: Die einen haben den Weltkrieg verloren, und die anderen haben ihn gewonnen – Exportweltmeister, aber gewiss nicht, weil sie mehr gearbeitet haben.[438]

Wann will sich eigentlich Günter Grass outen und seinem Publikum mit extremer Verspätung verraten, dass er, der unangenehm moraltriefende Volksaufklärer, das Geschäftsmodell des Moralapostels bei der Waffen-SS begonnen hat? Der Schlauberger hat auch ein Leben lang immer alles richtig gemacht, nicht? Bei dieser Biografie soll er mir nicht die Teilung dieses Landes als die Strafe für Auschwitz erklären. Er müsste mit dafür sorgen, dass nicht andere Leute seit Jahrzehnten ausbaden müssen, was er selbst in seiner Jugend verbockt hatte. Wenn einer moralische Werte glaubhaft vermitteln möchte, soll er nicht Geld damit verdienen, dass er nach seinem Ausstieg bei der SS anderen Leuten Blech trommelt. Er war auch einer der ehemaligen Nazis unter dem Antifa-Kanzler Adenauer.

In den meinungsbildenden Funktionärskreisen der angepasstesten SPD aller Zeiten löst Willy Brandt kein Echo aus, jedenfalls kein zustimmendes, bemerkt Brigitte. Beim Parteitag in Berlin bekommt Lafontaine für seine lautstarke Rede den gleichen langen Beifall, wie ihn der Ehrenvorsitzende Brandt für seine Einheitsrede am Tag zuvor erhalten hat. Alles das lässt Brandt nicht an sich heran. Unbeirrt fährt er nach Magdeburg; Gerhard Schröder begleitet ihn. Was Schröder als betreutes Reisen und Sprechen versteht, hält Brandt für die Läuterungstour für Schröder. Der zeigt sich natürlich erlebnisresistent. Am 19. Dezember 1989 hält Brandt seine erste Massenkundgebung auf DDR-Boden ab.[439]

Der SPD-Ehrenvorsitzende spricht in Magdeburg

Berührungsängste und Sorgen, die Kohl hat, braucht Willy Brandt nicht zu haben. Er zählt zu jenen Bundesbürgern, die im Glauben leben, dass sich die Ambitionen zumindest der CDU und CSU, wenn schon nicht der SPD, auf die Einheit Deutschlands richten. Aber seine SPD stand früher doch immer für die Einheit? Keine Ahnung, was da passiert ist, mag sich der Träumer denken. Brandt jedenfalls hat am selben 19. Dezember den ersten großen Auftritt in der DDR nach der Wende. Er wird in der Stadt Magdeburg gefeiert wie ein Held. „Mensch, Willy, dass ich das noch erlebe", strahlt eine Frau in den mittleren Jahren. Blumensträuße fliegen, Fahnen flattern. Der Sozialdemokrat Willy Brandt ist der neue Superstar auf beiden Seiten der bröckelnden Mauer. Einen Tag nach dem 76. Geburtstag feiern ihn die Magdeburger und singen „Happy Birthday" und rufen Sachen wie: „Willy, sag, wo's langgeht." Der Altkanzler empfiehlt der Menge beispielsweise: „An den Hammelbeinen vor den Kadi ziehen" sollen die Leute die Verantwortlichen für staatliches Unrecht, doch „einbinden" die Mitläufer und Verführten, und bitte: „Kein Hass!"[440]

Der junge Hoffnungsträger der SPD Oskar Lafontaine, der in den letzten Jahren Erich Honecker angestrahlt hat, als hätte der Wirtschaftsexperte immer Zuckerdrops für ihn im Jackett gehabt, ist hingegen in der DDR nicht exorbitant beliebt. Das ist aber nicht wirklich erstaunlich, hatte er doch schon 1988 den Vorstoß unternommen, erst einmal den deutschen Aussiedlern die staatsbürgerlichen Rechte abzuerkennen. Wenn Sie den Strahlemann Lafontaine verpasst haben, als er unseren Erich besuchen durfte, dann versäumen Sie es nicht, in den Spiegel 35/1992 zu schauen. Auf Seite 62 wird noch mal so ein Foto davon abgedruckt. Nachdem die Verrückten in Ost-Berlin die Mauer aufgemacht haben, hat er gefordert, die DDR-Staatsbürgerschaft anzuerkennen und Flüchtlingen und Übersiedlern keine Sozialleistungen und Renten zu zahlen. Im Dezember '89 stellt er die Forderung in den Raum, DDR-Übersiedlern unter Berufung auf ein Gesetz aus dem Jahr des Herrn 1950 nur unter einschränkenden Bedingungen „Aufenthaltserlaubnis" zu gewähren, und hofft auf positive Reaktionen einer Mehrheit in der westdeutschen Wählerschaft – 1991.[441] Hoffentlich vergessen das im Osten ganz schnell wieder.

Neuerdings versucht Paris die DDR zu stabilisieren

„Die Geschichte wird freundlich mit mir umgehen, denn ich gedenke, sie zu schreiben.“ Winston Churchill, der ob der Verdienste für das *British Empire* nach dem zweiten seiner Weltkriege geadelt wurde, mag diesen Spruch geprägt haben, er war aber bestimmt nicht der erste Mann, der nach der Devise vorging, und er ist wohl nicht der letzte. Hans-Dietrich Genscher wird später ebenso selbst Hand anlegen und der Leiter seines Büros in Bonn, der Jurist Frank Elbe greift sich den Journalisten Herrn Richard Kiessler, um der Welt zu sagen, wie es 1989 in Wirklichkeit war. Herr Dr. Kiessler ist ein Redakteur des bunten Magazins Der Spiegel seit 1979 und darf vor allem über Außen- und Sicherheitspolitik schreiben – das sind optimale Voraussetzungen für schöne Geschichten-Schreibung. Sie wissen ja, dass Goethe bereits schmunzelte: „Wahrheit sag ich euch, Wahrheit und immer Wahrheit.“

Elbe und Dr. Kiessler werden herausfinden, dass *Monsieur le Président* François Mitterrand mit Hinweisen auf die Endgültigkeit der polnischen Westgrenze als erster unter den westlichen Alliierten eine *conditio sine qua non*, eine Bedingung, ohne die es nicht geht, für den Vereinigungsprozess definiert hat. Fortan verstehe sich Frankreich als Sachwalter der polnischen Interessen. Ich fürchte, das ist wieder solch ein Produkt von zu wissenschaftlicher Forschung. Es lässt sich ja vielleicht auch gar nicht mehr feststellen, wer das zuerst gesagt hatte; aber Mitterrand wurde erst Jahrzehnte nach demjenigen Präsident von Frankreich.[442]

Genscher wird erklären: „François Mitterrand verhielt sich nicht anders, als ich es von ihm erwartet hatte. Vor Studenten der Universität Leipzig sagte er, die deutsche Einheit sei zunächst einmal Sache der Deutschen; nur in freien und demokratischen Wahlen werde sich erweisen, was die Deutschen auf beiden Seiten wollten. Frankreich werde eine solche Entscheidung respektieren. In seiner Tischrede äußerte er sich im gleichen Sinne gegenüber seinem Gastgeber, dem neuen Staatsratsvorsitzenden Gerlach, und fügte zweierlei von Bedeutung hinzu: die Unverletzlichkeit der Grenzen müsse den Vereinbarungen der KSZE entsprechen.[443] Also, gibt es denn im Westen immer noch nichts Neues?

Der Spiegel wird seiner interessierten Leserschar enthüllen, Mitterrand habe die niedergeschlagenen SED-Kader getröstet, alle Länder hätten zu bestimmten Zeiten ihre Krisen zu bewältigen. Dem amtierenden Staatsratsvorsitzenden Manfred Gerlach habe er versichert, dass *unsere* DDR, wenn sie endlich ihr politisches Gleichgewicht wiederfindet, in Zukunft große Chancen haben werde, „einen gewichtigen Platz in Europa einzunehmen. *Quel erreur!*" Meinen ostdeutschen RezipientInnen sollte man das nette *bon mot* vielleicht besser übersetzen. Der Spiegel merkt an der Stelle an: *Какая ошибка!* Aber ich weiß ja, dass auch *Sie* wissen wollen, was die Klugschwätzer aus Hamburg da einstreuen: Was für ein Fehler! Ich wüsste nur zu gerne, wie vielen Bonner Politikern dieser Denkfehler nicht unterlaufen ist in den vergangenen Jahrzehnten. Das Magazin aus Hamburg vergisst auch nicht zu erwähnen, dass der teilungsbegeisterte François Mitterrand dem DDR-Ministerpräsidenten Hans Modrow nun einen 300-Millionen-Francs-Kredit anbietet, „um die DDR zu stützen". Mir fällt dazu in erster Linie ein, dass Helmut Kohl dem Herrn Modrow gerade einen 6-Milliarden-DM-Kredit offeriert hat – um *unsere* DDR zu stützen.[444]

Geradezu empört wird sich Der Spiegel gerieren, dass Mitterrand sogar der Jugend in der DDR seine These von der deutschen Zweistaatlichkeit eintrichtert. Im Hörsaal 19 der Karl-Marx-Universität in Leipzig spreche der Sozialist vor ungefähr tausend Studenten. Zwar gehe die Einheit „zunächst die Deutschen" an, räume *Monsieur le Président* ein. Doch zwei deutsche Staaten hätten ihre „souveräne Existenz" und „auch ihre Nachbarn" müssten über deren „Stabilität wachen". Was ich selber denk' und tu', trau' ich auch den andern zu. Welcher Spiegel könnte es denn außer dem Hamburger Spiegel gewesen sein, der meinen Schwestern und den Brüdern im Westen Deutschlands seit Jahrzehnten die Zweistaatlichkeit eingetrichtert hat? Am nächsten Tag reist der Präsident wieder ab, kurz bevor Kohl nach Berlin kommt, um am Brandenburger Tor einen neuen Grenzübergang zu eröffnen. Barsch weist der Franzose den netten Vorschlag zurück, mit Herrn Kanzler gemeinsam durch das symbolträchtige Stadtportal zu gehen. Er entgegnet: „Selbst wenn ich eingeladen worden wäre, würde ich es nicht machen."[445] Na, der Mann ist ja gut sauer. Aber aus Bonn kam der Vorschlag nach dieser Spiegel-Formulierung nicht.

Da liegt noch eine Leiche im Keller

In Moskau tagt seit dem 12. Dezember der 2. Volksdeputiertenkongress und endet am 24. Dezember mit einer Sensation: Am letzten Tag, wenn im Ausland katholisch und evangelisch Heiligabend begangen wird, hat man in Moskau die Diskussion über den Nichtangriffsvertrag zwischen der Sowjetunion und Deutschland von 1939 angesetzt. Er ist besser bekannt unter dem Namen Hitler-Stalin-Pakt. Die Delegierten beschließen die Ungültigkeit des gesamten Vertrages mit allen Zusatzklauseln. Dabei ist das Unrechtsbewusstsein nicht allseits vorhanden. Bloß 1432 Abgeordnete und somit 73,5 Prozent stimmen zu, 252 sind dagegen und 264 enthalten sich der Stimme. Nun ja. Natürlich geht es für die heute dort lebenden Menschen in erster Linie um die drei baltischen Republiken. Im Windschatten bleibt, dass es in den geheimen Protokollen zu diesem Vertrag auch um die Grenzziehung zwischen Litauen und der Umgebung von Königsberg ging, die dann im Grenz- und Freundschaftsvertrag vom September 1939 festgelegt wurde. Wie will man das annullieren, wo die Verträge gar nicht existieren sollen? Mit der „Erklärung der Nichtigkeit der Abkommen von Anfang an“ steht für die Moskauer Staatsführung in dieser Hinsicht der Einigung über Deutschland nichts mehr im Wege. Es mag sein, dass jetzt Stimmen lauter werden, die die Unabhängigkeit für die drei baltischen Republiken Estland, Lettland und Litauen einfordern können, aber das ist der Preis, den die Moskauer Führung dafür zahlen würde, um den irrwitzig teuren Kalten Krieg zu beenden und Anschluss an die Weltwirtschaft zu erzielen.[446]

Prosit Neujahr

Neues Deutschland zitiert einige Stellen aus der Neujahrsansprache des Präsidenten von Frankreich: „Ausgehend von dem Abkommen von Helsinki rechne ich damit, in den 90er Jahren das Entstehen einer europäischen Konföderation mitzuerleben, die alle Staaten unseres Kontinents in einer gemeinsamen und ständigen Organisation des Austauschs, des Friedens und der Sicherheit vereint." Weiter schreibt jenes Blatt: „Allerdings sei diese Konföderation erst nach Einführung von Parteienpluralismus, eines repräsentativen Systems und der Informationsfreiheit im Osten möglich."[447] Mitterrands Ansprache gibt Teltschik auch wieder die kniffeligsten Rätsel auf: „Er hat von neuen Fragen gesprochen, die nicht von einem Tag auf den anderen zu lösen seien. Unter anderem stellte er die Fragen: »In welcher Form und unter welchen Bedingungen wird das deutsche Volk wiedervereinigt werden?« Oder auch wird es »eine Unantastbarkeit der bestehenden Grenzen geben oder nicht?« – Unklar bleibt bei Mitterrand stets, ob er damit letztlich auch die innerdeutsche Grenze meint, die er einmal als »Grenze besonderer Qualität« bezeichnete, oder ob er sich nur auf die Oder-Neiße-Grenze bezieht."[448] Sehen Sie, derartig unklar ist das. Und da hat der Berater erneut nicht kurz nachgefragt, wie *Monsieur le Président* das wieder gemeint hat. Telefonate mit Paris sind vielleicht auch einfach sehr teuer, dann reden die womöglich französisch und haben derweil Froschschenkel im Mund. Wie eklig kann man denn sein, das Wort von der Grenze besonderer Qualität ganz frech gegen den Franzosen zu verwenden? Die Grenze zwischen der Bundesrepublik und *unserer* wunderbaren DDR ist keine Grenze zwischen zwei Völkern wie zwischen Frankreich und Spanien sondern eben eine Grenze besonderer Qualität. Natürlich geht es um unsere Ostgrenze. Dahinter ist seit Generationen Polen. Es wird Teltschik aber auch nicht langweilig, den Psalm auch noch doppelt abzusondern. Bemüht sich denn im Ernst noch einer, die alte Heimat wiederzukriegen? Wochen zuvor war ihm bereits unklar geblieben, was Michail Gorbatschow mit den Grenzen gemeint hatte. Es spricht Bände, dass gerade die Franzosen, die sich über Jahrzehnte um eine Vereinigung Deutschlands bemüht hatten, nach dem Mauerfall auf einmal Unsere DDR gegen Helmut Kohl verteidigen.

Die DDR anerkennen ohne Wenn und Aber

Das Zehn-Punkte-Programm des Kanzlers liegt inzwischen einen Monat zurück, die Verstimmung darüber war durch Genschers Besuch in Paris eher noch verstärkt worden, und die DDR löst sich in ihrem personellen Bestand langsam auf. In dieser Situation lädt Präsident Mitterrand den Bundeskanzler Kohl für den 4. Januar privat auf seinen Landsitz in der Gascogne ein, um die offenen Fragen mit ihm persönlich zu klären. Bei solchen Gesprächen mit Politikern aus dem Ausland möchte ich nicht in der Haut von Dr. Kohl stecken, nicht geschenkt. Diesen Leuten kann er letztlich nicht wirklich seine Verschwörungstheorie gegen Deutschland auftischen. Da ist rhetorisches Zirkeln angesagt und das muss auch alles erst einmal gut vorbereitet werden. Es erinnert stark an den geschickten Einsatz der Presse durch Bismarck, wenn Teltschik in seinem Tagebuch festhält, dass am Tag des Treffens ein Telegramm von Franz Pfeffer, des Bonner Botschafters in Paris, in der Frankfurter Allgemeinen Zeitung zu finden ist, das er im Dezember über Frankreichs Haltung zur deutschen Frage an das Auswärtige Amt geschrieben hat. Danach sei es „offen", ob Frankreich den deutschen Einigungsprozess konstruktiv begleiten oder sich ihm entgegenstellen werde. Mitterrand sei zwar überzeugt, dass die Wiedervereinigung kommen werde, wolle sie aber in geordnete Bahnen lenken, um den europäischen Einigungsprozess nicht in Mitleidenschaft zu ziehen. In der Beamtenschaft säßen aber Bremser. Der Bericht drückt die Sorge aus, dass die deutsch-französischen Beziehungen „auf längere Sicht" belastet sein könnten.[449]

Ist der Botschafter nicht ganz dicht oder warum *leakt* er? Wer bekommt denn so ein Telegramm in die Hände außer dem Botschafter und seinem Empfänger, Genscher? Lag es zwischenzeitlich unbeaufsichtigt in einer Kantine? Wenn Teltschik in seinem Tagebuch schreibt, dass es ärgerlich sei, stellt sich lediglich die Frage, für wen. Tatsache ist nur, dass die Veröffentlichung bei den gebildeten und politisch interessierten Leserinnen und Lesern der FAZ ihre Verschwörungstheorie gegen Deutschland bestärkt und festigt. Die Leser_innen der TAZ interessieren sich für sowas sowieso nicht, denn sie sind auf dem Weg zur Anerkennung der schönen DDR ohne Wenn und Aber. Auf sie zählt Helmut Kohl. Sie werden 1991 die SPD und ihren Oskar Lafontaine wählen und dann erläutert Kohl in seinen Memoiren, wie die SPD damals die große Chance vertan hat, die Wiedervereinigung zu erringen. Sie kennen doch seinen Stil. Jetzt meint Teltschik, eine Belastung der Beziehungen, gar „auf längere Sicht", wolle Dr. Kohl gerade verhindern, erklärt dann aber, sicherlich habe auch der Kanzler sich gelegentlich über die eine oder andere Äußerung aus Paris geärgert, vor allem über Erklärungen von Roland Dumas. „Aber es gab keine wirklich ernsthafte Irritation." Außer mit dem Außenminister der *République française*. Das hält er wohl für keine ernsthafte Irritation.[450] Dabei muss man noch wegrechnen, dass der Präsident Frankreichs drei Wochen zuvor der Bundesrepublik in Paris einen Krieg angedroht hatte. Und jetzt will uns Teltschik glauben machen, sein Kanzler habe eine Belastung im Verhältnis mit Paris verhindern wollen und hätte mit seiner neuerlichen Stänkerei, mit dem Abdruck des internen Papiers vom Botschafter der BRD in Paris in der Frankfurter Allgemeinen Zeitung, überhaupt nichts zu tun gehabt.

Als Kohl dann mit Mitterrand zusammenhockt, erklärt er, Deutschland beabsichtige nicht, den Weg zur Einigung allein zu gehen. Frankreich sei der geborene Partner, gerade auch für eine europäische Einbettung der deutschen Frage. Auch die europäische Einigung müsse mit ihrer beider Namen verbunden bleiben. Aber jetzt gib Obacht! Kohl spricht offensiv die Frage der Oder-Neiße-Grenze an. Das sei doch nichts weiter als eine künstlich geschürte Debatte, die innen- und parteipolitischen Interessen diene. „Seine Worte klingen beschwörend."[451] Hier ist man aber nicht bei indischen Kunststücken mit einer Schlange; der Franzose will hier nicht beschworen werden, sondern das Wort eines Mannes hören: Wie geht es weiter? In seiner Antwort spricht Mitterrand von zwei Problemen: dem russischen und dem deutschen und sie seien miteinander verknüpft. Die nationalistischen Elemente in der Sowjetunion würden in der deutschen Frage nicht nachgeben. Das Schicksal Gorbatschows sei mit der ganzen Angelegenheit verbunden, auch wenn dieser allmählich Verständnis entwickeln könne, wenn man geschickt vorgehe.[452] Es ist diplomatisch und elegant, wie der Franzose die eigenen Überlegungen für sich behält und stattdessen Sorge um den russischen Bären vorgibt. Es ist aber genauso diplomatisch, wenn auch nicht elegant, dass Kohl dem Franzmann nicht auf die Nase bindet, dass es seit geraumer Zeit aus Moskau Signale gibt, dass die Vereinigung Deutschlands da im ureigensten Interesse liegt und dass am 21. November Nikolaj Portugalow in Bonn war und das konkret ausgesprochen hat. So viel Überredung ist ja in Moskau gar nicht nötig. Kohl erspart Mitterrand auch, dass der Kreml lediglich erfahren möchte, wo die Grenzen des Spaßes sein sollen und wie es mit dem Warschauer Vertrag und der Nato aussehen soll. Was im Übrigen die Verschwörung gegen Deutschland angeht, sagt Mitterrand, eine Strategie sei erforderlich, damit Europa wisse, wohin es steuere. Er sage das als Franzose. Als Deutscher wäre er für eine möglichst rasche Wiedervereinigung und er würde es bedauern, wenn nicht alle Deutschen dafür wären.[453]

Von diesem Missverständnis zehrt der Kanzler und baut seine Strategie darauf auf, Eile vorzugaukeln, um anderen die Bremse ziehen zu lassen. Auf der anderen Seite hat er natürlich auch ganz andere Sorgen. In den letzten Monaten hat es in der DDR eine Kumulation im wirtschaftlichen Bereich gegeben, eine schneller werdende Talfahrt, die im Zusammenhang mit den anderen Ostblock-Staaten zu sehen ist. Im Januar kündigt Gorbatschow in Sofia den Rubelverrechnungshandel auf, weil er glaubt, die Sowjetunion könnte sich auf dem Weltmarkt durch ihre Ressourcen an Rohstoffen selbst aus dem Topf ihrer Verschuldung ziehen, ohne die bisherigen Partner mitzunehmen. Das bedeutet hingegen für die Partner das Aus.[454]

Am 10. Januar bringt die Süddeutsche Zeitung die Hiobsbotschaft, dass die DDR wirtschaftlich am Ende sei. Auch der Bundeskanzler hält es für möglich, dass die DDR real zusammenbricht.[455] Er stünde dann vor den Gesinnungsfreunden, die längst nicht nur in Bonn zu Hause sind, als der Verlierer da, der das Lebenswerk von Adenauer in den Sand gesetzt hat. Bloß gut, dass das Franz Josef Strauß nicht mehr erlebt. Der hätte ganz anders auf den Tisch gehauen und die Ausländer in wilde Flucht gejagt. Die sollen bleiben, wo der Pfeffer wächst, und sich nicht in Deutschland einmischen. Doch Kohl will es besonders intellektuell anstellen und geht an diesem Tag zur Jahreseröffnung der Bundespressekonferenz. Er sagt, er halte an dem für Februar vorgesehenen Gespräch mit Hans Modrow fest. Auch werde er weiter über seine Vertragsgemeinschaft verhandeln.

Kohl fügt jedoch hinzu, dass ein solcher Vertrag selbstverständlich auch die Zustimmung der Opposition finden müsse.[456] An der wird das kaum scheitern. Erneut wird Herr Bundeskanzler aufgefordert, ein deutliches Wort zur polnischen Westgrenze zu sagen. Die polnische Presse hatte in den letzten Tagen die endgültige Anerkennung der Oder-Neiße-Grenze als Bedingung für die deutsche Einheit gefordert. FDP und SPD nutzen das weidlich aus, klagt Teltschik. Genau: Führende Politiker der SPD im Separatstaat zwischen Nordsee und Alpen fordern jetzt unter Zeitdruck die Anerkennung Unserer DDR als souveränen Staat „ohne Wenn und Aber".[457] Sie fordern natürlich nicht, dass der Friedensvertragsvorbehalt bezüglich der deutschen Ostgrenze endlich aufgehoben wird. Schließlich ist das Grundgesetz nicht die Bibel. Das kann man ändern, wenn man es will. Überaus freundliche Unterstützung für die Hartleibigkeit in dieser Angelegenheit erfährt Kohl vom Präsidenten des Bundesverfassungsgerichts Roman Herzog, der auf den Warschauer Vertrag verweist und der Welt erklärt, dass es bis zur „Lösung der deutschen Frage" beim gegenwärtigen Zustand bleiben müsse. Darüber hinaus weist Roman Herzog zur Untermauerung der Position auf die UN-Charta, die KSZE-Schlussakte, auf die zahlreichen Erklärungen der Verfassungsorgane sowie auf Artikel 26 des Grundgesetzes hin, die in der Bundesrepublik von keiner politischen Kraft in Frage gestellt würden. Aber das überrascht keinen. Mich überrascht eher, dass es in dem Bananenstaat Verfassungsorgane gibt, obwohl man bis zur „Lösung der deutschen Frage" ein Grundgesetz hat, welches sich dann erst eine Verfassung in freier Selbstbestimmung geben darf. Wie sagt Roman Herzog so schön: Weitergehende Verpflichtungen seien Sache des Parlaments und der Regierung eines vereinigten Deutschland.[458] Roman Herzog bringt es bestimmt zum Präsidenten in der Bananenrepublik, ist er doch einer von denen, die sich in dieser Angelegenheit gegenseitig die Bälle zuspielen. Wenn die Alliierten auf den abgezirkelten Teufelskreis hereinfallen, gibt es keine Vereinigung. Unter dem Druck der zunehmenden Instabilität schlägt Kohl im Interview mit Katharine Graham von der Washington Post vor, die Wahl in der DDR vom Mai auf den März '90 vorzuziehen. Eine demokratisch legitimierte Regierung sei hier nötig, um die Beruhigung der Lage im Lande herbeizuführen. Da denkt er ganz richtig, denn sonst erübrigt sich sein Vertrag über gute Nachbarschaft mit der DDR nämlich mangels DDR.

Die offene Bündnisfrage

Seit der Schon-wieder-Bewaffnung Deutschlands ab 1950 sowohl auf der östlichen Seite wie auch auf der westlichen Seite unseres Landes, geht es immer auch um die Bündnisfrage und um die alles entscheidende Frage, ob diese oder jene Rakete in der Lage sei, Minsk von der Erdoberfläche verschwinden zu lassen, oder ob sie darüber hinaus in der Lage ist, auch Leningrad, Smolensk oder Moskau zu erreichen. In einem Interview mit Brandt fand ich die Formulierung von den Vororten von Leningrad. Und wer soll denn in der *city shoppen* gehen, nachdem im Vorort Tralalilowo eine Atombombe alles zerstört und verseucht hat?

In der Moskauer Wahrnehmung waren die Überlegungen ja auch nie so kompliziert, wie sie sich den sehr wortreichen Dichtern und Denkern in Bonn darstellen. Die wollen sowohl erreichen, dass die Stadt Leningrad stehenbleibt, dass aber auch Minsk nicht gerade unbewohnbar wird. Ein Reaktorunglückchen in der Nähe war genug. So einfach gestrickt wie die sowjetische Sicherheitspolitik ist auch die der drei westlichen Alliierten. Im Rahmen des Kalten Krieges, der von Bonn aus immer befeuert wird, haben sich die Supermächte beargwöhnt, und Kanzler Helmut Schmidt hat den Streitschlichter gespielt: „Leonid Breschnew will wirklich keinen Krieg. Der will Frieden. Heute möchte ich Ihnen sagen: Ronald Reagan will ebenfalls den Frieden." So sprach er 1981 mit dem Boss in Moskau. Und zuvor mit dem Chef der Vereinigten Staaten.[459]

Im Januar 1990 spielt der Bonner Bundeskanzler wieder die militärische Karte, als er ein für die westlichen Alliierten unverhandelbares Axiom in Frage stellt. Das passt gerade, denn Moskau will keine vergrößerte Nato. Die Russen wollten umgekehrt schon in den 1950er Jahren in diese Nato aufgenommen werden, damit Ruhe in den Karton kommt. Genscher hat das noch im Ohr, wie der Moskauer Außenminister Gromyko monierte, Genscher hätte ihm nun wiederholt erklärt, dass die Nato den Frieden wolle. Wenn dies aber wirklich zutreffe, so müsste man ernsthaft fragen, warum sie ein friedliches Land wie die Sowjetunion nicht aufgenommen haben. Immerhin sei die UdSSR ja während der Präsidentschaft Dwight David Eisenhowers in den Vereinigten Staaten dazu bereit gewesen, der

Nato beizutreten und mitzuwirken. Das hat der Westen abgelehnt und daran zeige sich eben, dass man dort Aggressionsabsichten hegt. Darauf meinte der *coole* Sachsen-Anhaltiner, niemand wisse besser als er, dass die NATO ein hoch gerüstetes Bündnis sei. Er erklärte dem Iwan, sie benötigten das für die Sicherheit der BRD. Da jedoch die Sowjetunion, wie er stets beteure, nicht so hoch gerüstet sei, passe sie eben auch gar nicht hinein. Bonner Außenpolitik, pampig und mit dem Holzhammer.[460]

Wenn Verwirrung angerichtet werden soll, muss sie den Adressaten der Geschichte auch zeitnah erreichen. So muss wieder eine amerikanische Zeitung herhalten, um die Verbündeten zu verschrecken. Am 17. Januar gibt der Kanzler Katharine Graham von der Washington Post ein Interview. Die Reaktionen aus westlichen Hauptstädten lassen nicht so lange auf sich warten. Es kommen Fragen wegen dieses Interviews, das am 18. Januar 1990 veröffentlicht wird: „Es schien, als stimme er nicht mit dem beharrlichen Argument der Regierung Bush überein, dass die deutsche Vereinigung im Kontext der fortbestehenden deutschen Verpflichtungen in der Nato herbeigeführt werden müsse." Der sich gerade kritisch zum nächsten Schachzug äußerte, war Genscher. Die US-Nachrichtenagentur *ap* stellt hierzu fest: „Zum Thema Wiedervereinigung sagte der Kanzler, die Entwicklung in Osteuropa habe die amerikanische Position überholt, die deutsche Einheit könne nur im Zusammenhang mit einer deutschen Nato-Mitgliedschaft erreicht werden. Kohl sagte, zu dieser Frage gebe es Meinungsverschiedenheiten mit Washington. Er denke aber, dass sich die amerikanische Auffassung bei einer Veränderung des Verhältnisses zwischen der Nato und dem Warschauer Pakt ändern könnte."[461]

Das tut sie ganz bestimmt nicht, aber hier wird natürlich deutlich, dass der Kanzler der Westdeutschen jeden Hebel gesucht und gefunden hat, um die Welt gegen die Vereinigung Deutschlands in Stellung zu bringen. Man kann dem Duo Genscher-Kohl nun wirklich viel vorwerfen, aber es ist nicht berechtigt, ihnen auch noch anzulasten, sie hätten vielleicht die Vereinigung forciert. Was können denn diese beiden Herren dafür, dass die Großen in dieser Welt unsensibel sind für die kleinen und die großen Provokationen, die sich Max und Moritz, diese beiden, Jahr für Jahr und Tag für Tag ausdenken? Für meine Begriffe ist die einzige Alternative zu der von mir angebotenen Interpretation die von den Medien suggerierte Mischung aus Tollpatschigkeit und Dummheit bei Doktor Helmut Kohl. Doch selbst wenn Dr. Kohl dumm und darüber hinaus tollpatschig sein sollte, steht die Neuinterpretation unserer Nachkriegsgeschichte an, weil die Dummheit des Chefs ab 1982 nicht erklärt, warum alles, was in Bonn scheinbar derart fürchterlich dusselig angegangen wurde, auf – „warum das Wort scheuen? – einen neuen Rheinbund; ein westliches Deutschland ohne die ungeschickte Übergröße des Bismarckreichs, einen Staat von »europäischem Normalformat«, von derselben Größenordnung wie Frankreich, England und Italien“ hinausläuft.[462] Das Zitat stammte vom großen Analysten und Volksaufklärer Sebastian Haffner.

Vor einem Jahr bestand noch nicht die akute Gefahr, dass sich die Welt über die Vereinigung unseres Landes einig würde, und damals waren die Rollen noch anders verteilt, wie sich der Bundeskanzler Kohl durchaus erinnert: „National-neutralistische Ideen, wie sie zum Beispiel einer der außenpolitischen Vordenker der SPD vertrat, waren noch nie Sache der CDU gewesen.“ Noch nie und auch bis zum Januar 1990 nicht. Nun aber auf einmal schon. Bonner Politik ist was für Genießer. Die Granden aus der SPD griffen bei den national-neutralistischen Ideen übrigens lediglich auf Uraltideen von Gustav Heinemann aus der CDU und der SPD-Führungsspitze aus den fünfziger Jahren zurück; und was eine Führung der SPD denkt, ist ja auch nicht belanglos. Immerhin droht sie stets bei der nächsten Wahl an die Macht zu kommen.

Hat der Bundeskanzler die Neutralität Deutschlands 1990 im Gespräch mit Modrow für verhandelbar gehalten oder nicht? Wir werden es wahrscheinlich nie mehr erfahren. Wichtig ist aber eigentlich auch nur, dass der gelernte Historiker Dr. Helmut Kohl ein halbes Jahrzehnt später erläutert: „Ich war zutiefst davon überzeugt, dass die Neutralisierung für uns, wie für Europa insgesamt, ein verhängnisvoller Fehler wäre, im Ergebnis so schlimm wie nur noch die Isolierung Deutschlands durch den Vertrag von Versailles. Eine Neutralisierung Deutschlands hätte schon sehr bald eine Erosion und dann das Ende der Nato und EG bedeutet.“ Da war es ja wieder. Ich war zutiefst davon überzeugt. *Ich* bin es auch.[463]

Unter dem 24. Januar hält sein Berater Teltschik fest, sein Kanzler habe gegenüber US-Botschafter Vernon Walters betont, dass er sich niemals für die Einheit der Nation um den Preis der Neutralität ausgesprochen habe. Davon ist allerdings auch gar keine Rede gewesen. Außenminister Genscher bekam den Eindruck: „Es schien, als stimme er nicht mit dem beharrlichen Argument der Regierung Bush überein, dass die deutsche Vereinigung im Kontext der fortbestehenden deutschen Verpflichtungen in der Nato herbeigeführt werden müsse.“ Wenn man nicht unbedingt in der Nato sein muss und die Neutralität nicht anstrebt, bleibt sicher auch noch der Übertritt zum Warschauer Pakt. In Anbetracht der neuerlichen irritierenden Aussagen des großen Mannes hat der US-Botschafter einen exzellenten Vorschlag: „Walters empfiehlt, der Bundeskanzler solle sich möglichst bald mit Präsident Bush treffen, um die weiteren Schritte im Einigungsprozess zu koordinieren.“[464] Mit welcher Argumentation wird sich Kohl bei Bush herauszureden versuchen?

Dass der Großmeister Kohl diesmal mit seiner ewigen Fußangelei nicht wieder durchkommt, liegt daran, dass US-Präsident George Bush wegen der Bonner Zicken nicht auch wieder schmollt wie Vorgänger in solchen Situationen, sondern unverzüglich seinen Außenminister in den nächstbesten Flieger setzt und nach Moskau schickt. James Baker gibt Moskau jene Sicherheitsgarantie für die Sowjetunion, um die die Sowjets bereits im Januar 1954 gebeten hatten. Wenn Dr. Helmut Kohl in einer Woche nach Moskau kommt, wird ihn das Leben wohl hart bestrafen. Dabei ist bis dahin alles klar gewesen: Großbritannien hat die Unterstützung der deutschen Vereinigung immer als die selbstverständliche Gegenleistung für eine loyale Mitgliedschaft der Bundesrepublik in der Nato gesehen. Londons Botschafter in Bonn, Sir Julian Bullard, hat gesagt, „dass Großbritannien wichtige Gründe hatte, das deutsche Ziel einer Wiedervereinigung zu unterstützen und es keinen ernsthaften Grund gab, dies nicht zu tun.“[465] Die Amerikaner sagten im Dezember noch zuletzt beim Nato-Gipfel dasselbe in Grün. Die Debatte über die Nato-Mitgliedschaft wird bis zum Besuch von George Bush und James Baker im winterlich weißen Moskau warmgehalten und Hans Modrow sagt, dass er im Februar 1990 noch mit dem Kanzler über die Neutralität Deutschlands gesprochen hat und dass Kohl dies interessant gefunden habe.[466] Aber der Westen nicht.

Zur Ostgrenze kommt die Grenze im Süden

Teltschik weiß, dass es Bonn nicht leicht hat. Am 18. Januar konstatiert dieser Experte: „Wenig Freude löst die heutige Regierungserklärung des polnischen Ministerpräsidenten Mazowiecki aus. Er fordert [ganz überraschend], dass die bestehenden Grenzen beider deutscher Staaten mit ihren Nachbarn nicht in Frage gestellt werden." Da könnte man trefflich darüber streiten, wie viel Freude die Erklärung in Bonn tatsächlich ausgelöst hat, und ob das nicht genau die Reaktion ist, die noch so lange wie möglich genau so stehen bleiben soll, zumindest bis die Vertragsgemeinschaft BRD-DDR in trockenen Tüchern ist. Horst Teltschik ergänzt hier, er „kenne keinen politisch Verantwortlichen in der Bundesrepublik, der die polnische Westgrenze ändern will".[467] Die Polen wollen freilich nicht nachträglich doch noch einen kennen lernen.

Wenn jemand nicht so recht glauben kann, dass Österreich in den *talks* von Londoner und Pariser Außenpolitikern 1989/90 wirklich noch eine Rolle spielen soll, muss am 20. Januar in das Pariser *Palais de l'Élysée* kommen und dem Gespräch der britischen Premierministerin mit dem französischen Präsidenten lauschen. Dazwischenquatschen geht freilich gar nicht. Die beiden Großmächte essen gemeinsam zu Mittag. Zugegen ist auch der diplomatische Berater des Präsidenten, M. Hennekinne. Die Diskussion dreht sich fast ausschließlich um die Wiedervereinigung und die europäische Sicherheit, wobei man sich weitgehend einig ist, speziell darüber, wie die *talks* fortgesetzt werden sollten. Die Premierministerin sagt einleitend, dass sich die Ereignisse in Deutschland und in ganz Osteuropa sowie in der Sowjetunion sehr schnell bewegten. Sie sei besorgt darüber, dass die Westmächte ihre Reaktion auf diese Entwicklungen in eher vage und allgemeine Erklärungen kleideten und es versäumten sich mit der vollen Tragweite der Entwicklungen auseinanderzusetzen. Westdeutschland dränge ständig auf die Wiedervereinigung, und die Art von Verknüpfungen, die Kanzler Kohl zwischen der Wiedervereinigung und der Beendigung der Teilung Europas herstellt, seien nicht sehr überzeugend. Die Deutschen scheinen auch einfach davon auszugehen, dass sie Ostdeutschland in die Europäische Gemeinschaft holen könnten. Es sei sehr wenig hilfreich, dass der Präsident der Europäischen Kommission

Jacques Delors dies anscheinend befürwortet habe. Sie sagt dann, dass Ostdeutschland kurz vor dem Zusammenbruch zu stehen scheine. Es sei keineswegs ausgeschlossen, dass sie noch im Laufe des Jahres mit einer Grundsatzentscheidung für die Wiedervereinigung konfrontiert werden. Das würde beide vor ein großes Problem stellen und könne Gorbatschow besondere Schwierigkeiten bereiten, vielleicht sogar seine Position und seine Reformen gefährden. Es wäre sehr wichtig für Großbritannien und Frankreich, gemeinsam zu erarbeiten, wie man mit den Entwicklungen umgehen sollte. Großbritannien und Frankreich seien die beiden Länder in Europa, die in der Frage der Verteidigung standhafter sind als andere Länder.[468]

Präsident Mitterrand stimmt zu, dass die deutsche Wiedervereinigung sowohl für Großbritannien als auch für Frankreich ein zentrales Thema sei. Die plötzliche Aussicht auf die Möglichkeit der Wiedervereinigung habe den Deutschen eine Art mentalen Schock versetzt. Die Folge davon sei, dass sie wieder zu den bösen Deutschen geworden sind, die sie einmal waren. Sie zeigen eine gewisse Brutalität und konzentrieren sich auf die Wiedervereinigung und nicht mehr auf alles andere. In einer solchen Stimmung sei es schwierig, gute Beziehungen zu ihnen zu pflegen, stellt der Präsident fest. Natürlich hätten die Deutschen das Recht auf Selbstbestimmung. Aber sie hätten nicht das Recht, die politischen Realitäten in Europa zu stören. Europa sei noch nicht reif für die deutsche Wiedervereinigung, und schon gar nicht könne er akzeptieren, dass sie Vorrang vor allem anderen haben müsse. Der Präsident fuhr fort, er glaube, dass sie in Westdeutschland stärker auf eine Wiedervereinigung drängen als Ostdeutschland. Dies habe er aus seinem Besuch in Ostdeutschland vor Weihnachten geschlussfolgert. Ostdeutschland hinke dem Westen weit hinterher und die Menschen dort mögen den Gedanken nicht, von Westdeutschland „gekauft“ zu werden. Auch bei einem Treffen mit Studenten in Leipzig habe er keine große Begeisterung für eine Wiedervereinigung feststellen können. Er ist überzeugt, dass einige der Demonstrationen in Ostdeutschland für die Wiedervereinigung von westdeutschen Agenten gefördert worden waren, die die Transparente und anderes Material, das die Wiedervereinigung forderte, zur Verfügung gestellt hatten; er will jedoch nicht behaupten, dass sie notwendigerweise von der Regierung in

Bonn geschickt worden waren. Aber er habe erkennen müssen, dass die ostdeutsche Regierung an Autorität verloren hat und die Gefahr der Unordnung und des wirtschaftlichen Zusammenbruchs bestand. Dies kann die Menschen zu dem Schluss führen, dass es gar keine Alternative zur Wiedervereinigung gebe.[469]

Der Präsident fuhr fort, man müsse akzeptieren, dass es eine Logik der Wiedervereinigung gebe. Aber alles hänge jetzt vom Wie und Wann ab und von den Reaktionen der Sowjetunion. London und Paris plädieren für Zurückhaltung. Das Problem sei, so sagt er, dass die Westdeutschen das nicht hören wollten. Sie betrachteten jedes Gerede über Vorsicht als Kritik an sich selbst. Wer jetzt nicht von ganzem Herzen für die Wiedervereinigung sei, gilt als ein Feind Deutschlands. Mitterrand vertraut ihr an, was er zu Bundeskanzler Kohl und Außenamtschef Genscher gesagt hatte. Er sei völlig unverblümt zu ihnen gewesen und habe gesagt, dass Deutschland, wenn es wolle, zweifellos die Wiedervereinigung erreichen, Österreich in die Europäische Gemeinschaft bringen – und sogar andere Gebiete zurückgewinnen könne, die es als Folge des Kriegs verloren hat. Sie könnten sogar mehr Territorium gewinnen als Hitler. Sie sollten jedoch die Konsequenzen bedenken. Er würde eine Wette eingehen, dass Moskau unter diesen Umständen London einen Rückversicherungsvertrag vorschlagen wird und das Vereinigte Königreich werde zustimmen. Der gleiche Vorschlag würde Paris gemacht und Frankreich stimme zu. Und dann wären alle wieder im Jahr 1913. Er fordert die Deutschen gar nicht auf, die Idee der Wiedervereinigung aufzugeben. Aber sie müssten verstehen, dass das Ganze Folgen für Europa hat. Die Haltung Belgiens, Italiens, der Niederlande, Großbritanniens und Frankreichs in den Diskussionen beim Europäischen Rat in Strasbourg sollten den Deutschen eine Warnung sein. Er habe die beiden außerdem gefragt, ob es wirklich in Deutschlands Interesse sei, all dies zu ignorieren.[470]

Nach diesem kleinen Abstecher nach Paris eilen wir zurück ins Zentrum der alten Welt. In Bonn schreibt sich jener schreckhafte Horst Teltschik, der schon am 10., 17. und am 21. November von den neuen Signalen aus Moskau „elektrisiert" war, ins Tagebuch unter dem 24. Januar 1990, in einem sensationellen Interview mit der Bild-Zeitung habe dieser Nikolaj

Portugalow geäußert: „Wenn das Volk der DDR die Wiedervereinigung will, dann wird sie kommen. Wir werden uns in keinem Fall gegen diese Entscheidung stellen, werden uns nicht einmischen."[471] Wo liegt denn da eigentlich schon wieder die Überraschung Ende Januar, wenn auch der Ost-Berliner Chef Hans Modrow Anfang Dezember '89 in einem Spiegel-Interview ein Deutschland in den aktuellen Grenzen nicht länger ausgeschlossen hat?

Moskau nimmt den Absturz der DDR zur Kenntnis

Was sie im Kreml zur Kenntnis nehmen und was nicht, interessiert den Bundeskanzler nicht die Bohne. Das erste greifbare Ergebnis zeitigt sein Gipfeltreffen mit Modrow vom Dezember, als die neue deutsch-deutsche Wirtschaftskommission unter der Leitung der beiden Minister Beil und Haussmann am 23. Januar 1990 zu ihrer ersten Sitzung zusammentritt. Na dann: Glück auf![472] Wie man jetzt endlich erreichen kann, dass nicht mehr die Schäfchen aus der DDR ins Trockene flüchten, schreibt am 19. Januar die stellvertretende SPD-Fraktionsvorsitzende Ingrid Matthäus-Maier in Die Zeit: „Ein Währungsverbund der beiden deutschen Staaten brächte für beide Seiten Vorteile: Der steigende Wohlstand in der DDR würde viele DDR-Bürger veranlassen, in ihrer Heimat zu bleiben." Was ganz schnell machbar sei, wäre eine feste Anbindung der DDR-Mark an die D-Mark. Geht das schnell? Karl-Otto Pöhl als Präsident der Bundesbank lehnt den Vorschlag neun Tage später ab und möchte die Ost-Mark in einem umfassenden Reformpaket schrittweise konvertibel machen.[473]

Mit Oskar Lafontaine, der ja als Kanzlerkandidat gehandelt wird, schlägt sich ein Dissident wie der große Willy Brandt herum. Vor einem gemeinsamen Auftritt im saarländischen Wahlkampf will er überprüfen, ob der große Lafontaine lernfähig sei, doch er bekommt die gleichen Sätze wie vor Jahresfrist um die Ohren gehauen. Der Oskar wisse nicht, wo denn vielleicht Leipzig oder Rostock liegen, und wolle es auch nicht wissen, er kenne Mailand und Paris, und diese Städte seien ihm nun einmal nahe. Ich weiß schon: Wenn jeder an sich selbst denkt, ist an jeden gedacht.[474] Aber werden Politiker gewählt, damit sie nur an sich selbst denken?

Der Oskar erlebt sein blaues Wunder, wenn sich dieser Tage der Parteivorstand Seiner SPD zu einer ersten Sitzung in Anwesenheit geladener Vorstandsmitglieder der Sozialdemokratischen Partei aus *unserer* DDR zusammenhockt. Die Genossen wollen darüber sprechen, wie es weitergehen soll. Die Bonner wollen gerne über Artikel 146 des Grundgesetzes gehen, der vorsieht, dass die beiden Völker in West und Ost erst einmal über eine Verfassung entscheiden. Das ergibt noch weitere Chancen, das schöne Leben zu retten: Entweder wird das Projekt in der DDR oder das Projekt wird in der Bundesrepublik abgelehnt. Jetzt kann nur noch Gott helfen oder eben *Superman*. Der rettende Engel heißt Harald Ringstorff. Er kommt aus Mecklenburg und er macht den Plan zunichte. Er sagt in seiner sturen, langsamen, bedächtigen Art: „Ihr könnt hier reden, was Ihr wollt. Wenn Ihr nicht wollt, treten wir in Mecklenburg einfach nach Artikel 23 bei!" Egon Bahr aus Bonn weiß nur zu gut, dass das sehr wohl möglich ist. Nirgendwo steht geschrieben, dass nicht ein einzelnes Land beitreten kann. Bahr glaubt zu sehen, dass die meisten Leute in der DDR so schnell wie möglich *west*deutsch werden wollen. Ich sehe das freilich nicht. Eine Menge Leute in der *sogenannten* „D.D.R." wollen so schnell wie möglich deutsch sein dürfen. Warum haben sie den Krieg verloren – und die im Westen haben gewonnen? Wenn sie wüssten, dass es denen im Sauerland und im Allgäu den heiligen Schauer über den Rücken jagt, wenn jemand deutsch sein will. Die sind ja auch keine West-Deutschen; die sind Bundesbürger oder Europäer oder gleich Weltbürger. Im Osten ist man da bescheidener. Die Leute aus der DDR wollen einfach nur am Balaton und zum Beispiel am Schwarzen Meer nicht mehr als Menschen zweiter Klasse behandelt werden mit ihrem Alu-Spielgeld. Wenn es den Medien nicht gelingt, im Osten wie im Westen Aufklärung zu betreiben, wird das der schönste Hickhack. Es sagt alles, dass sowohl die Führung der CDU wie auch der SPD für den Prozess nach Artikel 146 ist.[475] Doch im Moment bricht erst einmal die DDR zusammen. Am 25. Januar übergibt DDR-Ministerpräsident Hans Modrow in einem Gespräch mit dem Chef des Kanzleramtes Rudolf Seiters eine düstere Lageanalyse über die Situation in der DDR, einen Entwurf für eine Vertragsgemeinschaft, ein Papier mit finanziellen Wünschen und eine Liste über Möglichkeiten der Industrie-Kooperation. Er erklärt dazu, der Entwurf sei ein Regierungsdokument und mit dem Runden Tisch nicht abgestimmt.[476] Na toll.

Ende Januar schwimmen Kohl nichtsdestotrotz zusehends die Felle weg. Das waren doch die Worte in den *Erinnerungen* von Franz Josef Strauß. Am 29. Januar begründet der Ministerpräsident Modrow in einer recht dramatischen Rede die Notwendigkeit, die Wahl zur Volkskammer vorzuziehen und die Regierung zu erweitern. Am späten Nachmittag fliegt er nach Moskau, um am folgenden Tag, dem 30. Januar, um 11 Uhr im Kreml den Genossen Gorbatschow und Ryshkow reinen Wein über den Zustand *unserer* DDR einzuschenken und um ihnen die Frage nach der Einheit Deutschlands zu stellen.[477] Es besteht kein Zweifel, dass Moskau den Verfall der DDR zur Kenntnis genommen hat. Gorbatschow hat vor zwei Jahren schon in seinem Buch verkündet, dass eine jede Nation Anspruch darauf habe, „den Weg ihrer Entwicklung selbst zu wählen." Seither ist er oft darauf zurückgekommen. Müssen die Deutschen nicht endlich selbst die Richtung weisen, in die sie gehen wollen, fragt sich Frau Seebacher-Brandt. Am 30. Januar sei er froh, aber nicht überrascht, als Modrow, der Ministerpräsident der DDR, in Moskau weilt und plötzlich von etwas spricht, von dem er noch nie gesprochen hat – „Deutschland, einig Vaterland", befindet sie. Gorbatschow sende klare Signale aus und habe grundsätzlich keine Einwände mehr.[478]

Diese Sequenz „Deutschland einig Vaterland" entstammte übrigens dem Refrain in der Nationalhymne der Deutschen Demokratischen Republik, die sich bis zur Entmachtung von Walter Ulbricht bloß als Provisorium verstanden hat, bis sich die demokratischen „Revanchisten" im Westen beruhigt haben. Erich Honecker hat den Text der Hymne aus dem Verkehr gezogen und später ist ihm leider kein neuer Text mehr eingefallen. Also blieb die Hymne zwei Jahrzehnte ohne Text, was seinerseits zu den Zweifeln beitrug, ob diese DDR ein Ding für die Ewigkeit sein würde. So stand ein Nationalgefühl für die DDR schon recht lange auf wackeligen Beinen, was spätestens im Jahre 1989 offenbar wurde. Wie es immer so schön heißt: Es hat schwach angefangen und dann stark nachgelassen.

Das hatte auch damit zu tun, dass die DDR von den Spezialisten im provisorischen Bonn nicht anerkannt worden ist; und *postnational* sind wir auch nicht geworden, was unter anderem daran lag, dass das Westfernsehen zum Abendbrot immer erzählt hat, dass der ganze arme Ostblock von den Russen ganz doll böse unterdrückt wird und eine reale Rettung nur im Westen liegen könne, wo einiges kritikwürdig ist, aber auf jeden Fall immer noch besser als irgendwo in Ost-Europa. Es wird Sie hoffentlich auch nicht wirklich wundern, dass viele Leute von ihrer Möglichkeit Gebrauch gemacht haben, diese Medien in ihre Meinungsbildung einzubeziehen. Den Grund für die Wandlung in Moskau sieht der Historiker Timothy Garton Ash in den Wirkungen des freundlichen Segments des Tricks mit doppeltem Boden: Das Ergebnis des Werbens, Besänftigens, des Handels und redlichen Interpretierens, der Verträge, ernsten Reden, nächtlichen gemeinsamen Kriegserinnerungen, von gemeinsamen Wirtschaftsprojekten und Krediten, spiegelt sich klar und deutlich in einem internen Memorandum, das im Januar 1990 offenbar vom Bogomolow-Institut für Georgi Schachnasarow, einen geschätzten außenpolitischen Berater Michail Sergejewitsch Gorbatschows, verfasst wird: „Im Prinzip steht die Wiedervereinigung Deutschlands den Interessen der Sowjetunion nicht entgegen. Eine militärische Bedrohung aus dieser Richtung ist nicht sehr wahrscheinlich, bedenkt man den radikalen Bruch im Bewusstsein der deutschen Nation, der mit der nationalen Katastrophe des vergangenen Krieges einherging. Im wirtschaftlichen Bereich kann die Sowjetunion gewaltige Gewinne aus der Kooperation und Interaktion mit Deutschland ziehen.“[479] Dann können sie in Moskau allerdings nicht die Schriften Halford John Mackinders aus den Jahren 1904 und 1919 in ihre strategischen Überlegungen einbezogen haben. Dort steht klipp und klar, dass es darum gehen muss, die Zusammenarbeit zwischen Russen und Deutschen zu verhindern. Die Informationen, die am 30. Januar ’90 im Bundeskanzleramt eintreffen, deuten auf eine dramatische Wende in der sowjetischen Deutschlandpolitik hin, will uns Dr. Kohl weismachen. Nach Gesprächen mit dem „nach Moskau einbestellten“ DDR-Ministerpräsidenten Modrow soll Gorbatschow gesagt haben, seine Sowjetunion habe prinzipiell nichts gegen die Vereinigung der deutschen Staaten einzuwenden. Modrows Äußerungen vor der Presse in Moskau machen die Worte Gorbatschows vollends zur Sensation.[480] So viele Sensationen und immer in derselben Angelegenheit. Wie lächerlich.

Die Evangelische Kirche versucht die Teilung zu retten

Über mehrere Jahrzehnte schon hat die gute Evangelische Akademie zu Tutzing konzeptionelle Hintergrundarbeit für die Außenpolitik in Bonn geleistet. Am 31. Januar 1990 trifft man sich da wieder und überlegt im Christenkollektiv, was nach dem Moskauer Angebot vom Vortage jetzt noch zu retten ist. Wenigstens einer ist in Tutzing sehr aufgeräumt und das ist Willy Brandt. Er verkündigt dort das Himmelreich: „Die Sache ist gelaufen." Dieser Satz dieser juristischen Flachzange hat „nicht nur den Sinn, den Mächten Beine zu machen." Der Satz solle auch das Publikum in Tutzing provozieren, erläutert seine liebe Brigitte. Linke, liberale und evangelische Leute aus Ost und West machen keinen Hehl aus ihrer Abneigung, klagt sie; die deutsche Einheit wollen sie nicht. Der hohe Ton, der in Tutzing bestimmend ist, behagt Brandt nicht. Er versteht sich mit dem Leipziger Dirigenten Kurt Masur, und sonst? Von Natur aus mag er die Selbstgerechten nicht. Immer wenn er sich mit der Nazizeit auseinandersetzt, wehrt er sich gegen „moralische Überheblichkeit". „Selbstgerechtigkeit ist gewiss ein schlechter Ratgeber", ist seine Devise. Jetzt, da in der DDR die Menschen aufstehen, die den Krieg nicht mehr verloren haben als ihre glücklicheren Landsleute im Westen, geht ihm dieser Ton noch mehr auf die Nerven als zuvor. Er hört ihn auch bei Herrn Bundespräsidenten Richard von Weizsäcker heraus, der in Tutzing zugegen ist und der in manchen Gesprächen, auch im Fernsehen, Brandts Wort vom Zusammenwachsen ummünzte, es dürfe nichts zusammenwuchern.[481]

Darin schwingt „neben allgemeinem Unbehagen auch ein Vorwurf" mit, auf den Brandt eingeht: „Man hat mich dieser Tage gefragt, ob ich nicht erkenne, dass die Landsleute drüben, wenn sie Einheit rufen, eigentlich Wohlstand meinen. Aber was ist daran eigentlich Schlechtes?" Er findet, das eine könne sehr wohl und müsse mit dem anderen verbunden sein. Wohl wahr, und viele Leute meinen wirklich *den* Wohlstand, der für die Kriegsgewinnler im Westen ganz alltäglich ist. Bundespräsident Richard von Weizsäcker geht jedenfalls seinerseits, was die Sache angeht, die angeblich schon gelaufen sein soll, deutlich auf Distanz zu Brandt. Zu spät ist es erst dann, wenn es zu spät ist. Kämpfen bis zum letzten Tropfen.[482]

War es Bundeskanzler Helmut Kohl gelungen, Mitte Januar mit seinem Vorschlag vom Ausstieg der BRD aus der Nato den Westen verrückt zu machen, so ist die Rede seines Außenministers Hans-Dietrich Genscher dafür in Tutzing geeignet, die Sowjets zu verprellen. Dieser will auf einmal, dass ganz Deutschland der Nato angehören müsste. Es verwundert nicht, dass er manchen der Anwesenden zu weit gegangen ist. Sie sehen nach Genschers Darstellung in dem Vorstoß „eine Gefahr für die weitere Entwicklung zur deutschen Einheit". Es beeindruckt mich, wie unbeirrt Genscher das niederschreibt – wissend, dass die übergroße Mehrheit in der Evangelischen Akademie die Einheit gewiss nicht will, und ebenfalls wissend, dass er kurz vorher den Vorschlag des Verteidigungsministers für ein gemeinsames Oberkommando für die beiden Teile Deutschlands *zurückgewiesen* hatte. Nicht über sich selbst, sondern nunmehr über die Dummen hält unser Spezialist aus Halle fest: „Forsche deutsche Erklärungen zur Nato-Mitgliedschaft – ohne jeden Hinweis auf die notwendige Veränderung des politischen und sicherheitspolitischen Umfeldes – ließen ebenso wenig Einsicht in die Komplexität der vor uns liegenden Verhandlungsmaterie erkennen wie die ein Jahr zurückliegende, in gleichem Maße die Lage verkennende SNF-Diskussion."[483] Als es vor einem Jahr um vertrauensbildende Maßnahmen und Abrüstung ging, hatte der Bonner Außenminister bei der Modernisierung der Kurzstreckenraketen jede Option offenhalten wollen und war gegen die Null-Lösung.

Es löst bei manchen Leuten bestimmt helle Begeisterung aus, als Brandt meint: „Noch so große Schuld einer Nation kann nicht durch eine zeitlos verordnete Spaltung getilgt werden." Doch der Willy Brandt ist für eine „Fortsetzung von Kirchentagen mit anderen Mitteln" ja ohnehin nicht zu erwärmen. Vielleicht sollte man auch einmal über eine Sonderrente für christliche Fanatiker nachdenken. Ich denke da zum Beispiel an Helmut Schmidt, der sich später gar dazu versteigt auszusprechen, dass er nicht mehr an Gott glaube. Wirklich unglaublich. Nur, weil die Geschichte auf die Dauer doch nicht völlig beliebig machbar ist? Brandt weiß, dass die Widerrede gegen die deutsche Einheit keine Frage von jung oder alt ist. Auch unter jungen Leuten im Westen findet er viel Zuspruch. Er vergisst die Tutzinger Enttäuschung bei einer Studentenversammlung im völlig überfüllten Hörsaal 10 der Bonner Universität.[484]

Drei Wochen nachdem sich Richard von Weizsäcker und Willy Brandt in der Evangelischen Akademie Tutzing getroffen haben und sich so fremd gewesen sind, sieht Brigitte Seebacher-Brandt den Präsidenten auf einer Veranstaltung der Atlantik-Brücke. Dieser kommt auf sie zu, nimmt ihre Hand und sagt ernst, fast feierlich, jedoch ohne Bedauern: „Ich möchte, dass Sie wissen, ich bin mit Ihrem Mann sehr weit auseinander, aber es wird eine Zeit kommen, da wird es auch wieder anders sein." Vielleicht später im Himmel. Vorerst steht von Weizsäcker bei den Truppenteilen, die sich beim Anblick wegschwimmender Felle in letzter Sekunde noch um die juristische Fixierung der Teilung Deutschlands bemühen.[485] Was würde wohl auf die Menschen in der DDR zukommen, wenn diese Gilde am Ende doch aufgeben müsste und die Einheit Deutschlands ertragen?

Die baden gegangene intellektuelle Elite West-Deutschlands würde sich bitter an ihnen rächen. Tagtäglich über ihre feinen Medien. Sie haben es zumindest bei sich im Westen über Jahrzehnte geschickt hinbekommen, sich zu tarnen. Es ist ihnen gelungen, die Bundesrepublik der Zeit nach dem Ende des Hitler-Regimes für die jungen Generationen schwarz darzustellen und zu suggerieren, in den 1970er Jahren wäre es einer neuen Generation selbst gelungen, Deutschland ins Licht zu rücken. In meinen ersten sechs Bänden zur deutschen Geschichte hatte ich nicht zum Spaß auf die entsprechenden Akteure und ihre Abscheu gegen das Regime der Nazis mit Sternchen* hingewiesen. Sie haben nach dem Krieg die Wortführer der Linken, der Mitte und der Rechten gespielt. Haben Sie etwas Geduld; nach diesem Band setze ich mich an die Nachkriegszeit. Es wird leichter werden, dort die Argumentation zu verstehen, wenn Sie im vorliegenden Band vorgeführt bekommen, mit welchen Tricks und Kniffen sie in Bonn für die Teilung der Deutschen gesorgt haben. Immerhin gelingt es den Großmächten 1990, sich gegen die Verschwörer des 20. Juli durchzusetzen und Deutschland über deren Köpfe hinweg zu vereinigen. Es braucht niemanden zu verwundern, dass die einschlägigen Akteure in Deutschland bei *jeder* Meinungsverschiedenheit bei anderen zuallererst an Nazis denken. Darauf haben sie sich vor fünfzig Jahren fixiert. Das ist der Zusammenhang zwischen Biografie und Geschichte – und der lange Schatten, den die Hochfinanzierung Hitlers durch den Westen wirft. Es war nicht zu viel Langeweile, weshalb ich mich damit beschäftigt habe.

Fragen an das theoretische Fundament

Falls ich unsere jüngere Geschichte richtig interpretiere, dann hatten die christlichen Kirchen entscheidenden Anteil am Ausarbeiten der außenpolitischen Konzepte für die Bundesrepublik. Das verträgt sich nicht gut mit meiner Idee von Demokratie, aber was soll's. Augenzwinkernd stellt ein Spezialist wie Heinrich August Winkler in den Raum: „Und vielleicht stand auch Luther Pate bei den Bemühungen, die Erfahrung von Schuld auf die Ebene einer säkularisierten Geschichtstheologie zu heben." Eine verweltlichte Geschichts-Theologie. Was es nicht alles gibt.[486] War sowas nicht mit der Aufklärung schon aus den Wissenschaften verschwunden? Ist das dann eine Erklärung dafür, warum Leute, die sich verschiedenen politischen Lagern zurechnen, sich so schwer tun, untereinander Ideen, Gedanken und Argumente zu besprechen? Weil das Konzept von richtig und falsch ersetzt wurde durch das religiöse Konzept von böse und gut? Kann etwas so richtig sein wie es will und wird doch abgelehnt, weil das zur Diskussion stehende Argument als *böse* gebrandmarkt wurde? Ist es nicht das in diesem Zusammenhang beste Beispiel, dass sich ein Teil der Leute darauf beruft, dass das höchste Gericht in Karlsruhe erklärt hatte, Deutschland sei größer als die Bundesrepublik, während der andere Teil der Leute eingesehen hat, dass es böse sei, jegliche Vergrößerung anzustreben, weil das zum Krieg führen müsste? Ist das also das Ergebnis der verweltlichten Geschichts-Theologie? Nicht der englische Imperialismus ist schuld an Folter, Mord und Totschlag in der Welt seit Jahrhunderten, sondern das deutsche Volk? Können sich die Deutschen nicht mehr mit andersdrehenden Aminosäuren unterhalten, weil die einen genau dieses tief religiös *glauben* und die anderen das für flaches Denken halten?

Werfen wir doch einen weiteren Blick auf andere bedenkenswerte Zeilen von Heinrich August Winkler: „Das Bekenntnis zur Wiedervereinigung als dem vordringlichsten Ziel bundesdeutscher Politik war seit den fünfziger Jahren für viele Politiker der Bundesrepublik zu einer Art Lebenslüge geworden. Aber galt das nicht auch für das *postnationale* Lebensgefühl vieler Westdeutscher, das sich in den achtziger Jahren entwickelt hatte?"[487] Der Spezialist erzeugt den Eindruck, als hätten die zwei Seiten einer Medaille nichts miteinander zu tun. Postuliert er da im Ernst, viele regierende Politiker haben gelogen? Darf man so zusammenfassen, dass Demokratie hier *fake* ist? „War die kategorische Absage an die staatliche Einheit nicht vielleicht sogar ein halb bewusster, halb unbewusster Versuch, dem schrecklichsten Kapitel der deutschen Geschichte ein für allemal zu entkommen, es definitiv zu »entsorgen« – ein subtilerer Versuch als alles, was konservative Apologeten in dieser Richtung unternommen haben, aber eben doch zu bequem, um zu überzeugen?"[488] Das wirkt auf mich weniger wie Luther, sondern ganz einfach bloß traurig menschlich. Dass sich die einen genau wie die anderen in die Taschen gelogen haben, ist doch keine Entschuldigung dafür, dass das Grundgesetz geschrieben worden ist, um die Leute in Fragen der Einheit über den Tisch zu ziehen. Müsste ein professioneller Historiker nicht eigentlich auf diesen Verstoß gegen das Grundgesetz hinweisen, statt ihn zu relativieren?

Was will Heinrich August Winkler mit dem Wort von der sublimen Entsorgung deutscher Vergangenheit sagen? Er verwendet ein Zitat aus der literarischen Arbeit Robert Musils *Der Mann ohne Eigenschaften* für die Volksaufklärung: „Vielleicht darf gesagt werden, in Veränderung eines Sprichwortes, dass ein schlechtes Gewissen beinahe ein besseres Ruhekissen darbietet als ein gutes, sofern es nur schlecht genug ist! Die unablässige Nebentätigkeit des Geistes in der Absicht, aus allem Unrecht, in das er verwickelt ist, ein gutes persönliches Gewissen als Abschluss zu gewinnen, ist dann eingestellt, und lässt dem Gemüt eine ungemessene Unabhängigkeit zurück."[489] Das löst dann auch das Rätsel, warum es ein Teil der Leute hinnimmt, dass sie an den Taten der Eltern anderer Leute schuld sein sollen. Bei uns im Osten wurde über Jahrzehnte das Herrenmenschentum pädagogisch bearbeitet. Das hat funktioniert. Gebe Gott, dass nicht irgendwann Schauspieler aus dem Westen geschickt werden, die Nazi-Strukturen aufbauen, während Geld für herkömmliche Jugendeinrichtungen ausbleibt.

Es ist natürlich fragwürdig, warum die Leute in der DDR für alle Zeiten die schlechteren Lebensbedingungen haben sollen und die Leute in der Bundesrepublik die besseren. Können das diejenigen, die sich für Linke halten, mit ihrem Gewissen vereinbaren? Die schlimmsten Verbrechen geschehen, weil die Menschen im Leben alles richtig machen wollen und vor allem besser als ihre Vorfahren. Wissen die Schlauberger eigentlich, dass die Nazis damals von reichen Engländern und Amerikanern an die Macht gebracht wurden? In manchen Kreisen in der Bundesrepublik ist es derartig modern geworden, das eigene Volk und dessen Geschichte in schwarze Farbe zu tauchen, dass dabei der Blick auf die Weltpolitik und Begriffe wie Imperialismus verschütt gegangen sind. Letzterer klingt bestimmt nicht zum Spaß nach *Empire*.

Ost-Berlin besteht auf der Vereinigung

Ausgehend von Dr. Kohls Langzeitplanung während seiner Gespräche in Dresden variiert Ministerpräsident Modrow am 1. Februar 1990 seinen Plan vom November und spricht vom Stufenplan zur deutschen Einheit, die über eine Vertragsgemeinschaft zu einer Konföderation führen soll. Das Motto dafür – Deutschland einig Vaterland – wird schon als Losung auf die Straßen getragen. Staatsbürger haben den Mut, die Staatslenker an die Wurzeln ihrer eigenen Propaganda zu erinnern.

Am 2. Februar, bloß einen Tag vor dem nächsten geplanten Treffen mit Modrow in Davos, erreicht den Kanzler ein Schreiben Gorbatschows, in dem dieser auf seine Gespräche mit dem Ministerpräsidenten der DDR in Moskau eingeht. Nachmittags überbringt Kwizinskij dem Kanzler die angekündigte persönliche Botschaft des Genossen Generalsekretär, mit der dieser vor dem morgigen Treffen Kohls mit Modrow in Davos seine Einwilligung zu einer Vertragsgemeinschaft als Etappe auf dem Weg zur Konföderation der beiden deutschen Staaten übermittelt. Diese Herangehensweise trage dazu bei, dass die Lage stabil bleibe und nicht außer Kontrolle gerate. In der Botschaft erwähnt er mit keinem Wort die alles entscheidende Frage der Bündniszugehörigkeit. So überlässt man Herrn Kohl, sich zu seiner Position ganz frei zu äußern. Mit dem Schreiben lädt er Herrn Bundeskanzler zu einem Gespräch ein: „Wie auch Sie verspüre ich die Notwendigkeit, unmittelbar, persönlich und unter vier Augen mit Ihnen zu sprechen. Ich lade Sie ein, am 9. Februar 1990 nach Moskau zu fliegen, wenn dies Ihnen genehm ist, für ein Arbeitstreffen, welches inoffiziell und frei von Protokoll sein soll." Kohl schaut in den Kalender und bittet darum, als Termin den 10. und 11. Februar vorzusehen.[490]

Besonders amüsiert mich am 2. Februar Teltschiks „Zorn über Dumas", den französischen Außenminister. Er hat am 1. Februar in Berlin zu der Frage der polnischen Westgrenze gesagt, es sei nicht vernünftig, die Antwort aufzuschieben und die Einsetzung eines Parlamentes abzuwarten. Was könnte die Parlamente der beiden Deutschlands denn heute daran hindern, ihre Entschlossenheit kundzutun?[491] Am selben Tag fliegt Herr Genscher „zu dem wohl kürzesten, aber auch wichtigsten Besuch" nach Washington, den er der Hauptstadt der Amis je abgestattet hatte. Während er sich bei ihnen für jene Sicherheitsstrukturen ausspricht, die der Sowjetunion eine Zustimmung zur Vereinigung von DDR und BRD erleichtern sollen, kann er den Amerikanern auf einem anderen wichtigen Feld inhaltlich bedauerlicherweise jetzt auch nicht weiterhelfen: „Bei der Unterredung am 2. Februar in Washington war für Baker auch die Frage der Ostgrenze wichtig." Genscher verweist wie eine Grammophonplatte mit einer Beschädigung schon wieder auf seine Rede vor den Vereinten Nationen Ende September 1989 und seine unglaubliche Bundestagsrede Anfang November. Der Außenminister James Baker will allerdings endlich hören, dass die Grenzfrage nicht weiter mit schönen Worten verziert wird, sondern dass sie juristisch geklärt wird. Wenn Sie sich langsam bei den Grenzen langweilen, möchte ich auf keinen Fall wissen, wie es wohl den Ausländern über die Jahrzehnte bei diesem Thema ging.[492]

An diesem 2. Februar 1990 lässt der Kanzler seinen Regierungssprecher eine Erklärung abgeben, in der noch einmal betont wird, er habe bereits vorgeschlagen, dass nach der Volkskammerwahl am 18. März beide frei gewählten deutschen Parlamente eine gleichlautende Erklärung auf der Grundlage der Bundestags-Entschließung vom 8. November 1989 abgeben sollten. Noch bevor sich in Bonn oder gar in Karlsruhe irgendetwas bewegt hätte, macht der Bundeskanzler schon einmal die Forderungen an Polen klar: Polen müsse auf Reparationen verzichten und die vertragliche Regelung der Rechte der Deutschen in der Republik Polen in Aussicht stellen. Sie sollen also nichts bekommen für die Kriegsschäden, die sie ja auch allein wieder in Ordnung bringen mussten, dürfen allerdings den Deutschen mehr Rechte in Aussicht stellen. Das ist *Fair trade.*

Nun greift auch Kanzler Kohl den Vorschlag der stellvertretenden SPD-Fraktionsvorsitzenden in Bonn, Frau Ingrid Matthäus-Maier, auf – am Nachmittag des 6. Februar kündigt Kohl in der CDU/CSU-Bundestagsfraktion an: „Ich glaube, wir müssen jetzt an die DDR herantreten und einfach sagen, dass wir bereit sind, mit ihr unverzüglich in Verhandlungen über eine Währungs- und Wirtschaftsunion einzutreten."[493] Warten wir ein paar Tage ab. In Amerika wird er sein Motiv dafür benennen.

Mister Unbeirrbar

Für den 5. Februar bittet das bunte Bonner Zentralorgan aus Hamburg den Ehrenvorsitzenden der SPD, Willy Brandt, wieder um ein Interview. Einer der Redakteure fragt ihn: „Sie haben in Gotha für einen ehrlichen Umgang mit den europäischen Nachbarn plädiert: »Das bedeutet nicht, dass der deutsche Zug willkürlich angehalten werden darf durch diejenigen, die sich hinter Europa verstecken, um Deutschland zu verhindern.« – Vermittelt das nicht den Eindruck, als rangiere bei Ihnen Deutschland vor Europa?" Daraufhin sagt Brandt: „Ich hätte nichts dagegen, wenn es so verstanden würde, dass mir Deutschland besonders wichtig ist. Sonst müsste geklärt werden, was in diesem Zusammenhang mit Europa gemeint ist."[494]

Der alte Lübecker ist weder belehrbar noch bekehrbar und will das nicht verstehen. Mit „Europa" meinen die Spiegel-Redakteure, was schon seit 1943 in gewissen elitären deutschen *clubs* mit Europa gemeint ist. Jahre und Jahrzehnte hat es gedauert, bis sie vielen Leuten endlich eingeredet hatten, dass Europa zwar im Westen beginnt, aber schon etwa bei einem Drittel seiner geographischen Ausdehnung unmotiviert schon wieder zu Ende sein sollte. Am deutschen Wesen soll die Welt genesen. Das kennt man ja. Man kann mal eine Umfrage anstellen, welche Europäer da mitziehen. Als das schließlich ein großer Teil der West-Deutschen verinnerlicht hat, wollen die Supermächte diesem Spuk plötzlich und unerwartet ein Ende setzen. Gar manche innenpolitische Debatte hierzulande kann man ohne Verständnis für das *intellelulelle* Schleudertrauma der Leute im Westen überhaupt nicht nachvollziehen. Brandt ist ja mit Sicherheit nicht das einzige Fossil aus der SPD der fünfziger und sechziger Jahre, das den Kniff mit der Anerkennung der DDR als Schritt zur Annäherung und späteren Vereinigung Deutschlands nicht als Kunstgriff verstanden hatte, der zur Kontinentalverschiebung zwischen Hessen und Thüringen führen soll. Ganz sicher hat er in seiner SPD weiterhin Genossen, die die Hoffnung auf die letztliche Einheit Deutschlands nicht aufgaben. Sonst wäre Brandt längst in Kohls CDU eingetreten – und da vom Regen in die Traufe gekommen. Der Bundestagsabgeordnete Manfred Abelein wurde von Kanzler Helmut Kohl mehr als einmal zurechtgewiesen, wenn er auf Sitzungen der Bundestagsfraktion über das Ziel der Wiedervereinigung sprechen wollte.[495] Es ist fraglos beeindruckend, dass Helmut Kohl seine *show* so durchgezogen hat, dass auch dieser Mann offenbar nicht kapiert hat, dass es diesem politischen Schwergewicht eben gerade nicht darum geht, wovon er in der Öffentlichkeit immer spricht. Sonst wäre er gewiss irgendwann vor das sogenannte Bundesverfassungsgericht gezogen und hätte seinen Kaiser wegen der Verletzung des Grundgesetzes verklagt.

Steht Brandt unter Umständen als Leimrute zur Verfügung? „Haben Sie vor, in den kommenden Wahlkämpfen an der Seite Lafontaines mit verteilten Rollen für die SPD zu werben: Brandt stärker für das Gemüt der Deutschen, Oskar Lafontaine für die scharfen Rechner, die ihren Wohlstand verteidigen?“ Doch Brandt lässt sich durch die Frage, nach der er Wahlstimmen anziehen soll, aber Lafontaine dann die Richtung vorgibt, nicht aus seinem Konzept bringen und entgegnet souverän: „Ich lese mit Interesse, was da hineininterpretiert wird, und ich halte es nicht für lohnend, dagegen jetzt zu opponieren. Nur ich sage Ihnen auch: Ich spiele keine von irgend jemandem mir zugedachte Rolle, sondern ich sage in dieser Phase der Entwicklung und meines eigenen Lebens das, was ich für richtig halte, egal, ob es in ein Parteikonzept hineinpasst oder nicht.“ Gott sei Dank.[496]

Genießen Sie hier, wie der Historiker Heinrich A. Winkler versucht, den Nachgeborenen die seltsamen Debatten des Jahres 1990 ungefähr nachvollziehbar nahe zu bringen: Er schreibt, die sozialdemokratische Opposition versäume 1989/90 eine historische Chance. Der Kanzlerkandidat Oskar Lafontaine, sehe zwar wirtschaftliche Probleme der Vereinigung viel realistischer als der Kanzler. Aber er tue nichts, um den Eindruck zu entkräften, als komme ihm die nationale Einheit eher ungelegen. Dieser Eindruck sei indes auch nicht falsch. Professor Winkler ist als führender Historiker und Zeitgenosse in der Lage, das einzuschätzen, aber warum bringt er ihn nicht in Karlsruhe vor Gericht? Der Kandidat stehe für *den* Teil der Sozialdemokratie, der, anders als der national argumentierende Ehrenvorsitzende Willy Brandt, nicht nur die Nationalstaaten, sondern auch die Nationen für historisch überholte Gebilde hält. Aus dem Grund könne Lafontaine die Vereinigung Deutschlands nur als Zwischenstation auf dem Weg zur Vereinigung Europas, die neue Bundesrepublik mithin als bloßes Transitorium, begreifen, eine Position, die dem innerem Desinteresse an der nationalen Einheit zum Verwechseln ähnlich sah. Hier frage ich mich allerdings, was dieser Spruch des Experten soll, wenn der Eindruck nicht falsch ist, dass ihm die Einheit ungelegen kommt. Weiter führt Winkler aus: Da die SPD ihren Kanzlerkandidaten gewähren lasse, gelänge es ihr nicht, aus den Fehlern der Regierung Kapital zu schlagen. Der Rest der SPD-Führung tickt aber auch nicht anders als Lafontaine – sie haben ihn eben nicht nur untätig gewähren lassen. Die Fehleinschätzungen der parlamentarischen Linken würden, schreibt Winkler, freilich denen vieler Intellektueller entsprechen. Und von Kanzler Helmut Kohl, nur um die wissenschaftliche Darlegung zu ergänzen. Bei Prof. Winkler fehlt der entscheidende Hinweis, dass diese Idee von der Aufhebung der BRD in einem West-Europa vom Kreisauer Kreis stammt, dessen überlebende Mitglieder eher Adenauers CDU angehörten als in Schumachers SPD aufgingen. Es war ja am Anfang zwei Jahrzehnte lang die SPD, die bewusst national argumentierte und mit dieser Masche auf Wählerfang ging. Witzig: Willy Brandt nahm ernst, was die Politiker den Leuten erzählten. Es ist aber auch unausgegoren, den Leuten erzählen zu wollen, dass Diktatur schlecht sei und Demokratie die wahre Wonne, wenn man die Demokratie dazu missbraucht, die Leute zu verschaukeln und jeder das Grundgesetz so auslegen kann, wie es ihm am besten gefällt.[497]

Bush und Baker ebnen Bonn in Moskau den Weg

Helmut Kohls Drohung, gemeinsam mit seiner Bundesrepublik aus dem nordatlantischen Bündnis auszuscheiden, ist noch nicht verklungen, da bricht der US-amerikanische Außenminister Baker zu einem Besuch in das *Reich des Bösen* auf, wie US-Präsident Reagan die Sowjetunion einst nannte. Nachdem George Baker am 8./9. Februar bei einem Blitzbesuch in Moskau signalisiert hat, dass eine militärische Neutralität des neuen Deutschlands dem Nato-Konzept zuwiderlaufe, lässt Gorbatschow jenes Gedankenspiel von Kohl und Modrow fallen. Baker lässt Denis Ross ein Schreiben für den Bundeskanzler entwerfen, damit dieser den Fahrplan für seine Gespräche mit der sowjetischen Führung hat. Den letztendlich dreiseitigen Brief hinterlegt er beim Bonner Botschafter in Moskau.[498]

In dem Brief listen die Amerikaner alle Bedenken des Generalsekretärs der Staatspartei KPdSU auf und empfehlen dringend, die Grenzen eines neuen Deutschlands „dauerhaft und unverrückbar" festzulegen. Woher sollte der Amerikaner wissen, dass er mit diesem Tipp Eulen nach Athen trägt? Wer allzu wissenschaftlich forscht, könnte auf den Dreh kommen, Jim Baker würde bei seiner Moskau-Visite vielleicht gedacht haben, die sowjetische Diplomatie habe über Jahrzehnte versucht, Washington und Bonn gegeneinander auszuspielen. Wenn man dieses Denken in Reichen des Bösen und des Guten aber einmal beiseite lässt, kann auch die Vermutung aufkommen, dass die Führung in Moskau ihrerseits denkt, dass die Bonner Diplomatie über Jahrzehnte Washington und Moskau gegeneinander ausgespielt hat. Der Brite Sefton Delmer hatte seinerzeit diese Nummer durchschaut. Über Kanzler Konrad Adenauer, der 1955 gegen den erklärten Willen des Westens diplomatische Fühler zur Sowjetunion ausgestreckt hatte, brachte er die folgende Auswertung zu Papier: „Denn durch die Anknüpfung von Beziehungen mit Russland hatte er einen geschickten Zug in dem traditionellen deutschen Spiel gemacht, das darin bestand, den Westen gegen den Osten und den Osten gegen den Westen auszuspielen." Delmer kann sich nur zu gut daran erinnern, wie der Botschafter der USA darauf reagierte: „Als ich »Chip« Bohlen am nächsten Morgen besuchte – »Chip« war sein Spitzname –, war er blass vor Wut, weil er sich von den Deutschen auf den Leim hatte führen lassen.[499]

Und Helmut Kohl soll sich freuen

Nachdem die Amerikaner im eiskalten Moskau für Dr. Kohl den Schnee weggeschaufelt haben, macht sich eine Bonner Abordnung auf den Weg in den russischen Winter. Das wird eine rechte Herausforderung; damit haben die Deutschen keine guten Erfahrungen gemacht. Am 10. Februar finden die von Gorbatschow gewünschten Gespräche statt. Gorbatschow wirkt unzufrieden. Er beklagt, dass die Bundesrepublik über alle Kanäle versuche, die Entwicklung in der DDR direkt zu beeinflussen. Vertreter Ost-Berlins hätten schon das Gefühl, bevormundet zu werden wie kleine Kinder. Das kann bei der Nervosität in Bonn nicht erstaunen. In Berlin sollen sie ob des Zeitmangels nicht grübeln, sondern erprobte Konzepte ganz einfach kopieren. Im Laufe der Gespräche fragt Gorbatschow den Kanzler: „Aber wurde die DDR nicht eine Geisel der Wahlkampagne?“[500]

Was soll Kohl darauf antworten? Bei uns wird bei wichtigen Themen ein Rollenspiel aufgeführt? Ich tue so, als ob ich es besonders eilig hätte und Lafontaine weist auf die Schwachstellen hin. Die Leute wählen dann das Richtige und ich gehe in Pension. Soll Dr. Helmut Kohl das zum Chef im Kreml sagen? Soll er ihn aufklären? Es war übrigens der Vorsitzende des Kollegiums der Rechtsanwälte Gregor Gysi, der Gorbatschow den Wink gegeben hat, Willy Brandt „mache ihm große Sorgen“, nur damit Sie Bescheid wissen. Das hat nach menschlichem Ermessen das Einlenken bei Gorbatschow beflügelt, zumal der Willy so vernünftig wirkt.[501] Andererseits trifft Kohl den Nagel ziemlich auf den Kopf, als er dem Reformerpionier erklärt: „In der DDR begann alles bereits bedeutend früher, als die Entscheidung für die Wahlen angenommen wurde. Überhaupt wäre es dort etwas ruhiger, wenn Honecker zumindest im Frühjahr 1989 mit Reformen begonnen hätte.“ Der Pionier erwidert, er habe das Honecker gesagt. Und Kohl antwortet ihm, dass er das wisse.[502] Big Brothers.

Den entscheidenden Moment des Treffens in Moskau soll Berater Horst Teltschik erzählen. Dann kommt fast unvermittelt der zentrale Satz, den er wahrscheinlich bis zum Lebensende nie vergessen wird. Er bekommt ihn nicht richtig wörtlich hin, aber fast wörtlich erklärt Gorbi: „So, es ist jetzt Sache der Regierung der Deutschen Demokratischen Republik und der Bundesrepublik Deutschland, ob sie sich vereinigen wollen, wann sie sich vereinigen wollen, wie schnell sie sich vereinigen wollen und wie sie sich vereinigen wollen.“ Teltschik rutscht der Kiefer ab: „Da ist, also, da ist mir schon ein Schauer über den Rücken gelaufen. Ich musste das ja nun alles mitschreiben. Und der Dolmetscher hat übersetzt, ich musste das mitschreiben. Da geht es ja nun wirklich darum, dass Sie jedes Wort richtig festhalten. Denn ein Missverständnis ist tödlich. Und da habe ich den Bundeskanzler angestoßen und habe ihm gesagt, Gorbatschow muss das wiederholen.“[503] Helmut Kohl hat letzten Endes so geredet, dass der momentan größte Russe diesen Satz noch zweimal wiederholt hat.

Später tritt der Kanzler Kohl vor die Presse und erklärt: „Ich habe heute Abend an alle Deutschen eine einzige Botschaft zu übermitteln. Generalsekretär Gorbatschow und ich stimmen darin überein, dass es das alleinige Recht des deutschen Volkes ist, die Entscheidung zu treffen, ob es in einem Staat zusammenleben will.“ Doch kein Wort von Bedingungen. Nicht nachvollziehbar ist *diese Überraschung* des Kanzlerberaters: „Die Reaktion der Journalisten ist überraschend zurückhaltend. Ich sage zu Walter Neuer, der neben mir sitzt: Eigentlich hätten jetzt alle aufstehen und Beifall klatschen müssen. In anderen Ländern wäre das geschehen.“ Wie wollen wir auch nachprüfen, was er zu Neuer gesagt hat? Schweifen wir aber nicht ab: „Stattdessen stellen die Journalisten viele detaillierte Fragen, werden der Bedeutung des Ereignisses aber keineswegs gerecht. Nach der Pressekonferenz kommt eine Reihe von Journalisten auf mich zu. Ich sage ihnen offen, dass ich über ihre Reaktion enttäuscht sei.“ Die Gruppe deutscher Reporter will er dann gefragt haben, „Ob sie nicht begriffen hätten, welche Botschaft der Kanzler vorgetragen habe. Ich muss ihnen allerdings Recht geben, dass Kohl selbst durch seinen Vortrag Geschäftsmäßigkeit vermittelt habe und nicht den Eindruck erweckte, dass da etwas Großes geschehen sei. Ich stehe noch im Pulk der Journalisten, als der Kanzler mich ruft, mitzukommen. Es drängt ihn fort. Ich bedauere das sehr, weil ich gerne noch Nacharbeit geleistet hätte.“[504] Heucheln will auch gelernt sein und da hat der Mann im Hintergrund offenbar ein ziemlich großes Defizit, das im nächsten Leben bearbeitet werden muss. Später am Abend, beim Abschied, fragt der Hans-Dietrich Genscher den Knallkopp Gorbatschow, ob er sich eigentlich vorstellen könnte, was für

Empfindungen er, der gebürtige Hallenser, an diesem Tage habe. Sehen Sie: Männer sind nicht kalt wie Hundeschnauze. Gorbatschow sagt dazu nichts. Er nimmt die rechte Hand von Hans-Dietrich. Dann drückt er sie sekundenlang mit beiden Händen.[505] Was geht in seinem Kopf vor sich? Hoffentlich war das nicht der größte Fehler in meinem Leben? Auch Dr. Kohl holt jetzt ganz tief Luft: „Als ich endlich zur Ruhe gekommen war, ließ ich die Ereignisse der zurückliegenden Stunden noch einmal Revue passieren. Ich stellte mir dabei die Frage: Was hat Michail Gorbatschow zu diesem Meinungsumschwung in der deutschen Frage bewogen?“[506] – Welchen meinte er bloß? Den von heute, den vom November 1989, vom Juni 1989, den von 1988, von 1987 oder den von 1984, der im Spiegel an die große Glocke gehängt worden war?

Mit dem Treffen in Moskau ist allerdings überhaupt gar nichts klar. Der Kanzler hat diesen Satz aus dem Kontext gelöst und bot ihn an, als ob es nun kein Problem mehr gäbe, und der Journalist Josef Riedmiller leistet seinen Teil, wenn er in der Süddeutschen Zeitung verkündet, der große Herr Bundeskanzler Helmut Kohl fand im kalten Moskau den Schlüssel zur Einheit. Diese Formulierung ist sogar hochgefährlich, wie die beiden Sprecher Genschers hinausposaunen.[507] Demzufolge hat diese Äußerung auch nur dem Zweck gedient, die geöffnete Tür wieder ins Schloss fallen zu lassen und den Schlüssel ganz in der Nähe des Bonner Kanzleramtes im Rhein zu versenken. Platsch, wech isser.

Mag sein, dass die Reaktion des SPD-Oppositionsführers in der schönen Stadt Bonn Hans-Jochen Vogel unterkühlt wirkt, aber recht hat er doch, wenn er die Sensation mit einem hingeworfenen „Nichts Neues“ wieder abwiegelt, hat Gorbatschow nach Teltschik doch nur „Wort gehalten und sich nicht in die inneren Angelegenheiten der beiden deutschen Staaten eingemischt, was er Kohl bereits bei ihren Treffen 1988 und 1989 zugesichert hatte“.[508] Der Bundeskanzler öffnet hingegen am 13. Februar die nächste Hintertür und erklärt der politisch uninteressierten Öffentlichkeit, dass er als guter Mensch und hervorragender Kanzler natürlich die Haltung der schönsten und größten Sowjetunion in der Welt „auf keinen Fall als Freibrief zu einem nationalen Alleingang“ betrachte.[509]

Ein runder Tisch mit scharfen Ecken

Jetzt, wo Bonn am Rhein mit seinem Latein einigermaßen am Ende ist, macht Genscher aus der Bezeichnung der anstehenden Verhandlungen ein brandneues Spitzenthema. Sollen sie wirklich „Vier-plus-Zwei" oder sollen sie nicht doch lieber „Zwei-plus-Vier-Verhandlungen" heißen? In den richtig entscheidenden Fragen muss man sich einfach durchsetzen. Genscher besteht auf „Zwei-plus-Vier", „denn es kommt auf uns an". Da hat *Genschman* natürlich recht, was die vergangenen 45 Jahre in dieser Welt angeht. Auf uns kam es an. Die ganze Zeit. Von Deutschland sollte möglichst nicht noch einmal ein Kalter Krieg ausgehen und was man mit Londons Elite machen sollte, wird demokratisch zu entscheiden sein. Es ist dem Verhandlungsgeschick der Amerikaner zu verdanken, dass es in der letzten Konsequenz glücklicherweise nicht mehr auf das Fanatikergespann Genscher/Kohl ankommt. Am 13. Februar im Jahre des Herrn 1990 vereinbaren die Außenminister der Bundesrepublik Deutschland, der Deutschen Demokratischen Republik, Frankreichs, des Vereinigten Königreichs, der Sowjetunion und der Vereinigten Staaten während der Konferenz über den „Offenen Himmel" im kanadischen Ottawa endlich den Beginn der Zwei-plus-Vier-Gespräche über die deutsche Einheit.[510]

Wie lange wird der Verhandlungsmarathon dauern? Drei, fünf oder gar sieben Monate? Auf jeden Fall können sich die Ausländer schon einmal auf „Reibungen, Interessenkollisionen, Verdächtigungen und handfeste Kontroversen" einstellen. Denn eines ist vollkommen klar: So glatt, wie das diplomatische Meisterstück der Zwei-plus-Vier-Verhandlungen auf einen flüchtigen Blick zustande zu kommen scheint, ist es selbstredend nicht. Es wird ein „runder Tisch mit scharfen Ecken", wie der Moskauer Außenminister Eduard Schewardnadse feststellt, und am Tisch wird das auch „nahezu körperlich" so empfunden."[511] Um nun endlich zu Potte zu kommen, bestellt sich Herr Mitterrand am 14. Februar den Herrn Kohl zu einem Abendessen im kleinen Kreis. Als wichtigste Frage spricht der Präsident die Oder-Neiße-Grenze an. Sie sei schicksalhaft.[512] Wie war es eigentlich gelungen, den Leuten einzureden, dass diese Frage längst geklärt war? Der Hintergrundmann Horst Teltschik erläutert, sein Chef sei überrascht, wie sehr Mitterrand auf dem Punkt insistiert. Prächtig.

Nachdenken über Deutschland

Was ist denn eigentlich das Problem des Kanzlers? Wie viele Menschen haben Sie in ihrem Leben kennengelernt, die noch auf den Ostgebieten herumreiten? Es waren einige? Es ist doch umgekehrt. Durch das jahrzehntelange Spiel mit den doppelten Karten ist bei den meisten Leuten der Eindruck entstanden, bei den Grenzen sei längst alles klar. Ich sage Ihnen, dieses Thema ist von Anfang an übelst missbraucht worden, um hier über schier unendliche Debatten für und wider die Zweistaatlichkeit in Deutschland den Patriotismus bei den Leuten wegzuzaubern. Also bei mir sieht es so aus: Ich bin gerne Deutscher und die anderen Leute mag ich gerne. Und wenn sich jemand so verhält, dass andere Leute dadurch zu Schaden kommen, dann kann er mich gern haben. Da macht es auch keinen Unterschied, ob es ein Deutscher ist oder womöglich ein anderer Mensch. Wenn mir hier jemand erzählt, er sei ein Europäer, dann frage ich, wann der Nationalfeiertag von Rumänien ist. Und wenn mir jemand erklärt, er sei Weltbürger, will ich schon wissen, wann denn in China das neue Jahr beginnt. Vom alten Goethe stammt doch die Forderung: Denn ein Begriff muss bei dem Worte sein. Europäer. Weltbürger. Nein, all die intellektuellen Not-Konstrukte sind einfach bloß nicht zu Ende gedacht. Mit wem sollen sich denn unsere Nachbarvölker aussöhnen, wenn sich die Deutschen feige in Luft auflösen? Wir produzieren gleich die nächste Hasswelle gegen die Deutschen, wenn wir den anderen ihre Kultur und Tradition einäschern und sie zu Europäern machen wollen. Warum sind Deutsche immer mit diesem missionarischen Eifer unterwegs? Reicht es nicht, wenn wir ein bisschen aufpassen, ob wieder Angelsachsen Geld in uns reinpumpen und Fanatiker an die Macht katapultieren?

In der DDR gab es gleich in den frühen Jahren ein Lied, dessen Text und dessen Melodie ich sehr mochte. Und der Text bringt auf den Punkt, wie im Osten herangegangen wurde, um der Arroganz bei einem Anteil der Deutschen Herr zu werden. Da hieß es klipp und klar – Denn nicht über und nicht unter andern Völkern woll'n wir stehn. Genau so. In meinem Wohnumfeld in Berlin hat jemand an eine Wand geschmiert – Ich hasse Deutschland. Ganz zauberhaft fand ich die Entgegnung, direkt daneben geschrieben und mit einem rosa Stift: Und ich bin Polin, und sehr stolz darauf. Aber mal abgesehen von kaputten Leuten, die das Land hassen, in dem sie leben – im Unterschied zur BRD ist es in der DDR gelungen, die Arroganz der Deutschen auf den Teppich zu holen. In der BRD sind in den letzten viereinhalb Jahrzehnten aus Herrenmenschen die Besserwessis geworden. An ihrem Wesen soll die Welt genesen. Die reden auch dann noch weiter, wenn sie von einem in Frage stehenden Thema wirklich keinen blassen Schimmer haben. Wie lange wird es wohl dauern, bis ein Witz in dieser Machart die Runde machen wird? „Warum brauchen Wessis dreizehn Jahre bis zum Abitur?" Die Antwort wird dann lauten: „Die bekommen zwölf Jahre fachliche Ausbildung und ein Jahr Schauspielunterricht."

Bösartige Stimmen aus aller Welt

Am 15. Februar führt Kohl Gespräche in Paris. Bei dieser Gelegenheit erklärt ihm der Franzose jetzt noch einmal vollkommen in Ruhe: Was die polnische Westgrenze betreffe, könne er die Gefühle der Deutschen verstehen, politisch gesehen müsse man jedoch sagen, dass der Verlust der deutschen Ostgebiete ein unabänderliches Schicksal sei. Wenn man dies in Frage stelle, würde sehr bald auch die Endgültigkeit anderer Grenzen in Mittel- und Osteuropa angezweifelt werden.[513] Und am nächsten Tag schreibt die französische Presse von einem Zerwürfnis. Im Figaro heißt es, dass beide Politiker weit entfernt seien von dem „komplizenhaften" Einvernehmen zwischen de Gaulle und Adenauer und der andauernden Freundschaft zwischen Valéry Giscard d'Estaing und Helmut Schmidt – „Schade! Seit langem war ein gutes Einvernehmen zwischen Frankreich und Deutschland noch nie so nötig wie jetzt. Aber das ist nicht der Fall." Daneben attackieren französische Blätter wie Le Quotidien de Paris oder La Libération Kohl wegen seiner Haltung in der Grenzfrage.[514]

Der Vergleich von Kohl und Schmidt hinkt erheblich. Schmidt hat nicht *einen* Versuch unternommen, um eine Anerkennung der deutschen Ostgrenze ins Gespräch zu bringen. Seine Sorge galt der Anerkennung einer Staatsbürgerschaft der DDR. Er trat 1974 aber auch ein richtig schweres Erbe an. Brandt und Bahr meinten, sie hätten der Führung in Ost-Berlin das Gefühl zu vermitteln, dass sie einen anerkannten Staat leiten, damit man sich mit Moskau über die Vereinigung Deutschlands einig werden konnte, und waren gerade nicht bereit, eine separate DDR-Staatsbürgerschaft hinzunehmen. Weil die Franzosen nie in die Verlegenheit kamen, Schmidt in der Frage der deutschen Grenzen die Pistole auf die Brust zu setzen, meinen sie, mit Schmidt hätten sie diese Probleme nicht gehabt, die sie nun mit Kohl haben. Doch in der Ära von Schmidt und Genscher war der trügerische Eindruck erzeugt worden, dass in dieser Geschichte schon alle Messen gesungen waren. Im Westen werden sich noch einige Leute erinnern, wie das erreicht worden war.

Seit Wochen schon wird in der sensiblen Frage der Bonner Militärpolitik zur Abwechslung mal ein Schaugefecht zwischen Außenminister Hans-Dietrich Genscher und Verteidigungsminister Gerhart Stoltenberg über „die von der Hardthöhe behauptete Notwendigkeit" eines gemeinsamen Oberkommandos für die Streitkräfte in den beiden Teilen Deutschlands vor den Augen der Weltöffentlichkeit ausgetragen.[515] Worüber regt sich Genscher denn nun schon wieder einmal derart künstlich auf? Hatte der Außenamtschef nicht am 31. Januar erst in Tutzing gefordert, dass ganz Deutschland der Nato angehören müsste? Sollen die Truppen im Osten denn die Befehle weiterhin aus Moskau bekommen? Erst als die Amis in Moskau alles klargemacht hatten, haben sie ihren *Streit* am 19. Februar aus der Welt geschafft. Von dem Erdrutsch, den die verfeindeten Bonner in Moskau auslösen konnten, berichtet dankenswerterweise der Berater Teltschik. Er gibt Worte von Eduard Schewardnadse auf einem Treffen der Außenminister der Staaten des Warschauer Vertrages im April 1990 in der tschechoslowakischen Hauptstadt Prag wieder: Gorbatschow und er stünden zu Hause unter starkem Druck der Konservativen sowie der Militärs.[516] Gerhart Stoltenbergs Forderung nach der Einbeziehung der DDR, beziehungsweise Gesamt-Deutschlands, in die Nato stellt Moskau nach Hans-Dietrich Genschers Worten vor ein Ultimatum, so nach dem Motto: „Friss, Vogel, oder stirb!" Ich will nur am Rande erwähnen, das ist wieder so eine „feste Überzeugung" von Herrn Genscher. Wenn diese Politiker Sachen anbieten, die die Leute schlucken sollen, ob sie es jetzt einsehen oder nicht, dann sprechen sie von ihrer festen Überzeugung.[517] Was kann das Publikum daraus entnehmen? Achten Sie auf die Sprache.

Es gibt wie immer auch bösartige Stimmen, wie die von La Haute-Marne Libérée, die völlig dem Geist vergangener Zeiten verhaftet sind, wenn es etwa heißt: „Der Adler hat seinen Flug wieder aufgenommen. Und nichts auf dem Kontinent hat die Macht, ihn aufzuhalten." Und weiter schreibt das böse Blatt: „Es wäre besser, die Franzosen bereits jetzt vorzuwarnen, die übrigens geahnt haben, dass in der Beteuerung einer einfachen französisch-germanischen Allianz etwas Trügerisches und Künstliches liegt." Auch Blätter wie die Financial Times, die Washington Post oder auch die Züricher Weltwoche üben härteste Kritik: „Mit derselben brutalen Tollpatschigkeit", mit der „die deutsche Fußballmannschaft Siege ertrotzt", überrolle der Kanzler alles: „schnörkellos, rücksichtslos, gedankenlos".[518] Wo wir nun schon mal bei bösartigen Stimmen sind, die ganz dem Geist vergangener Zeiten verhaftet sind – bezogen auf die Sowjets heißt es in der Angelegenheit bei den Handlangern Hans-Dietrich Genschers: „Wen hatte Moskaus Außenminister gemeint? War das nicht die Sprache der sowjetischen Kommunisten aus dem Kalten Krieg?"[519]

Der voluminöse Kanzler sieht das gelassen, meint er selbst: „Ich galt für viele allein auf Grund der Tatsache, dass ich vollkommen ruhig deutsche Interessen vertreten habe, schon als Elefant im Porzellanladen. Ich eigne mich ja schon wegen meiner körperlichen Statur für Vergleiche dieser Art. So etwas muss man ertragen, das hat mich nicht angefochten." So berührt es ihn dann auch nur mäßig, dass die polnische Führung am 23. Februar 1990 eine internationale Kampagne an den Start bringt, mit der sie die endgültige Anerkennung ihrer Westgrenze erzwingen will.[520] Aber haben Sie meine Bände über die 1920er und 1930er Jahre gelesen? Nachdem es Polen beinahe zweihundert Jahre nicht mehr auf der Landkarte Europas gegeben hatte und es nur wieder zum Staat wurde, weil es mitten im Ersten Weltkrieg in der deutschen Generalität diese Idee gab, Soldaten gegen Russland zu rekrutieren, indem man den Polen ihre Unabhängigkeit versprach, wollten sie nach dem Krieg das Polnische Reich wiedererrichten, das zur Zeit der Kreuzritter von der Ostsee bis hinüber zum Schwarzen Meer reichte. Man stelle sich vor, die Römer oder Briten würden eine solche Forderung stellen. Schon erkennt man, wie unglücklich eine derartige Herangehensweise ist. In dem Sinne hatten die Leute des 20. Juli mit der Abschaffung der Nationen auch nicht ganz unrecht.

Gutartige Stimmen hört man im Februar 1990 eigentlich nur aus Bonn. Heimlich, still und leise wird im Februar der Bau einer neuen Residenz für den Ständigen Vertreter der Bundesrepublik Deutschland in *unserer* Deutschen Demokratischen Republik eingestellt. Ganz sachlich heißt es 1994 in der FAZ: „Nur Dach und Fenster fehlten noch, da fiel die Mauer. Mit der Wende verlor der Ständige Vertreter Bonns in Ost-Berlin seine Aufgabe und Mäcklers Bau die Funktion. Seit 1990 ruhten alle Arbeiten, die Fensterhöhlen wurden eilig zugenagelt, das Dach mit einer notdürftigen Pappeindeckung versehen.“[521] Ach so, Sie hatten gedacht, dass das so klitschklatsch gleich in die Gazetten kommt? Ach wo denken Sie denn hin? Da lässt die Bundesregierung ganz entspannt noch so ungefähr ein, zwei Bundestagswahlen ins Land gehen, ehe das kommt. Aber es spricht schon für sich, dass diese Bauarbeiten im Herbst '89 nicht auf der Stelle beendet wurden, als *unsere* Mauer fiel. Welcher Bauleiter hat Erstaunen geäußert, warum man hier weiterbaut? Wir waren freilich auf der Suche nach gutartigen Stimmen – und davon sind wir nicht mehr abzubringen. In Bonn formuliert Kanzler Dr. Kohl die Bedingungen: „Die krisenhafte Zuspitzung der Lage in der DDR macht mutige Antworten erforderlich.“ Für Stufenpläne seien die Voraussetzungen entfallen.[522]

Sehen Sie, das war ein gutes Zeichen. Herr Kohl wird vernünftig. Haben Sie gedacht. Da sehen Sie: So kann man sich täuschen. Am 24. Februar reist er zu *talks* nach Washington und verkündet den lieben Freunden in seinen befreundeten Staaten: „Jetzt gelte es, die Lage zu stabilisieren. Er begründet das Angebot einer Währungs-, Wirtschafts- und Sozialunion. Wenn die Rahmenbedingungen geschaffen seien, werde die DDR in drei bis fünf Jahren auf die Beine kommen.“[523] Da haben wir ja auch die Frist wieder, die nach der rettenden Bundestagswahl liegt. Drüben in Amerika wird Kohl auch über das schon wieder absolut überraschende Telefonat informiert, dass George Bush vor Kohls Ankunft mit Frau Thatcher geführt hat. Sie akzeptiert die Wiedervereinigung, was sie drei Monate zuvor noch nicht gesagt hätte. Allerdings werde Klarheit in der polnischen Grenzfrage die deutsche Einheit erleichtern.[524] Zum Ausklang des netten Abends wählen die amerikanischen Gastgeber den Film Die Schatzinsel, was bei mir die Erinnerung an eine Gesprächsführung von de Gaulle mit einem Willy Brandt zwei Jahrzehnte zuvor weckt: „Deutlich hat sich mir jenes Bild von den Schatzgräbern eingeprägt, das de Gaulle bei seinem Bonn-Besuch im Sommer 1967, seinem vorletzten, so deutete: Er hoffe, Deutschland und Frankreich würden den Schatz gemeinsam heben. Jenen, der in einer Politik liege, die die Teilung Europas überwinde."[525] Es wundert mich wirklich nicht, dass Helmut und seine Hannelore den Ort der Vorführung zuerst verlassen. Weil sie doch schon müde sind.

Und ob Sie es nun glauben oder nicht, über den 27. Februar hält Berater Horst Teltschik in seinem Tagebuch fest: „Die Diskussion über die Oder-Neiße-Grenze verschärft sich." Genscher unterstützt öffentlich den Vorschlag Mazowieckis, vor einer Vereinigung Deutschlands einen Vertrag mit den beiden deutschen Staaten zu verhandeln und zu paraphieren, in dem sichere Grenzen garantiert werden. Die Vereinigungsregierung soll dann den „Vertrag" unterzeichnen. Es wird laut, dass sich Mazowiecki in Briefen an die „Vier Mächte" gewandt hat. Schewardnadse empfängt am Freitag demonstrativ den polnischen Botschafter und zeigt Verständnis für die Sorgen Polens. Schewardnadse spricht sich dafür aus, dass Polen „eine eigene Stimme und einen eigenen Platz" bei den laufenden Zwei-plus-Vier-Verhandlungen haben solle. Kohl und Genscher lehnen jedoch eine solche Beteiligung Polens ab. Es ist geradezu ein Novum, dass diese beiden Schauspieler einmal einer Meinung sein können.[526] Ich hoffe sehr herzlich, dass Sie Texte dieser Machart jetzt nicht für einen *running gag* halten. Über die üble Zwickmühle, in der sich der Kanzler befindet, hält Teltschik fest: „Er weiß, dass er sich weiter bewegen muss, aber eigentlich will er nicht." Das waren schon klare Worte. Streng genommen geht es aber nicht darum, was er eventuell will. Er wollte sich schon 1970 auf die Polen zubewegen. Helmut Kohl darf sich aber 1990 überhaupt nicht bewegen, wenn der Kanzler Adenauers Konstrukt jetzt nicht noch durch einen unbedachten Handgriff zum Einsturz bringen will. Und gerade, als ob die Alliierten die Bundeswehr mit Gewalt von der Rückeroberung bis nach Tilsit abhalten müssten, heißt es bei den Herren Kiessler und Elbe, dass nicht nur der Bonner Diplomatie klar ist, dass die Polen mit ihrem Wunsch nach einer endgültigen Anerkennung ihrer Grenze auf die rückhaltlose Unterstützung der vier Siegermächte sowie unserer DDR setzen können. Alle erklären denn auch unmissverständlich, dass die Grenzen der Signatarstaaten der Schlussakte von Helsinki „unverletzlich" sind.[527]

Hinhaltetaktik in Bonn

Nachdem mit der Rede von Außenminister Hans-Dietrich Genscher vom September und der Bundestagserklärung vom November alles sonnenklar war, worauf er in Gesprächen mit ausländischen Politikern genervt hingewiesen hatte, ist bis Anfang März 1990 bei den Grenzen überhaupt nichts klar. So lässt der französische Außenminster Dumas beim Besuch in West-Berlin am 1. März 1990 keinen Zweifel daran, dass einfache Erklärungen, so feierlich sie auch seien, nicht genügen. Muss man das den Politikern wirklich erklären? Wichtige Fragen wie die Anerkennung von Grenzen erfordern vertragliche Regelungen mit einer Ratifizierung.[528] Es ist eben nichts klar. Das zeigt sich auch daran, dass in einem Koalitionsgespräch am 6. März 1990 im Bundeskanzleramt die Fetzen fliegen. Nur mühsam einigen sich die Regierungspartner nach einer hitzigen Debatte auf den Entwurf einer Bundestagsresolution.[529] Und eine Resolution ist längst nichts Halbes und nichts Ganzes. Übrigens finde ich nach ewigem Suchen nicht den Verursacher der hitzigen Debatte. Kohl selbst kann es auf gar keinen Fall gewesen sein. In dem Werk, das für ihn geschrieben wird, liest sich der neueste Salto dieser Seilakrobatik so: „Für den Bundeskanzler wird dies zunehmend zur Gratwanderung, denn die Gegner seiner Deutschlandpolitik im In- und Ausland instrumentalisieren jetzt beinahe täglich das Thema »polnische Westgrenze«, um ihn in Schwierigkeiten zu bringen. Dazu gehören nicht zuletzt Versuche, ihn in die revanchistische Ecke zu stellen.“[530] Die Welt ist so schlecht. Haben Sie sich inzwischen einmal umgehört? Weiß einer Ihrer schlesischen Nachbarn, dass sich an der Grenzziehung 1990 noch etwas ändern kann?

Es wäre doch zu schön, um wahr zu sein, wenn man Helmut Kohl fragen könnte, was das ganze Brimborium eigentlich soll, und siehe da, er gibt eine Erklärung ab, wenn auch einige Jahre danach: „Natürlich war mir in jenen Tagen ganz deutlich, dass eine wesentliche Voraussetzung für die Zustimmung der Vier Mächte und unserer Nachbarn zur deutschen Einheit die endgültige völkerrechtliche Anerkennung der Oder-Neiße-Linie als polnische Westgrenze sein würde. In den früheren deutschen Ostgebieten lebten ja schon in zweiter und dritter Generation Polen, denen diese Landschaften zur neuen Heimat geworden waren.“ Das haben sehr viele Menschen in der Bundesrepublik auch so gesehen. „Andererseits schuldeten wir es den Millionen deutscher Heimatvertriebener und Flüchtlingen, diese Anerkennung, die laut Grundgesetz erst von einem gesamtdeutschen Souverän ausgesprochen werden durfte, nicht auf die leichte Schulter zu nehmen, sondern deutlich zu machen, dass hier ein für viele Menschen schmerzhafter Preis für die deutsche Einheit entrichtet wurde. Mit *Revisionsmus* oder gar *Revanchismus* hatte dies wahrlich nichts zu tun."[531] Schön, dass wir das einmal geklärt haben. Warum soll es Revisionismus oder Revanchismus sein, wenn offizielle Institutionen der BRD auf Gebietsansprüchen im Ausland beharren? Die zwei Begriffe Revisionismus und Revanchismus waren ursprünglich nicht bloß kursiv gedruckt, sie standen sogar in Anführungsstrichen, um sie noch alberner aussehen zu lassen. Nicht nur in Polen, sondern auch in Ost- wie auch in West-Deutschland sind neue Generationen herangewachsen. Sagen Sie mir, dass es bei einer Volksabstimmung über die ehemaligen Provinzen hinter der Oder eine Mehrheit gegeben hätte, die eine Vereinigung von Bundesrepublik und DDR unter der Bedingung der neuen Grenzen des Lebensraums abgelehnt hätte. Sagen Sie es – aber das glauben Sie doch selbst nicht. Auch deshalb durfte es hier nie Volksabstimmungen geben.

Die Bestätigung für meine Sicht finde ich ausgerechnet bei Kohl: „Nicht zuletzt durch die Stimmungsmache der Opposition", so der Kanzler, die ihm unterstellt habe, er drückte sich vor einer klaren, unmissverständlichen Aussage zur polnischen Westgrenze, aber auch durch *völlig überflüssige Äußerungen* aus den Reihen der CDU/CSU seien bei den westlichen Verbündeten Zweifel an der deutschen Haltung aufgekommen. In einem Buch werden zwei *ghostwriter* in Kohls Namen der interessierten Öffentlichkeit dann erzählen, nicht nur die Polen drängten *jetzt* auf eine endgültige Anerkennung der Oder-Neiße-Linie noch vor der Einigung in Sachen Deutschland. Unterstützung fänden sie „inzwischen" überall im Westen, „*auch* in den Vereinigten Staaten." *Die sind ja nicht im Westen.* Zum ersten Anwalt in dieser Angelegenheit habe sich jedoch Polens alter Verbündeter Frankreich gemacht. Genau, und der war so alt, dass er es verabsäumt hat einzugreifen, als Hitlers Deutsche Wehrmacht mit Polen kurzen Prozess gemacht hat.[532] Die beiden *ghostwriter* nennen ihr Buch über Helmut Kohl auch noch *Ich wollte Deutschlands Einheit.* Sigmund

Freud lässt grüßen. Wie groß muss das schlechte Gewissen sein, um nun das als Titel zu wählen? Was könnte ein Kanzler denn auf der Grundlage des schönen Grundgesetzes noch wollen dürfen? Der schrille Titel macht ja überhaupt erst darauf aufmerksam und man kann stutzig werden. Ein Teltschik spricht in seinem Titel weder von Wiedervereinigung noch von Vereinigung, sondern gleich nur von *Innenansichten der Einigung*.

Tadeusz Mazowiecki, der Warschauer Ministerpräsident, schlägt erneut am 8. März in Paris vor, nach den Wahlen in der DDR am 18. März mit den beiden deutschen Regierungen einen Vertrag über die Anerkennung der polnischen Westgrenze zu paraphieren; er soll nach der Vereinigung unterschrieben werden. Und Mitterrand ergänzt: „Es kommt den Deutschen und den Polen zu, über die Grenzfrage zu sprechen; es kommt den vier zu, ihre Ansicht dazu zu sagen und diesen internationalen Rechtsakt zu garantieren. Diese Debatte muss vor der Vereinigung abgeschlossen sein."[533] An diesem 8. März regt der neue Staatspräsident der Tschechoslowakei Václav Havel in Prag an, 1991 die Konferenz für Sicherheit und Zusammenarbeit wieder einzuberufen, „die über die Zugehörigkeit eines vereinigten Deutschlands zu den Militärblöcken oder dessen Neutralität beraten soll." Er findet außerdem: „Im Rahmen des neuen europäischen Sicherheitssystems sollte es kein Problem sein, Deutschlands neue Position zu bestimmen."[534] Auf die Idee kamen die Sowjets aber auch schon in den 1950er Jahren. Bonn hätte nur nicht alles hintertreiben dürfen.

An diesem 8. März steht zur Abwechslung auch die Debatte über Polens Westgrenze auf der Tagesordnung in Bonn: „Der polnisch-französische Druck" trifft die verdammt schwächelnde christlich-liberale Koalition in Bonn zu einem Zeitpunkt, „an dem es ohnedies zu einer Zerreißprobe" über die Anerkennung der Oder-Neiße-Grenze kommt. Nach dem Streit über die doppelte Null-Lösung bei den nuklearen Mittelstreckenwaffen, dem koalitionsinternen Krach über die anstehende Modernisierung der Kurzstreckenraketen und den „tiefgreifenden Differenzen" in Bezug auf die polnische Westgrenze im November 1989 ist dies zum vierten Mal in dieser Legislaturperiode ein Sprengsatz für das Regierungsbündnis. Das soll der brisanteste sein. Ich gehe davon aus, dass sich auch hier wieder alle einschlägigen Experten einig sind.[535]

Wieso kommt es eigentlich im März in den Regierungskreisen noch einmal zu einem Funkenregen? In der stürmischen Bundestagsdebatte erklärt Herr Kohl: „Der politische Wille der von mir geführten Bundesregierung, diese Frage endgültig zu regeln, ist von mir immer wieder zum Ausdruck gebracht worden. Hieran Fragezeichen anbringen zu wollen, dient nicht deutschem Interesse. Ich habe seit der Regierungsübernahme 1982 nie einen Zweifel daran gelassen, dass wir an Buchstaben und Geist des Warschauer Vertrages in all seinen Teilen festhalten."[536] Damit kann man Willy Brandt beeindrucken – aber nicht die Außenministerien anderer Länder. In dem Warschauer Vertrag erklärt sich Bonn bereit, in Polen nicht einzumarschieren, solange die Lage in Europa zwischen der Nato und dem Warschauer Pakt so angespannt ist. Nach dem Vertrag ist Brandt aus der Zentrifuge geworfen worden und Schmidt entdeckte eine Raketenlücke, die jahrelang kein Ausländer bestätigen konnte. Als sich der Meister 1979 mit Seinem Nato-Doppelbeschluss durchgesetzt hatte, brannte in der Welt wieder die Luft. Da war nix mehr mit Entspannung.

Nach langem Hängen und Würgen beschließt eine Mehrheit im Bundestag am 8. März '90, „entsprechend den Prinzipien der KSZE-Schlussakte mit Blick auf die deutsche Einheit die Unverletzlichkeit der Grenzen gegenüber Polen als unverzichtbare Grundlage des friedlichen Zusammenlebens in Europa zu bekräftigen. In diesem Sinne soll die Grenzfrage in einem Vertrag zwischen einer gesamtdeutschen Regierung und der polnischen Regierung geregelt werden, der die Aussöhnung zwischen beiden Völkern besiegelt. Der Verzicht Polens auf Reparationen gegenüber Deutschland vom 23. August 1953 und die Gemeinsame Erklärung von Ministerpräsident Mazowiecki und Bundeskanzler Helmut Kohl vom 10. November 1989 bleiben auch für das vereinte Deutschland gültig."[537] Da haben wir die nächste Willenserklärung. Egal. Aber viel besser ist, dass mehrere spektakuläre Stimmenthaltungen und persönliche Erklärungen von Abgeordneten der CDU/CSU-Fraktion klären, was los ist. Beispielsweise gibt der Vertriebenenfunktionär Herbert Czaja zu Protokoll, dass es für diese Oder-Neiße-Linie sowie für eine „Übertragung von 104.000 Quadratkilometern Deutschlands" noch kein völkerrechtlich wirksames Dokument gibt. Und genau das sollen sie in Bonn in Wirklichkeit an den Start bringen und nicht die hundertste Willenserklärung. Herbert Czaja hat es nur laut ausgesprochen, dass das wieder nichts als warme Luft ist. Aber wer zum Teufel setzt sich denn eigentlich so verbissen ein, um die Anerkennung der neuen polnischen Westgrenze zu verhindern? Welche Rolle spielen die Vertriebenenfunktionäre seit den 1950er Jahren in der Bunten Republik Deutschland? Es sind einfach bloß die falschen Leute, die immer wieder auf den Grenzen von '37 herumreiten. Darüber hinaus nimmt sich Herbert Czaja anschließend auch nicht das Leben oder leitet andere ausufernde Maßnahmen ein. Wer also ist dieser Mann? Ich habe mir nicht die Zeit genommen für großartige Recherchen. Das ist gewiss eine lohnende Aufgabe für alle, die mehr Zeit haben als ich. Hier liefere ich bloß Stichworte, um abzustecken, wer das ist: „Czaja wurde in einer katholischen Familie in Teschen geboren, die flüssig zweisprachig war und nach 1918 die Staatsbürgerschaft Polens annahm. Nach dem Abitur auf dem deutschen Gymnasium in Bielitz, in der Hauptstadt der Bielitz-Bialaer Sprachinsel, absolvierte Czaja von 1933 bis 1938 ein Studium der Germanistik, Geschichte und Philosophie in Krakau und Wien. Er war dann als Lehrer im Höheren Schuldienst tätig und arbeitete als ein Professor am Gymnasium in Mielec und schließlich als wissenschaftlicher Assistent an der Universität Krakau. 1937/38 gehörte er dem Deutschen Verband zur nationalen Befriedung Europas an, den sein Lehrer, der bekannte Hitler-Gegner Senator Eduard Pant, gegründet hatte. In Krakau erfolgte 1939 auch seine Promotion zum Dr. phil. Nach dem Einmarsch der deutschen Wehrmacht in Polen weigerte er sich, in die NSDAP einzutreten. Dies führte zum Verlust seiner Assistentenstelle."[538] Denn das war die richtige Entscheidung zur falschen Zeit. Also war er der nächste Gegner* Hitlers mit Courage. Und er gibt seit 1970 den Chef des Bundes der Vertriebenen. In Bonn gaukeln Verschworene Demokratie vor.

Und wie sieht es bei Herbert Hupka aus? „Während des Studiums hatte er unter Zurücksetzungen zu leiden, weil er aufgrund der jüdischen Herkunft seiner Mutter nach den Nürnberger Gesetzen als »Halbjude« galt. 1939 wurde er zur Wehrmacht eingezogen und diente als Besatzungssoldat in Frankreich, Rumänien, Bulgarien und Griechenland. An Malaria erkrankt, wurde er nach Freiberg verlegt, wo ihn ein Kriegsgericht 1943 zu einer Haftstrafe verurteilte, da er bei der Beförderung zum Leutnant der Reserve seinen Status als »Halbjude« verschwiegen hatte."[539] Dafür hat er anschließend 12 Monate gebrummt. „Im Januar 1944 wurde seine Mutter in das Ghetto Theresienstadt deportiert. Herbert Hupka kehrte, als »wehrunwürdig« aus dem Heer entlassen, nach Ratibor zurück." Wir haben Zeit. Stellen Sie sich die Gedanken des Mannes ganz in Ruhe vor. Deutschland benötigt jeden Soldaten und ihn schicken sie nach Hause. „Ende Juni 1945 konnte er sich nach Theresienstadt durchschlagen, wo seine Mutter anderthalb Jahre Gefangenschaft überlebt hatte. Über das DP-Lager Deggendorf gelangten sie schließlich nach München, da eine Rückkehr nach Ratibor bereits ausgeschlossen war. Obwohl katholisch, fanden sie Aufnahme im Altersheim der Israelitischen Kultusgemeinde. Herbert Hupka arbeitete seit November 1945 als Redakteur bei Radio München, und wurde 1946/47 vorübergehend zur Militärregierung der Amerikaner versetzt."[540] Und der Mann gibt dann den Vorsitzenden der Landsmannschaft Schlesien. Bravo. Wissen die Mitglieder seiner Landsmannschaft, wer ihre Interessen im Bundestag vertritt oder ist das eines der Staatsgeheimnisse in der BRD? Wissen Sie, was seine Freunde und Kampfgefährten über ihn sagen? „Wer mit ihm zusammenarbeitete, der lernte seinen frischen und wachen Verstand und seine von außerordentlicher Erfahrung gespeiste Urteilskraft schätzen." Unschöner Erfahrung trifft es bestimmt besser. Seine Alternative wäre gewesen, die Deutschen samt und sonders an den Straßenbäumen aufzuhängen.[541]

Wenn es jemanden mehr interessiert, kann er ja mal alle Kandidaten im Detail durchgehen. Aber wenn auch Philipp von Bismarck im Bundestag sitzt und er für die Pommersche Landsmannschaft, geboren 1913 und in der Zeit der Diktatur ein Widerstandskämpfer gegen den Nationalsozialismus, dann weiß ich, dass dort Männer mit anderen Zielen residieren als die, die man als unbedarfter Zaungast der Politik vermutet. Es reicht offenkundig nicht aus, wenn man wie der nach Bonn geholte DDR-Spion Günter Guillaume zusammenträgt, welche Titel die Bücher von Herbert Hupka zum Beispiel haben. Sicher sollen die alle erschröcklich klingen: *Schlesisches Panorama, Große Deutsche aus Schlesien, Schlesien – ein deutsches Land*. „Die Titel sagen genug", denkt der Volksschulabsolvent, doch das tun sie offenbar nicht. Die Journalistin Marion Gräfin Dönhoff hat auch solch tönende Titel geschrieben wie beispielsweise *Namen, die keiner mehr kennt: Ostpreußen, Menschen und Geschichte, Kindheit in*

Ostpreußen oder *Weit ist der Weg nach Osten*. Philipp von Bismarck ist gleich der nächste Kandidat, bei dem es gut wäre, wenn man mehr über den Verfechter der Rechte der Vertriebenen erfahren würde.[542] Wenn Sie sich wirklich noch fragen, was diese Männer umtreibt, dass sie so heftig die Trommel rühren für eine große Vereinigung, weil sie noch nicht mal eine kleine Vereinigung wünschen, dann darf ich hier unbescheiden die naheliegende Vermutung aussprechen, dass sie das ganze deutsche Volk pauschal bestrafen wollen, weil die Masse der Leute in den zwölf Jahren unter Hitler doch still gehalten hat. Da wäre dann der pädagogische Ansatz bestimmt besser gewesen, der in der DDR gewählt wurde, ob er nun perfekt umgesetzt wurde oder nicht. Wie kurzschrittig ist das gedacht, in einem Teil Deutschlands den Himmel auf Erden zu errichten, damit die Leute da die Teilung von Deutschland akzeptieren, und im anderen Teil Männer an die Macht zu bringen, die von Ökonomie noch weniger verstehen als jene Männer, die es in den 1930er Jahren probiert hatten? So war eine dauerhafte Teilung natürlich zum Scheitern verdammt. Es gibt keinen Zweifel, dass es Sozialisten mit dem Volk gut meinen, aber mein Pfarrer in Bautzen sagt immer: Das Gegenteil von gut ist gut gemeint. Es bleibt nur zu hoffen, dass sich die Kinder der Opfer irgendwann einmal besinnen und neu nachdenken, weil sie sonst im Osten so viel Hass aufbauen, dass sie am Ende genau das abbekommen, was sie auf gar keinen Fall in Deutschland wieder wollen.

Grandios ist die Ausbeute vom 8. März auf keinen Fall. Teltschik notiert über den 10. März, dass er mittags den Kanzler in Ludwigshafen anruft, um ihn (mit großer Trauer in der Stimme) über eine außergewöhnliche Pressekonferenz Mitterrands mit Jaruzelski, Mazowiecki und Rocard zu unterrichten. Mitterrand hat erklärt, dass sich Paris mehr erhofft hat als die Krautswickelei, die sie im Bundestag zur Oder-Neiße-Frage verzapft haben. Präsident Mitterrand fordert, diese Bundestags-Erklärung müsse „noch schärfere Konturen gewinnen".[543] Herald Tribune in Paris schreibt von einem „diskreten Unbehagen". Frankreich habe „keinen Grund, der Wiedervereinigung zu applaudieren", meinte auch das Wochenmagazin L'Evenement dieser Tage, denn Frankreich werde sonst zu einer zweitrangigen Macht. Befürchtet wird allgemein, dass extreme Kräfte aus der Vereinigung Nutzen ziehen.[544]

Sein Scherflein trägt knapp zwei Jahrzehnte später auch der Ex-Kanzler Helmut Schmidt (SPD) zur historischen Wahrheit bei. In seinem Werke *Außer Dienst* wird er die Interessierten darüber in Kenntnis setzen, dass wir die staatliche Vereinigung Deutschlands doch „besonders der internationalen Staatskunst der Regierung in Washington unter George Bush sr." verdanken. „Dagegen blieb der Anteil der deutschen Politiker relativ beschränkt, Bundeskanzler Kohl allein hätte sich gegen den Widerstand Frankreichs und Englands nicht durchsetzen können."[545] Das war dann eben nur so eine kleine Verschwörung. Na, wenn es natürlich der große Schmidt sagt. Der kam von der Waterkant. Was weiß der von Schlesien? Damit die Verschwörung nicht rasch vergessen wird, wiederholt er sie in dem Buch: „Auf der anderen Seite ist uns noch gut der englische Widerstand gegen die deutsche Vereinigung in Erinnerung. Wir sollten dabei allerdings nicht vergessen: Es war keineswegs England allein, sondern eine ganze Reihe unserer Nachbarn und Partner, die sich 1989/90 der Vereinigung widersetzten; die britische Premierministerin hat es lediglich am deutlichsten zum Ausdruck gebracht. Der Widerstand reichte von Rom und Paris bis Kopenhagen, denn das Vertrauen unserer Nachbarn in die dauerhafte Friedfertigkeit der Deutschen war nicht besonders groß."[546] Wie bei allen anderen Volksverwaltern, die uns die Teilung eingebrockt haben, fehlt natürlich auch bei ihm nicht der obligatorische pädagogische Tritt in den Hintern als Begleitmusik zur Lüge, denn man darf nicht glauben, dass er den Zusammenhang mit der Grenze benennt.

Kanzler Kohl telefoniert am 13. März mit dem Kommissionspräsidenten der Europäischen Gemeinschaft Jacques Delors und jammert vorsichtig über die Politik in Paris. Teltschik notiert: „Überraschend kündigt der Kanzler an, dass er entschlossen sei, jetzt den Einigungsprozess zu beschleunigen. Er erwarte aber von denen, die ihn lange kennen, dass sie sich nicht gleich versteckten, wenn Sturm aufkomme."[547] Die Türen sind zwar noch nicht geschlossen, wir fahren aber jetzt schon mal mit Wucht in die Kurve. Alle in Deckung, der Bulldozer kommt. Er verspricht zum Beispiel eine Währungsumstellung 1:1 für kleine Sparer. Das muss einen weiteren Schub in Richtung Vereinigungsdrängen bewirken. Irgendwer im Ausland wird schon die Nerven verlieren und ihn ausbremsen.

Die Volkskammerwahl am 18. März

Im Vorfeld der Wahl schließen sich die Christlich-Demokratische Union (CDU-Ost), die Deutsche Soziale Union (DSU) und Demokratischer Aufbruch (DA) zur Allianz für Deutschland zusammen. Man tut dem Herrn Kanzler bestimmt nicht unrecht, wenn man sagt, dass es bei dem Wahlziel, die Wiedervereinigung Deutschlands so flink wie möglich und koste es, was es wolle, herbeizuführen, darum geht, das Ausland zum Eingriff zu nötigen. Wir alle wissen, dass die Volksvertreter in Bonn noch immer nicht über schwammige Absichtserklärungen in Richtung Osten kamen. Um den Allianz-Parteivorsitzenden Wahlkampfmunition zu liefern, wird eine Broschüre mit dem Titel „Die Wendehälse in der SPD" verteilt. Dort werden Äußerungen von führenden sozialdemokratischen Politikern zur deutschen Frage zusammengetragen. Damit wird die alte Masche weiter unter die Massen gebracht: Wie es im Westen seit Jahrzehnten gemacht wird, soll nun auch im Osten der Eindruck erweckt werden, es gehe den Politikern um Politik und die unterscheide sich von Partei zu Partei.

Neun Tage vor der Wahl druckt der Sachsen-Spiegel einen recht großen, kaum zu übersehenden Artikel aus den Stuttgarter Nachrichten ab. Was *insider* in Politik und Wirtschaft wissen, wird bereits in der Überschrift ausformuliert: „Noch Milliardenrechnungen seit 1945 im Ausland offen. Die Reparationsfrage wird immer akuter." Worum geht es? „Je näher die deutsche Einheit rückt, desto akuter wird die Frage nach Reparationsleistungen für die Zerstörungen im Zweiten Weltkrieg. Einzelne Staaten wie Polen oder Jugoslawien haben jetzt ihre Forderungen erneuert, und die DDR verlangte erst kürzlich von Bonn einen Ausgleich für Milliardensummen, die sie an die Sowjetunion gezahlt hat." Weiter heißt es da, die Bundesrepublik habe solche Ansprüche bis heute unter Hinweis auf das Londoner Schuldenabkommen von 1953 abgewiesen. Darin hatte Bonn den drei Westmächten und 30 weiteren Staaten außerhalb des Ostblocks die Tilgung der deutschen Auslandsschulden aus der Vorkriegszeit sowie aus den Kriegsjahren zugesichert. Die Vertragspartner stellten dafür Reparationsforderungen bis zur Regelung nach einem Friedensvertrag zurück. Mein Publikum erinnert sich gewiss an den Titel meines sechsten Bandes *Nicht noch einen Friedensvertrag*. Gehen Sie die Literatur über die letzten vier Jahrzehnte durch; dieses Thema hat den Kalten Krieg so gut überdauert wie die Phasen der Entspannung, Präsidentschaften wie Kanzlerschaften, Atompolitik und Waldsterben. Wird auch Helmut Kohl das Kunststück gelingen, die deutsche Frage offenzuhalten, sodass man von der Ostsee bis zur Adria auch weiterhin keinen Groschen für Hitlers Krieg zu sehen bekommt? Hilfreich wäre es schon einmal, wenn bei der Volkskammerwahl die Sozialdemokratische Partei die meisten Stimmen bekäme. In dem Artikel heißt es, die Bundesrepublik habe bis 1953 etwa zwei Milliarden DM an Reparationen geleistet. Doch bei der Interalliierten Reparationsagentur hatten sich kurz nach dem Kriege Forderungen in Höhe von *300* Milliarden Dollar angesammelt, die Sowjetunion *nicht eingerechnet!* Während sich für die Bundesrepublik mit dem Londoner Schuldenabkommen diese Frage für unbestimmte Zeit erledigte, musste die viel kleinere DDR bluten. „Die Schätzungen ihrer Leistungen an die Sowjetunion liegen zwischen 65 und 100 Milliarden DM." Bonn hat seit 1954 rund eine Milliarde DM an 16 europäische Regierungen gezahlt. Es wurde aber immer betont, dass es sich dabei nicht um Reparationen gehandelt habe. 1952 verpflichtete sich Kanzler Adenauer, drei Milliarden DM in Form von Warenlieferungen und Dienstleistungen zum Wiedergutmachen an Israel zu zahlen. Insgesamt hat die Bundesrepublik über 80 Milliarden DM zur Entschädigung von Nazi-Opfern aufgebracht, im Inland und im Ausland zusammen. [548]

Bei diesen Wahlen gewinnt letzten Endes das *Bündnis für Deutschland* aus CDU, Demokratischem Aufbruch und DSU. Das liegt im März 1990 auf jeden Fall daran, dass die CDU-Sprecher deutlich machen, dass mit ihnen eine baldige Vereinigung zu erwarten sei, und genauso sicher liegt es daran, dass vor allem Oskar Lafontaine keinen Zweifel daran gelassen hat, dass er die Vereinigung nicht will, warum auch immer. In der DDR kann man sich an einem Finger abzählen, wie es dann für die Dauerverlierer des Zweiten Weltkrieges weitergeht. Ich selbst habe als Lehrer in den Anfängen alle Hände mit den Vorbereitungen für die Schule zu tun und habe von diesem Wahlkampf nicht viel mitbekommen. Ich habe in alter Familientradition die SPD gewählt. Die Familie meines Vaters im thüringischen Reichmannsdorf hat beginnend mit meinem Urgroßvater immer SPD gewählt. So traditionell wählt man im Westen vielfach auch.

Heinrich August Winkler hat sicher Recht, wenn er festhält: „Die Einheit wäre freilich nicht gekommen, wenn die Ostdeutschen sie nicht gewollt hätten.“[549] Über Brandt schreibt Brigitte Seebacher, das ganz eindeutige Ergebnis, die SPD kam bloß auf 21,8 Prozent, habe ihm zugesetzt. Frau Seebacher hält auch die maximale menschliche Fehlleistung Otto Schilys von den Grünen fest. Er war derartig verärgert über das Wahlergebnis, dass er eine gebogene gelbe Südfrucht in eine Kamera hält. Willy Brandt seinerseits bedrückt der peinliche Auftritt mit der Banane in den Pfoten. Ich kann Ihnen eines verraten: In meinem Leben werde ich Bananen nie wieder essen. Man hätte eine D-Mark in die Kamera halten können oder mit starken Oberarmen auch seinen Mercedes, den man anderen Leuten nicht gönnt. Aber warum stört es gerade einen Frontmann der Grünen, wenn sich die Leute gesünder ernähren wollen, als das bislang möglich gewesen ist. Oskar Lafontaine nimmt jetzt ganz offiziell die Kandidatur in Richtung Kanzleramt an und erklärt, dass „gerade nach der Wahl in der DDR“ die SPD „eine realistische Chance“ habe, die Bundestagswahl zu gewinnen. Am Rande der Sitzung frohlockt er, diese Bundestagswahl werde im Westen entschieden und deshalb sei das Ergebnis in der DDR unerheblich, vielleicht sogar nützlich.[550] Es ist sehr bedenklich, dass sich ein Teil der intellektuellen Elite so weit vom einfachen Volk weggedacht hat, dass sie gar nicht mehr mitbekommen, was die Leute denken. Aber undemokratisch wäre es, wenn sie wissen, was viele Leute wollen, wenn es ihnen jedoch gleichgültig ist, weil sie sich nicht darum scheren, ob die Leute etwas wollen oder ob nicht. So ist es im Osten nämlich auch.

Nach dieser Wahl entsolidarisiert sich die neue Ost-Berliner Regierung unter dem Eindruck des wirtschaftlichen und finanziellen Debakels im eigenen Land von den Sorgen der Sowjetunion und der Republik Polen. Nach dem Bekunden des Bonner Botschafters Julij Kwizinski gibt sie in den Tagen nach dieser Wahl Moskau „vorsichtig zu verstehen“, die Vereinigung werde notfalls ohne sowjetische Zustimmung – mit dem Segen der Westalliierten vollzogen. Moskau müsse dann separat mit Deutschland die offenen Fragen der „Westgebiete“ verhandeln.[551] Auch das trägt zur Dramatisierung der Großwetterlage bei. Zur Verteidigung lässt sich nur anführen, dass die Aufkündigung des Rubelverrechnungshandels im Januar auch ein egoistischer Schritt der Kommunisten dort war.

Quo vadis Deutsche Wehrmacht?

Ende März wird weiterhin fleißig an der politischen Strategie gewerkelt. Während Helmut Kohl in Brüssel auf einmal wieder „die Notwendigkeit des Atlantischen Bündnisses und die Einbindung Deutschlands“ herausarbeitet, bekräftigt und betont, äußert sich der Außenminister Genscher bei einer Sondersitzung der WEU-Versammlung in Luxemburg so, dass „die Agenturen in ihrer bekannten Zuspitzung bereits davon sprechen, dass Genscher für die Auflösung der Bündnisse eintrete. Dieses Signal widerspricht dem, was Kohl ständig verkündet und erst heute wieder in Brüssel bekräftigt hat: die Notwendigkeit des Atlantischen Bündnisses und die Einbindung Deutschlands. Für ihn kommen die Aussagen Genschers völlig überraschend.“[552] Aber sie kamen ja auch nicht einfach bloß überraschend. Er war auch davon überzeugt, dass er sich absolut sicher sein konnte, dass die Provokation durch seinen sogenannten Koalitionspartner „F.D.P.“ von langer Hand organisiert worden war. Seine eigene Provokation vom Januar bezüglich einer Nato ohne BRD wird er in dem Kohlschen Poesiealbum leider unterschlagen. Um sie zu finden, müssen Sie stark sein und die Erinnerungen Genschers aushalten. Es gibt keinen wesentlichen Unterschied zwischen den Büchern. Hätte man alle Stellen weggelassen, in denen Genscher ausmalt, wie *er* in Bonn über drei Jahrzehnte für die Einheit Deutschlands gekämpft habe, hätten viele Bäume nicht gefällt werden brauchen. Zurück zur Nato. Weil man sich in Bonn vielleicht nicht so oft sieht, lässt Kohl dem Herrn Genscher in Briefform wissen, dass die Bundesregierung durch solche öffentlichen Erklärungen auf Positionen festgelegt werde, die er nicht unterstützen könnte.[553] Auf keinen Fall. Mein grundlegendes Problem ist, dass ich nach der Lektüre von Quarksülz aus vierzig Jahren in Bonn am Rhein den ganzen Kinderkram einfach nicht mehr abkaufe. Ich vermute zwei Hauptgründe für die Politikverdrossenheit der Opfer in der Bundesrepublik: Den ersten habe ich gerade genannt und den zweiten sehe ich darin, dass den Deutschen seit 1933 unmissverständlich klar gemacht wurde, dass sie für die große Politik noch nicht reif genug sind und dass sie dort nix zu melden haben. Was das aktuelle Schauboxen auf der großen Bühne anlangt, muss man bedenken, dass es immerhin um eine Änderung der Nachkriegsordnung in Europa geht und nicht um Sandkastenspiele für dumme Jungs.

Juristische Klimmzüge

Am 28. März 1990 führt Teltschik dann ein fast zweistündiges Gespräch mit Portugalow in Moskau. Darin geht es um den Beitritt der DDR nach Artikel 23 des Grundgesetzes. Da haben die Russen den richtigen Mann an die Front geschickt. Nikolai Portugalow hatte an der Moskauer Hochschule für internationale Beziehungen studiert und in seiner Abschlussarbeit ging es um dieses Grundgesetz der Bundesrepublik Deutschland. Aber zurück zum Artikel 23. Es ist bloß eine Seite der Medaille, dass sie *das* Verfahren in Bonn nicht wollten, weil es wie ein Kaiserschnitt wirkt, zack und bum. Das ist nicht wie die ewigen Geburtswehen bei einer gewöhnlichen Geburt. Aber es ist die andere Seite, dass man Artikel 23 so abgefasst hatte, dass er im juristischen Zusammenhang genau das ausdrückt, was er ursprünglich ausdrücken sollte: verwaschene und unklare Gebietsansprüche, sodass kein Mensch eine Debatte mit den Deutschen über jegliche Vereinigung wünschen würde. Haben Sie den viel zitierten Artikel 23 des ausgeklügelten, raffinierten Grundgesetzes schon einmal selbst gelesen? Noch nicht? Aber das macht doch überhaupt nichts – das haben wir gleich: „Geltungsbereich des Grundgesetzes: Dieses Grundgesetz gilt zunächst im Gebiete der Länder Baden, Bayern, Bremen, Groß-Berlin, Hamburg, Hessen, Niedersachsen, Nordrhein-Westfalen, Rheinland-Pfalz, Schleswig-Holstein, Württemberg-Baden und Württemberg-Hohenzollern. In anderen Teilen Deutschlands ist es nach deren Beitritt in Kraft zu setzen." Der Moskauer bringt dieses Problem auf den Punkt; er sagt, eine Sorge bleibe bestehen: In diesem Artikel 23 GG sei die Rede von „anderen Teilen Deutschlands", in denen nach Beitritt das Grundgesetz in Kraft zu setzen sei. Die sowjetische Führung sei interessiert daran zu erfahren, ob damit in Verbindung mit Artikel 116 GG (Definition der deutschen Staatsangehörigkeit) und in Verbindung mit den Urteilen des Bundesverfassungsgerichts weitere Gebiete gemeint sein könnten.[554]

Es fällt auf, dass der Schwenk vom Verfahren nach Artikel 146 zu Artikel 23 GG die Moskauer Sicht auf eine Mitgliedschaft von ganz Deutschland zur Nato zu verändern scheint. War in dieser Hinsicht nicht im Februar zwischen Washington und Moskau alles geklärt worden? Auf jeden Fall rollen die Sowjets diese Frage jetzt wieder auf.

Warum die Sowjets jetzt auf eine Neutralisierung Deutschlands zurückkommen, wird von Portugalow einfach und allgemeinverständlich dargestellt. Er erklärt, dass auf den Begriff selbst für den zukünftigen Status des geeinten Deutschland verzichtet werden könne. Eine Mitgliedschaft in der Nato sei jedoch für die sowjetische Führung nicht akzeptabel. Der eigentliche Kern der Forderung nach Neutralisierung Deutschlands liege darin, dass von deutschem Boden kein Krieg mehr ausgehen dürfe. (Das ist etwa wie die Neutralisierung einer Überdosis Schwefelsäure.) In dem Zusammenhang, meint der Russe, sei die Rede von Genscher anlässlich der letzten Außenminister-Tagung der Westeuropäischen Union „große Klasse" gewesen. Da seien die Gedanken formuliert worden, die sie sich auch in Moskau machen. Besser wäre es jedoch gewesen, hätte sich der kluge Außenminister zusammen mit dem geschichtsbewussten Kanzler einmal in der Kantine des Bundestags an einen Tisch gesetzt, um fernab vom Jahrmarkt der Heiterkeiten und ganz weit weg von den Medien gemeinsame politische Positionen zu vereinbaren. So, wie das wieder einmal ablief, hatte der kleine Partner in dem Theaterstück etwas Schönes gesagt und das Schwergewicht in der Koalition hatte den ganzen Zauber gleich wieder in Fetzen gerissen. Horst Teltschik ist diese Position denn auch nicht verständlich genug geworden: „Die Überlegung Portugalows überrascht mich, ob man nicht über eine Art Nato-Mitgliedschaft der Sowjetunion nachdenken solle. Man könne auch über ein Aneinanderrücken des Warschauer Paktes und der Nato nachdenken. Auch der Vorschlag übergreifender Strukturen zwischen beiden Bündnissen sei wichtig."[555] Was war jetzt eigentlich das Überraschende an der Überlegung? Und – können Sie sich noch an das Argument erinnern, mit dem *unser* Genscher seinerzeit Gromyko daran gehindert hatte, sich Hoffnung auf eine Nato-Mitgliedschaft seiner Sowjetunion zu machen? Sie war nicht so hochgerüstet wie die BRD oder die Vereinigten Staaten. Die Sowjetunion wollte ja in den fünfziger Jahren auch schon mal in die Nato, weil der Kalte Krieg nicht zu einem ausgewachsenen Krieg führen sollte.

Alle Kraft für die Stärkung der Sowjetunion

Die frische Volkskammer bekräftigt am 13. April in einer Gemeinsamen Erklärung die „Unverletzlichkeit der Oder-Neiße-Grenze zur Republik Polen als Grundlage des friedlichen Zusammenlebens unserer Völker in einem gemeinsamen europäischen Haus".[556] Am 23. April bittet Helmut Kohl Moskaus Botschafter Julij Kwizinski zu sich. Als sich herausstellt, dass Kohl plant, die Kooperation zwischen der Bundesrepublik Deutschland und der Sowjetunion auf eine umfassende und weitreichende Basis zu stellen, eine Charta der Zusammenarbeit im Sinn der geschichtlichen Tradition zu vereinbaren und in eine weit reichende Perspektive für die Zusammenarbeit nach der Einigung Deutschlands einzubringen, jubelt dieser Botschafter: Seit er nach Deutschland gekommen sei, sei es sein Traum gewesen, zwischen Deutschland und der Sowjetunion etwas im Bismarckschen Sinne zu schaffen. Ein Vertrag, wie ihn der Bundeskanzler vorschlage, sei im Sinne von Präsident Gorbatschow.[557] Seine Freude ist ganz berechtigt, aber für uns bedeutet das, dass Kohl einen weiteren Anlauf nimmt, um den Ost-Block wirtschaftlich auf die Beine zu stellen. Immerhin stehen noch einige Treffen im Rahmen der „Zwei-plus-Vier"-Gespräche vor der Tür. Noch in drei Wochen geht Kohl davon aus, dass es die DDR bis zum 31. Dezember 1992 geben wird. Warten wir es ab.

Trotz meiner Studien wird mir nicht klar, was Horst Teltschik meint, als er von sich gibt: „Gelegentlich fragen wir uns, ob nicht ein Teil unserer Probleme darin liegt, dass mit Bondarenko, Falin, Sagladin, Portugalow und Kwizinskij eine »deutsche Mafia« Gorbatschow und Schewardnadse berät, die schon zu Gromykos Zeiten in wichtigen Funktionen tätig war, wobei manche heute deutlich flexibler und offener sind als früher."[558] Da wäre antideutsche Mafia aber treffender als deutsche Mafia, na ja.

Noch nicht einmal bei Andrej Gromyko persönlich kann ich mich an ein anderes Leitmotiv außer der Gewährleistung der territorialen Sicherheit und des Friedens für die Sowjetunion und die Staaten des Ost-Blocks erinnern. Nikolai Portugalow war übrigens genau jener Mann, dessen mit Valentin Falin abgestimmte deutschlandfreundliche Botschaft Teltschik ein paar Monate vorher „elektrisiert" hatte. Ich bin schon ein harter Fall.

Ich lasse mich nicht gern veralbern von möchtegernklugen Leuten. Um in der Logik von diesem Horst zu bleiben, hätte er dann aber auch gleich Gorbatschow, Schewardnadse und alle, die östlich vom Sender Gleiwitz geboren sind, mit zur angeblichen antideutschen Mafia rechnen müssen. Wenn erst genug Leute in Deutschland mitbekommen, was für ein Müll ihnen Tag für Tag in den verschiedenen Medien um die Ohren gehauen wird und anfangen, sich mit anderen Menschen darüber auszutauschen, werden die Medienmacher wohl als nächste Parole ausgeben, dass alles das nichts als *fake news* seien. Aber seien wir nicht ungerecht: Medienmacher wollen auch jeden Monat ihr Geld bekommen. Liefern Sie nicht ab, was der Chefredakteur wünscht, befördert er sie zum Taxifahrer.

Der Bundesnachrichtendienst begrenzt den Schaden

Im März '90 nimmt der Stellvertretende Chef der Abteilung 8 der Stasi-Hauptverwaltung XVIII Willy Koch eine Verbindung zum Bundesnachrichtendienst (BND) auf und übergibt im Mai den Geheimdienstleuten aus Pullach „das komplette Material, was ich in meinem Besitz hatte und umfangreiche Erläuterungen dazu." Es handelt sich da um 96 Disketten und eine Unmenge von sehr brisanten Dossiers über Lieferanten aus der BRD, die gegen amerikanische Embargos über die Lieferung von Hochtechnologie in den Ostblock verstoßen haben – ein Schatz für den BND, der darauf sitzenbleibt und auch die Strafverfolgungsbehörden über den Inhalt der Materialien lange Zeit nicht informiert. Schützen demzufolge die Pullacher im staatlichen Auftrag Interessen der betroffenen Firmen und Personen? Diese Frage wird sich einst die Berliner Zeitung stellen. Was ich mich jetzt bereits frage, ist, ob sich Bonn nicht vielmehr selbst schützt. Auf jeden Fall werden die überlebenden Protagonisten des sogenannten Warnemünder Kreises, der sich eben mit den Umgehungen der Embargos beschäftigte, bald wieder im Geschäft sein. Gegen keinen von ihnen wird Anklage erhoben; ein paar Ermittlungsverfahren werden eingeleitet werden und dümpeln dann vor sich hin, bis wir alles vergessen haben. Der Vize-Cef des Handelsbereichs 4 im AHB Elektronik Gerhard Ronneberger sichert sich ab. Auf Vermittlung von Schalck erleichtert er sein Gewissen beim Bundesnachrichtendienst und gibt dort, wie später auch beim BKA, umfassend Auskunft über den Technologieschmuggel. Auch Günter Forgber aus der Branche des High-Tech-Schmuggels wird von Alexander Schalck-Golodkowski an den BND vermittelt.[559] Weshalb wird immer bei den Stasi-Luftikussen aus dem wirtschaftlichen Bereich von *kriminell* und *illegal* gesprochen? Ist nicht die Bundesrepublik eine kriminelle Vereinigung, wenn sie mit ihren Staatsbeamten ein System in Ost-Europa stützt, das von den verbündeten Regierungen im Westen abgelehnt wird?

Jemand vom BND übergab Alexander Schalck-Golodkowski und seiner lieben Frau Reisepässe auf den Namen Gutmann, weil sich die beiden in der DDR bedroht fühlten. Nun wohnen Schalck und seine Frau Sigrid in München bei der Pfarrerswitwe Gertrud Rückert. Ihnen wird eine neue Identität verpasst; jetzt sind sie das Pastorenehepaar Gutmann aus der DDR. Wenn Besuch kommt, erzählt die Pfarrerstochter Sabine Rückert, wird der Ex-KoKo-Chef „hinter der Gardine abgestellt". Die Gäste legen „brav die Hände ineinander", wenn Frau Rückert betet. Nur der Bruder stört ab und an das traute Beisammensein mit kecker Frage: „Na, Herr Devisenbeschaffer, wo sind denn die Milliarden?" Da bleibt es still. Die Tochter bittet *unser* Alexander theatralisch: „Bitte schweigen Sie! Mein Leben liegt in Ihrer Hand."[560] Spiegel-Redakteure wissen einfach mehr; sie verraten es bloß ihrem Publikum nicht. Da bleibt Neugierigen leider nur die Spekulation: Wer empfahl dem Alex bei 60 Millionen Menschen in der Bundesrepublik die Familie Rückert? Die eine Möglichkeit wäre die Kirche. Der Mann von Frau Rückert war der evangelische Theologe Georg Rückert und in der Kirche wissen sie, dass Frau Rückert bei sich genug Platz hat. Viele dieser geheimen weil illegalen Nummern liefen ja über Kirchen. Und ihre Tochter Sabine Rückert ist gelernte Journalistin und hat gerade die Springer-Journalistenschule absolviert. Sie haben es bemerkt, dass ich bei Journalisten sehr argwöhnisch bin. Mal sehen, wie lange es dauert, bis sich Lügenpresse als Begriff durchsetzt. Die Generalbundesanwaltschaft teilt jedenfalls im Jahr 1990 mit, nach entsprechenden Informationen von Verfassungsschutz und BND liegt gegen *unseren* Alexander Schalck-Golodkowski „kein Anfangsverdacht" vor.[561] Richtig, wie könnten die westdeutschen Geheimdienste erst 1990 einen Anfangsverdacht haben, wenn sie seine Mittlertätigkeit schon seit 1966 decken?

Wolfgang Schäuble, *Bundesminister für besondere Aufgaben*, trifft sich siebzehnmal mit diesem Alexander Schalck-Golodkowski und erhält von ihm nach der Wende private Briefe, an deren Inhalt er sich jedoch nicht mehr erinnert.[562] Wen soll oder kann dieser rätselhafte Umstand eigentlich nach alledem noch in wilde Verwunderung versetzen? Bislang ist es Schäuble gelungen, den Briefwechsel mit dem Devisenbeschaffer aus der DDR auch nicht wiederzufinden. Und was schließlich ist mit Franz Josef Strauß und dem Milliardenkredit wirklich? Kein Wunder, dass lediglich die streitbare Abgeordnete Ingrid Köppe vom Bündnis 90/Die Grünen, die am Gemauschel des Schalck-Untersuchungsausschusses so ziemlich verzweifelt, den geraden Weg geht: Weil „alle Parteien in Deutschland" Dreck am Stecken hätten, müssten sämtliche Archive der Geheimdienste einfach freigegeben und für eine „breite Erforschung zur Verfügung gestellt werden".[563] Vergiss es. Es haben auch nicht die Parteien insgesamt Dreck am Stecken, sondern es müsste die Verschwörung zur Auflösung Deutschlands aufgedeckt und ausgehoben werden, die ihre Leute in den Parteien untergebracht hat. Am 19. April geht der frische Innenminister der DDR Peter-Michael Diestel auf die Knie vor den kriminellen Rettern aus der Bundesrepublik. Zum Umgang mit den angefertigten Unterlagen unserer Staatssicherheit erklärt er, dass die Informationen über Bundesbürger unschädlich gemacht werden.[564] Brav gemacht, Bello.

Nach einem ersten scheuen Blick in das verstaubte Papier versichert der gute Diestel am 12. Mai: „Ich werde nicht zulassen, dass mit diesem verbrecherischen Material die Stimmung in unserem Lande auf Dauer vergiftet und die Demokratie in die Luft gejagt wird." Diestel informiert sogleich Kohl und Schäuble und sagt ihnen, jenes „Material reicht aus, um diese Republik in die Luft zu sprengen."[565] Mir leuchtet nicht ein, warum denn diese Aufzeichnungen über das Bonner Spiel mit doppelten Karten verbrecherisch sein sollen und nicht das Spiel mit der Welt selbst. Etwa zehn Jahre später wird *unser* kurzzeitiger *insider* Peter-Michael Diestel dann von sich geben: „Interessant für mich war auch die Erkenntnis, wie sich Bundespolitiker in Feindesland – und das war die DDR ja damals – benahmen: wie Kinder, mit einem großen Mitteilungsbedürfnis."[566] Das vorliegende Buch ist mehr als eine Indizienkette. Diestels Reaktion zeigt die Dimension dessen, was Deutschland-West mit der Welt gemacht hat.

Die Russen haben es eilig und drücken aufs Tempo

Am 4. Mai im Jahre des Herrn 1990 geht der Bundeskanzler Dr. Helmut Kohl „davon aus, dass bis zum 31. Dezember 1992 die Einheit vollendet" sein werde.[567] Nein, ich habe mich nicht verschrieben – Ende 1992. Und dazwischen liegt die Schicksalswahl in der BRD. Da bleibt genug Zeit für die Umsetzung des umfassenden Hilfsprogrammes für die Sowjetunion. Nur einen Tag später darf das erste „Zwei-plus-Vier"-Treffen der Außenminister in Bonn bei Köln stattfinden. Es soll ja nicht aussehen wie eine neuerliche Zusammenrottung der Alliierten. Die Briten werden den Auftakt des offiziellen „Zwei-plus-Vier"-Prozesses erst später als „ernst und versöhnlich" charakterisieren.[568] Moskaus Außenminister sagt, dass die Führung seines Landes die Absicht habe, konstruktiv mit allen Partnern weiterzuarbeiten, um den wichtigen historischen Prozess der deutschen Vereinigung „zu beschleunigen".[569] Aber glauben Sie bloß nicht, dass der Bundeskanzler Kohl ob des Moskauer Sturmschrittes nicht eine weitere Idee entwickeln wird, wie sich eine Vereinigung unter den verschärften Bedingungen im Mai 1990 abbiegen lässt.

Wer in dieser komplizierten Lage noch helfen kann, ist Kohls *Intimfeind* Oskar Lafontaine. Aus der ersten Zwei-plus-Vier-Runde zieht Kohl seine Schlussfolgerung: Die Frage nach dem Zeitpunkt der Bundestagswahlen stellt sich jetzt neu. Er bringt ins Gespräch, dass es noch in diesem Jahr sein könnte. Das sage nicht ich, das sagt Horst Teltschik.[570] Was könnte Helmut Kohl beabsichtigen außer der Anerkennung *unserer* DDR in der letzten Minute, bevor die Zwei-plus-Vier-Gespräche zum Erfolg geführt haben? Wenn Kohl am 4. Mai noch angenommen hat, dass unsere Zweistaatlichkeit bis Ende 1992 hält, und er die Bundestagswahlen am 7. Mai von 1991 auf 1990 vorzieht, kann er gar keine gesamtdeutschen Wahlen im Visier haben, wie es Teltschik dem Publikum suggerieren möchte. Da hat er wohl beim Schreiben gepatzt, denn beide Angaben habe ich unter dem 4. bzw. unter dem 7. Mai in seinem eigenen Tagebuch gefunden.

Als sich Moskau zu allem Elend bereit erklärt, die einzelnen Aspekte der deutschen Frage um eines zügigen Erfolges willen einzeln zu behandeln, bietet sich die nächste Chance für ein Schaugefecht in Bonn. Die Frankfurter Allgemeine Zeitung macht am 8. Mai 1990 mit der Schlagzeile auf, „Genscher begrüßt Moskaus Bereitschaft zur Trennung der inneren und äußeren Aspekte der Vereinigung."[571] Nun bleibt Bonn ja nicht viel mehr übrig, als das toll zu finden, sollte man meinen, werden so doch Hürden auf dem Wege zur Erfüllung der Hauptaufgabe des VIII. Parteitages der SED, nein, Quatsch, zur Erfüllung des Auftrages des Grundgesetzes aus dem Weg geräumt. Aber, nichts da. Hören Sie dazu den Kommentar des außenpolitischen Beraters des Kanzlers: „Sollte das zutreffen, gibt es in der Tat einen Dissens zwischen Außenminister und Bundeskanzler, der bei seiner Position bleibt, die inneren und äußeren Aspekte nicht voneinander zu trennen."[572]

Wie war das gleich – bei Bondarenko, Falin, Sagladin, Portugalow sowie Kwizinskij handelt es sich um eine deutsche Mafia, die nicht offen wäre für irgend etwas und nicht flexibel oder so. Sie dürfen nur nicht glauben, dem Oggersheimer fiele nicht auch dazu wieder ein Spruch ein, um den Moskauer Eilschritt zu diskreditieren: Jenen Vorschlag Schewardnadses bezeichnet er als Teil eines „Verhandlungspokers". Er bleibe bei seinem *Zeitplan*, dass bis zu einem KSZE-Gipfel am Ende des Jahres die internationalen Fragen im Zusammenhang mit der Wiedervereinigung gelöst sein müssten. Damit wird erneut geklärt, was von dieser Äußerung über den 28. November '89 zu halten war: „Ganz bewusst" hat Kohl in seinem Stufenplan „jegliche zeitliche Festlegung vermieden". Sie quälen immer noch Zweifel? Hier gilt a oder b; schließlich geht es um wissenschaftliche Geschichtsschreibung. Entweder will sich der Bundeskanzler keinen gesamtdeutschen Wahlen stellen, weil er sie nicht für gewinnbar hält, wie es der Parteisprecher der CDU von sich gegeben hat, oder er hat im Mai an gesamtdeutsche Wahlen gedacht, als er den Termin für die Bundestagswahlen auf Ende des Jahres 1990 vorzog. Wie konnte er das jedoch gedacht haben, wenn er selbst sagt, er wolle am Zeitplan festhalten, dass die internationalen Fragen „bis zu einem KSZE-Gipfel Ende des Jahres" 1990 gelöst sein müssten, und er im Mai 1990 noch davon ausgeht, dass die Zweistaatlichkeit bis 1992 fortdauert?

Der inzwischen zum Präsidenten der Sowjetunion erklärte Gorbatschow nutzt seine traditionelle Rede zum Jahrestag des Sieges am 9. Mai, um seine Bevölkerung allmählich auf die Vereinigung der beiden Staaten in Deutschland vorzubereiten. Er äußert sich wohlwollend, fast freundlich zur deutschen Einheit. Er spricht über die Ausweitung der Zusammenarbeit „unserer beiden großen Völker" im Bereich wirtschaftlicher Beziehungen, auf dem Feld von Wissenschaft und Kultur und des politischen Dialoges.[573]

Im Unterschied zu Bonn haben es die Russen mit der Vereinigung ganz eilig, weil ihnen so langsam ihre Wirtschaft zusammenbricht. Darum ist auch in Bonn extreme Geschwindigkeit gefragt, wenn es um die Rettung des größten Handelspartners der DDR geht. Ohne die Sowjetunion wird unsere Industrie bald auf Halde produzieren. Unter dem 8. Mai schreibt Horst Teltschik ins Tagebuch, dass der Kanzler am Nachmittag die zwei Bankmanager Wolfgang Röller und Hilmar Kopper empfängt und ihnen die sowjetischen Wünsche erläutert, die Schewardnadse bezüglich eines Finanzkredites übermittelt hat. Am Samstag zuvor hatte Kwizinski dem Berater Horst Teltschik im Auftrag Schewardnadses ein Papier über die gewünschten Kredite in Höhe von 20 Milliarden D-Mark mit einer Laufzeit von fünf bis sieben Jahren zugeleitet. 20 sind längst nicht mehr 500. Die hatte Alfred Herrhausen vor Jahren für die Vereinigung angeboten. Am Ende wird es ein Bruchteil davon sein. Horst Teltschik fliegt also mit den zwei Bankiers in geheimer Mission nach Moskau. Was glauben Sie, weshalb das unter der Hand abgekartet werden muss? Ich habe da einen Tipp. Das widerspricht diametral der amerikanischen Außenpolitik. Die Administration Reagan hatte sich schon das Ziel gesetzt, die Sowjets totzurüsten, sie also wirtschaftlich plattzumachen. Sie wollen mit den eigenen Firmen in Russland einsteigen, deshalb verhängen sie Wirtschaftsembargos und geben diesen Sowjets keine Kredite. Die Sowjets sprechen offen über ihre Devisenschulden und erklären, dass die Bundesrepublik ihr bei weitem größter Gläubiger sei. An zweiter Stelle steht Japan und an dritter Stelle Italien. Nach Gesprächen über einen möglichen Kreditrahmen und den bilateralen Vertrag erinnert Teltschik an den Vorschlag Gorbatschows, sich mit Kohl in seiner kaukasischen Heimat zu treffen. Helmut Kohl organisiert unverzüglich einen ungebundenen, regierungsgarantierten Finanzkredit über 5 Milliarden DM. Als er Gorbatschow die gute Nachricht schreibt, betont er, dass dies als Teil einer Gesamtlösung der noch immer offenen Fragen hinsichtlich der deutschen Vereinigung gesehen werden müsste.[574] Seltsam, Hilmar Kopper, der Horst Teltschik nach Moskau begleitete, war der Nachfolger von Alfred Herrhausen geworden. Nach dem Tode von Willy Brandt wird er sich um seine Brigitte kümmern. Soll er verhindern, dass sie zu viel in alten Akten wühlt?

Intimfeinde vor der Wählerschar

Kommen wir zurück auf die Forderung von BRD-Verteidigungsminister Gerhart Stoltenberg nach der Einbeziehung der DDR, beziehungsweise des neuen Deutschlands, in die Nato. Genscher war ja der Überzeugung, das sei ein falsches Zeichen gewesen. Glauben Sie aber bloß nicht, dass sich Überzeugungen nicht ändern. Ich bin ein Freund von Vergleichen, wie Sie sicher schon bemerkt haben. Was soll das hier zum Beispiel? Am 15. Mai, als in Moskau noch lange nicht geklärt ist, ob man sich vielleicht bereit finden wird, eine vergrößerte BRD in die Nato zu entlassen, wagt Genscher selbst „die damals reichlich kühne Prophezeihung“: Deutschland, einmal vereinigt, werde Mitglied des westlichen Allianz sein.[575] Es ist schön, dass er das schon mal ganz alleine festlegen kann. In Moskau steht in dieser für die Entwicklung in Europa entscheidenden Phase Anfang Juli der XXVIII. Parteikongress der KPdSU bevor. Es kommt schon darauf an, ob Gorbatschow und Schewardnadse zeigen können, dass sie mit ihrer Außenpolitik das Richtige tun. Sonst sind sie schneller weg von der Bildfläche als gedacht.

Die Charakterisierung von Genschers Verhältnis zu dem CDU-Kollegen Stoltenberg ist der Darstellung seines Verhältnisses zum CSU-Kollegen Strauß frappierend ähnlich, und auch in dem anderen Fall wird über die deutschen Medien der Eindruck erzeugt, man vertrete diametral entgegengesetzte Auffassungen zu allem. Im Fall des Wortes *gewinnend* sind die Formulierungen über die beiden Kollegen sogar identisch. Genscher schreibt über den einen Mann: „Mit Gerhart Stoltenberg hatte ich stets eine gute Zusammenarbeit. Er verfügte über eine große politische Erfahrung in verschiedenen Ressorts ebenso wie als Ministerpräsident von Schleswig-Holstein. Das Wort »der große Kühle aus dem Norden«, das man auf ihn gemünzt hat, traf nur äußerlich zu; persönlich kann er außerordentlich gewinnend sein. In jedem Fall empfand ich ihn als einen korrekten und loyalen Kollegen – was mir für die Zusammenarbeit zwischen Außen- und Verteidigungsminister besonders wichtig erscheint." Und dann war es nicht möglich, eine Fachfrage auch so zu behandeln, dass man deshalb keinen Putsch in Moskau riskiert, nach dem man mit Sicherheit weitere Schritte in Richtung Vereinigung vergessen kann?[576]

Vergleichen Sie einmal die Formulierungen über den großen Kühlen aus dem Norden mit Worten über Strauß: „Manchem Gesprächspartner im Ausland muss ich geradezu wie ein Strauß-Jünger vorgekommen sein. In Wirklichkeit bestand ein Kontrast zwischen Erscheinungsbild und wirklichem Auftreten des CSU-Vorsitzenden. Nachdem die F.D.P. 1982 erneut mit der CDU/CSU die Regierung gebildet hatte, bin ich wiederholt nach München gefahren. Wenn ich dann zu Strauß in die Bayerische Staatskanzlei kam, zeigte er sich von seiner gewinnendsten Seite. Im Verlauf unserer Verhandlungen wurden auch persönliche und parteipolitische Fragen angeschnitten."[577]

Kommen wir zurück zum Streitfall *Deutschland in der Nato oder nicht*. Herr Genscher weiß, dass diese Spiele kreuzgefährlich sind, laut seinem Bekunden: „Der öffentliche Disput über diese Frage war zu jenem Zeitpunkt aus der Sicht des Auswärtigen Amtes hochgefährlich, weil keineswegs abzusehen war, wie sich die Sowjetunion zur Nato-Mitgliedschaft Deutschlands stellen würde." Das hält diesen Ossi aus Halle an der Saale allerdings kaum von seiner Beteiligung an der brisanten Debatte ab. Er weiß es sogar besser als der Chef des Planungsstabs im Bonner Verteidigungsministerium General Jörg Schönbohm. Der sieht darin einfach nur „nachgeordnete Fachfragen". Genscher hat auch dafür die Erklärung, ob sie nun überzeugend ist oder nicht: „Schönbohm mag damals die Komplexität nicht klar gewesen sein, die die Sicherheitsfrage bestimmte."[578] Nein, die Bälle haben sich die Neunmalklugen in Bonn zugeworfen und die Wählerschar wie auch die Ausländer für dumm gehalten.

Ich werde Ihnen nicht vorenthalten, warum ich Genschers landsmannschaftliche Herkunft betone. Er hatte seinerseits betont: „Der Wille zur deutschen Einheit war in der F.D.P. stets ein zentrales Anliegen." Dann bringt er alle Nasen in seiner Parteiführung an, die eben aus dem Osten kamen. Was darf ich von Leuten halten, die sich nach dem Krieg aus der angeschmierten Zone unseres Landes verdrückten, sich im anderen Teil ansiedelten und mit dafür sorgten, dass dieses Land geteilt bleibt? Auch dieser Schlauberger war Soldat der Wehrmacht. Ich war für meinen Teil noch nicht einmal in der NVA, hatte aber wie meine Eltern genug Ärger mit der Staatssicherheit. Was ist Genscher für ein Mensch?

Um die Probleme im verschneiten Moskau wissen aber auch die Führer der SPD. Die Sicherheitspolitiker Karsten Voigt und Egon Bahr erklären es für ausgeschlossen, dass es sich der von konservativen Kommunisten bedrängte Gorbatschow erlauben könnte, eine Nato-Mitgliedschaft der DDR zu tolerieren. Eine solche Entwicklung, argumentieren die beiden Sozialdemokraten, werde das Ende Gorbatschows und der Entspannung in Europa besiegeln. In London und Paris sind höhnische Bemerkungen zu hören, dass die Deutschen den Traum von der staatlichen Einheit mit der Forderung, „den ostdeutschen Garnisonsstaat der Sowjets ins gegnerische Bündnis hinüberzuziehen", selbst zerstören.[579] Sie sind schon aus dem Grund berechtigt, weil das als *Forderung* an eine der *Supermächte* und auf dem Jahrmarkt laut verkündet wird.

Washington hingegen sucht nach einem Weg, der geeignet ist, um diese Bündnisfrage zu entschärfen. Dort spielt es folgerichtig auch eine Rolle, für Gorbatschow ein Verfahren zu finden, bei dem er vor seinen internen Gegnern als anerkannter Partner bei der Herstellung der deutschen Einheit dasteht.[580] Auf diesen Gedanken kommt weder Kohl noch Genscher, und auch nicht der Verteidigungsminister Stoltenberg. Es ist ein anderes Thema, dass den Deutschen, die die Einheit des Landes wünschen, hier zufällig die amerikanische Interessenlage zupass kommt. In *America* ist seit Jahrzehnten die Frage, wie sie das rohstoffreiche Russland in ihren Traum von der Weltherrschaft einfügen, was durch den Kalten Krieg unmöglich war. Wie wir alle zur Genüge wissen, hat das Schlechte oft auch etwas Gutes. In dieser Hinsicht haben *Intimfeinde* von Reinhard Gehlen über Konrad Adenauer und bis Helmut Kohl ganze Arbeit geleistet. Und sie verteilen sich über alle Parteien im Bundestag. Jede Wette.

Kann Bonn die DDR trotz allem erhalten?

Während sich der russische Bär auf den baldigen Verlust von einem der Bärenjungen vorbereitet, schafft man in Bonn neue und solidere Grundlagen für *unsere* feine DDR: Am 18. Mai wird der Staatsvertrag über die Schaffung einer Währungs-, Wirtschafts-, und Sozialunion zwischen der Bundesrepublik Deutschland sowie *unserer* Deutschen Demokratischen Republik unterzeichnet. Dieser Vertrag läuft also auf eine Art betreutes Regieren hinaus. Im Juli 1990 – so de Maizière – würde die DDR alleine die Löhne und Gehälter nicht mehr zahlen können. Im 2. Halbjahr 1990 hätte der DDR-Haushalt einen Umfang von 63 Mrd. DM, real sind aber nur 55 Mrd. DM vorhanden. Ein Betrag von 32 Mrd. DM wird durch die Transferleistungen aus der BRD finanziert, 22 Mrd. DM durch Bundeszuschüsse und 10 Mrd. DM Bundesbankkredit. Jetzt heißt es: Topp, die Wette gilt! Wird mit diesem Gewaltakt „die DDR in drei bis fünf Jahren auf die Beine kommen", wie es Dr. Helmut Kohl vorschwebt?[581] Außenpolitisch hat der Kanzler jedenfalls die Rahmenbedingungen geschaffen.

Am 25. und 26. Mai ist Frankreichs Präsident Mitterrand zu Besuch im schönen Moskau. Dort wiederholt sich das Spiel, das langsam kafkaeske Züge annimmt. Im Flugzeug meint der Präsident, dass Gorbatschow ihn wohl erneut bitten werde, sich weiter der deutschen Wiedervereinigung entgegenzustellen. „Ich würde es mit Vergnügen tun, wenn ich wüsste, dass er durchhält. Aber warum mir mit Kohl Ärger machen, wenn mich Gorbatschow drei Tage später fallen lässt? Ich wäre vollkommen isoliert. Und Frankreich kann sich nicht erlauben, es mehr als dreimal pro Jahrhundert zu sein."[582] Oder eben viermal binnen hundertzwanzig Jahren. Allerdings muss man einräumen, dass es vorher immer umgekehrt war. Als die Franzosen mit einzelnen Landfetzen östlich seiner Grenze Fußball spielen konnte, haben sie nie nach dem Schiedsrichter gerufen.

Nichts Halbes und nichts Ganzes

Die Parlamente in Bonn und Ost-Berlin verabschieden am 21. Juni 1990 eine gleichlautende Erklärung zur Westgrenze Polens. Ich will nicht versäumen vorzuführen, wie sich der Vertriebenenpolitiker Herbert Hupka zu der Entschließung äußert, und Sie wissen ja mehr als andere über das Leben jenes Mannes. Ein bisschen Spaß muss sein. Man hörrt förrmlich die ggrrollende Stömme des Nazi-Föhrers: „Ohne dass überhaupt die geringste Chance zu Verhandlungen ergriffen worden wäre, soll ein Grenzdiktat zum Schaden für ganz Deutschland werden. Die Entschließungen der beiden deutschen Parlamente sind Folge einer uns Deutschen von Freund und Feind aufgezwungenen Lage, der zu widersprechen und die zu verwerfen Aufgabe der freien Deutschen sein muss." Herbert wird als Sohn einer jüdischen Mutter dankbar gewesen sein, dass sich die Handlungsfreiheit der Deutschen seit 1945 in Grenzen hält. Meinen Sie nicht? Ich möchte auch nicht erwürgt werden, nur weil ich ein Deutscher bin.[583]

Damit hat Herbert Hupka wieder seinen großen Auftritt gehabt und darf sich wieder auf seinen Platz unter den Volksverwaltern setzen, aber was ist denn nun im Kern passiert? Es ist viel Lärm um nichts. Das ist schon die nächste Willenserklärung, nicht mehr und nicht weniger. Genscher stellt klar, dass die Bundesregierung nicht mit dem Wunsch Polens einverstanden sein könne, die Souveränität Gesamtdeutschlands erst dann herzustellen, wenn der Grenzvertrag zwischen Bonn und Warschau abgeschlossen sei. Das Gleiche gelte für die Forderung, zunächst müsse die Bundesrepublik innerstaatliches Recht ändern. Hier gehe es schließlich um souveräne Rechte der Deutschen. Es sei ebenso wenig hinnehmbar, dass die Grenzen zwischen dem vereinigten Deutschland und Polen ein „grundsätzlicher Bestandteil" der Friedensregelung für Europa würden. Schewardnadse stimmt diesen Vorstellungen seiner Bonner Gesprächspartner zu, meint zumindest Teltschik, allerdings wohl, wie der Kanzlerberater notiert, „erkennbar unlustig", da er sich aus deutsch-polnischen Problemen möglichst heraushalten wolle.[584] Das heißt im Klartext, dass es die Führer in Bonn darauf ankommen lassen. Es gibt keine Änderung der Rechtslage, bevor das umfangreiche Ausland der Wiedervereinigung zustimmt. Alle haben klar gesagt, dass es so keine Vereinigung gibt.

Gorbatschows Eile erdet Kohls Planung

Es wäre ja zu schön, wenn man die DDR mit jenem 10-Punkte-Plan vom November noch über die paar Monate bis zur vorgezogenen Bundestagswahl am 2. Dezember kriegen würde. Danach können *sie drüben* sehen, wie sie klarkommen. Da tun es dann auch einige Eisenbahnwaggons mit Reis und etwas Soße. Hätte Bonn viel Geld in die Hand nehmen wollen, hätten sie dann auch gleich alle Weltkriegsteilnehmerstaaten mit ihrem Geld auszahlen können. Am 1. Juli '90 wird endlich die Wirtschafts- und Währungsunion zwischen den zwei Staaten eingeführt. Das wird so eine Art Hilfe beim Wirtschaften. Naja, wenn es ihre Experten nicht schaffen! Danach geht es für die Bonner Chefs ab nach Moskau. Falls es ihnen bis jetzt noch nicht klar ist, wird ihnen dort klargemacht, dass ihnen weder zehn noch fünf Jahre bleiben.[585] Als der Bundeskanzler am 14. Juli 1990 nach Moskau aufbricht, schätzt er die Chance, Nato ja oder nein, nur 55 zu 45 ein. Aber daran macht er fest: Einheit ja oder nein. Daran lässt es *gaspadin* Gorbatschow dank der Sicherheitsgarantie der Amis nun nicht mehr scheitern. Bei diesem Treffen im Sommer stimmt er letztlich dem Standpunkt zu, „dass Deutschland das Recht habe, sich einem Bündnis seiner Wahl anzuschließen."[586] Es entbehrt ja auf keinen Fall der Komik, dass Michail Gorbatschow für seinen Politikansatz einen Ausdruck von Helmut Schmidt entlehnt, der nur eben bei Schmidt vollkommen anders gedacht war. Außerdem hatte Schmidt das auch nur von Adolf Hitler abgekupfert. Am 16. Juli 1990 sagt er: „Wir haben Realpolitik gemacht."[587]

Kohl fliegt dann noch mit Gorbatschow in dessen Heimat im Kaukasus. Beim Abendessen erzählt der Russe von seiner Familie, von seiner Großmutter, die immer eine Ikone im Zimmer hatte, vom Großvater, der früh auf den Kommunismus gesetzt und Lenin und Stalin verehrt habe, weil er sich von ihnen die Verbesserung der ärmlichen Lebensumstände versprochen habe. Kohl muss daran denken, wie sich die Dinge doch immer wieder gleichen. Es war doch in Deutschland Ende der zwanziger Jahre in manchem ähnlich gewesen. Ein Teil der Bevölkerung hatte auf Hitler gesetzt, weil sie glaubten, dass er sie aus der Not herausführt. Wer hatte denn geahnt, was dann kam, und als sie es begriffen, war es zu spät.[588]

Es trägt Züge vom Kratzen und Beißen pubertierender Kinder, wenn der Kanzler, als ihm auch sein Hoffnungsschimmer mit der Nato-Mitgliedschaft abgetötet worden ist, wieder versucht, die US-Amerikaner zu verärgern, indem er nicht freudestrahlend anruft, um ihnen vom *Erfolg* der Mission im Reich des Bösen zu berichten. Präsident Bush ist folgerichtig enttäuscht, dass der Kanzler ihn nicht persönlich über das sensationelle Ergebnis in Archys informiert hat.[589] Woher soll der Ami wissen, dass er im Bund mit Gorbatschow Adenauers Lebenswerk ruiniert hat? Drüben haben sie andere Sorgen. Präsident Bush ist verstimmt, weil „Kohl und Gorbatschow letztlich die Sache unter sich ausgemacht hatten". Er muss seiner Meinung nach verhindern, dass sowjetisch-deutsche Zusammenarbeit unter Umgehung Washingtons in Zukunft zu einer ständigen Einrichtung werden könnte. Da er es besonders clever anstellen will, ruft er am Morgen des 17. Juli den Zaren an und gibt vor, den Kreml-Chef über die Ergebnisse des Londoner Gipfels informieren zu wollen.[590]

Zwei-plus-Vier-Verhandlungen in Paris

Die nächste Gesprächsrunde der zwei Großmächte mit den Alliierten des Weltkrieges beginnt am Nachmittag des 17. Juli 1990 in Paris. Weil sich die Franzosen mit ihrer breiten Brust einmal schützend vor die Polen in der östlichen Nachbarschaft der Deutschen stellen wollen, wird diesmal auch deren Außenminister Krzystof Skubiszewski eingeladen. Der westdeutsche Außenminister Genscher bezeichnet dieses Spektakel als „eine nicht ganz einfache Diskussion über eine Erklärung der vier Mächte zur Grenze". Hmm. Doch an Skubiszewski entdeckt Genscher zwei Vorteile. Er verfügt über eine umfassende Kenntnis der gesamten Materie und er ist überdies der einzige der sieben Außenminister, der der Debatte ohne Kopfhörer folgen kann, da er nicht nur polnisch, sondern auch deutsch, russisch, französisch und englisch beherrscht. Als Genscher seinerzeit in Bonn als Außenminister angeheuert wurde, hatte ihn ein Journalist gefragt, was das werden solle, er könne ja keine einzige Fremdsprache. Auf diese Frage pampte *Genschman* zurück, er wolle im Auswärtigen Amt ja als Minister arbeiten und nicht als Dolmetscher.[591] Bonn hat sich für die Gespräche in Paris übrigens einen neuen Fallstrick einfallen lassen.

Markus Meckel war nach den Wahlen im März zum Außenminister der DDR ernannt worden. Sein Schuss ins eigene Knie ist für die Konferenz an der Seine vorgesehen. Weil er nun einmal der Sozialdemokratischen Partei angehört, hatte er sich (wie dumm kann man eigentlich sein) Berater aus der Bonner SPD an die grüne Seite geholt. Die Verhandlungen werden auf unabsehbare Zeit zum Stellungskrieg verkommen, wenn der Schlachtplan zumindest auf dieser einen Flanke funktioniert. Bonn wäre auch kein bisschen schuld gewesen. Meckels Berater legen Wert auf die Durchsetzung von alten Zielen der Friedensbewegung – namentlich der Entnuklearisierung Deutschlands.[592] Natürlich handelt es sich dabei um eine geschickte Fußangel. Kernwaffen durfte die BRD ja noch nie haben. Wenn allerdings mit Entnuklearisierung die Entfernung amerikanischer Kernwaffen gemeint ist, so ist dies sicher eher ein lohnendes Thema für die Generalstäbe der Sowjets und der Amerikaner und nicht für die Vertreter der größten DDR auf der Welt. Wolfram von Frisch, der Büroleiter von Markus Meckel konstatiert: „Das Pariser Ministertreffen steht unter dem Zeichen drohender Isolierung der DDR."[593] Weil sich die Moskauer Führung aber auf die schnelle Vereinigung Deutschlands bereits festgelegt hat, wird diese 500-Kilo-Bombe zum Blindgänger. Wie geht also das Rennen in Paris aus?

Der Berg kreißt und gebiert eine Maus: Man einigt sich nach langem Hin und Her auf die folgende Formulierung James Bakers: „Die vier Mächte erklären, dass die Grenzen des vereinten Deutschlands endgültigen Charakter haben werden und nicht durch äußere Umstände oder Ereignisse in Frage gestellt werden können."[594]

Warschau will sich allerdings sicher sein können, dass ein Vertrag über die Endgültigkeit der Grenze nicht irgendwann mit dem Argument ausgehebelt wird, es habe doch bei Abschluss dieses Grenzvertrages keinen Friedensvertrag oder eine ähnliche Regelung gegeben. Bonn ist seinerseits weder an dem einen noch an dem anderen interessiert. Beide seien längst obsolet geworden, befindet Genscher. In diesem Fall müssten wir einen Vertrag mit nahezu der ganzen Welt schließen und dabei könnten uns alle ihre Rechnungen präsentieren, erläutert er unbelesenen Leuten. Genscher ist diese Debatte durchaus „nicht unwillkommen". Heilfroh im

Herzen über seinen Erfolg erklärt er: „Die Bundesregierung schließt sich der Erklärung der vier Mächte an und stellt dazu fest, dass die in der Erklärung der vier Mächte erwähnten Ereignisse und Umstände nicht eintreten werden, nämlich dass ein Friedensvertrag oder eine friedensvertragsähnliche Regelung nicht beabsichtigt sind." Skubiszewski sagt, die separate Deklaration der vier Mächte zur deutsch-polnischen Grenze sei begrüßenswert, zumal sich ihr vielleicht auch die zwei deutschen Staaten anschließen könnten. Das werde die Frage eines Friedensvertrages oder einer friedensvertragsähnlichen Regelung *ad acta* legen. Dennoch wolle er zu dieser Erklärung förmlich feststellen, dass Polen sie nicht als eine Garantie ansehe. Genscher ist erleichtert: Dies hatte er befürchtet.[595]

Der französische Unterhändler Dufourcq konstatiert später, mit diesem Ausgang der Verhandlungen war der „Zwei-plus-Vier"-Prozess für Paris erledigt.[596] Das also war des Pudels Kern. Und darauf hat die Welt fünfundvierzig Jahre gewartet. Darüber sind alle meine vier Großeltern gestorben und alle vier waren gegen Hitler und seinen Krieg. Skubiszewski bezeichnet das Ergebnis des Treffens ebenfalls als „völlig befriedigend". Hans-Dietrich Genscher schießt den Vogel ab mit seiner Auswertung der Verhandlungen: „Wer das Engagement der vier Mächte für die Anerkennung der deutsch-polnischen Grenze in Paris miterlebte, der konnte erkennen, welche Hindernisse, beginnend mit der Erklärung vor den Vereinten Nationen 1989, Schritt für Schritt aus dem Weg geräumt worden waren. Gleichzeitig wurde deutlich, wie sehr jedes deutsche Zögern uns geschadet hatte." Es ist schon übertrieben, wenn der gute Hans-Dietrich Genscher schreibt, jedes deutsche Zögern hätte *uns* geschadet. Ihm hat es ja nicht geschadet. Wie hoch will der Ossi noch fallen? Den Hammer jedoch bringt er danach: „Das war um so bedauerlicher, als von Anfang an klar war: Ohne eine Anerkennung der polnischen Westgrenze würde es weder im Osten noch im Westen Zustimmung zur deutschen Vereinigung geben."[597] Vielen Dank, Genosse Genscher, für 40 Jahre DDR!

Da nun tatsächlich erst die Vereinigung kommen soll und dann der Vertrag über die Grenzlinie zwischen Polen und Deutschland, bleiben sie in Polen besser vorerst in Deckung. Osteuropäische Länder wünschen den raschen Abzug der sowjetischen Truppen. Doch im Unterschied zu Prag und Budapest schieben General Wojciech Jaruzelski und der polnische Ministerpräsident Tadeusz Mazowiecki jenen Abzug auf die lange Bank. Beide Männer sagen Marion Gräfin Dönhoff später mit recht ähnlichen Worten, dass sie 1990 befürchtet haben, Kohl führe was im Schilde, weil das Parlament in Bonn und auch Außenminister Genscher in New York vor der UN die Grenze garantiert hatten. Wenn Kohl sich weigerte, dann wollte er wohl erst Kanzler von Großdeutschland werden, um den Polen dann Bedingungen zu stellen. Da haben sie gedacht, es sei schon besser, die Russen blieben noch im Lande.[598] Die Sowjetarmee war ursprünglich *nur in den Ländern*, wo es Grenzfragen gab. Das Problem der Ausländer besteht absolut eindeutig darin, dass sie glauben, in der BRD herrschte Demokratie. Die Franzosen halten Helmut Schmidt für den Guten – und die Polen halten Herrn Genscher für den Guten. Dr. Helmut Kohl halten alle für den Bösen. Und er macht seine Rechnung mit Gott in der Höhe.

Was wird jetzt aus Ostpreußen?

Im März 1990 hatte sich die baltische Republik Litauen für unabhängig erklärt. Dadurch verlor die Sowjetunion ihren Landzugang zu der Stadt Kaliningrad, dem früheren Königsberg. Der Stadt droht das Schicksal, zu einer Exklave der russischen Sowjetrepublik und damit der Sowjetunion zu werden. Das ist mit an Sicherheit grenzender Wahrscheinlichkeit der Grund, warum im Juli 1990 Generalmajor Geli Batenin in die Botschaft der Bundesrepublik geht und dem Leiter der politischen Abteilung anbietet, Königsberg und das ostpreußische Gebiet rund um diese Stadt in die Verhandlungen über Deutschland einzubeziehen. Darüber müssten sie jetzt auf der politischen Ebene sprechen. Der deutsche Beamte weiß, was zu tun ist. Er sagt ihm, bei der Vereinigung gehe es um die Bundesrepublik Deutschland, die DDR und das ganze Berlin. Wenn die Sowjetunion jetzt Probleme mit der Entwicklung des nördlichen Ostpreußens habe, sei das ihre Sache. Er weiß, was die Russen fürchten: West-Berlin ist auch eine Exklave der Bundesrepublik und kostet schon jahrzehntelang viele Milliarden. Das muss jetzt nicht mit Ostpreußen weitergehen. Als sich jener Russe verkrümelt hat, schickt er am 2. Juli 1990 ein Fernschreiben aus der Botschaft in Moskau an seinen Dienstherrn.[599]

Moskau verliert die Lust an albernen Spielchen

Ab August treiben die Sowjets die Bonner Diplomaten endgültig und mit großem Nachdruck in die Vereinigung des vermeintlichen Provisoriums Bundesrepublik mit der DDR. Nach dem Ende dieses Treffens von Paris macht sich eine Direktorenrunde der „Zwei-plus-Vier" an die Redaktion des „Zwei-plus-Vier"-Vertrages. Diese Phase wird zu einem sehr dichten, bis an die Grenze der Erschöpfung reichenden Ringens. Woran liegt das jetzt? Die sowjetische Seite drückt beim Besuch des wichtigsten Außenministers auf dem blauen Planeten Hans-Dietrich Genscher am 17. Tag des Monats August in Moskau aufs Tempo und äußert den Wunsch, das Lavieren schon beim Außenministertreffen in Moskau am 12. September zu beenden und diesen Vertrag endlich unter Dach und Fach zu bringen. Man will nur noch vor der eigenen Bevölkerung das Gesicht wahren und darüber hinaus nicht noch mehr Zeit verlieren und Geld verschwenden. Herrn Dr. Helmut Kohl rutscht das Herz in die Hose, als sich die größte USA auf der Welt und dieses hässliche kleine Großbritannien auch noch dazu bereit erklären, auf ihre Außenministerkonferenzen in Washington und London zu verzichten, damit der Abschluss dieses „Zwei-plus-Vier"-Vertrages nicht erst zu Sankt Nimmerlein kommt.[600] Weil sich jetzt kein Verhandlungsmarathon mehr bis ins Jahr '91 erstreckt, kann die auf den Dezember 1990 vorgezogene Wahl die Vereinigung der Bundesrepublik Deutschland mit *unserer* DDR nicht mehr verhindern. Was würden die Ausländer staunen, wenn Dr. Helmut Kohl am 18. August sagte, dass die Bundestagswahl aus organisatorischen Gründen nunmehr auf Sonntag, den 9. September, vorgezogen wird. Die würden Äuglein machen! Somit wird der Vertrag über die abschließende Regelung in Bezug auf Deutschland oder auch Zwei-plus-Vier-Vertrag am 12. September unterzeichnet und die jahrzehntelange Zirkelei in Bonn am Rhein findet ein Ende.

Die Teilung Deutschlands wird zu Grabe getragen

Am 3. Oktober 1990 findet schließlich der Staatsakt zur Vereinigung der beiden deutschen Staaten statt. Diesen Tag hatte Dr. phil. Helmut Kohl mit Bedacht ausgewählt, denn an diesem Tag war zwei Jahre zuvor sein bester Intimfeind, Franz Josef Strauß, verstorben. Da der Geburtstag am 6. September gewesen wäre, hätte das vor der Runde am 12. September gelegen und wäre deshalb nicht geeignet gewesen. Die großartigen Einblendungen der Feierlichkeiten in jener Nacht, die später immer wieder eingespielt werden, sind sehr professionell zusammengestellt. Man sieht die meiste Zeit eine jubelnde Menschenmasse im Scheinwerferlicht und dazwischen aus einiger Entfernung kurz mal die Volksverwalter auf der Tribüne. Suchen Sie sich mal eine Nahaufnahme jener Herrschaften aus einer Zeitung heraus und studieren Sie die angespannten Gesichter. Die Einzige, die ein Lächeln produziert, ist Hannelore Kohl. Der Außenseiter Willy Brandt sinniert wohl über die Mühen, die Zeit und die Energie, die er investiert hat, damit es irgendwann nochmal eine Vereinigung gibt.

Der Artikel 23 des Grundgesetzes der Bundesrepublik Deutschland wird mit einem neuen Text versehen: (1) Zur Verwirklichung eines vereinten Europa wirkt die Bundesrepublik Deutschland bei der Entwicklung der Europäischen Union mit, und so weiter und so fort. Darum geht es hier. Aber vergleichen Sie spaßeshalber den Text jenes abgeänderten Artikels 23 mit Auszügen aus einem Entwurf des Kreisauer Kreises über Grundsätze für die Neuordnung Deutschlands vom 9. August 1943: „Die Regierung des Deutschen Reiches sieht im Christentum die Grundlage für die sittliche und religiöse Erneuerung unseres Volkes, für die Überwindung von Hass und Lüge, für den Neuaufbau der europäischen Völkergemeinschaft ... Die besondere Verantwortung und Treue, die jeder Einzelne seinem nationalen Ursprung, seiner Sprache, der geistigen und geschichtlichen Überlieferung seines Volkes schuldet, muss geachtet und geschützt werden. Sie darf jedoch nicht zur politischen Machtzusammenballung, zur Herabwürdigung, Verfolgung oder Unterdrückung fremden Volkstums missbraucht werden. Die freie und friedliche Entfaltung nationaler Kultur ist mit der Aufrechterhaltung absoluter einzelstaatlicher Souveränität nicht mehr zu vereinbaren."[601]

Brief & S(p)iegel gebe ich Ihnen, dass die Teilung Europas nicht von den Supermächten, sondern von der Weltmacht herbeigeführt wurde. Gerne sage ich Ihnen, warum meiner Ansicht nach der Westen unseres Landes nach dem II. Weltkrieg eine Weltmacht war. Wäre bei den Amerikanern nicht durch Fehlinformationen von Deutschen wie Reinhard Gehlen der Eindruck entstanden, es bestünde eine Bedrohung durch die Sowjets, so hätte es keinen Kalten Krieg gegeben. Erst gegen 1960 hatten die Amerikaner das Spionageflugzeug U2 und konnten relativ hoch hinwegfliegen über der Sowjetunion. Wie sie sahen, sahen sie nichts, doch die Sowjets haben das Wunderflugzeug dann doch vom Himmel geholt und die Amis konnten wie zuvor keine brauchbaren Informationen über das eurasisch ausgestreckte Reich erhalten. Ich will nicht spekulieren, was das für die Welt bedeutet hätte, wenn die Amis dann gewusst hätten, dass der Russe nicht hat, was sie dachten. Ich wollte immer nur wissen, wie es wirklich zur Teilung Deutschlands kam und was hinter den Kulissen auf der Welt abläuft – mit Folgen für uns alle. Jetzt bin ich nur gespannt, wie es nach dem Spuk mit der Kommunikation zwischen den Menschen weitergeht. Die haben doch alle völlig irrige Vorstellungen im Kopf und werden versuchen, mit *diesem* Hintergrund mit anderen Menschen zu sprechen.

Ein Postskriptum zur Lügenpresse – Ich bin mir verdammt sicher, dass Spiegel-*Redakteure* mehr wissen; sie teilen ihr Wissen indes lediglich in homöopathischen Portionen mit der interessierten Leserschaft. Es wird bei ihnen mit Fragmentierung und Defragmentierung ein Bild der Welt erzeugt, wie sie es *uns* wünschen. Einzelne Tatsachen werden aus einem wirklichen Zusammenhang herausgenommen und zu unverständlichen Sensationen vereinzelt. Wichtig ist jedoch nicht bloß das, was berichtet, sondern auch das, was nicht berichtet wird, um ein vollständiges Bild zu bekommen. Die folgende Neuzusammensetzung kreiert eine scheinbare Realität, die mit der Wirklichkeit aber nur ansatzweise etwas zu tun hat. Ich arbeite genauso, nur mit der entgegengesetzten Zielrichtung. Das ist der Grund, weshalb Sie in den Quellen zu diesem Buch so oft Zeitungen und Zeitschriften finden, die in jedem Kiosk verkauft werden. Ich suche mir die Fakten aus Texten zusammen und ordne sie einfach nur zeitlich. Das ist das ganze Geheimnis.

Ebenfalls im Anderwelt Verlag erschienen:

England, die Deutschen, die Juden und das 20. Jahrhundert
Autor: Peter Haisenko
ISBN: 978-3-940321-03-9 **€24,90 (D)**

Kriege werden aus zwei Gründen begonnen: Wirtschaft und Religion. In der Neuzeit ist es oftmals nicht zu übersehen, dass der Kampf ums Öl der wahre Grund für Kriege ist. Die Betrachtungen von Peter Haisenko zeigen, dass es bereits vor mehr als 100 Jahren nicht anders war. Die unerträglichen Zustände in Palästina und im Irak haben ihren Ursprung in der skrupellosen Durchsetzung wirtschaftlicher Interessen zu Beginn und im Verlauf des 20. Jahrhunderts.

Politisch orchestrierte Lügen und Intrigen sind keine Erfindung der Neuzeit. Mit diesem Buch gehen Sie auf eine Reise durch das 20. Jahrhundert und die Analyse wirtschaftlich-politischer Verknüpfungen lässt manche „geschichtliche Wahrheit“ zweifelhaft erscheinen.

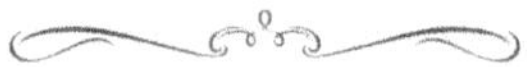

Wundersame DDR
Autor: Margot H.
ISBN: 978-3-940321-02-2 **€9,90 (D)**

Ein bemerkenswertes Leben in der DDR: kein Anstehen in der sozialistischen Wartegemeinschaft, nicht Tempo 80 auf der Autobahn, sondern 180, keine schikanösen Grenzkontrollen … Ein angenehmes Leben, versüßt mit Privilegien und Partys, ein Leben, von dem der gemeine DDR-Bürger nur träumen konnte.

Aber da waren auch die Ängste der Andersdenkenden, die Sehnsucht der Ausreisewilligen, die Not der Enteigneten, das Elend der Knastinsassen. Und da waren an jeder Ecke die „Ohren“, jene willfährigen Angestellten der Firma „Horch & Guck“, denen so gut wie nichts entging.

Ja, es war ein zwiespältig-schillerndes Leben, damals im schönen Arbeiter- und Bauernstaat – sagt eine bemerkenswerte Frau, die es wissen muss.

Londoner Außenpolitik & Adolf Hitler

Autor: Reinhard Leube

ISBN 978-3-940321-19-0 **€25,00 (D)**

England war mit dem Aufstieg kontinentaleuropäischer Länder zu Wirtschaftsmächten und Konkurrenten am Ende des 19. Jahrhunderts nicht untergegangen. Dabei standen die Sterne für das Empire nicht günstig. Der Anteil der Insel am Welthandel war über Jahrzehnte immer weiter gesunken, sie verfügte perspektivisch nicht selbst über genug Rohstoffe für ihre eigene Wirtschaft, auch nicht über hinreichend viele Einwohner, um den ökonomischen Aufstieg anderer Länder mit Hilfe von Feldzügen zu beenden. Wie lässt es sich erklären, dass binnen 50 Jahren die erfolgreiche Entwicklung großer Reiche in Kriegen und Diktaturen versandete und England auch ohne materielle Grundlage noch der Global Player ist wie vor hundert Jahren?

Atemberaubend

Autor: Reinhard Leube

ISBN 978-3-940321-20-6 **€25,00 (D)**

Was haben die Menschen in Deutschland wohl gefühlt und erlebt in den Jahren 1933 bis 1937? Waren alle glühende Nationalsozialisten oder begann mit den Nazis eine Diktatur? Hätte es tatsächlich eine braune Mehrheit gegeben, dann wäre das eine Demokratie gewesen und man hätte die Gestapo und Ähnliches nicht gebraucht. Wie hat aber das Ausland auf den neuen Kanzler Adolf Hitler reagiert? Wieso war die Chefetage in London von ihm eigentlich so begeistert?

Das vorliegende chronologisch aufgebaute Werk vermittelt dem Publikum einen Eindruck von dieser Zeit, der eine Gänsehaut erzeugt. Ganz anders als die unzähligen Dokus, die nur blitzlichtartig Ausschnitte zeigen, fühlt man sich plötzlich in die Hitlerzeit in allen Zusammenhängen versetzt und erhält einen ganz neuen Eindruck. Wer wirklich nachempfinden will, mit welchem atemberaubendem Tempo die Entwicklungen damals vorangeschritten sind, welche unterschiedlichen Reaktionen sie hervorgerufen haben und welche giftigen Witze die Runde machten, der kommt an diesem Werk nicht vorbei.

Septemberrevolution
Autor: Reinhard Leube
ISBN 978-3-940321-23-7 **€25,00 (D)**

Kann sein, dass die Berufshistoriker ihr Wissen bloß in verschämten Nebensätzen und in ihren Fußnoten unterbringen. In der Geschichte dritter Teil Septemberrevolution kommt alles auf den Tisch, was inzwischen über das Jahr 1938 bekannt geworden ist, zeitlich geordnet und packend erzählt.

Nach weniger als sechs Jahren konnte der kleine Hitler, der mit dem Geld aus England und Amerika in Berlin an die Macht kam, von der Bühne wieder verschwunden sein und sein Drittes Reich nicht mehr als eine üble Panne in der Geschichte Deutschlands. Monate vor den Pogromen gegen die Juden vom November 1938 und ein Jahr, bevor ein zweiter Weltkrieg begann, konnte Hitler durch einen Aufstand in seinem Dritten Reich weggeputscht sein. In diesem Buch erleben Sie noch einmal live mit, wie genau das verhindert wurde.

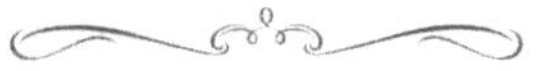

God Save the Fuehrer
Autor: Reinhard Leube
ISBN: 978-3-940321-25-1 **€25,00 (D)**

England war mit dem Aufstieg kontinentaleuropäischer Länder zu Wirtschaftsmächten und Konkurrenten am Ende des 19. Jahrhunderts nicht untergegangen. Dabei standen die Sterne für das Empire nicht günstig. Der Anteil der Insel am Welthandel war über Jahrzehnte immer weiter gesunken, sie verfügte perspektivisch nicht selbst über genug Rohstoffe für ihre eigene Wirtschaft, auch nicht über hinreichend viele Einwohner, um den ökonomischen Aufstieg anderer Länder mit Hilfe von Feldzügen zu beenden. Wie lässt es sich erklären, dass binnen 50 Jahren die erfolgreiche Entwicklung großer Reiche in Kriegen und Diktaturen versandete und England auch ohne materielle Grundlage noch der Global Player ist wie vor hundert Jahren?

Katz-und-Maus-Spiele
Autor: Reinhard Leube
ISBN: 978-3-940321-26-8 **€25,00 (D)**

Im Prinzip kennen Sie die Geschichte. Irgendwann gab es einen ersten Weltkrieg und später einen zweiten. Warum ein neues Buch darüber? Und weshalb ist es denn letzten Endes gleich eine Serie geworden?
Es gibt sie, die vielen Wahrheiten, die vielen Quellen, die vielen Details. Gewöhnlich entscheiden sich Historiker dafür, die Fragmente zu liefern, die ihre These „belegen". Doch wo bleibt der Rest? Andere Wahrheiten landen in anderen Büchern und dort war auf einmal alles ganz anders.

Das Appeasement war kein Fehler. Es war die Pflege und Wartung des Selbstzerstörungsmechanismus im Inneren Deutschlands, der den Namen Adolf Hitler trug und glaubte, er verdanke die Erfolge, die er wundersam erzielen durfte, im vollen Ernst der Vorsehung.

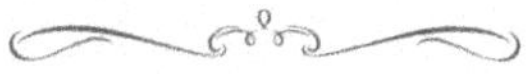

Nicht noch einen Friedensvertrag
Autor: Reinhard Leube
ISBN: 978-3-940321-28-2 **€23,50 (D)**

Wer im Jahr 2021 lebt, vermisst vielleicht seinen Friedensvertrag.
Dieses Buch bringt Sie in die hoffnungslose Wirklichkeit der Jahre des Zweiten Weltkrieges, etwa zwei Jahrzehnte nach den Verträgen von Saint-Germain, Trianon, Sèvres und Versailles, die dem Ersten Weltkrieg folgten.
Wer heute lebt, weiß nichts mehr von der britischen Hungerblockade, vom millionenfachen Sterben nach dem Ersten Weltkrieg und von der Inflation in den 1920er Jahren. Kommen Sie einfach mit in die Welt der Jahre 1942 und 1943. Sie werden nie wieder schwarzsehen.
Der Autor liefert hier die Atmosphäre, in der unter vielen anderen Deutschen auch jene Politiker, Diplomaten, Militärs und nicht zuletzt auch Journalisten und Publizisten lebten, bei denen Reinhard Leube davon ausgeht, dass sie Deutschland nach dem Zweiten Weltkrieg in seine Einzelteile zerlegt haben.
Der Indizienbeweis folgt im Buch über 1989/1990 Entzaubert. Kohl und Genscher, diese beiden.

1 Kiessler & Elbe (1993), S. 28 f.
2 Brandt (1989), S. 24
3 Krenz (1999), S. 238
4 Ash (1995), S. 489
5 Honecker (1994), S. 212. Der Text stammt aus einem Lied von Udo Jürgens.
6 Ash (1995), S. 237
7 Brandt (2014), S. 84
Ash (1995), S. 185
8 Leuschner, Udo. Geschichte der FDP (25). Die Mauer fällt. Der Zusammenbruch der DDR rettet Helmut Kohl und gibt auch der FDP neuen Auftrieb [online]. Verfügbar unter https://www.udo-leuschner.de/liberalismus/fdp25.htm [21.01.2021]
9 Dornberg (1968), S. 23
10 Brandt (1989), S. 79
11 Ebd., S. 487 und 501
12 Genscher (1995), S. 590
13 Ebd., S. 589
14 Artikel: „ ... froh, dass Erich Honecker die Geschicke der DDR leitet.“ In: Neues Deutschland vom 06.09.1997
15 Reynolds (2007), From World War to Cold War: Churchill, Roosevelt, and the International History of the 1940s, S. 250-253
Internet Archive WayBackMachine (2004), „Operation Unthinkable: »Russia: Threat to Western Civilization«.“ British War Cabinet, Joint Planning Staff [Draft and Final Reports: 22 May, 8 June and 11 July 1945], Public Record Office, CAB 120/691/109040/001. Verfügbar unter https://web.archive.org/web/20101116152301/http://www.history.neu.edu/ PRO2/ [15.06.2015]
Drabkin (2014), S. 174-182
Trotzki (1937), S. 75
Heitkam (1990), 116 und 152ff.
16 Morsey & Schwarz & Mensing (1991), S. 452
17 Steinbach & Tuchel (Hrsg., 1994), S. 247 und 260f.
Diekmann & Reuth (1996), S. 146
18 Krieger (2007), S. 277
Giefer & Giefer (1991), S. 189 und 205
Böhnisch, Georg & Frohn, Axel (2006), Artikel: Schweinehunde willkommen. In: Der Spiegel 13/2006, S. 32
Felfe (1989), S. 179
Winkler (1997), S. 127
Vgl. Darstellung bei Friedrich (2007)
19 Giefer & Giefer (1991), S. 189 und 205
Felfe (1989), S. 356
Critchfield (2005), S. 44f., 48 und 131
20 Ebd.
Giefer & Giefer (1991), S. 175, 189, 191 und 205
21 Ebd., S. 188f., 191 und 205
Felfe (1989), S. 356
Gehlen (1971), S. 218
Gaus (1986), S. 44 und 165
Weiner (2005), S. 16

22 Stock, Wolfgang (1993), DDR-Einheiten sollten 1980 in Polen einmarschieren. In: Frankfurter Allgemeine Zeitung, 13.10.1993
Stock, Wolfgang (1993), Honeckers Planung und Schmidts Wissen. In: Frankfurter Allgemeine Zeitung, 18.10.1993
Schmidt, Helmut (1993), Am Werbellinsee 1981. In: Frankfurter Allgemeine Zeitung, 11.11.1993
23 Schmidt (2008), S. 42f.
24 Kiessler & Elbe (1993), S. 114 f.
25 Brandt (1989), S. 153
26 Scheel (1986), S. 41
Kiessler & Elbe (1993), S. 115f.
27 Wefing, Heinrich (1994), Hammerfest des Jahres. In: Frankfurter Allgemeine Zeitung, 15.07.1994, hier im Präsens und gekürzt. Da gibt es auch ein Foto der Festung in der Prärie. Allerdings habe ich mir das Gebäude erst 1994 vor dem Abriss angesehen. Hier will das nur nicht zur Darstellung im Präsens passen.
28 Ash (1995), S. 239
29 Felfe (1989), S. 278
30 Artikel: Ich liebe doch alle. In: Der Spiegel 46/1999, S. 182
31 Boberach (Hg., 1984), Band 12, S. 4800 und 4823
32 Brandt (2014), S. 54
Kroh (2005), S. 143f.
33 Ebd., S. 144
Artikel: Bilder einer Grenzreise. In: Berliner Morgenpost, 24.06.2000
In diesem Artikel fand ich neben mündlichen Hinweisen auf die Herkunft des Drahtes in einem unkommentierten Nebensatz die schriftliche Bestätigung: „Hötensleben ist eines der 30 Dörfer, die die DDR auf Grund ihrer Lage mit einer eigenen Mauer versah. Sonst gab es »nur« die Doppelsperre mit Stacheldraht, vorn der aus dem Westen importierte Streckmetallzaun, dahinter der verzinkte Metallzaun." Auf meine Anfrage hin schrieb mir der Journalist, er habe das dort in Hötensleben gelesen und in dem Artikel wiedergegeben. Er war selbst darüber verwundert, dass sich danach niemand bei ihm darüber beschwert habe.
34 Kroh (2005), S. 144f.
35 Kiessler & Elbe (1993), S. 16
36 Ebd., S. 18
Genscher (1995), S. 436
Brandt (1989), S. 359
37 Wolski (2020), S. 128f.
38 Brandt (1989), S. 347
39 Ash (1995), S. 55
40 Haffner (1982), S. 259
41 Ditfurth, Christian von (1992), Eine klammheimliche Kungelei. In: Der Spiegel 35/1992, S. 44
42 Scheuer, Thomas (1994), Schalcks diskrete Bankverbindungen. In: Focus 21/1994, S. 71
Artikel: „Stern": Gaus nannte Dissidenten Querulanten. In: Frankfurter Allgemeine Zeitung, 20.04.1994
Artikel: Frau Limbachs Vorleben. In: Frankfurter Allgemeine Zeitung, 23.03.1993, S. 12
Petrick, Joachim (2012), Günter Gaus. Sphinx der Unfügsamkeit [online]. Verfügbar unter https://www.freitag.de/autoren/joachim-petrick/guenter-gaus-sphinx-der-unfuegsamkeit [21.05.2021]

43 Dithfurt, Christian von (1992), Angst vor den Akten.
In: Der Spiegel, 35/1992, S. 55
Artikel: Die Manie der Fliegenbeinzähler. In: Berliner Morgenpost, 10.06.2001
44 Artikel: Die un(v)erhoffte Einheit. In: Der Spiegel 39/1999, S. 52
45 Wolski (2020), S. 31 und 90
46 Artikel: Vor fünf Jahren barst die Mauer. In: Frankfurter Allgemeine Zeitung, 08.11.1994, S. 13
Andert, Reinhold & Herzberg, Wolfgang (1990), Der Sturz.
Interview mit Erich Honecker. In: Wochenpost 47/1990, S. 22ff.
Wolski (2020), S. 53
47 Brandt (2014), S. 84
48 Andert, Reinhold & Herzberg, Wolfgang (1990), Der Sturz.
Interview mit Erich Honecker. In: Wochenpost 47/1990, S. 22ff.
49 Ebd.
50 Ebd.
51 Dialog: Guten Tag, ich bin Antikommunist. – Guten Tag, und ich bin ein Mensch.
In: Neues Deutschland, 15.08.1998
52 Ebd.
53 Plato (2002), S. 19f. und 28
54 Genscher (1995), S. 1041
Ebd., S. 623 f.
55 Artikel: Die un(v)erhoffte Einheit. In: Der Spiegel 39/1999, S. 53
56 Kiessler & Elbe (1993), S. 18f.
57 Ebd., S. 19
58 Wolski (2020), S. 31
59 Ash (1995), S. 480 f.
60 Artikel: Eine klammheimliche Kungelei. In: Der Spiegel 35/1992, S. 55
Diekmann & Reuth (1996), S. 456
61 Ebd.
62 War Häftlingsfreikauf illegal? Ermittlungen der Staatsanwaltschaft.
In: Frankfurter Allgemeine Zeitung vom 08.07.1994
63 Genscher (1995), S. 625f. und 628
64 Diekmann & Reuth (1996), S. 57
65 Winkler (1997), S. 127
66 Ebd.
67 Ash (1995), S. 514
68 Kuczynski (1969), S. 98 f.
69 Deutsches Rundfunkarchiv Frankfurt am Main, Jörg Schäfer,
Deutsche Geschichte von 1949 bis zur Jahrtausendwende
70 Schmidt-Eenboom (2004), S. 41
71 Steinbach & Tuchel (Hrsg., 1994), S. 247 und 260f.
72 Fest (1994), S. 151f.
73 Rothfels (1960), S. 107
74 Artikel: Eine Chronik des Grauens. In: Eulenspiegel, 07.10.2005 (satirefrei)
75 Artikel: Macht das Tor auf. In: Der Spiegel 51/1999, S. 130
76 Ash (1995), S. 500 f.
77 Artikel: Egon Bahrs doppelte Null-Lösung. In: Frankfurter Allgemeine Zeitung, 05.09.1994, S. 8
78 Diekmann & Reuth (1996), S. 59
79 Ebd., S. 61
Artikel: Innerdeutsche Dynamik steigert Unruhe in Polen.
In: Berliner Morgenpost, 12.11.1989

80 Diekmann & Reuth (1996), S. 61
81 Ebd., S. 62
Brandt (1989), S. 45
82 Diekmann & Reuth (1996), S. 62 f.
83 Ebd., S. 63
84 Ebd.
85 Pozsgai (2006), S. 188
86 Namier (1949), S. 201
87 Wolski (2020), S. 76
88 Ebd., S. 32
Pozsgai (2006), S. 193f.
89 Seebacher (2004), S. 288
90 Diekmann & Reuth (1996), S. 480
91 Artikel: Wir wollen raus. In: Der Spiegel 39/1999, S. 66
92 Genscher (1995), S. 640 f.
93 Hinck (2007), S. 94
94 Genscher (1995), S. 642
95 Ebd., S. 189
96 Wolski (2020), S. 32f.
Kiessler & Elbe (1993), S. 25 f.
97 Ebd., S. 26
98 Kroh (2005), S. 235
99 Ebd., S. 235 f.
100 Ash (1995), S. 483
101 Artikel: Krenz – kein Lenz. In: Der Spiegel 43/1999, S. 87
Kroh (2005), S. 225 f.
Uschner (Hrsg., 1999), S. 19
102 Ebd., S. 27 und 30
103 Kiessler & Elbe (1993), S. 25f.
104 Ebd., S. 26
105 Genscher (1995), S. 16
Schmidt (1949), S. 456-458
106 Genscher (1995), S. 16
107 Ebd.
108 Artikel: Wir wollen raus. In: Der Spiegel 39/1999, S. 68
109 Artikel: Diese Stunden sind für mich unvergesslich.
In: Berliner Wochenblatt, 30.09.1999
110 Kiessler & Elbe (1993), S. 31 und 38
111 Ebd., S. 35 f.
112 Ebd., S. 31
113 Genscher (1995), S. 670
114 Artikel: Wir wollen raus. In: Der Spiegel 39/1999, S. 76
115 Falins Enthüllungen über den letzten Besuch bei Honecker.
In: Berliner Morgenpost vom 07.10.1993, S. 3
116 Artikel: Wir wollen raus. In: Der Spiegel 39/1999, S. 76
117 Arnold (1990), S. 25 f.
118 Genscher (1995), S. 669
119 Artikel: Wir wollen raus. In: Der Spiegel 39/1999, S. 76
120 Kiessler & Elbe (1993), S. 42 ff.
121 Ebd.
122 Artikel: Eine Chronik des Grauens. In: Eulenspiegel, 07.10.2005 (satirefrei)
123 Kroh (2005), S. 236

124 Artikel: Falins Enthüllungen über den letzten Besuch bei Honecker. In: Berliner Morgenpost vom 07.10.1993, S. 3
125 Schallmoser (1994), S. 109f.
126 Reuth, Ralf Georg (2006), Artikel: Das Komplott vor dem Mauerfall. In: Welt am Sonntag, 07.11.2004, S. 8
Pozsgai (2006), S. 188
127 Artikel: Gorbi, hilf uns. In: Der Spiegel 40/1999, S. 77
128 Ebd.
129 Ebd.
130 Ebd. und 47/1999, S. 179
131 Artikel: Gorbi, hilf uns. In: Der Spiegel 40/1999, S. 77
132 Ebd.
133 Artikel: Eine Chronik des Grauens. In: Eulenspiegel, 07.10.2005 (satirefrei)
134 Artikel: Er kratzte sich am Kopf und überflog das Papier. In Frankfurter Allgemeine Zeitung, 11.01.1995
135 Andert, Reinhold & Herzberg, Wolfgang (1990), Der Sturz. Interview mit Erich Honecker. In: Wochenpost 47/1990, S. 22
136 Neues Deutschland, 12.10.1989
137 Diekmann & Reuth (1996), S. 105
138 Ebd., S. 105 f.
139 Artikel: Ein Stein vom Herzen. In: Der Spiegel 46/1994, S. 43
Kroh (2005), S. 153 f.
140 Ebd., S. 225
141 Andert, Reinhold & Herzberg, Wolfgang (1990), Der Sturz. Interview mit Erich Honecker. In: Wochenpost 47/1990, S. 22
142 Ebd.
143 Kroh (2005), S. 225 f.
144 Artikel: Er kratzte sich am Kopf und überflog das Papier. In: Frankfurter Allgemeine Zeitung, 11.01.1995
145 Artikel: Visafrei nach Hawaii. In: Der Spiegel 42/1999, S. 78 f.
146 Honecker (1994), S. 97
147 Artikel: Ustinow drohte Honecker mit der Faust. In: Berliner Zeitung, 12.04.1995
148 Artikel: Visafrei nach Hawaii. In: Der Spiegel, 42/1999, S.79
149 Andert, Reinhold & Herzberg, Wolfgang (1990), Der Sturz. Interview mit Erich Honecker. In: Wochenpost 47/1990, S. 22
150 Ebd.
Artikel: Visafrei nach Hawaii. In: Der Spiegel 42/1999, S. 80
151 Ebd.
152 Ebd.
153 Ebd.
154 Schabowski (2009), S. 24 f.
155 Andert, Reinhold & Herzberg, Wolfgang (1990), Der Sturz. Interview mit Erich Honecker. In: Wochenpost 47/1990, S. 22, Mitte November 1990
156 Ebd.
157 Ebd.
158 Ebd.
159 Ebd.
160 Artikel: Visafrei nach Hawaii. In: Der Spiegel 42/1999, S. 80
Uschner (Hrsg., 1999), S. 18
161 Kiessler & Elbe (1993), S. 45

162 Artikel: Motiv umgekehrt. In: Der Spiegel 29/1993, S. 37
Artikel: Als Knüppel. In: Der Spiegel 30/1993, S. 36
Artikel: Ein hochrangiges Werkzeug. In: Der Spiegel 46/1994, S. 77
163 Kiessler & Elbe (1993), S. 45
164 Artikel: Gorbatschow – Brandt. In: Neues Deutschland, 18.10.1989
165 Brandt (1989), S. 505
166 Ebd.
167 Schmidt (2008), S. 42
168 Artikel: Wollte Brandt die Einheit nicht?
In: B.Z. - Berlins größte Zeitung, 13.11. 2006
169 Brandt (1989), S. 199 f.
170 Artikel: Visafrei bis Hawaii. In: Der Spiegel 42/1999, S. 82
171 Es handelt sich hier um meine eigene Anfrage, die Günter Schabowski dankenswerterweise durchaus recht ausführlich beantwortet hat.
172 Diekmann & Reuth (1996), S. 108
173 Artikel: Glückwünsche von Präsident Mitterrand. In: Berliner Zeitung, 26.10.1989
174 Seebacher-Brandt, Brigitte (1994), Gorbatschow und die deutsche Einheit.
In: Magazin der Frankfurter Allgemeinen Zeitung, 17. Juni 1994
175 Diekmann & Reuth (1996), S. 108
176 Ash (1995), S. 410f.
177 Artikel: Überzeugung und Auftrag des anderen achten.
In: BZ am Abend, 20.10.1989
178 Artikel: Reisemöglichkeiten – was wir wollen und wer sich quer legt.
In: Neues Deutschland, 21.10.1989
179 Artikel: Gemeinsamkeit ist größer als Trennendes. In: BZ am Abend, 20.10.1989
180 Artikel: Kurz & knapp. Wolfenbüttel. In: BZ am Abend., 20.10.89
181 BZ am Abend, 20.10.1989
182 Artikel: Politik gegenüber der DDR muss neu bestimmt werden.
In: Berliner Zeitung, 27.10.1989
183 Artikel: DDR an guten Beziehungen zur BRD interessiert. In: Berliner Zeitung, 26.10.1989
184 Ebd.
185 Artikel: 10. ZK-Tagung für den 8.-10. November einberufen.
In: BZ am Abend, 25.10.1989
186 Artikel: Für Ratschläge hat die DDR keinen Bedarf.
In: Neues Deutschland, 24.10.1989
187 Artikel: Kurz & knapp. Kontakte gefragt. In: BZ am Abend, 26.10.1989
188 Artikel: Kohl zu Treffen mit Krenz. In: BZ am Abend, 25.10.1989
Seebacher-Brandt, Brigitte (1994), Gorbatschow und die deutsche Einheit.
In: Magazin der Frankfurter Allgemeinen Zeitung, 17. Juni 1994
189 Artikel: Für den Dialog gibt es keinerlei Begrenzung. In: BZ am Abend, 26.10.1989
190 Kiessler & Elbe (1993), S. 57
191 Honecker (1994), S. 130
Artikel: Kohl beharrt auf Obhutspflicht. In: Berliner Zeitung, 26.10.1989
192 Artikel: Krenz – kein Lenz. In: Der Spiegel 43/1999, S. 87 f.
Diekmann & Reuth (1996), S. 109
Seebacher-Brandt, Brigitte (1994), Gorbatschow und die deutsche Einheit.
In: Magazin der Frankfurter Allgemeinen Zeitung, 17. Juni 1994

193 Zastrow, Volker (1994), Egon Bahrs doppelte Null-Lösung.
In: Frankfurter Allgemeine Zeitung, 05.09.1994, S. 8
Artikel: Telefongespräch von Egon Krenz mit Helmut Kohl.
In: Berliner Zeitung, 27.10.1989
194 Ash (1995), S. 336
195 Artikel: Äußerungen Kohls zur Grenze sehr positiv.
In: Neues Deutschland, 27.10.1989
196 Artikel: Die Mauer muss weg. In: Der Spiegel 45/1999, S. 96
Zwar spricht der Spiegel vom 29. Oktober, aber ich richte mich nach dem Datum, das Günter Schabowski mir in unserer Korrespondenz nannte. Interessant ist ja auch bloß, dass die führenden Leute in Bonn und West-Berlin definitiv vor dem 9. November gewarnt wurden. Es fällt natürlich auf, dass auf der angeblichen Überraschung der Grenzöffnung seit drei Jahrzehnten herumgeritten wird.
197 Artikel: Honecker hat auf Pump gelebt. In: Focus 46/1999, S. 128
198 Ebd., S. 128 f.
199 Ebd.
Diekmann & Reuth (1996), S. 115
Chronik der Mauer. SED-Politbürovorlage: Analyse der ökonomischen Lage der DDR mit Schlussfolgerungen, 30. Oktober 1989 [online]. Verfügbar unter https://www.chronik-der-mauer.de/material/178898/sed-politbuerovorlage-analyse-der-oekonomischen-lage-der-ddr-mit-schlussfolgerungen-30-oktober-1989
200 Artikel: Honecker hat auf Pump gelebt. In: Focus 46/1999, S. 128f.
201 Uschner (Hrsg., 1999), S. 10f.
202 Artikel: Honecker hat auf Pump gelebt. In: Focus 46/1999, S. 128f.
203 Ebd.
Uschner (Hrsg., 1999), S. 11
204 Artikel: Rücktritt ist Fortschritt. In: Der Spiegel 44/1999, S. 96
Artikel: Ein souveräner Akt der DDR. In: Neues Deutschland, 11.11.1989
Diekmann & Reuth (1996), S. 116
205 Artikel: Rücktritt ist Fortschritt. In: Der Spiegel 44/1999, S. 96
Brandt (1989), S. 253
206 Morsey & Schwarz & Mensing (1991), S. 440
207 Krenz (1999), S. 247
Brief von Günter Schabowski im Archiv des Autoren.
208 Artikel: Eine Chronik des Grauens. In: Eulenspiegel, 07.10.2005 (satirefrei)
209 Schabowski (2009), S. 22 f.
210 Ebd., S. 25
Freund Schorlemmer bekam seine Verärgerung über den vergeigten Teilungsversuch offenkundig auch nachträglich nicht in den Griff. Auf die ihm eigene Art nahm Günter Schabowski seinen späteren Tobsuchtsanfall zur Kenntnis: „Seine Nächstenliebe habe ich mir inzwischen verscherzt; sie wandelte sich anderthalb Jahrzehnte später in giftige Aversion. In einem Zeitungsinterview überraschte er mich, indem er mich als den »Prototyp eines zynischen Wendehalses« bezeichnete. Und er lieferte dazu eine eigenschöpferische Reminiszenz an den 4. November. Vor der Rednertribüne soll ich seinen »Segen erbeten« haben. Aber er, der aufrechte Streiter des Herrn, habe ihn mir verweigert. Merkwürdig, da hatte ich mich doch noch gar nicht als »zynischer Wendehals« entpuppt." Merkwürdig ist doch wohl in erster Linie, dass der Streiter des Herrn dem Kommunisten Mut zusprach für den weiteren Aufbau des Sozialismus auf deutschem Boden. Dabei haben die Kommunisten die Christen mehrere Jahrzehnte länger bekämpft als es die Nazis zuvor getan hatten. Schabowski (2009), S. 25

211 Brandt (1989), S. 506 f.
212 Artikel: Vor fünf Jahren barst die Mauer.
In: Frankfurter Allgemeine Zeitung, 08.11.1994, S. 13
213 Arnold (1990), S. 28
214 Schabowski (2009), S. 26 ff.
215 Ebd.
216 Artikel: Die Mauer muss weg. In: Der Spiegel 45/1999, S. 87
217 Ebd., S. 88
218 Wolski (2020), S. 60
219 Diekmann & Reuth (1996), S. 118
220 Frankfurter Allgemeine Zeitung, 09.11.1989
221 Artikel: Wir haben an die Einheit geglaubt. In: Berliner Morgenpost, 21.08.2005
222 Kroh (2005), S. 23
223 Baring (1982), S. 173 f.
224 Schabowski (2009), S. 26 ff.
225 Diekmann & Reuth (1996), S. 120
Kroh (2005), Wendemanöver
226 Diekmann & Reuth (1996), S. 121
227 Ebd.
228 Ebd.
229 Sonntags-Rundblick aus Hamm in Westfalen am 4. Januar 2009
230 Ash (1995), S. 338 f.
231 Baring, Arnulf (1995), Er kratzte sich am Kopf und überflog das Papier.
In: Frankfurter Allgemeine Zeitung, 11.01.1995
232 Frankfurter Allgemeine Zeitung, 10.11.1989
233 Wolski (2020), S. 35f., 42, 46 und 60
234 YouTube (2011), Günter Schabowski: Pressekonferenz am 9. November 1989 [online]. Verfügbar unter https://www.youtube.com/watch?v=v7GExyp6T-g&t=2s [20.02.2021] speziell ab 2:55 min
235 Ebd.
Schabowski (2009), S. 28 f.
Artikel: Vor fünf Jahren barst die Mauer. In: Frankfurter Allgemeine Zeitung, 08.11.1994, S. 13
Artikel: Die Mauer muss weg. In: Der Spiegel 45/1999, S. 92ff.
236 Artikel: Vor fünf Jahren barst die Mauer. In: Frankfurter Allgemeine Zeitung, 08.11.1994, S. 13
237 Artikel: Die Mauer muss weg. In: Der Spiegel 45/1999, S. 92ff.
Schabowski (2009), S. 29
König, Ewald (2014), Der verschwiegene Mauerfall.
In: Die Presse, 31. Oktober 2014
Wikipedia (2021), Günter Pötschke [online]. Verfügbar unter https://de.wikipedia.org/wiki/G%C3%BCnter_P%C3%B6tschke [20.02.2021]
238 YouTube (2019), Schabowskis Pressekonferenz 09. 11. 1989 in voller Länge [online]. Verfügbar unter https://youtu.be/UN3pY_EJ7_8?t=2 [20.02.2021]
Artikel: Die Mauer muss weg. In: Der Spiegel 45/1999, S. 92ff.
239 Ebd.
240 Ebd.
Viele Jahre lang vermutete ich einen Zusammenhang zwischen dem Zeitpunkt der Grenzöffnung und dem Besuch der Bonner Delegation in Warschau. Doch das hätte vorausgesetzt, dass die Chefs im Osten bei ihren Gesprächen mit Politikern wie Mischnick, Kohl und Rau den Eindruck gewonnen hätten, dass sie die Grenze erst öffnen sollten, nachdem Reformen in der DDR auf den Weg gebracht waren

und erste Erfolge sichtbar wurden. Ich dachte, das hätte ihnen zu lange gedauert und deshalb hätten sie Bonn einfach vor vollendete Tatsachen gestellt. Auf meine diesbezügliche Anfrage äußerte sich Günter Schabowski so: „Ausschließlich die innere Lage der SED, die im Detail beschriebenen Schwierigkeiten des Regimes, der zunehmende Bevölkerungsdruck waren ausschlaggebend. Also kein vorsätzlicher »Überraschungscoup«. Die Reiseregelung war ja ein Schritt zu auf die Regierung in Bonn. Was hätte der Aufenthalt Kohls in Warschau in diesem Kontext beeinflussen können, sollen?" Ich habe allen Grund, Schabowskis schriftliche Einlassung so zu nehmen, wie sie ist, weil ich in zwei Telefonaten die Erregung hören konnte, mit der er seine Wahrnehmung der Ereignisse wiedergab. Besonders wichtig scheint ihm gewesen zu sein, dass in Ost-Berlin alle Chefs davon überzeugt waren, sie seien Bonn mit der Öffnung der Grenze entgegengekommen. Er schrieb dazu: „Natürlich stand Bonn positiv zur Grenzöffnung. Die Einheit anzustreben, war ja Verfassungsgrundsatz der Bundesrepublik. Von der SED war dieser Schritt darauf berechnet, uns für Bonn als Partner und Kreditnehmer zu empfehlen. Die Symptome der Ostblockauflösung bewirkten diese Kursänderung." Wenn ich die Antwort also für bare Münze nehme, bleibt als Motiv nur eine Mischung aus Panikreaktion und einer Gedankenlosigkeit übrig. In der Eile spielte die Überlegung dann wohl auch keine Rolle mehr, dass Kohl und Genscher ihren lange vorbereiteten Besuch in Warschau unterbrechen müssten. Schade. Das wäre die einzige richtig gute Nummer gewesen, die einer in der Ost-Berliner Staatsführung einmal vollbracht hat. Vor lauter Klassenkampf fiel demzufolge keinem relevanten Akteur auf, dass Bonn seit 1949 tatsächlich auf die Teilung Deutschlands hingearbeitet hat. Und das trotz der eigenen Propaganda dazu.

241 Aus der Antwort von Günter Schabowski auf meine Anfrage.

242 Wolski (2020), S. 60
YouTube (2019), Aktuelle Kamera vom 09.11.1989. Ganze Sendung [online]. Verfügbar unter https://www.youtube.com/watch?v=nC7LokVewXk [05.04.2021]

243 Die Darstellung von Martin Eckermann befindet sich im Archiv des Autoren.
Wolski (2020), S. 45
Arnold (1990), S. 27

244 Artikel: Die Mauer muss weg. In: Der Spiegel 45/1999, S. 95
Teltschik (1991), S. 13

245 Artikel: Die Mauer muss weg. In: Der Spiegel 45/1999, S. 95
Diekmann & Reuth (1996), S. 126

246 Artikel: Graue Eminenz mit feinem Gehör. In: Frankfurter Allgemeine Zeitung, 02.10.1994
Artikel: Die Mauer muss weg. In: Der Spiegel 45/1999, S. 95

247 Ebd.

248 Diekmann & Reuth (1996), S. 128

249 Teltschik (1991), S. 15
Artikel: Kohl für Gespräche mit SED-Generalsekretär Krenz. In: Neues Deutschland, 11.11.1989
Frankfurter Allgemeine Zeitung, 11.11.1989

250 Ash (1995), S. 507 f.

251 Artikel: Die Mauer muss weg. In: Der Spiegel 45/1999, S. 94

252 Aus dem Archiv des Autoren.
Das Bundesarchiv (1989). DJ 30/J IV 2/2/2359 Protokoll vom 9. November
Deutsche Welle (2021), Die Russen verschlafen den Mauerfall [online]. Verfügbar unter https://www.dw.com/de/die-russen-verschlafen-den-mauerfall/a-4864702 [18.02.2021]

253 Hertle (1999), 9./10. November 1989: Handlungsunfähigkeit des SED-Zentralkomitees [online]. Verfügbar unter https://www.chronik-der-mauer.de/material/180373/hans-hermann-hertle-9-10-november-1989-handlungsunfaehigkeit-des-sed-zentralkomitees [02.06.2021]. Nach: Hans-Hermann Hertle (1999). Chronik des Mauerfalls. Die dramatischen Ereignisse um den 9. November 1989, Berlin: Ch. Links Verlag

254 Artikel: Wir wissen einen. In: Junge Welt, 01.12.1999
Artikel: Die Mauer muss weg. In: Der Spiegel 45/1999, S. 100
Artikel: Ein souveräner Akt der DDR. In: Neues Deutschland, 11.11.1989
Artikel: Von deutschen Torschützen und sowjetischen Querpässen. In: Frankfurter Allgemeine Zeitung, 25.03.1993
Seebacher-Brandt, Brigitte (1994), Gorbatschow und die deutsche Einheit. In: Magazin der Frankfurter Allgemeinen Zeitung, 17. Juni 1994

255 Artikel: Die Mauer muss weg. In: Der Spiegel 45/1999, S. 96

256 Artikel: Vor fünf Jahren barst die Mauer. In: Frankfurter Allgemeine Zeitung, 08.11.1994, S. 13
Artikel: Gorbi, hilf uns. In: Der Spiegel 40/1999, S. 94

257 Teltschik (1991), S. 16

258 Genscher (1995), S. 657
Diekmann & Reuth (1996), S. 131 f.

259 Artikel: Von deutschen Torschützen und sowjetischen Querpässen. In: Frankfurter Allgemeine Zeitung, 25.03.1993
Seebacher-Brandt, Brigitte (1994), Gorbatschow und die deutsche Einheit. In: Magazin der Frankfurter Allgemeinen Zeitung, 17. Juni 1994
Artikel: Kohl für Gespräche mit SED-Generalsekretär Krenz. In: Neues Deutschland, 11.11.1989

260 Diekmann & Reuth (1996), S. 131 f.

261 Ebd., S. 132

262 Frankfurter Allgemeine Zeitung, 11.11.1989
Reisen bildet und Eindrücke prägen Menschen. Diese Geschichte habe ich im Hamburger Magazin Der Spiegel gefunden: „»Die Hitler kommen und gehen, das deutsche Volk aber, der deutsche Staat – bleibt.« Mit diesem Stalin-Zitat von 1942 belehrte ein Tankwart auf der Autobahn bei Mannheim im Mai 1975 einen russischen Reisenden. Und er fügte hinzu: »Aber Stalin teilte den deutschen Staat.« Diese Begegnung brachte den noch unbekannten Provinzsekretär Michail Gorbatschow, wie er später dem SPIEGEL erzählte, »zum Nachdenken«. Seinem Dolmetscher Wiktor Rykin sagte er damals voraus, der Tag der deutschen Vereinigung werde kommen, die Mauer in Berlin sei »völlig absurd«." Aus dem Artikel: Ein Marschall auf meinem Sessel. In: Der Spiegel 40/1999, S. 92

263 Artikel: Kundgebung in Berlin (West) vor Schöneberger Rathaus. In: Neues Deutschland, 11.11.1989

264 Artikel: Verantwortung und Augenmaß notwendig. In: Neues Deutschland, 11.11.1989
Diekmann & Reuth (1996), S. 135 und 181

265 Artikel: Vogel: Nicht als „Belehrende" benehmen. In: Neues Deutschland, 11.11.1989

266 Artikel: Ich liebe doch alle. In: Der Spiegel 46/1999, S. 179
Diekmann & Reuth (1996), S. 261
Teltschik (1991), S. 32 f.
Artikel: Wir wollen raus. In: Der Spiegel 39/1999, S. 53

267 Uschner (Hrsg., 1999), S. 33f.

268 Kuczynski (1969), S. 98 f.
YouTube (2015), Rede von Willy Brandt am 10. November 1989 [online]. Verfügbar unter https://www.youtube.com/watch?v=yG2na6loYgc&t=303s [25.02.21]
269 Brandt (1989), S. 502
Diekmann & Reuth (1996), S. 136
Winkler (2002), S. 519
270 Brandt (1989), S. 502ff.
271 Artikel: EG wollen Stabilität in Europa und Kooperation mit der DDR. In: Neues Deutschland, 11.11.1989
Artikel: Kohl und Genscher sprachen Dank an die Verbündeten und Moskau aus. In: Berliner Morgenpost, 12.11.1989
Teltschik (1991), S. 21
272 Diekmann & Reuth (1996), S. 137 f.
Kroh (2005), S. 64
273 Artikel: Die Mauer muss weg. In: Der Spiegel 45/1999, S. 100
Teltschik (1991), S. 22
274 Artikel: Die Mauer muss weg. In: Der Spiegel 45/1999, S. 100
Artikel: Helmut Kohl will SED-Chef Krenz noch vor Weihnachten treffen. In: Berliner Morgenpost, 12.11.1989
Seebacher-Brandt, Brigitte (1994), Gorbatschow und die deutsche Einheit. In: Magazin der Frankfurter Allgemeinen Zeitung, 17. Juni 1994
275 Artikel: Kohl und Genscher sprachen Dank an die Verbündeten und Moskau aus. In: Berliner Morgenpost, 12.11.1989
276 Diekmann & Reuth (1996), S. 143
Artikel: Wolf: Alte Strukturen bei ZK-Tagung. In: Berliner Morgenpost, 12.11.1989
277 Artikel: Was sonst noch passierte. In: Neues Deutschland, 11.11.1989
278 Artikel: Innerdeutsche Dynamik steigert Unruhe in Polen. In: Berliner Morgenpost, 12.11.1989
279 Artikel: Besucherstrom wird kaum noch kontrolliert. In: Berliner Morgenpost, 12.11.1989
280 Artikel: Is it possible? In: Newsweek, 20.11.1989, S. 39
281 Artikel: Egon Bahrs doppelte Null-Lösung. In Frankfurter Allgemeine Zeitung, 05.09.1994
282 Artikel: Visafrei bis Hawaii. In: Der Spiegel 42/1999, S. 79f.
283 Artikel: Ich liebe doch alle. In: Der Spiegel 46/1999, S. 179
284 Artikel: Polen und BRD für bestehende Grenzen. In: Junge Welt, 15.11.1989, S. 7
285 Diekmann & Reuth (1996), S. 145 ff.
286 Ebd.
287 Ebd.
288 Dönhoff (1992), S. 306 f.
289 Artikel: Wiedervereinigung unerwünscht? In: Frankfurter Allgemeine Zeitung, 19.09.1994
Artikel: Ich liebe doch alle. In: Der Spiegel 46/1999, S. 182
290 Ebd., S. 182
291 Ebd.
292 Ebd.
293 Arnold (2000), S. 186
294 Schalck-Golodkowski (2000), S. 136
295 Artikel: Ich liebe doch alle. In: Der Spiegel 46/1999, S. 186
296 Kiessler & Elbe (1993), S. 47 f.
297 Seebacher (2004), S. 303

298 Teltschik (1991), S. 36 f.
299 Ebd., S. 44
300 Ebd., S. 45
Schabowski (2009), S. 194
301 Diekmann & Reuth (1996) S. 149
302 Schabowski (2009), S. 194 f.
303 Kroh (2005), S. 37
Teltschik (1991), S. 21 und 37
304 Artikel: Ich liebe doch alle. In: Der Spiegel 46/1999, S. 191
305 Diekmann & Reuth (1996), S. 303
Artikel: Ich liebe doch alle. In: Der Spiegel 46/1999, S. 191
306 Ebd.
307 Brandt (1989), S. 272
308 Honecker (1994), S. 51
309 Diekmann & Reuth (1996), S. 150
Genscher (1995), S. 663
Teltschik (1991), S. 38
310 Krenz (1999), S. 302 f.
311 Winkler (2002), S. 520
312 Salmon u. a. (Hrsg., 2010), S. 216
Augstein, Rudolf (2012), Der Unbequeme [online]. Verfügbar unter https://www.spiegel.de/politik/der-unbequeme-a-cefa6350-0002-0001-0000-000009286999 [06.04.2021]
313 Teltschik (1991), S. 40
314 Artikel: Ein Marschall auf meinem Sessel. In: Der Spiegel 40/1999, S. 94
315 Artikel: Die un(v)erhoffte Einheit. In: Der Spiegel., Heft 39/1999, S. 53
316 Haffner (1982), S. 116
317 Artikel: Die un(v)erhoffte Einheit. In: Der Spiegel, 39/1999, S. 53
318 Plato (2002), S. 36
Teltschik (1991), S. 43
319 Artikel: Die un(v)erhoffte Einheit. In: Der Spiegel, 39/1999, S. 53
Artikel: Ein Marschall auf meinem Sessel. In: Der Spiegel 40/1999, S. 92
320 Strauß (1989), S. 191
321 Artikel: Wir sind ein Volk. In: Der Spiegel 47/1999, S. 166
322 Strauß (1989), S. 257
323 Artikel: Wir sind ein Volk. In: Der Spiegel 47/1999, S. 166
324 Plato (2002), S. 119
325 Die Darlegung geht auf einen Text von Werner Weidenfeld zurück, den ich im Internet allerdings nicht mehr finden kann.
326 Artikel: Volksauge, sei wachsam. In: Der Spiegel 48/1999, S. 92
327 Diekmann & Reuth (1996), S. 160
328 Brandt (1989), S. 342
329 Plato (2002), S. 119
330 Kiessler & Elbe (1993), S. 49
331 Siehe Endnote 325.
332 Winkler (2002), S. 327
333 Teltschik (1991), S. 48
Artikel: Die un(v)erhoffte Einheit. In: Der Spiegel, 39/1999, S. 53
334 Genscher (1995), S. 671
335 Schmidt (1949), S. 434f.
Quigley (2010), S. 99
336 Genscher (1995), S. 669

337 Hinck (2007), S. 95
338 Ebd.
339 Ebd.
340 Ladenthin (2007), S. 13
Genscher (1995), S. 672
341 Artikel: Volksauge sei wachsam. In: Der Spiegel 48/1999, S. 93
342 Ebd.
343 Kiessler & Elbe (1993), S. 236 ff.
344 Ebd., S. 236 bis 240
345 Artikel: Ein Marschall auf meinem Sessel. In: Der Spiegel 40/1999, S. 94
Artikel: Die Mauer muss weg. In: Der Spiegel 45 /1999, S. 100
Diekmann & Reuth (1996), S. 167
346 Kroh (2005), S. 237
347 Diekmann & Reuth (1996), S. 175
348 Plato (2002), S. 125
349 Genscher (1995), S. 672 f.
350 Ebd.
351 Ebd., S. 475 f.
352 Plato (2002), S. 215
353 Genscher (1995), S. 95 f.
354 Ebd., S. 672 f.
Diekmann & Reuth (1996), S. 175
355 Ebd., S. 180
356 Genscher (1995), S. 673
357 Kiessler & Elbe (1993), S. 53
358 Plato (2002), S. 215
Kiessler & Elbe (1993), S. 21
359 Diekmann & Reuth (1996), S. 176
360 Ebd., S. 182 f.
361 Ebd., S. 183
362 Kiessler & Elbe (1993), S. 55
363 Diekmann & Reuth (1996), S. 183
364 Genscher (1995), S. 676
365 Ash (1995), S. 10
366 Genscher (1995), S. 676
367 Kroh (2005), S. 239f.
368 Ebd., S. 8 und 245
369 Ebd., S. 250
370 Ebd., S. 203
Er bezieht sich auf Angaben des Spiegel aus Hamburg.
371 Kroh (2005), S. 117 f.
372 Fragen Sie mich bitte nicht, auf welcher Seite ich diesen Edelstein gefunden habe. Lesen Sie die Erinnerungen von Strauß komplett, um Ihr linkes beziehungsweise Ihr rechtes Weltbild endlich über Bord zu werfen. Fangen Sie einfach an, sich Ihr eigenes Weltbild aufzubauen. Weit weg von böse und gut. Das ist sehr tief religiös. Entscheiden Sie selbst, was inhaltlich richtig und was inhaltlich falsch ist.
373 Kroh (2005), S. 117f.
374 Genscher (1995), S. 676 f.
375 Kiessler & Elbe (1993), S. 61
376 Artikel: Zwischen dem Herz in Moskau und dem Verstand in Bonn.
In: Frankfurter Rundschau, 18.04.1998

377 Genscher (1995), S. 677 f.
378 Ebd., S. 678
379 Artikel: Die politische Logik einer unglaublichen Geschichte. In: Berliner Morgenpost, 24.01.2000
380 Ebd.
381 Ebd.
382 Genscher (1995), S. 678
383 Diekmann & Reuth (1996), S. 103
384 Artikel: Volksauge sei wachsam. In: Der Spiegel 48/1999, S. 102
385 Plato (2002), S. 36
386 Genscher (1995), S. 681
387 Artikel: Volksauge sei wachsam. In: Der Spiegel 48/1999, S. 107
388 Teltschik (1991), S. 67
389 Ebd., S. 64
390 Ebd., S. 65
391 Ebd., S. 66
392 Ebd., S. 67
393 Genscher (1995), S. 683
394 Ebd.
395 Plato (2002), S. 123
Genscher (1995), S. 684f.
396 Artikel: Ein Marschall auf meinem Sessel. In: Der Spiegel 40/1999, S. 94
397 Teltschik (1991), S. 68
398 Andert, Reinhold & Herzberg, Wolfgang (1990), Der Sturz. Interview mit Erich Honecker. In: Wochenpost 47/1990, S. 22, Mitte November 1990
399 Ebd.
400 Maier & Göbel (1999), S. 37
401 Ebd.
402 Ebd., S. 90
Arnold (1990), S. 25
403 Zitate berühmter Personen (2021). Zitate von Günter Schabowski [online]. Verfügbar unter https://beruhmte-zitate.de/autoren/gunter-schabowski/ [05.03.2021]
404 stern (01.09.2004), Günter Schabowski. Vom Politbüro aufs CDU-Podium [online]. Verfügbar unter https://www.stern.de/politik/deutschland/guenter-schabowski-vom-politbuero-aufs-cdu-podium-3076386.html [19.03.2021]
405 Andert & Herzberg (Buch aus dem Jahr 1990), S. 421
406 Andert, Reinhold & Herzberg, Wolfgang (1990), Der Sturz. Interview mit Erich Honecker. In: Wochenpost 47/1990, S. 22, Mitte November 1990
Ash (1995), S. 229
407 Obst (1973), S. 55
408 Artikel: Zwischen dem Herz in Moskau und dem Verstand in Bonn. Frankfurter Rundschau, 18.04.1998
409 Artikel: Ein Marschall auf meinem Sessel. In: Der Spiegel 40/1999, S. 94
410 Artikel: Zwischen dem Herz in Moskau und dem Verstand in Bonn. Frankfurter Rundschau, 18.04.1998
411 Genscher (1995), S. 691 f.
412 Gaus (1986), S. 40 f.
413 Genscher (1995), S. 693
414 Ebd., S. 696
415 Ebd.
416 Ebd., 697

417 Kroh (2005), S. 239
418 Neues Deutschland, 18.12.1989
419 Ebd., 20.12.1989
420 Teltschik (1991), S. 83
421 Artikel: Volksauge, sei wachsam. In: Der Spiegel 48/1999, S. 94
Artikel: Holt die Stricke. In: Der Spiegel 49/1999, S. 72
422 Genscher (1995), S. 697
423 Artikel: Täter hinter Tätern. In: Frankfurter Allgemeine Zeitung, 02.12.1993
424 Wikipedia (2021), Ludwig Geißel [online]. Verfügbar unter
https://de.wikipedia.org/wiki/Ludwig_Gei%C3%9Fel [03.03.2021]
425 Ebd.
426 Plato (2002), S. 159
427 Arnold (1990), S. 91
428 Ebd., S. 91
429 Kiessler & Elbe (1993), S. 76
Artikel: Gemeinsame Mitteilung der Regierungschefs. In: Neues Deutschland, 20.12.1989, S. 1f. und S. 6
430 Ebd.
Kiessler & Elbe (1993), S. 76
431 Plato (2002), S. 162
432 Artikel: Volk bleibt Volk. In: Die Zeit, 16.03.2000
433 Diekmann & Reuth (1996), S. 222
434 Artikel: Gemeinsame Mitteilung der Regierungschefs. In: Neues Deutschland, 20.12.1989, S. 1f. und S. 6
Artikel: Wir wurden in Dresden wie kleine Würstchen behandelt.
In: Berliner Morgenpost, 20.12.199
Der Vergleich der beiden Diktaturen wurde übrigens für zulässig erklärt.
Sie finden das im Artikel: Der Abschlussbericht der Enquête-Kommission.
In: Frankfurter Allgemeine Zeitung, 18.06.1994, Fortsetzung auf S. 2
435 Seebacher (2004), 309 ff.
436 Ebd.
437 Ebd.
438 Ebd.
439 Ebd.
440 Artikel: Macht das Tor auf. In: Der Spiegel 51/1999, S. 128
441 Artikel: Egon Bahrs doppelte Null-Lösung. In: Frankfurter Allgemeine Zeitung, 05.09.1994
Ein schönes Beispiel für die Bilder, auf denen Oskar Lafontaine Unseren Erich (Honecker) anstrahlte, findet sich in Der Spiegel 35/1992, S. 62. Ich selbst habe noch die Bilder aus dem Neuen Deutschland der achtziger Jahre im Kopf. Da ist null Reflexion über die Zustände in der DDR im Gesicht, bis hin zu den Leuten, die wegen ihrer mangelhaften Zuneigung zum Regime im Knast verrottet sind.
442 Kiessler & Elbe (1993), S. 61
443 Genscher (1995), S. 705
444 Artikel: Macht das Tor auf. In: Der Spiegel 51/1999, S. 133
445 Ebd.
446 Wolski (2020), S. 77f. und 80
447 Artikel: Mitterrand rechnet mit europäischer Konföderation.
In: Neues Deutschland, 02.01.1990, S. 5
448 Teltschik (1991), S. 97
449 Ebd.
450 Ebd., S. 98

451 Teltschik (1991), S. 99
452 Ebd.
453 Ebd.
454 Uschner (Hrsg., 1999), S. 11
455 Wolski (2020), S. 26
456 Teltschik (1991), S. 104
457 Ebd.
Artikel: Der Abschlussbericht der Enquête-Kommission.
In: Frankfurter Allgemeine Zeitung, 18.06.1994, Fortsetzung auf S. 2
458 Teltschik (1991), S. 104
459 Schmidt (1987), S. 126
460 Genscher (1995), S. 243
461 Ebd., S. 712 f.
462 Haffner (1982), S. 256
463 Diekmann & Reuth (1996), S. 254
464 Teltschik (1991), S. 114
465 Kiessler & Elbe (1993), S. 63
466 Plato (2002), S. 236
467 Teltschik (1991), S. 112
468 Margaret Thatcher Foundation (2021), German unification: No.10 memorandum of conversation (MT & President Mitterrand) [prospect of unification had turned them into "the 'bad' Germans they used to be"] [declassified 2010] [online]. Verfügbar unter https://www.margaretthatcher.org/document/113883 [10.03.2021]
Vgl. German Unification 1989-1990: Documents on British Policy Overseas Section III, zusammengestellt für das Londoner Foreign Office vom Historiker Patrick Salmon, Letter from Mr Powell (No. 10) to Mr Wall, 20 January 1990, S. 217.
469 Ebd.
470 Ebd.
471 Teltschik (1991), S. 114
Artikel: Die un(v)erhoffte Einheit. In: Der Spiegel 39/1999
Artikel: Ein Marschall auf meinem Sessel. In: Der Spiegel 40/1999, S. 94
472 Kiessler & Elbe (1993), S. 76
473 Matthäus-Maier, Ingrid (1990), Signal zum Bleiben. In: Die Zeit vom 19.01.1990 [online]. Verfügbar unter https://www.zeit.de/1990/04/signal-zum-bleiben/komplettansicht [27.03.2021]
474 Seebacher (2004), S. 313
475 Uschner (Hrsg., 1999), S. 30, 32 und 34
476 Teltschik (1991), S. 115
477 Arnold (1990), S. 78
478 Seebacher (2004), S. 316 f.
479 Ash (1995), S. 533
480 Diekmann & Reuth (1996), S. 253
481 Seebacher (2004), S. 319
482 Ebd.
483 Genscher (1995), S. 715
484 Artikel: Macht das Tor auf. In: Der Spiegel 51/1999, S. 130
Brandt (1989), S. 341
Seebacher (2004), S. 321 f.
485 Ebd.

486 Winkler (1997), S. 139 f.
487 Ebd., S. 140
488 Ebd.
489 Ebd.
490 Diekmann & Reuth (1996), S. 255 f.
Teltschik (1991), S. 124
491 Ebd., S. 124f.
492 Genscher (1995), S. 715
493 Diekmann & Reuth (1996), S. 259
494 Böhme & Wirtgen (Hrsg., 1993), S. 500
495 Bandulet (2016), S. 166
496 Böhme & Wirtgen (Hrsg., 1993), S. 500
497 Winkler (1997), S. 138 f.
498 Kiessler & Elbe (1993), S. 95
499 Ebd., S. 93
Delmer (1963), S. 715
500 Artikel: Deutsche müssen selbst wissen, welchen Weg sie gehen.
In: Berliner Morgenpost, 10.02.2000
Plato (2002), S. 265
501 Schabowski (2009), S. 179
502 Plato (2002), S. 265
503 Ebd.
504 Artikel: Deutsche müssen selbst wissen, welchen Weg sie gehen.
In: Berliner Morgenpost, 10.02.2000
Teltschik (1991), S. 142
505 Artikel: Deutsche müssen selbst wissen, welchen Weg sie gehen.
In: Berliner Morgenpost, 10.02.2000
506 Diekmann & Reuth (1996), S. 279
507 Kiessler & Elbe (1993), S. 98
Teltschik (1991), S. 144
508 Ebd.
509 Ebd., S. 145
510 Genscher (1995), S. 730 f.
511 Kiessler & Elbe (1993), S. 13f.
512 Teltschik (1991), S. 150
513 Diekmann & Reuth (1996), S. 300
514 Ebd., S. 302 f.
515 Kiessler & Elbe (1993), S. 82
516 Teltschik (1991), S. 201
517 Genscher (1995), S. 733
518 Ebd.
519 Kiessler & Elbe (1993), S. 25 f.
520 Diekmann & Reuth (1996), S. 303
521 Artikel: Hammerfest des Jahres. In: Frankfurter Allgemeine Zeitung, 15.07.1994
522 Diekmann & Reuth (1996), S. 300
523 Teltschik (1991), S. 159 f.
524 Ebd., S. 161
525 Brandt (1989), S. 251 ff.
526 Teltschik (1991), S. 163
527 Kiessler & Elbe (1993), S. 116
528 Ebd., S. 115 f.
529 Ebd., S. 117 f.

530 Diekmann & Reuth (1996), S. 245
531 Ebd.
532 Ebd., S. 301
533 Kiessler & Elbe (1993), S. 116
534 Sachsen-Spiegel, 09.03.1990, S. 7
535 Kiessler & Elbe (1993), S. 116 f.
536 Diekmann & Reuth (1996), S. 322
537 Kiessler & Elbe (1993), S. 117 f.
538 Wikipedia (2021), Herbert Czaja [online]. Verfügbar unter https://de.wikipedia.org/wiki/Herbert_Czaja [14.03.2021]
539 Ebd.
540 Wikipedia (2021), Herbert Hupka [online]. Verfügbar unter https://de.wikipedia.org/wiki/Herbert_Hupka [14.03.2021]
541 Siebenbürgische Zeitung (2021), Trauer um Herbert Hupka [online]. Verfügbar unter https://www.siebenbuerger.de/zeitung/artikel/kultur/5690-trauer-um-herbert-hupka.html [14.03.2021]
542 Wikipedia (2021), Philipp von Bismarck [online]. Verfügbar unter https://de.wikipedia.org/wiki/Philipp_von_Bismarck
543 Teltschik (1991), S. 171
544 Artikel: Diskretes Unbehagen über die Deutschen. In: Sachsen-Spiegel, 09.03.1990, S. 7
545 Schmidt (2008), S. 77
546 Ebd., S. 114 f.
547 Teltschik (1991), S. 172
548 Artikel: Die Reparationsfrage wird immer akuter. In: Sachsen-Spiegel, 09.03.1990
549 Winkler (1997), S. 133
550 Seebacher (2004), S. 327
551 Kiessler & Elbe (1993), S. 163
552 Teltschik (1991), S. 182
553 Ebd., S. 183
554 Pollmann (1989), S. 958
Teltschik (1991), S. 185
555 Ebd., S. 186
556 Kiessler & Elbe (1993), S. 118
557 Teltschik (1991), S. 205f.
558 Ebd., S. 212 f.
559 Artikel: Durch Erhängen mit seinem Hosengürtel am Fenstergitter. In: Berliner Zeitung, 18.04.1995
560 Artikel: Volksauge, sei wachsam. In: Der Spiegel 48/1999, S. 111
561 Artikel: Der Schalck-Ausschuss erhält keine Einsicht in Geheimakten zur Struktur der KoKo. In: Frankfurter Allgemeine Zeitung, 04.12.1993
562 Focus, 21/1994, S. 70 f.
563 Artikel: Ich bin ohne Nachsicht. In: Der Spiegel 04/1994, S. 26
564 Artikel: Unverantwortlicher Innenminister. In: Frankfurter Allgemeine Zeitung, 15.11.1993
565 Artikel: ... um diese Republik in die Luft zu sprengen. In: Berliner Morgenpost, 05.04.2000
566 Ebd.
567 Teltschik (1991), S. 220
568 Kiessler & Elbe (1993), S. 122

569 Teltschik (1991), S. 224
570 Ebd.
571 Ebd., S. 226
572 Ebd.
573 Ebd., S. 228
574 Ebd., S. 226
575 Winkler (1997), S. 136
576 Genscher (1995), S. 733
577 Ebd., S. 471
578 Kiessler & Elbe (1993), S. 82 f.
579 Ebd., S. 83 f.
580 Ebd., S. 87
581 Teltschik (1991), S. 159 f.
582 Artikel: Zwischen dem Herz in Moskau und dem Verstand in Bonn. In: Frankfurter Rundschau, 18.04.1998
583 Herbert Hupka aus seiner Erklärung zur Entschließung von Bundesag und Volkskammer vom 21.06.1990 [online]. Verfügbar unter https://www.deutscheundpolen.de/frames/popup_zitat_jsp/key=hher_421.html [27.05.2021]
584 Kiessler & Elbe (1993), S. 172 f.
585 Ebd., S. 173
586 Seebacher-Brandt, Brigitte (1994), Gorbatschow und die deutsche Einheit. In: Magazin der Frankfurter Allgemeinen Zeitung, 17. Juni 1994
Diekmann & Reuth (1996), S. 434
587 Kiessler & Elbe (1993), S. 168
Namier (1949), S. 75
Hitler verwendet diesen Begriff nach Namiers Quellenstudium beispielsweise in einem Gespräch mit dem polnischen Botschafter Józef Beck im Januar 1939.
588 Diekmann & Reuth (1996), S. 432
589 Kiessler & Elbe (1993), S. 178
590 Ebd., S. 178 f.
591 Genscher (1995), S. 844f.
592 Kiessler & Elbe (1993), S. 180
593 Ebd., S. 180
594 Genscher (1995), S. 844f.
595 Ebd.
596 Kiessler & Elbe (1993), S. 122
597 Ebd., S. 181
Genscher (1995), S. 846
598 Dönhoff (1992), S. 306 f.
599 Wolski (2020), S. 80f.
Spiegel online (21.05.2010), Moskau bot Verhandlungen über Ostpreußen an [online]. Verfügbar unter https://www.spiegel.de/politik/deutschland/wiedervereinigung-moskau-bot-verhandlungen-ueber-ostpreussen-an-a-695928.html [18.03.2021]
600 Kiessler & Elbe (1993), S. 202 f.
601 Hofer (Hrsg., 1957), S. 333 f.

Literaturauswahl

Andert, Reinhold & Herzberg, Wolfgang (1990). Der Sturz. Erich Honecker im Kreuzverhör. Berlin und Weimar: Aufbau-Verlag

Arnold, Karl-Heinz (1990). Die ersten hundert Tage – Hans Modrow. Berlin: Dietz Verlag

Arnold, Karl-Heinz (2000). Zeitung – Ein Journalist berichtet. Berlin: edition ost

Ash, Timothy Garton (1995). Im Namen Europas. Deutschland und der geteilte Kontinent. Frankfurt am Main: Fischer Taschenbuch Verlag

Baring, Arnulf in Zusammenarbeit mit Manfred Görtemaker (1982). Machtwechsel – Die Ära Brandt – Scheel. Mit der schönen Widmung: Den Freunden. (Dann hätte er auch gleich schreiben können: Denen gewidmet, die eingeweiht sind.) Stuttgart: Deutsche Verlags-Anstalt.

Bandulet, Bruno (2016). Beuteland. Die systematische Plünderung Deutschlands seit 1945. Rottenburg: Kopp Verlag

Boberach, Heinz (Hg., 1984). Meldungen aus dem Reich. Die geheimen Lageberichte des Sicherheitsdienstes der SS. 1938-1945, Band Nr. 12, Herrsching: Pawlak Verlag Herrsching

Brandt, Willy (1989). Erinnerungen. Berlin: Verlag Ullstein GmbH

Brandt, Willy (2014). Kommen Sie aus Deutschland oder aus Überzeugung? Politische Witze. München: Deutscher Taschenbuch Verlag

Böhme, Erich & Wirtgen, Klaus (Hrsg., 1993). Die Spiegel-Gespräche (mit Willy Brandt). Stuttgart: Deutsche Verlags-Anstalt

Critchfield, James H. (2005). Auftrag Pullach. Die Organisation Gehlen 1948-1956. Hamburg, Berlin, Bonn: Verlag E. S. Mittler & Sohn

Delmer, Sefton (1963). Die Deutschen und ich. Überarbeitete Sonderauflage. Hamburg: Nannen-Verlag GmbH

Diekmann, Kai & Reuth, Ralf Georg (1996). Helmut Kohl. Ich wollte Deutschlands Einheit. Berlin: Propyläen Verlag

Dönhoff, Marion Gräfin von (1992). Deutschland deine Kanzler. München: Goldmann Verlag

Dornberg, John (1968). Deutschlands andere Hälfte. Profil und Charakter der DDR. München: Heyne Sachbuch

Drabkin, Jakov (2014). Die Idee der Weltrevolution und ihre Transformation in der Kominterngeschichte. Beitrag aus Weber, Hermann & Drabkin, Jakov & Bayerlein, Bernhard H. & Galkin, Aleksandr (2014). Deutschland, Russland, Komintern. I. Überblicke, Analysen, Diskussionen. Berlin, Boston: Walter de Gruyter GmbH

Felfe, Heinz (1989). Im Dienst des Gegners. Autobiographie. Berlin: Verlag der Nation

Fest, Joachim C. (1994). Staatsstreich. Der lange Weg zum 20. Juli. Berlin: Wolf Jobst Siedler Verlag

Friedrich, Jörg (2007). Yalu. An den Ufern des dritten Weltkriegs. Berlin: Propyläen Verlag

Gaus, Günter (1986). Die Welt der Westdeutschen. Köln: Kieperheuer & Witsch

Gehlen; Reinhard (1971). Der Dienst. Erinnerungen 1942 – 1971. Mainz und Wiesbaden: v. Hase & Koehler Verlag

Genscher, Hans-Dietrich (1995). Erinnerungen. Jubiläumsausgabe 1999, Berlin: Wolf Jobst Siedler Verlag GmbH

Giefer, Rena & Giefer, Thomas (1991). Die Rattenlinie. Fluchtwege der Nazis. Eine Dokumentation. Frankfurt/Main: Anton Hain

Haffner, Sebastian (1982). Haffner zur Zeitgeschichte. München: Kindler Verlag

Heitkam, Barbara & Kubale, Sibylle & Schmieder, Sven (Übersetzer, 1990). „Unpersonen" – Wer waren sie wirklich? Bucharin – Rykow – Trotzki – Sinowjew Kamenev. Berlin: Dietz Verlag

Hinck, Gunnar (2007). Eliten in Ostdeutschland. Warum den Managern der Aufbruch nicht gelingt. Berlin: Christoph Links Verlag

Hofer, Walther (Hrsg., 1957). Der Nationalsozialismus. Dokumente 1933 – 1945. Frankfurt am Main: Fischer Verlag

Honecker, Erich (1994). Honecker. Moabiter Notizen. Berlin: edition ost

Kiessler, Richard & Elbe, Frank (1993). Ein runder Tisch mit scharfen Ecken: Der diplomatische Weg zur deutschen Einheit. Baden-Baden: Nomos-Verlagsgesellschaft

Krenz, Egon (1999). Herbst '89. Berlin: Verlag Neues Leben

Krenz, Egon (2000). Das Schlusswort von Egon Krenz nach seiner Verurteilung im Prozess um die Toten an den innerdeutschen Grenzen vom 18. August 1997 in einem Brief an den Verfasser vom 3. Juli 2000

Krieger Wolfgang (2007). „Dr. Schneider" und der BND, in: Wolfgang Krieger (Hrsg.), Geheimdienste in der Weltgeschichte – Von der Antike bis heute. Köln: Anaconda Verlag GmbH

Kroh, Ferdinand (2005). Wendemanöver – Die geheimen Wege zur Wiedervereinigung. München und Wien: Carl Hanser Verlag

Kuczynski, Jürgen (1969). So war es wirklich – Ein Rückblick auf 20 Jahre Bundesrepublik. Berlin: Staatssekretariat für westdeutsche Fragen

Ladenthin, Volker (Hrsg., 2007). Ich bin nun, wie ich bin. Goethe zum Vergnügen. Stuttgart: Philipp Reclam jun. GmbH

Maier, Wilfried & Göbel, Jana (1999). Vaterland, Tochterland. Berlin: Karl Dietz Verlag

Morsey, Rudolf & Schwarz, Hans-Peter (Hrsg.) & Mensing, Hans Peter (Bearbeitung, 1991). Adenauer im Dritten Reich. Rhöndorfer Ausgabe. Berlin: Wolf Jobst Siedler Verlag GmbH

Namier, Lewis Bernstein (1949). Diplomatisches Vorspiel 1938-1939. Berlin: Oswald Arnold Verlag

Obst, Werner (1973). DDR-Wirtschaft. Modell und Wirklichkeit. Hamburg: Hoffmann und Campe

Plato, Alexander von (2002). Die Vereinigung Deutschlands – ein weltpolitisches Machtspiel. Berlin: Ch. Links Verlag

Pollmann, Bernhard (1989). Lesebuch zur deutschen Geschichte. Texte und Dokumente aus zwei Jahrtausenden. Dortmund: Harenberg

Pozsgai, Joseph (2006). Der Preis der Wende. Gorbatschows Masterplan für den Systemwechsel. München: Olzog Verlag

Quigley, Carrol (2010). Appeasement. Die britische Mitschuld am Zweiten Weltkrieg. Berlin: Kai Homilius Verlag, Compact

Reynolds, David (2007). From World War to Cold War: Churchill, Roosevelt, and the International History of the 1940s. Oxford: Oxford University Press

Rothfels, Hans (1960). Die deutsche Opposition gegen Hitler. Ungekürzte, stark revidierte Ausgabe, Frankfurt am Main und Hamburg: Fischer Bücherei KG

Salmon, Patrick u. a. (Hrsg., 2010). Documents on British Foreign Policy: German Unification. 1989-90. London: Archiv des Foreign and Commonwealth Office

Schabowski, Günter (2009). Günter Schabowski im Gespräch mit Frank Sieren. Wir haben fast alles falsch gemacht. Berlin: Econ Verlag

Schalck-Golodkowski, Alexander (2000). Deutsch-deutsche Erinnerungen. Reinbek bei Hamburg: Rowohlt Taschenbuch

Schallmoser, Ulrich (1994). Statik und Dynamik der deutschen Frage. Marburg: Tectum Verlag

Scheel, Walter (1986). Wen schmerzt noch Deutschlands Teilung? Zwei Reden zum 17. Juni. Reinbek bei Hamburg: Rowohlt Taschenbuch Verlag GmbH

Schmidt, Helmut (1987). Menschen und Mächte. Berlin: Wolf Jobst Siedler Verlag

Schmidt, Helmut (2008). Außer Dienst – Eine Bilanz. München: Siedler Verlag

Schmidt, Paul (1949). Statist auf diplomatischer Bühne 1923–1945. Ausgabe von 1961. Frankfurt/Main und Bonn: Athenäum Verlag

Schmidt-Eenboom, Erich (2004). Geheimdienst, Politik und Medien, Meinungsmache Undercover. Kai Homilius Verlag, Edition Zeitgeschichte, Band 16

Seebacher, Britte (2004). Willy Brandt. München: Piper Verlag GmbH

Strauß, Franz Josef (1989). Die Erinnerungen. Berlin: Wolf Jobst Siedler Verlag GmbH

Sudoplatow, Pawel Anatoljewitsch & Sudoplatow, Anatolij (2013). Der Handlanger der Macht. Enthüllungen eines KGB-Generals. Berlin: Gemini

Teltschik, Horst (1991). 329 Tage. Innenansichten der Einigung. Berlin: Wolf Jobst Siedler Verlag GmbH

Trotzki, Leo (1937). Stalins Verbrechen. Zürich: Jean-Christophe-Verlag. Hier wurde der Nachdruck in der ersten Auflage aus dem Jahr 1990 verwendet: Berlin: Dietz Verlag

Heinrich August Winkler (1997). Abschied von den Sonderwegen. In: Streitfragen der deutschen Geschichte. München: Ch. Beck Verlag

Weiner, Tim (2008). CIA. Die ganze Geschichte. Frankfurt am Main: S. Fischer Verlags GmbH, Frankfurt am Main, Titel des amerikanischen Originals aus dem Jahr 2007: Legacy of Ashes. The History of the CIA

Winkler (2002), Der lange Weg nach Westen. H. Beck'sche Verlagsbuchhandlung, München

Uschner, Manfred (Hrsg., 1999). Revolution oder Implosion. Der Streit um die politische Bewertung der Wende im Herbst 1989. Berlin: Friedrich-Ebert-Stiftung

Wolski, Michael (2020). Mauerfall Berlin. Zufall oder Planung? 4. Auflage. Erschienen bei www.amazon.de